環境人間学と地域

Indus
インダス
南アジア基層世界を探る

長田俊樹 編著

京都大学学術出版会

献辞

　今は亡き日高敏隆地球研初代所長の御霊前に謹んで本書を捧げる。

　日高所長のご尽力なしには、インダス・プロジェクトの成功はおろか、プロジェクトをスタートさせることも不可能だった。プロジェクトの成果本の出版を機に、ここでもう一度、日高先生への感謝の気持ちを表すために、献辞するしだいである。

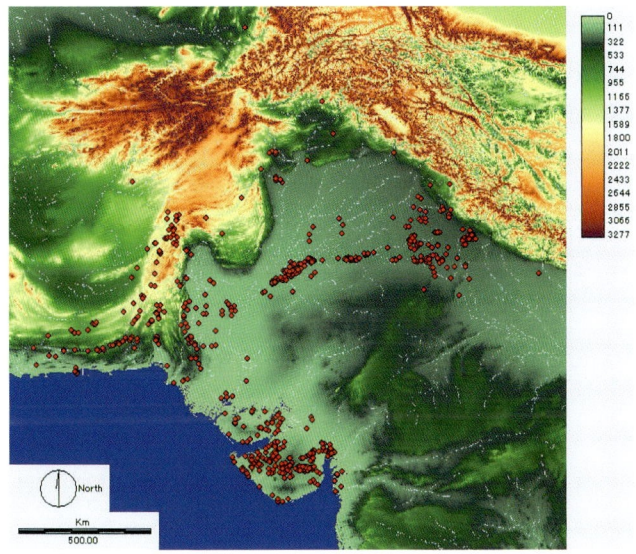

1999年に出版されたインダス文明遺跡一覧表 (Possehl 1999) に基づいて作成した、インダス文明遺跡の分布図 (序章図2)。赤い点がそれぞれの遺跡の位置を示す。

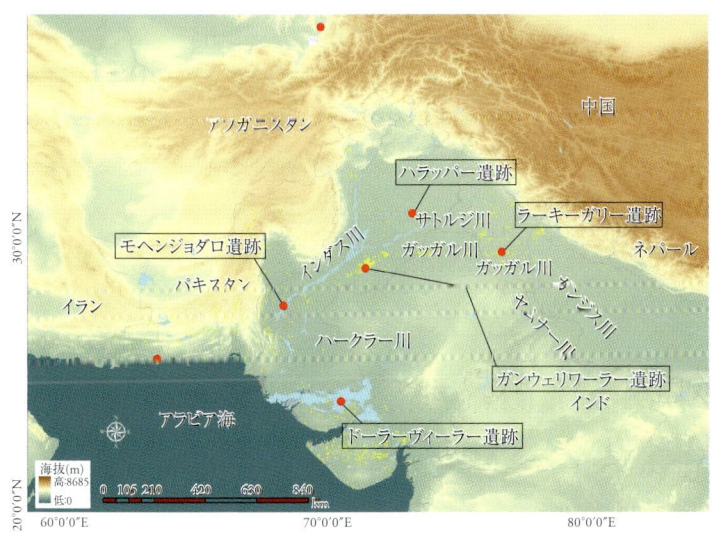

インダス文明の五大都市図の位置 (序章図3)。かつてはインダス川流域のモヘンジョダロ遺跡とハラッパー遺跡の二大都市しか知られていなかったが、近年では、インダス川流域以外にも分布する、この五大都市が知られるようになった。

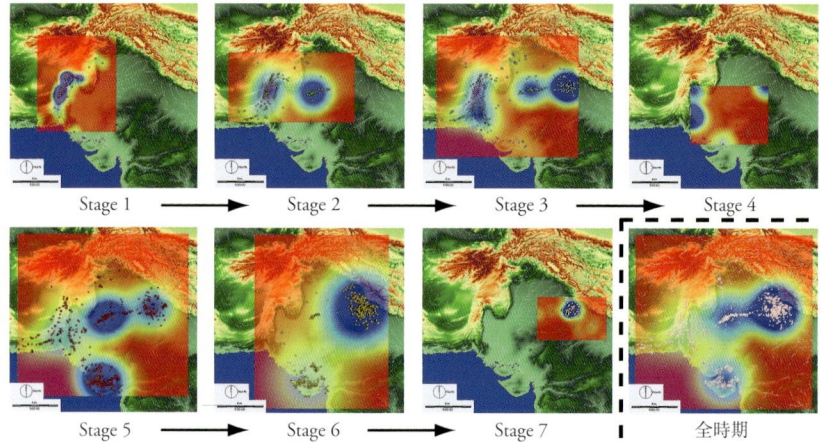

ポーセルの遺跡一覧表 (Possehl 1999) に基づいて作成された遺跡分布 (全時期)。この Stage 6 がインダス文明期にあたる。色が濃い円形の部分ほど遺跡の分布密度が高いことを示す (5章図5-7)。

大河消滅説の検証 (2章参照)。ガッガル川をハリヤーナー州からラージャスターン州へと踏査していくと、川沿いに写真のような砂漠が広がっている。この砂を使って年代を計り、砂漠ができた年代、すなわち川が大河でなくなった年代を推定した。

グレイト・ランの塩原からカーディル島を望む。グジャラート州カッチ県はカッチ湿原に面しているが、カッチ湿原は乾季には水が蒸発して塩原となる。カーディル島にはインド最大の発掘遺跡、ドーラーヴィーラー遺跡がある。

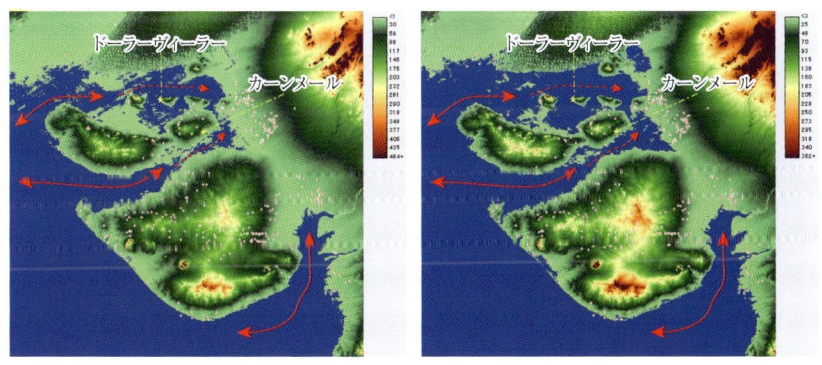

数値標高モデル（DEM）を用いたグジャラート州沿岸部の海水準変動のシミュレーション（5章図5-30）。左が海面が1m上昇したと仮定した場合で、右が海面が3m上昇したと仮定した場合の遺跡分布図である。現在湿原であるカッチが海だったことと、遺跡が海岸沿いにあったことがこのシミュレーションからわかる。この図の中のドーラーヴィーラー遺跡のように大河に依存しない都市をもつことは、インダス文明の重要な特徴である。

グジャラート州にあるロータル遺跡には船着き場（ドック）があったとされる。ドックがあったという説に基づく、インダス期ロータルの港町の立地状況と周辺地形のイメージ図（図 3-4）。

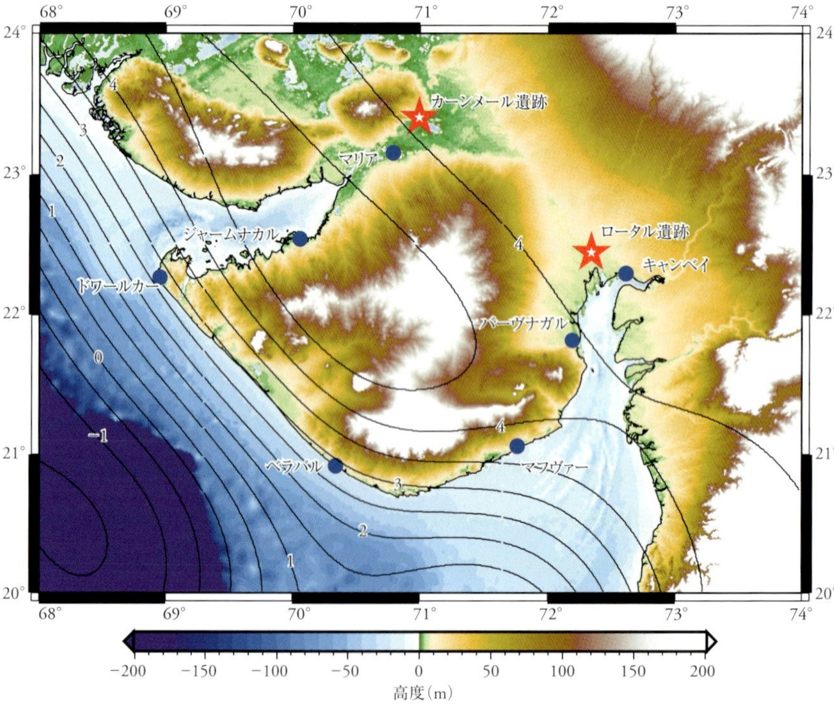

サウラーシュトラ半島周辺の海底から陸上までの地形図と等高線のような線（単位は m）は、ハイドロアイソスタシーによって引き起こされた過去 7000 年間の地殻の変動量を表している。これによると、インダス文明期の海上交易で栄えた可能性が高いカーンメール遺跡やロータル遺跡では、現代までに 4 m 程度地殻が隆起したことになる。（図 3-16、3-17）

ネパール西部のララ湖において湖沼堆積物調査を行い、インダス文明末期のモンスーン変動を測定した。曳航用のモーターボートとコアリング用のボートをつなぎ、水深 160 m ほどの湖底にボーリングして、湖沼堆積物の採取をおこなった。(4 章参照)

ララ湖でのコアリングに必要な機材をヘリコプターで運搬したが、ララ湖畔のネパール軍駐屯地に下りたときの様子。(4 章)

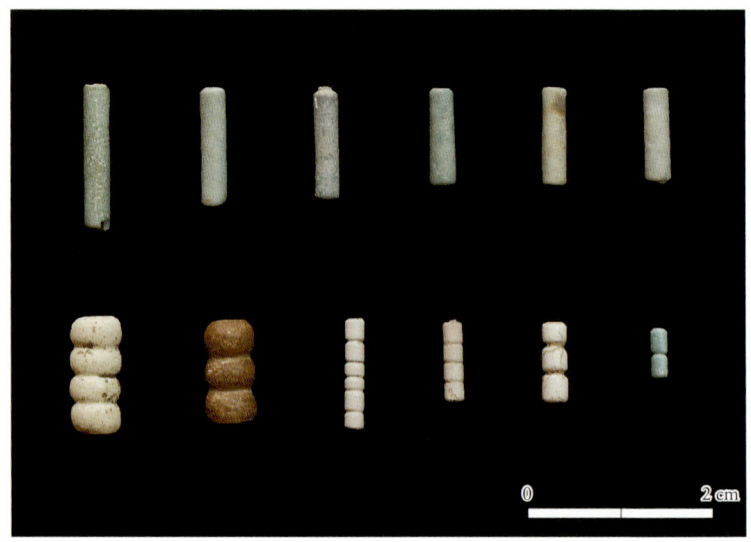

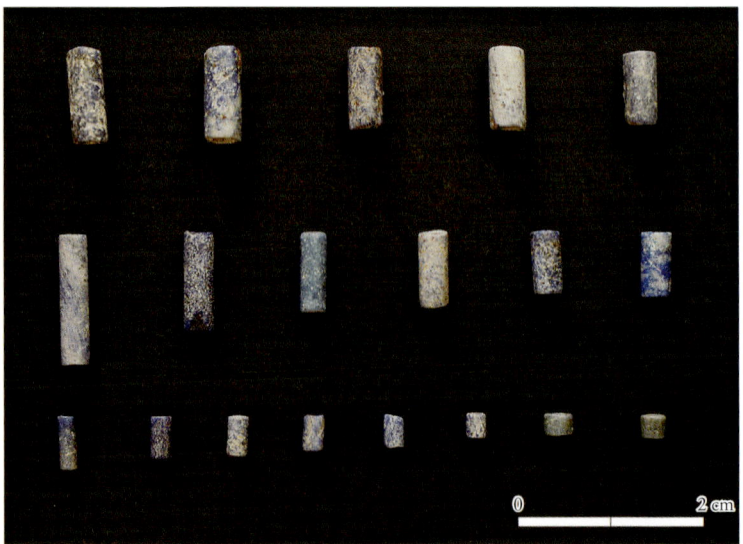

カーンメール遺跡出土の装身具(上段:ファイアンス製　下段:ラピス・ラズリ製)(Endo et al. 2012、6章図6-5)

カーンメール遺跡出土の準貴石製ビーズ（上段：カーネリアン製　下段：瑪瑙、縞瑪瑙製）（Endo et al. 2012、6 章図 6-7）

インドのファルマーナー遺跡墓地より出土した子供の骨（12 章図 12-1）

インドのファルマーナー遺跡街区中のゴミ捨て場。古代のウシの骨が散在している。（12 章図 12-2）

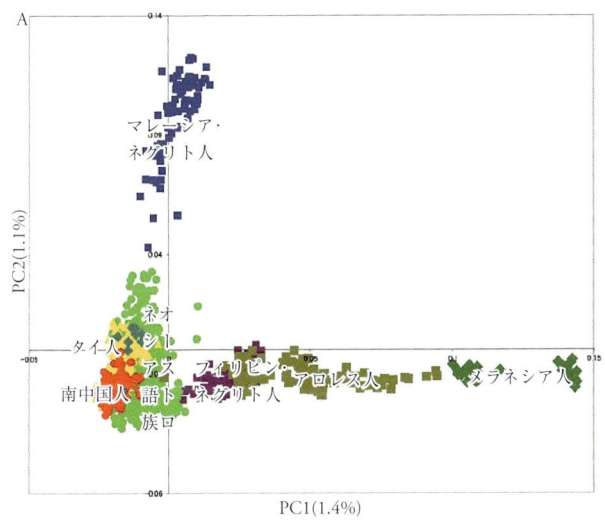

東南アジア8集団の遺伝的多様性を主成分分析で解析したもの（Jinam ら 2012 より）。（12章図 12-5）

カーンメール遺跡発掘を手伝うカーンメール村の女性たち。服装や荷物を頭に載せて運ぶか運ばないかはカーストによってことなる。カーストの異なる人々が同じ村に住んでいる。それが現代インド社会の典型である。（14章参照）

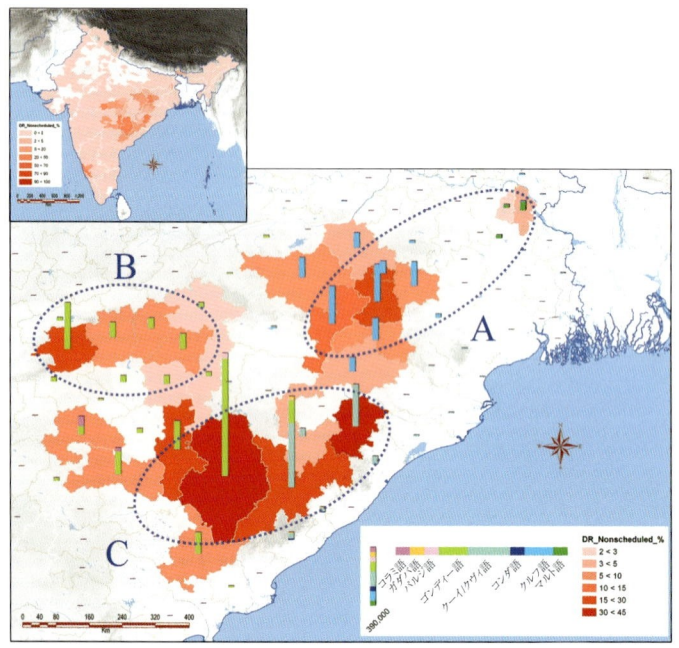

現代南アジアにおけるドラヴィダ諸語の分布（13章図13-5）。ここに示しているのは非指定言語。ドラヴィダ諸語のうち、指定言語とは憲法で認められている、タミル語、カンナダ語、マラヤーラム語、テルグ語を指し、それ以外の言語を非指定言語とする。

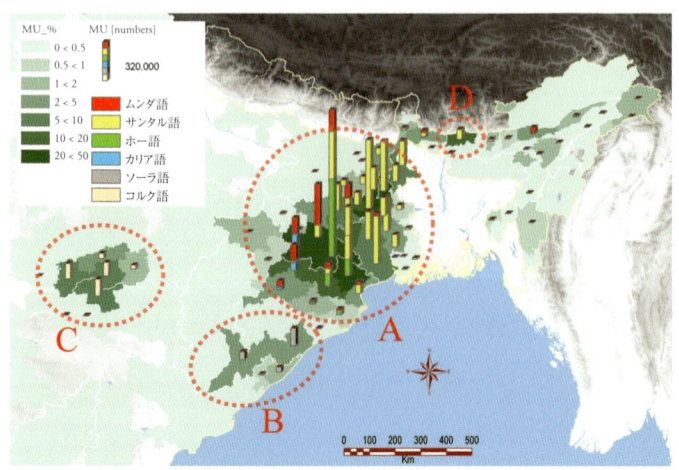

現代南アジアにおけるムンダ諸語の分布（13章図13-6）。赤のムンダ語、黄色のサンタル語、黄緑のホー語が話者人口100万人を越えるが、その他の言語は30万人以下である。

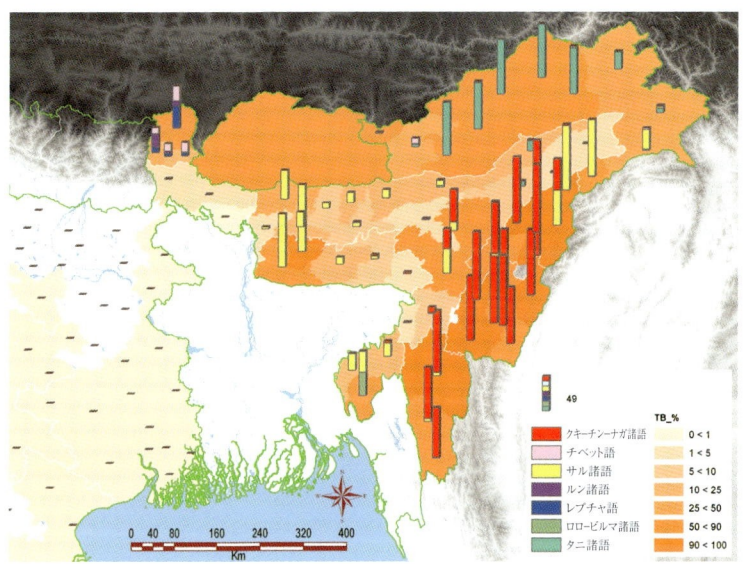

現代南アジアにおける北東インドのチベット・ビルマ諸語グループの分布（13 章図 13-7）。2 種類の色が混在している地域は少なく、言語グループがことなった地域に分布していることがわかる。

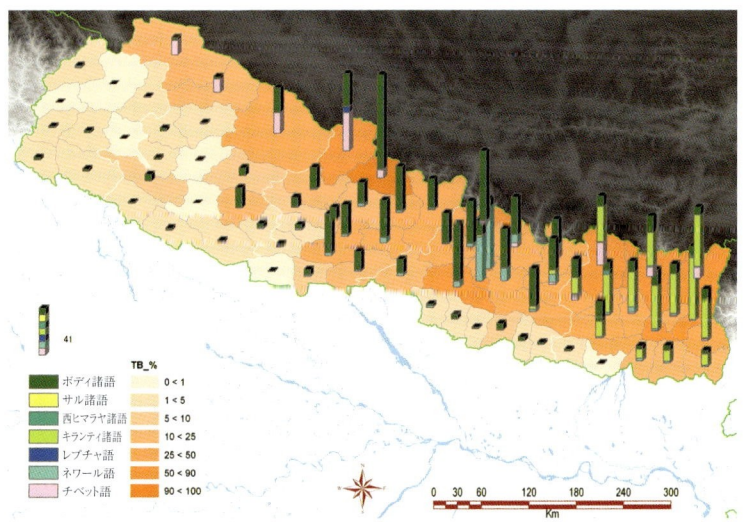

現代南アジアにおけるネパールにおけるチベット・ビルマ諸語グループの分布（13 章図 13-8）。濃い緑色の言語グループ、ボディ諸語が圧倒的な優位を示す。

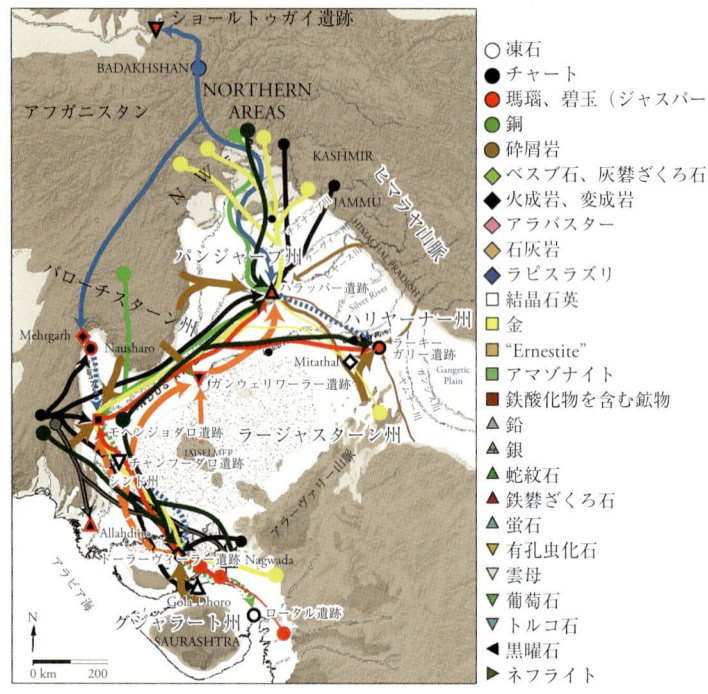

インダス文明期の鉱物流通の様子（ランデル・ロー作成、終章図4）。鉱物の産地から加工される場所まで、どう流通したかを示している。インダス文明地域内においては、インダス印章を介したこのような流通ネットワークが存在していたと考えられている。

インダス川の氾濫（2010年8月）（終章図8）。右の水色になったところが氾濫した場所。インダス川流域に位置するモヘンジョダロも、このような洪水に悩まされていたのかもしれない。

「環境人間学と地域」の刊行によせて

　地球環境問題が国際社会の最重要課題となり、学術コミュニティがその解決に向けて全面的に動き出したのは、1992 年の環境と開発に関する国連会議、いわゆる地球サミットのころだろうか。それから 20 年が経った。
　地球環境問題は人間活動の複合的・重層的な集積の結果であり、仮に解決にあたる学問領域を「地球環境学」と呼ぶなら、それがひとつのディシプリンに収まりきらないことは明らかである。当初から、生態学、経済学、政治学、歴史学、哲学、人類学などの諸学問の請来と統合が要請され、「文理融合」「学際的研究」といった言葉が呪文のように唱えられてきた。さらに最近は「トランスディシプリナリティ」という概念が提唱され、客観性・独立性に依拠した従来の学問を超え社会の要請と密接にかかわるところに「地球環境学」は構築すべきである、という主張がされている。課題の大きさと複雑さと問題の解決の困難さを反映し、「地球環境学」はその範域を拡大してきている。
　わが国において、こうした「地球環境学」の世界的潮流を強く意識しながら最先端の活動を展開してきたのが、大学共同利用機関法人である総合地球環境学研究所（地球研）である。たとえば、創設 10 年を機に、価値命題を問う「設計科学」を研究の柱に加えたのもそのひとつである。事実を明らかにする「認識科学」だけでは問題に対応しきれないのが明らかになってきたからだ。
　一方で、創設以来ゆるぎないものもある。環境問題は人間の問題であるという考えである。よりよく生きるためにはどうすればいいのか。環境学は、畢竟、人間そのものを対象とする人間学 Humanics でなければならなくなるだろう。今回刊行する叢書「環境人間学と地域」には、この地球研の理念が通底しているはずである。
　これからの人間学は、逆に環境問題を抜きには考えられない。人間活動の全般にわたる広範な課題は環境問題へと収束するだろう。そして、そのとき

に鮮明に浮かび上がるのが人間活動の具体的な場である「地域」である。地域は、環境人間学の知的枠組みとして重要な役割を帯びることになる。

　ひとつの地球環境問題があるのではない。地域によってさまざまな地球環境問題がある。問題の様相も解決の手段も、地域によって異なっているのである。安易に地球規模の一般解を求めれば、解決の道筋を見誤る。環境に関わる多くの国際的条約が、地域の利害の対立から合意形成が困難なことを思い起こせばいい。

　地域に焦点をあてた環境人間学には、二つの切り口がある。特定の地域の特徴的な課題を扱う場合と、多数の地域の共通する課題を扱う場合とである。どちらの場合も、環境問題の本質に関わる個別・具体的な課題を措定し、必要とされるさまざまなディシプリンを駆使して信頼に足るデータ・情報を集め、それらを高次に統合して説得力のある形で提示することになる。簡単ではないが、叢書「環境人間学と地域」でその試みの到達点を問いたい。

「環境人間学と地域」編集委員長
総合地球環境学研究所　教授
阿部　健一

目　　次

序章　南アジア基層世界とは　　　　　　　　　　　　　　　　　　［長田俊樹］　1
1　インダス文明 ── その特徴と遺跡分布および年代　　4
2　インダス文明研究小史　　8
3　インダス・プロジェクト ── 研究目的と研究体制　　10
4　インダス文明の衰退原因をめぐって　　12
　（1）アーリヤ人侵入破壊説　　12
　（2）メソポタミアの貿易停止説　　13
　（3）社会的文化的変容説　　14
　（4）森林破壊大洪水説　　14
　（5）インダス川の河流変化説　　14
　（6）インダス川自然ダム水没説　　15
　（7）サラスヴァティー川消滅原因説　　15
　（8）気候変動説　　16
5　本書の構成　　17

第1部　自然環境を復元する

第1章　南アジアの自然環境　　　　　　　　　　　　　　　　　　［前杢英明］　23
1-1　生活の舞台としての多様な大地　　24
　（1）ヒマラヤおよびその周辺山脈　　26
　（2）ヒンドスタン平原　　28
　（3）インド半島　　29
1-2　独特な文化を生む多様な気候　　31
1-3　農業を支える多様な土壌　　33

1-4　南アジアの自然環境とインダス文明　35
●コラム1　インド・パキスタン周辺の活断層と歴史地震
　　　　　　　　　　　　　　　　　　　　［熊原康博・堤　浩之］37

第2章　消えた大河とインダス文明の謎　　［前杢英明・長友恒人］45
　　2-1　消えた大河サラスヴァティー　46
　　2-2　サラスヴァティー川をめぐる議論　48
　　2-3　消えたサラスヴァティーの謎に迫る　50
　　　　（1）タール砂漠と河川地形　50
　　　　（2）ガッガル川の氾濫原は大河の化石地形か？　50
　　　　（3）砂丘の年代を測る　55
　　　　（4）サラスヴァティーは滔々と流れる大河だったのか？　59
　　2-4　文明の盛衰と自然環境　60
●コラム2　文献から見たサラスヴァティー川　［山田智輝］63

第3章　海岸線環境の変化と湾岸都市の盛衰
　　　　　　　　　　　　　　　　　　　　［宮内崇裕・奥野淳一］67
　　3-1　考古学的背景と課題　68
　　3-2　グジャラート州周辺の地学的背景　69
　　3-3　研究対象としたインダス文明期湾岸遺跡の概要　72
　　　　（1）ロータル遺跡（紀元前2500〜1900年）　72
　　　　（2）カーンメール遺跡（紀元前2600〜1900年）　73
　　3-4　地形発達・相対的海水準変動と港湾都市の盛衰　74
　　　　（1）地形発達史の復元手法　74
　　　　（2）地形発達からみたインダス文明期港湾都市の盛衰　75
　　3-5　相対的海水準変動の原因を探る
　　　　　　──ハイドロアイソスタシーによる地殻変動　87
　　　　（1）グレイシオハイドロアイソスタシーの背景と現れ方　88

(2) ハイドロアイソスタシーに基づく完新世の海水準変化モデリング　89
　　　(3) インド北西部グジャラート付近の海水準変動復元　91
　3-6　古代都市の運命を支配した地球規模の変動　96
●コラム3　メソポタミアとの交流　［森　若葉］　100

第4章　南アジアのモンスーン変動をとらえる　109

　4-1　ララ湖堆積物調査までの道　［八木浩司］　111
　　　(1) 実施のための許可書類の準備　112
　　　(2) 資材輸送のための準備　114
　　　(3) ララ湖への資材人員輸送　117
　4-2　ララ湖ピストンコアリング　［松岡裕美・岡村　眞］　119
　　　(1) 湖沼堆積物の採取　119
　　　(2) ララ湖の堆積物　120
　4-3　湖沼堆積物の分析　［中村淳路・横山祐典］　123
　　　(1) アジアモンスーンの変動　123
　　　(2) 湖沼堆積物の年代を測る　125
　　　(3) 泥から過去の気候を読み解く　126
　　　(4) インダス文明の衰退原因としての夏モンスーン　128
●コラム4　ララ湖はいかにしてできたのか　［八木浩司］　131

第2部　人々の暮らしを復元する

第5章　発掘とGIS分析でインダス文明都市を探る

　　　　　　　　　　　　　　　　　　　　　　［寺村裕史・宇野隆夫］　139
　5-1　インダス文明遺跡の特徴と調査手法　141
　5-2　インダス文明遺跡の地理的分布　144
　　　(1) 分析の目的と準備作業　144
　　　(2) 資料と分析方法　146

（3）インダス文明遺跡の分布の変遷　147
　　（4）各ステージの特色　148
　5-3　カーンメール遺跡の発掘調査　150
　　（1）発掘調査の概要　152
　　（2）出土遺物　157
　　（3）カーンメール遺跡の性格　160
　5-4　ファルマーナー遺跡の発掘調査　162
　　（1）居住地区の発掘調査　163
　　（2）墓地の発掘調査　167
　　（3）出土品　168
　　（4）ファルマーナー遺跡の性格　169
　5-5　インダス文明をどのように理解するか　169
　　（1）インダス文明は南アジアの基層文化か？　169
　　（2）インダス文明の特質　171
　　（3）インダス文明の衰退とは何か？　172
●コラム5　カーンメールの印章　［長田俊樹］　176

第6章　工芸品からみたインダス文明期の流通　　［遠藤　仁］179

　6-1　工芸品の種類と素材　181
　　（1）工芸品の種類　181
　　（2）工芸品の素材　183
　6-2　工芸品の生産　195
　6-3　工芸品の流通からみたインダス文明の流通システム　198
　6-4　南アジアにおけるカーネリアン・ロード　201

第7章　インダス文明の衰退と農耕の役割
　　　　　　　　　　　　［スティーヴン・A・ウェーバー（訳：三浦励一）］　205

　7-1　農耕とインダス文明　206

7-2　インダス文明の衰退　210
　7-3　農耕とインダス文明期後期の人々　213
　7-4　地域別アプローチの意義　215
●コラム 6　クワ科植物が結ぶインダスと南インド　［千葉　一］　223

第 8 章　インダス文明の牧畜　233
　8-1　カッチ湿原が生んだ幻のロバ ―― 古代における野の育種
　　　　　　　　　　　　　　　　　　　　　　　　　［木村李花子］　236
　　（1）湿原のからくりと移牧民 ―― 水に閉ざされた放牧場　237
　　（2）インダスへの回廊　243
　　（3）メソポタミアへの回廊　245
　　（4）異種と野生の導入　247
　8-2　コブウシ考　［大島智靖］　248
　　（1）インド亜大陸とウシ　251
　　（2）インダス文明とコブウシ　253
　　（3）インド・アーリヤ人とコブウシ　255
　　（4）牧畜史の変化と連続 ―― テキストとレリックを超えて　258
　8-3　牛を伴侶とした人々 ―― 古代インドの牧畜と乳製品　［西村直子］　260
　　（1）古代インドの牧畜　260
　　（2）古代インドの乳加工　263
　　（3）土器の穴から世界を透かし見る ―― むすびにかえて　266

第 9 章　インダス文明に文字文化はあったのか　［児玉　望］　275
　9-1　音声言語の視覚記号化としての「文字」　277
　9-2　ドラヴィダ語による「当て字」仮説　279
　9-3　文字化テクストがありえたのか　286
　9-4　南アジアの口承言語文化　287
　9-5　インダス文字論争のゆくえ　292

第10章　アーリヤ諸部族の侵入と南アジア基層世界

［後藤敏文］　295

10-1　インド・アーリヤ語文献の資料的価値　296
10-2　アーリヤ諸部族の侵入とその背景　296
　（1）インド・ヨーロッパ語族　296
　（2）インド・イラン語派、「アリヤ」と「アーリヤ」　299
　（3）アーリヤ諸部族のインド侵入　301
10-3　『リグ・ヴェーダ』とアーリヤ諸部族　302
10-4　ヴェーダ文献群とアーリヤ諸部族東進の記録　307
10-5　ヴェーダ文献における借用語の問題　310
10-6　アーリヤ諸部族の侵出と先住諸部族　313

第3部　現代へのつながりを辿る

第11章　インド冬作穀類の起源と変遷　［大田正次・森　直樹］　319

11-1　栽培コムギの成立とインド亜大陸への伝播　322
11-2　インドにおけるエンマーコムギとインド矮性コムギの栽培と利用の現状　326
　（1）エンマーコムギ　326
　（2）インド矮性コムギ　330
11-3　コムギの早晩性と南アジアの栽培体系
　　　——インド亜大陸のエンマーコムギとインド矮性コムギはどこから来たか　332
11-4　作物の品種多様性と伝統的栽培　335
●コラム7　「それなら知っているよ。グンドゥゴーディだよ。」
　　　——インド矮性コムギ再発見の日——　［森　直樹］　340

第 12 章　DNA からたどる南アジア人の系統

[斎藤成也・神澤秀明]　343

12-1　古代 DNA の研究　344
　(1) インダス文明のファルマーナー遺跡へ　344
　(2) ウシとコブウシ　346
　(3) 古代 DNA 研究の実際　347
　(4) ウシからヒトへ　349
　(5) 試料が悪いのか、実験の腕が悪いのか　350

12-2　現代南アジア人の遺伝的近縁関係　350
　(1) 現代人の DNA を比較して過去の移動を推定する　350
　(2) インドにおける人間の遺伝的多様性　351
　(3) 古典的遺伝マーカーによる解析　352
　(4) ゲノム規模での膨大な DNA 変異の解析　354

●コラム 8　ファルマーナーの人骨　[斎藤成也]　359

第 13 章　多言語多文化の世界 —— 現代南アジアから見る

[大西正幸]　363

13-1　南アジアの言語の地理的分布　365
　(1) インド・アーリヤ語族とイラン語族　369
　(2) ドラヴィダ語族　372
　(3) ムンダ語族とモン・クメール語族　374
　(4) チベット・ビルマ語族　376

13-2　多言語と多文化の共存　378
　(1) 多言語共存ベルト　379
　(2) 大都市での多言語共存　381
　(3) 異言語・異文化の融合　383

第 14 章　南アジアにカースト・ネットワークを見る

［長田俊樹］　387

　14-1　わたしのインド体験　388
　14-2　インド社会論 ── 基本概念とその限界　390
　14-3　サンスクリット文献とインド古代社会　391
　14-4　多様性の指標としての言語　394
　14-5　カースト社会と多様性　397

終章　新しいインダス文明像を求めて

［長田俊樹］　403

　1　アーリヤ人侵入破壊説　404
　2　穀物倉　405
　3　はたしてインダス文明は大河文明か　409
　4　海上交通とインダス文明　413
　5　ネットワーク共同体としてのインダス文明　414
　6　インダス文明社会　418

あとがき　425

図表出典一覧　427

索引　433

執筆者紹介　448

序章　南アジア基層世界とは

長田俊樹

　インダス文明は古代四大文明の一つである。そのことはよく知られているが、その実態はというと、正直、あまり知られていない。本書はそのインダス文明の実態に迫ることを目的としている。特に、インダス文明がなぜ衰退したのかについて、本書ではその新たなるシナリオを提示する。そのため、インダス文明を含む時代の古代環境に焦点をあて、気候変化や海岸、川などの地質変化について、自然科学的なアプローチで解明をめざした研究を行った。また、それと同時に考古学手法によるインダス文明遺跡の発掘、さらには言語学や文献学による人文科学的アプローチも駆使し、5年間にわたる学際的な研究を行った。本書はその研究成果に基づく。

　本書のサブタイトルは「南アジア基層世界を探る」である。「基層世界」とは、耳慣れない用語であろう。そこで、この用語から説明していきたい。

　まず、基層とは英語 Substratum の訳語で、現在の社会や文化の基礎となる、昔の社会や文化を指す。たとえば、日本の基層文化といえば、現在の日本文化の基礎を形成したと考えられる弥生文化や縄文文化を指すことが多い。私の専門である言語学では、言語接触、特に植民地時代に、現地で話されていた言語のうえに、植民地宗主国のヨーロッパの言語が（しばしば暴力を伴って）導入されたときに、現地でもともと話されていた言語を基層言語といい、後からやってきたヨーロッパ言語を上層言語といった使われ方がされている。つまり、ここでいう基層世界とは南アジアの一番古い時代に基礎を築いたインダス文明をさしている。

　基層文化や基層社会とせずに、基層世界としたのには理由がある。図1をみていただきたい。この図には時間軸にそった、単なる文化や社会の経緯が示されているのではない。社会の周りに自然環境が描かれている。この点が

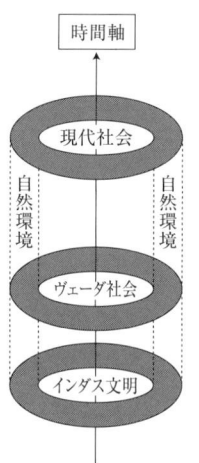

図1 南アジア基層世界の概念

重要なのである。本書の基となった研究では、自然環境への調査が多く含まれており、基層文化や基層社会だけではなく、文化や社会を取り巻く環境を意識した結果、基層世界と呼ぶことにした。その意のあるところを汲んでいただければ幸いである。

「インド」といわず、「南アジア」としたことにも一言述べておこう。「インド」という名称は両義的である。単にインド共和国だけを指す場合と、もう少し広いインド亜大陸を指す場合があって、ここでは後者が対象となる。インダス文明地域はインド共和国とパキスタン・イスラーム共和国にまたがっていて、「インド」という名称でパキスタンへの配慮が欠けているとの指摘を受けてしまっては本書の意図とはずれてしまう。そういう配慮から「南アジア」を選択した。

この題名をめぐって、最も重要な点がまだ述べられていない。なぜ「インダス文明世界」という直接的な題名とせず、「南アジア基層世界」を選んだのか。それには、二つの理由がある。

インダス文明を前面に出すと、古代四大文明の一つとして、同時代のエジプト文明、メソポタミア文明、黄河文明と同列に扱われる。古代文明という

くくりで扱われてしまうと、インダス文明は常に他の古代文明との比較対象となり、メソポタミア文明がこうだから、インダス文明もこうであるに違いないといった推論が横行してしまう危険性がある。事実、そうした例が「穀物倉」である（終章で取り上げる）。現在、発掘に関わっている多くの考古学者はモヘンジョダロやハラッパーの「穀物倉」跡は穀物倉ではないと断定しているにもかかわらず、いまだに「穀物倉」だと教科書には記載されたままである。つまり、同時代の古代文明との比較ばかりが先行しているので、インダス文明というタイトルを避けたかったのが第一の理由である。

　第二の理由は、第一の理由と裏表の関係にある。つまり、他の古代文明という横軸に重きを置いたこれまでの研究と一線を画すためには、それに代わる視点が必要である。それが時間軸の連続性、いわば縦軸に重きを置いた研究を提唱したいとの思いから、辿り着いたのがこの「南アジア基層世界」なのである。

　では、インダス文明と現代南アジアの連続性とはこれまでどう考えられてきたのであろうか。宗教という点での議論に限られているが、連続性が強調される場合と非連続的とみる場合がある。たとえば、インド哲学者として、文化勲章を受章した中村元は「ヒンドゥー教の正統的な祖先をインダス文明に求めることは無理であろう」（中村元 1979: 37）と述べている。一方、インド古代史の第一人者山崎元一は「原ヒンドゥー教ともいえるこうした信仰は、インダス文明の滅亡ののちもインドの大地に生き続けたのである」（山崎 1997: 39）と述べ、原ヒンドゥー教とよんで、ヒンドゥー教とインダス文明の宗教との連続性を強調する。これは単にお二人の意見の相違というよりも、インド哲学とインド古代史という専門分野を反映しているかもしれないが、仏教やサンスクリット語研究を重視してきた西欧や日本では、非連続であるとみなす立場の方が一般的ではなかろうか。ただし、辛島・桑山・小西・山崎（1980）の副題が「インド文化の源流をなすもの」とあるように、インダス文明研究者は連続性を強調している。その点ははっきりさせておいたほうがいいだろう。

　サブタイトルは「南アジア基層世界」にこだわった。しかし、対象がイン

ダス文明であることには変わりがない。そこで、誤解が生まれないように、タイトルにも「インダス」を入れることにした。また本書では研究対象を「南アジア基層世界」とは呼ばないで、従来の呼び名である「インダス文明」として、述べていきたい。

1 インダス文明 ── その特徴と遺跡分布および年代

　インダス文明といえば、まず思い浮かべるのはハラッパー遺跡とモヘンジョダロ遺跡（最近の教科書ではモエンジョ＝ダーロと記載されている）である。また、それらの遺跡は高度な排水施設をもち、焼き煉瓦で作られた建物が整然と並ぶ都市、踊り子と呼ばれる青銅像や神官王と呼ばれる石像、そしてインダス文字が刻まれたインダス印章などが教科書に掲載されている。しかし、それ以上のことになると、情報が少ない。たとえば、インダス文明の遺跡がどれぐらい広がっているのか、また遺跡の数がどれぐらいあるのか、といった最も基本的な情報はあまり知られていない。

　実は、インダス文明遺跡は、なんと東西 1500 km、南北 1800 km の広範囲に分布している（図 2 を参照）。数字だけではピンとこないかもしれない。日本と比較すると、その広さが少しは理解できるだろう。今挙げた広さは、南北でいえば、日本の最北端北海道宗谷岬から沖縄本島まで、東西でいえば、最東端北海道納沙布岬から最西端長崎県長崎鼻までにほぼ匹敵する。また、遺跡の数は、ペンシルヴァニア大学教授ポーセルの本 (Possehl 1999) によれば 1052 遺跡、その後明らかになった遺跡を含めると約 2600 遺跡にものぼる (Kenoyer 2013)。

　また、「インダス文明が栄えた国は」と聞けば、ハラッパー遺跡やモヘンジョダロ遺跡のあるパキスタンと答える方が圧倒的に多い。しかし、遺跡の数だけを挙げるとインドの方がはるかに多い。しかも、インダス文明を本格的に研究して初めて知ったのだが、今もどんどん新しい遺跡が発見され、この遺跡数は増えている。遺跡踏査調査をやれば必ず新しい遺跡がみつかると

序章　南アジア基層世界とは

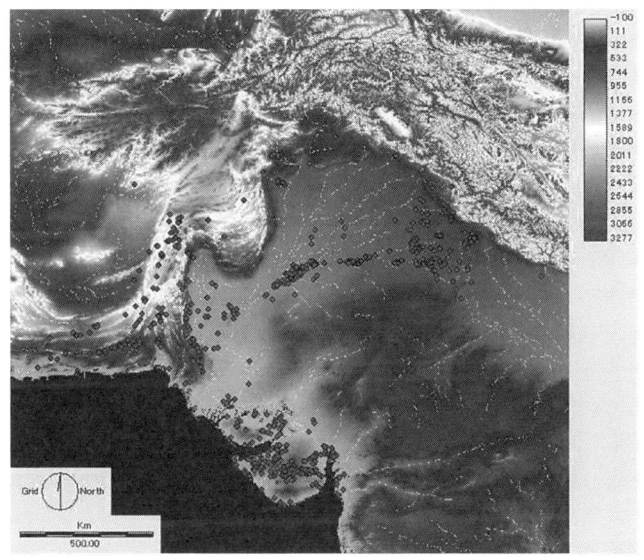

図2　インダス文明遺跡の分布（カラー図は口絵を参照）

いっても、決して過言ではない。実際、今回の研究調査によって初めて、新たな遺跡を報告した例もある。

　これだけの遺跡の分布と数をほこるにもかかわらず、なぜインダス文明はあまり知られていないのだろうか。それは遺跡数が多いのにくらべて、発掘された遺跡が少ないことが一因として挙げられる。我々の研究では、これまで発掘されたインダス文明関連遺跡をかぞえ、簡単な紹介を行っている。上杉（2010）によると、その数はインドで96遺跡、パキスタンで47遺跡、そしてアフガニスタンに4遺跡（ただし、このうち直接インダス文明遺跡とされるのはショールトゥガイ遺跡だけ）と合計147遺跡ほどである。つまり、遺跡全体数の1割にはるかにみたない。

　また、発掘されていながら、報告書が出版されないケースが多い。特に、インドではその傾向が著しい。たとえば、1960年代に発掘された、カーリーバンガンという遺跡がある。この遺跡の報告書は2003年になってようやく出版された（Lal et al. 2003）。1990年代に発掘がされたドーラーヴィーラー遺

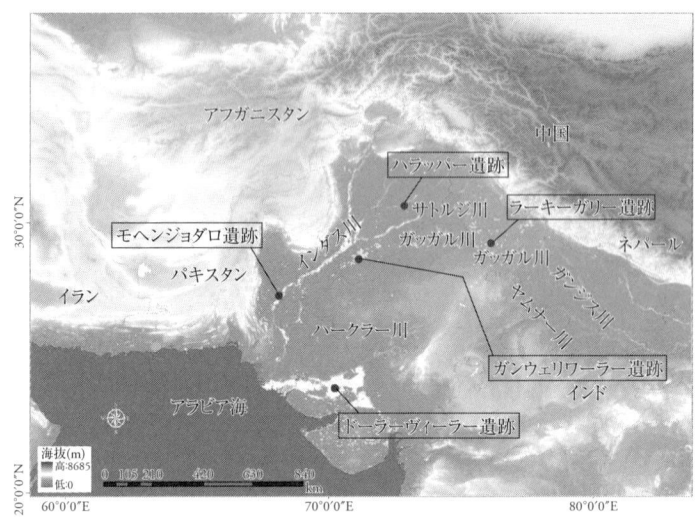

図3 インダス文明の五大都市遺跡

跡は四大文明シリーズ（近藤編 2000）でも取り上げられた有名な遺跡であるが、まだ報告書は出ていない。関係者からの情報によれば、まだ原稿が集まっていない状態で、本書が執筆されている 2013 年現在、2、3 年以内に出るというような状況にはないと聞く。これもインダス文明の詳細が知られていない大きな原因の一つである。

なお、インダス文明の都市遺跡として、ハラッパー遺跡とモヘンジョダロ遺跡が有名である。しかし、現在では、この二つ以外に、あと三つ加えて五大都市というのが研究者の共通認識だ（Kenoyer 1998; Possehl 2002; Wright 2010）。その三つとは、いま上で挙げたインドのグジャラート州にあるドーラーヴィーラー遺跡とインド・ハリヤーナー州にあるラーキーガリー遺跡、そして、パキスタンのチョーリスターン砂漠の中にあるガンウェリワーラー遺跡である（図3参照）。このうち、ラーキーガリー遺跡が最大の遺跡であるとされるが、この遺跡の最大の遺丘には家が建てられているために、発掘が行われていない。

インダス文明の栄えた年代はいつか。考古学的にはインダス文明、つまり

ハラッパーやモヘンジョダロの都市文明が栄えた時代を盛期ハラッパー文化、それ以前を前期ハラッパー文化、それ以後を後期ハラッパー文化と分類している。盛期ハラッパー文化は現在一般的に、紀元前 2600 年から紀元前 1900 年とみなされている。本書では、考古学用語である盛期ハラッパー文化という語は特別な場合を除き使用せず、インダス文明という用語で統一し、年代もこの紀元前 2600 年から紀元前 1900 年とする。

　最初に述べたように、インダス文明の特徴として教科書に掲載されているものに、高度な排水施設、焼き煉瓦で作られた建物が整然と並ぶ都市、踊り子と呼ばれる青銅像や神官王と呼ばれる石像、そしてインダス文字が刻まれたインダス印章などがある。しかし、この焼き煉瓦はすべてのインダス都市にあるわけではない。第 2 部第 5 章 (宇野・寺村執筆) でみるように、我々が発掘したカーンメール遺跡は焼き煉瓦ではなく、建物はすべて石積みである。また、教科書にはかならずといっていいほど登場する、踊り子と呼ばれる青銅像や神官王と呼ばれる石像はモヘンジョダロで見つかっただけで、他の遺跡では見つかっていない。しかも、神官王という名前で、この像のような人間がインダス文明を支配したかのように考えがちだが、この像はたった 17 cm であって、この像が支配者とつながるかどうかは定かではない。

　ここまで明らかになったように、インダス文明として、共通にみられる特徴はそう多くはない。排水施設 (インドのドーラーヴィーラー遺跡にもある)、その排水施設をもったインダス都市、それとインダス印章、そして貴石からなるアクセサリー類やハラッパー式と呼ばれる土器ぐらいしかない。このわずかな共通要素をもって、インダス文明といっているわけだから、その実態になかなか近づけないのも無理がない。特に、エジプトのピラミッドやメソポタミアのジッグラトのような記念碑的な建造物がない。はたして中央集権的権力がインダス文明を統治していたのかどうか。この点は、よくわかっていない。さらに、エジプトのヒエログリフ (聖刻文字) やメソポタミアの楔形文字のように、インダス文字が解読されていないため、インダス文明社会がどんなものだったのか、文献によって確かめることができない。

　こうした現状をふまえ、新しいインダス文明像を求めたのが本書である。

2 インダス文明研究小史

　インダス文明が世界に知られるようになったのは、それほど古いことではない。今から100年前にも満たない、1924年のことである。それは当時のインド考古局局長ジョン・マーシャル（1876-1958）が『ロンドン画報』に記事を掲載したからだ。その記事は「長く忘れられた文明に最初の光 —— インドの知られざる先史過去の新発見」と題し、ハラッパー遺跡とモヘンジョダロ遺跡の発掘成果を紹介している（Marshall 1924）。このニュースは世界中をたちまち駆けめぐる。日本でも、翌1925（大正14）年、考古学者濱田青陵（1881-1938）がロンドン画報の記事とともに、インダス文明を紹介している。

　少し長くなるが、濱田の文章をここに抜粋引用しておこう。

> 埃及のツタンカーメン王陵の発掘の如く、或は朝鮮慶州の金冠塚の如く、荘厳な遺物の我々の眼を驚かすものは無いが、世界の歴史上、特に東洋の文化史上に一大新事実を提供したのは、最近発表せられた印度のインダス河畔に於ける考古学的発掘の結果である。（中略）
> 印度考古総長サー・ジョン・マーシャル（Sir John Marshall）氏の報ずる所によれば、印度のパンヂヤツブ地方とシンド地方、孰れもインダス河の流域に於いて最近期せずして非常に古い時代の遺物が発見せられ、而かも両者共に其の性質を同じくして居る。（中略）
> 兎に角此の北西印度に於ける新しい発見は、かの埃及のツタンカーメン王陵などの如き人目を驚かす底の宝物は出なかつたが、亜細亜の文化史上従来の見解に一大革命を与へる重要な事実を齎すものであつて、殆んど孤立的なものと考へられて居つた印度古代の文明と、西方亜細亜のそれとの関係を結付け、将来に於ける研究に向つて一大光明を賦与するものと言はなければならない。

　「亜細亜の文化史上従来の見解に一大革命を与へる重要な事実」と濱田の興奮した様子が手にとるようにわかる文章だ。引用していない部分では、シ

ンド地方のモヘンジョダロとパンジャーブ地方のハラッパーの名が紹介され、その発掘者バネルジーとサハニーも報告されている。ここで注目すべきはインダス文明が「西方亜細亜」、つまりメソポタミアと関連づけられていることである。なお、濱田が強調しているように、エジプトでのツタンカーメンの墓はすでにこのとき発掘されており、しかも今日まで、インダス文明ではこうした派手な耳目を集めるような金銀財宝をイメージした遺物が出土していない。これもインダス文明が有名にならない理由の一つかもしれない。

こうして世界的にインダス文明の存在だけが知られるようになった。しかし、ここから新しい遺跡がどんどんと発掘されていったわけではない。それどころか、実はインダス文明の代名詞となった、ハラッパー遺跡やモヘンジョダロ遺跡の発掘もいまだ終わってはいない。ハラッパー遺跡は、1986年から現在に至るまで、アメリカ隊が毎年発掘を続けている。ただし、2007年12月のブットー元首相の暗殺後に続くパキスタンの混乱で、2013年現在、発掘はストップしている。タリバンの問題などがあり、パキスタンでアメリカ隊が発掘できる日がいつ来るのか、誰も予想できない。

そうした政治状況はさておき、発掘を指揮している、ウィスコンシン大学教授のケノイヤーはこう指摘する。まだあと100年発掘を続けたとしても、ハラッパー遺跡の発掘が終わることはないだろう。ハラッパー遺跡はそれほど広大なのである。モヘンジョダロ遺跡はハラッパー遺跡よりもさらに広い。考古学者ではない私が見ても、まだまだ未発掘部分がわかるほど広大な地域が発掘されないままである。しかも、モヘンジョダロ遺跡は地下水の上昇によって、発掘された部分が塩害で侵されているため、その保存補修作業がメインとなって、とても新たな発掘が行われる状況にない。

1947年にインドとパキスタンが分離独立し、ハラッパーやモヘンジョダロの両巨大遺跡はパキスタンの領土となった。独立後、パキスタンでは外国の発掘隊が主にインダス文明遺跡を発掘したのに対し、インドではインド考古局が中心となって発掘が行われた。上で指摘したように、パキスタンでの外国隊の発掘は、政治的混乱から現在は行われていない。一方、インドでは、

独立後、インド考古局が独占して発掘してきたため、インドの大学にある考古学科ですら、インダス文明遺跡の発掘が許されなかった。しかし、考古局の発掘成果報告書は、すでにカーリーバンガン遺跡の場合を挙げたように、遅々として進んでいない。パキスタンでも、インドでも、インダス文明遺跡の発掘は多くの問題点を抱えている。それが現状である。

　そんな状況の中、我々はインドで2か所発掘を行うことができた。日本隊がインダス文明遺跡の発掘に関わったのは初めてのことである。インダス文明研究史の新たなる1ページを飾ったことを、ここで強調しておきたい。

3 ｜インダス・プロジェクト ── 研究目的と研究体制

　我々の研究は単に発掘を目的としたものではない。自然環境にも目を配った学際的な研究をめざし、2007年から5年間行われてきた。本書は我々の研究成果をまとめたものなので、研究をスタートさせたときの目的を述べておこう。

　　紀元前2600年から南アジア北西部で栄えたインダス文明は、紀元前1900年頃に衰退した。インダス文明の衰退とは、遺跡の分布域の相違と都市遺跡の消滅をいう。本プロジェクトは、当時のインダス地域における人類社会と自然環境の関係を復元することにより、その衰退原因を学際的視野から明らかにすることを目的とする。
　　人類社会と自然環境の関係は、現代社会にとどまらず、人類誕生以来の問題である。インダス文明の衰退については、アーリヤ人の侵入説や洪水説といった局地的影響を大きくみる説や、気候変動といったインダス文明地域全体に影響を及ぼすグローバルな環境変化をその原因とする説があるが、これらの説の検証は必ずしもおこなわれていない。
　　インダス・プロジェクトでは、インダス文明をとりまく自然環境を理解するために、地質調査のほか、DNA分析、年代測定、植生調査等によって当時の環境を復元し、想定される環境変化を検証する。具体的には、気候変動や海水準変動、ガッガル川の枯水やヒマラヤ造山運動による地殻変動などの環境

変化について、インダス文明期に実際にあったかどうかを検証し、その規模と影響を解明する。社会・文化的側面にかんしては、考古学の発掘のほか、人類学および言語学的手法をもちいて研究をおこなう。直接的に発掘調査によってえられる遺物やインダス文明当時の植物・動物遺存体の分析と、間接的に受け継がれてきたと考えられる現在の農耕システムや語彙分布の調査とをあわせて、当時の社会や農耕システムの復元を試みる。

この目的を受けて、研究体制としては次の5研究グループを立ち上げた。

1) 古環境研究グループ。インダス文明時代の環境を調査研究する。その主な研究成果は本書の第1部第1章から第4章までにまとめられている。
2) 物質文化研究グループ。発掘を担当する。その成果は本書の第2部第5章と第6章にまとめられている。
3) 栽培植物研究グループ。発掘された遺跡から出土した植物遺存体の分析と現代南アジアの栽培植物から過去の植物にアプローチする方法の二つが採用されている。その成果は本書の第2部第7章と第3部第11章で紹介されている。
4) 伝承文化研究グループ。インダス文明から少し後の時代のヴェーダ文献の分析や現代南アジアの言語や社会からの分析を行う。本書の第2部第8章から第10章と第3部13章と14章に、この研究グループの成果が盛り込まれている。
5) DNA分析研究グループ。我々が行ったファルマーナー遺跡の発掘で大量の人骨が出土したため、その人骨からDNAを抽出するために急遽立ち上げた。しかし、そのDNAの抽出は残念ながらできなかった。ただし、これまでのヒトのDNA分析からいえることを本書の第3部第12章で取り上げた。

以上、我々の研究目的と研究体制、そして本書の関係を明らかにした。こうした学際研究をいかにまとめるか。私個人に課せられた責務は大きい。本書がその責務を果たしているかどうかは、読者の判断を仰ぐしかない。

4 インダス文明の衰退原因をめぐって

インダス文明の衰退原因をめぐっては、これまでさまざまな学説が提唱されてきた。いわばインダス文明をめぐる最大の謎であると言っても過言ではない。我々の研究目的もその解明にあった。我々の研究成果に入るまえに、インダス文明の衰退原因について、この序章でこれまでの研究をまとめておこう。

インダス文明の衰退とその原因については、これまでさまざまなことがいわれてきた。すでに、辛島・桑山・小西・山崎（1980）のⅥ章において、詳細に衰退原因をめぐる研究が紹介されている。基本的な論点はそこで論じられているが、残念ながら古い。そこで、ここでは最近の研究成果も含めた、これまでの研究を箇条書きにして紹介しておこう。

(1) アーリヤ人侵入破壊説
(2) メソポタミアの貿易停止説
(3) 社会的文化的変容説
(4) 森林破壊大洪水説
(5) インダス川の河流変化説
(6) インダス川自然ダム水没説
(7) サラスヴァティー川消滅原因説
(8) 気候変動説

それぞれについて、もう少し詳しくみていこう。

(1) アーリヤ人侵入破壊説

この説を提唱したのは1970年代までインダス文明研究を牽引してきた、イギリスの考古学者ウィーラーである。この説の初出はWheeler (1947) で、その根拠となるのはモヘンジョダロにおける虐殺跡とされる人骨の発見であ

る。その人骨と『リグ・ヴェーダ』のなかの記述に見られる「砦」などとの結合によって生まれたのが、この「アーリヤ人侵入破壊説」である。ところが、現在では次のような理由からこの説は完全に否定されている。

(A) 年代の相違。アーリヤ人が侵入したとされている年代、紀元前 1500 年頃とインダス文明衰退の年代、紀元前 1900 年頃にはかなりの差がある。特に、インド・アーリヤ語の話し手がインド亜大陸に到着した年代については、コンセンサスが得られたものではなく、研究者によって幅がある。また、『リグ・ヴェーダ』の成立年代についても、一般的にいわれている紀元前 1200 年という年代に、まだまだ議論の余地がある。

(B) モヘンジョダロで発見された人骨は決して虐殺されたものではない。コーネル大学のケネディーの研究（Kennedy 2000）によると、虐殺による人骨には外傷がみられるはずだが、そういった形跡がみられないことから、アーリヤ人の大量虐殺によるインダス文明衰退説は成立しない。また、人骨の研究によると、インダス文明の担い手である人々は決して単一人種ではなく、多人種であるという。つまり、人骨から、人種的に「アーリヤ人」を特定することは困難である。

(C) 『リグ・ヴェーダ』と史実。この「アーリヤ人侵入破壊説」においては、『リグ・ヴェーダ』の記述が大きな役割をはたしている。しかし、この『リグ・ヴェーダ』がどこまで史実を反映しているのか。また、『リグ・ヴェーダ』はいつつくられたものなのか。それらについてのコンセンサスはない。

以上、三つの理由によって、「アーリヤ人侵入破壊説」は今日では否定されている。しかし、この説は今日なお一般書などでは堅持されていることが多い。もう一度、終章でこの点に触れたい。

(2) メソポタミアの貿易停止説

これはケンブリッジ大学の考古学教授であったオールチン夫妻（Allchin and

Allchin 1997: 206-222) の説である。紀元前 2000 年頃に、メソポタミアとの貿易が途絶える。それによって、経済的な打撃を受ける。それに加えて、地殻変動による河水の変化によって、ついにはインダス文明の衰退をもたらすというものである。この説の検証は第 1 部第 3 章で触れる。

(3) 社会的文化的変容説

この説は、2011 年に亡くなったペンシルヴァニア大学のポーセル教授による (Possehl 2002)。ポーセルは災害など自然環境に起因する衰退説を一切否定し、社会的文化的変容がインダス文明の衰退原因だと指摘する。ただし、その具体的な原因やプロセスについてははっきりと述べられていない。

(4) 森林破壊大洪水説

この説は直接人間の手によってもたらされた環境破壊、とりわけ森林破壊を原因に挙げる。具体的に述べるとわかりやすい。モヘンジョダロやハラッパーの遺跡に使われているレンガを焼くのに大量の木が使用されたはずである。それによって、森が失われたために、大洪水が生じて、インダス文明は衰退したというものである。ウィーラー (1971) は「アーリヤ人侵入破壊説」だけではうまく説明できないということから、複合的な理由を挙げるために、この説を展開した。

(5) インダス川の河流変化説

この学説はランブリックとムガル (Lambrick 1967; Mughal 1990) によって提唱されている。インダス川の河流が変化することによって、モヘンジョダロが放棄されたことはすでに、マッケイ (1984: 15) が「モヘンジョ・ダロの住民たちをして最終的に街を離れさせたものは何であったのかはわかっていない。恐らくインダス河の河流の変化が決定的な要因であっただろう」(原著は

1948年)とするように、初期の研究者が提唱している。インダス文明の分布はかなり広い。インダス川の河流変化が、モヘンジョダロ以外のインダス川流域からはなれた地域における、インダス都市衰退とどう関係するのか。その点ではかなり説得力に欠ける 。この説によると、モヘンジョダロを放棄したので、いわばドミノ効果によって、つぎつぎと都市を放棄して、衰退していったという。しかし、なぜドミノ効果がおこったのか。その説明がない以上、仮説としては弱い。

(6) インダス川自然ダム水没説

　この説はハラッパー遺跡を発掘したことで知られるサハニーのアイデアから出発している (Sahni 1956)。サハニーはシンド地方で、インダス川の河床で沖積層を発見したのだが、これが自然ダム説となっていく。その後レイクスらによって、インダス文明衰退原因として唱道される (Raikes 1964)。この説はモヘンジョダロから下流で沖積物による自然発生したダムによって、広大な地域が水没したために、都市を放棄するに至ったというものである。こちらも、水没地域がインダス文明地域すべてに及ぶわけではないので、その点では説得力に欠ける。

　また、こうしたダムがはたしてできるのかどうかについても、反論がある。専門家によれば、ダムがあったとされる地点での流送土砂は層をなしておらず、構造的に固まりとなりにくく、インダス川の流れをせき止めて、ダムをつくるには至らないという (Wasson 1987)。いずれにせよ、仮説としては弱い。

(7) サラスヴァティー川消滅原因説

　このインダス文明地域の環境変化説の中では、この学説は現在も議論が続いており、我々も、この可否をめぐって詳細な研究を行った。その成果は本書の第1部第2章を参照してほしい。詳細はそれに譲るが、ここでも概略

だけ述べておこう。

『リグ・ヴェーダ』にも登場する神話伝説上の川である大河サラスヴァティーがどこにあるのか。その論議は C. F. Oldham (1874)、R. D. Oldham (1893)、Stein (1942) など、古くからあった。サラスヴァティー川は現在のガッガル・ハークラー川にあたるとする説が今日では最も有力である。どちらの川もインド・パキスタンの国境付近の砂漠で水が涸れた涸床となっている。このガッガル・ハークラー川沿いにインダス文明の遺跡が分布している。そこで、このガッガル・ハークラー川が涸れたこととこの地域でのインダス文明の都市が放棄されたことがなんらかの関係があるのではないかという考えが、この仮説の基本をなす。

この仮説には二つの問題がある。まず、はたしてガッガル・ハークラー川がインダス文明期に大河だったのかどうか、という問題である。もう一つは、もし大河だったとして、その水が涸れて、この川沿いに広がるインダス文明が衰退したと仮定できたとしても、それがすべてのインダス文明の都市放棄とどうつながるのか、という問題である。前者については第1部第2章で詳細に述べる。後者については終章でインダス文明衰退のシナリオとして提示したい。

(8) 気候変動説

現在、最も議論が活発なトピックである。とりわけ、4200年前 (4.2 ka) の気候イベントによる影響でインダス文明の衰退を招いたというものである (Staubwasser and Weiss 2006; Berkelhammer et al. 2012 など)。2012年2月にも、気候変動説によるインダス文明衰退説が、イギリスのアバディーン大学を中心とした研究グループが発表している (Giosan et al. 2012)。

これに関してはプロジェクトでネパールのララ湖におけるコアリングを実施し、独自の研究成果を得ている。その詳細は本書の第1部第4章である。

その他、ここでは挙げていないが、伝染病、作物害虫の蔓延などにより衰退したとする説もある。この説はレイモンド・オールチンが衰退原因を挙げ

た論文 (F. Raymond Allchin 1995: 27-28) のなかで、可能性として挙げているだけで、その理由は述べられていない。広大なインダス文明地域を考えると、伝染病や作物害虫によって、すべての地域が影響を受ける可能性は低いように思うが、いかがであろうか。

　以上、これまで発表されたインダス文明衰退説を紹介した。このうちの (2) (7) (8) を取り上げて、我々の研究において検証を行い、それは本書第 1 部で詳細に述べられている。しかし、これらを含めた我々の研究成果に基づく、新しいインダス文明像は終章で提示したい。

5　本書の構成

　本書は 3 部構成をなす。第 1 部は「自然環境を復元する」ことをめざし、主に自然科学的なアプローチから自然環境に焦点をあてた研究の成果である。まず、第 1 章ではインダス文明を取り巻く自然環境がどういったものなのか、わかりやすく概説を行っている。続く、第 2 章から第 4 章では、インダス文明衰退原因として考えられている、消えた大河「サラスヴァティー川」の問題 (第 2 章)、グジャラート州海岸部における地殻変動 (第 3 章)、そして気候変動 (第 4 章) の三つを取り上げ、それぞれの研究成果を述べている。

　第 2 部は「人々の暮らしを復元する」ことを目的として、考古学によるインダス文明遺跡の発掘成果 (第 5 章)、そして考古学が明らかにするインダス文明期の流通ネットワーク (第 6 章)、さらに遺跡から出土した植物遺存体の研究成果から、インダス文明期の農業を復元している (第 7 章)。これらは発掘という手段によって、インダス文明期の物質文化を明らかにした研究である。インダス文明期は農耕だけが行われていたのではない。牧畜も重要な生業である。フィールドワークと文献研究から牧畜の実態に迫る (第 8 章)。インダス文明研究にとって、インダス文字の解読は重要な研究である。インダス文字文化があったのかという視点から、インダス文字解読の歴史を紹介している (第 9 章)。インダス文字がまだ解読されていない現状では、インダス

文明以後にインド亜大陸にやってきた人々が残した文献からのアプローチも重要である。アーリヤ文化がインダス文明といかに違うかについても論じている（第10章）。

　第3部は「現代へのつながり」に目を向け、農耕の変遷（第11章）、DNA研究から解明する人の移動（第12章）、現代南アジア諸言語の多様性（第13章）、そして南アジアにおけるカースト・ネットワーク（第14章）などに焦点をあて、インダス文明から現代まで南アジアの文化伝統が継続していることを前提とした研究アプローチで、インダス文明の実態に迫っている。

参考文献

M. ウィーラー（小谷仲男訳）（1971）『インダス文明の流れ』創元社.
上杉彰紀（2010）『インダス考古学の展望』総合地球環境学研究所.
長田俊樹（2001）「はたしてアーリヤ人の侵入はあったのか？　ヒンドゥー・ナショナリズムの台頭のなかで —— 言語学・考古学・インド文献学」『日本研究』23: 179-226.
辛島昇・桑山正進・小西正捷・山崎元一（1980）『インダス文明 —— インド文化の源流をなすもの』日本放送出版協会.
近藤英夫編（2000）『四大文明［インダス文明］』NHK出版.
中村元（1979）『ヒンドゥー教史』山川出版社.
濱田耕作（1925）「印度に於ける最近の考古学上の大発見」『歴史と地理』15(1): 1-7.
D. マッケイ（宮坂宥勝・佐藤任訳）（1984）『インダス文明の謎』山喜房佛書林.
山崎元一（1997）『古代インドの文明と社会』中央公論社.
Allchin, B. and Allchin, F. R. (1997) *Origins of a Civilization: the Prehistory and Early Archaeology of South Asia*. Viking, New Delhi.
Allchin, F. R. (1995) The end of Harappan urbanism and its legacy. *The Archaeology of Early Historic South Asia*. Cambridge University Press, Cambridge. pp. 26-40.
Berkelhammer, M., Sinha, A., Stott, L., Cheng, H., Pausata, F.S.R. and Yoshimura, K. (2012) An abrupt shift in the Indian monsoon 4000 years ago. In Giosan, L., Fuller, D.Q., Nicoll, K., Flad, R.K. and Clift, P.D. (eds.) *Climate, Landscape, and Civilization*. American Geophysical Union, Washington DC. pp. 75-87.
Dales, George, F. (1964) The mythical massacre at Mohenjo-daro. *Expedition* 6(3): 36-43.
Fairservis, W. A. Jr. (1967) The origin, character and decline of an early civilization. *Novitates* 2302.
Ghose, B., Kar, A. and Hussain, Z. (1979) The lost courses of the Saraswati River in the Great Indian Desert: new evidence from Landsat imagery. *The Geographical Journal*, 145(3): 446-

451.

Giosan, Liviu, Peter D. Clift, Mark G. Macklin, Dorian Q. Fuller, Stefan Constantinescu, Julie A. Durcan, Thomas Stevens, Geoff A. T. Duller, Ali R. Tabrez, Kavita Gangal, Ronojoy Adhikari, Anwar Alizai, Florin Filip, Sam VanLaningham, and James P. M. Syvitski (2012) Fluvial landscapes of the Harappan civilization. *Proceedings of the National Academy of Sciences of the United States of America,* May 29.

Kennedy, Kenneth A. R (2000) *God-apes and Fossil Men: Paleoanthropology of South Asia.* University of Michigan Press, Ann Arbor.

Kenoyer, J. K. (1998) *Ancient Cities of the Indus Valley Civilization.* Oxford University Press, Karachi.

――― (2013) The Indus civilization. In Colin Renfrew and Paul Bahn (eds.) *Cambridge World Prehistory.* Cambridge University Press, Cambridge. pp.407-432.

Lahiri, N. (ed.) (2000) *The Decline and Fall of the Indus Civilization.* Permanent Black, Delhi.

Lal, B. B., Jagat P.J. Thapar, B.K. and Madhu B. (2003) *Excavations at Kalibangan: The Early Harappans (1960-1969).* Archaeological Survey of India, New Delhi.

Lambrick, H. T. (1967) The Indus flood plain and the 'Indus' Civilization. *Geographical Journal,* 133(4): 483-494.

Marshall, J. (1924) First light on a long-forgotten civilization. *Illustrated London News,* 20 September 1924: 528-532, 548. (Reprinted in Gregory L. Possehl (ed.) (1979) *Ancient Cities of the Indus.* Vikas, New Delhi. pp. 105-107.)

Mughal, M. R. (1990) The decline of the Indus Civilization and the Late Harappan period in the Indus Valley. *Lahore Museum Bulletin,* 3(2): 1-22.

Oldham, C. F. (1874) Notes on the lost river of the Indian desert. *Calcutta Review,* 59(1): 1-27.

Oldham, R. D. (1893) The Saraswati and the lost river of the Indian desert. *Journal of the Royal Asiatic Society,* 25: 49-76.

Possehl, G. L. (1999) *Indus Age: The Beginnings.* University of Pennsylvania, Philadelphia.

――― (2002) *The Indus Civilization: A Contemporary Perspective.* Alta Mira, Walnut Creek.

Raikes, R. L. (1964) The end of the ancient cities of the Indus. *American Anthropology,* 66(2): 284-299.

Staubwasser, M. and Harvey W. (2006) Holocene climate and cultural evolution in late prehistoric early historic West Asia. *Quaternary Research,* 66: 372-87.

Sahni, M. R. (1956) Biological evidence bearing on the decline of the Indus Valley Civilization. *Journal of the Palaeontological Society of India,* 1(1): 101-107.

Stein, A. (1942) A survey of ancient sites along the 'Lost Saraswati River'. *The Geographical Journal,* 99: 173-182.

Wasson, R. J. (1984) The sedimentological basis of the Mohenjo-daro flood hypothesis. *Man and Environment* 8: 88-90.

———— (1987) The sedimentological basis of the Mohenjo-daro flood hypothesis-a further comment. *Man and Environment* 11: 122–123.

Wheeler, M. (1947) Harappa 1946: The defenses and cemetery R-37. *Ancient India,* 3: 58–130.

Wright, R. (2010) *The Ancient Indus: Urbanism, Economy and Society.* Cambridge University Press.

第 **1** 部

自然環境を復元する

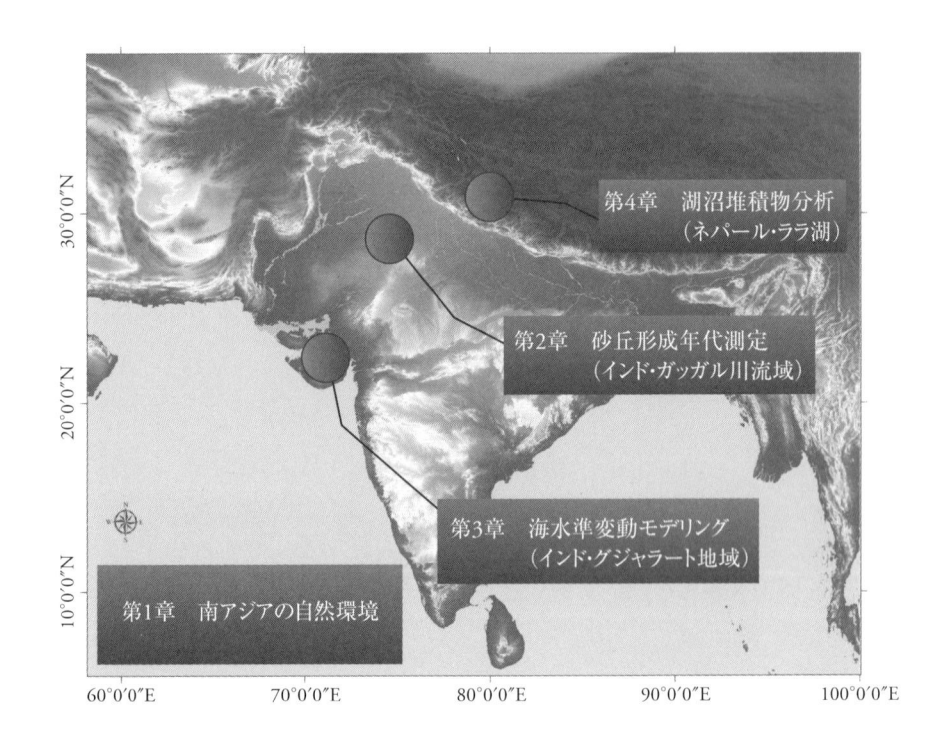

第4章　湖沼堆積物分析
（ネパール・ララ湖）

第2章　砂丘形成年代測定
（インド・ガッガル川流域）

第3章　海水準変動モデリング
（インド・グジャラート地域）

第1章　南アジアの自然環境

第1章　南アジアの自然環境

前杢英明

ヒマラヤの聖地ムクチナートとダウラギリⅠ峰

第1部　自然環境を復元する

　末期のインダス文明はどのような自然環境に囲まれていたのだろうか。この謎に挑むにあたり、まず本章では現代の南アジアに焦点をあて、その地形と気候がこの地に暮らす人々の生活をどのように支えているかを考えたい。

1-1　生活の舞台としての多様な大地

　南アジアは、きわめて多様な自然環境から成り立っている。その要因は、南アジアの範囲が非常に広いことだけではなく、他の地域にはない独特な地形の成立過程により、世界一大きい標高差を有していることも大きな要因である。

　南アジアの地勢は、白亜紀後期（約1億年前以降）にゴンドワナ大陸からインド亜大陸が分離してインド洋を北上し、約5000万年前にユーラシア大陸に衝突したことにより大枠が形成されたと考えられている（図1-1）。その後もインド亜大陸はユーラシア大陸の下に潜り込みながら衝突し続けた結果、断層や褶曲により地殻が短縮することによって、ヒマラヤのような巨大な山脈が、ユーラシアとインド亜大陸の境界部に形成された。

　このような成立過程は地質構造に明瞭に表れている。インド亜大陸の土台を作る地質は、始生代の古い大陸地殻からなっており、表層に古生代～中生代の堆積物や、衝突直前に噴出したデカン玄武岩が分布している。現在インドの貴重な天然資源となっている石炭はこの時代に形成されたものである。北部山岳地帯の地質は、かつてインド亜大陸とユーラシア大陸の間にあった地中海（テーチス海）の海洋地殻や堆積物、およびユーラシア大陸の地殻が強く圧縮されることによって形成された変成岩類や火成岩類、さらにゴンドワナ大陸の堆積物までもが断層や褶曲により複雑な構造になっている（図1-2）。

　南アジアの地形は大きく分けて三つの地域に区分される（図1-3）。それらは南アジアの北部を限るヒマラヤ山脈を中心とする脊梁山脈およびそれに連なる西部と東部の南北方向の山脈、モンスーンが涵養する氷河や大河川が脊

第1章　南アジアの自然環境

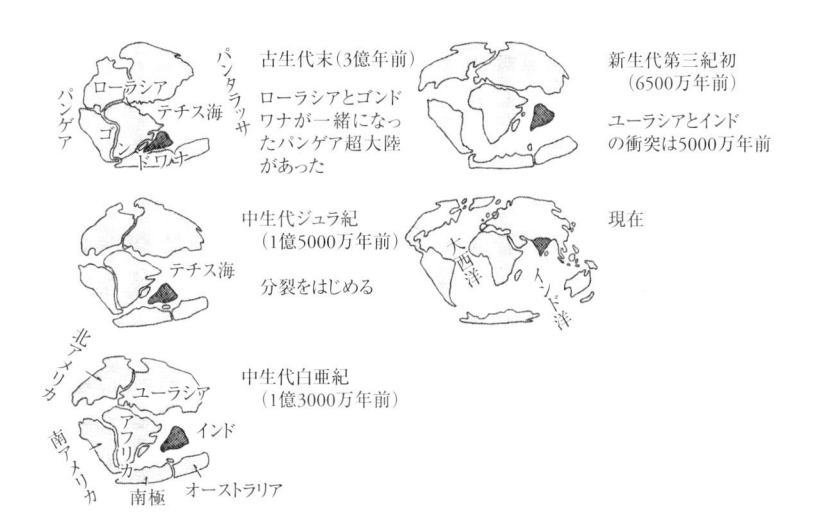

図1-1　ゴンドワナ大陸の分裂とインドとユーラシアの衝突（木崎1994による）

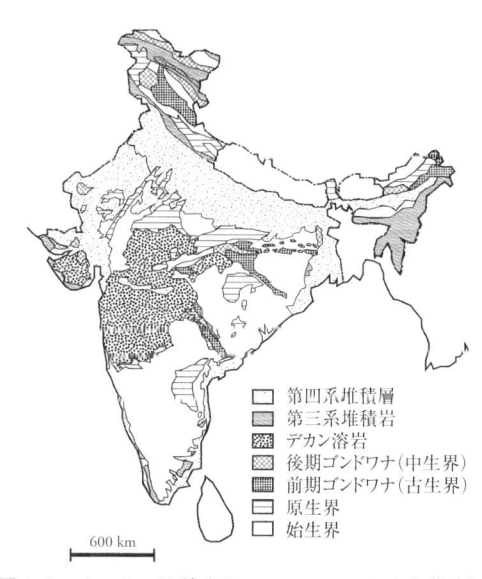

- パンゲア／ローラシア／パンタラッサ／テチス海／ゴンドワナ
- 古生代末(3億年前)　ローラシアとゴンドワナが一緒になったパンゲア超大陸があった
- 中生代ジュラ紀（1億5000万年前）　テチス海　分裂をはじめる
- 中生代白亜紀（1億3000万年前）　北アメリカ／南アメリカ／ユーラシア／アフリカ／インド／南極／オーストラリア
- 新生代第三紀初（6500万年前）　ユーラシアとインドの衝突は5000万年前
- 現在　太平洋／大西洋／インド洋

図1-2　インドの地質（ジョンソン1986により作成）

凡例：
- 第四系堆積層
- 第三系堆積岩
- デカン溶岩
- 後期ゴンドワナ（中生界）
- 前期ゴンドワナ（古生界）
- 原生界
- 始生界

600 km

25

第 1 部　自然環境を復元する

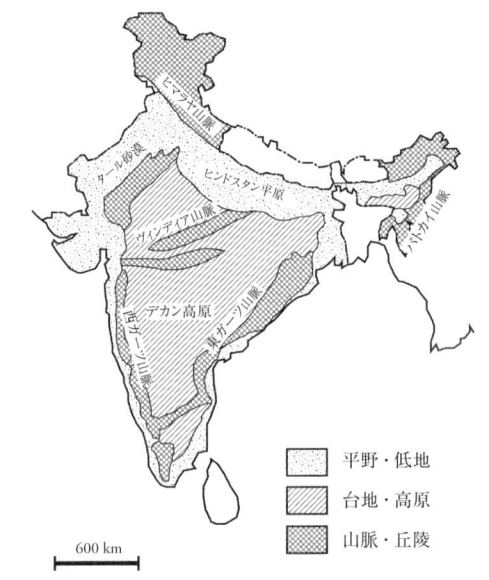

図 1-3　インドの地形区分（ジョンソン 1986 により作成）

梁山脈を侵食した結果生産された大量の土砂が、山脈に取り囲まれた南側に運搬され堆積して形成されたヒンドスタン平原、そして、インド洋に三角形に突き出した、かつてはゴンドワナ大陸の一部だったインド亜大陸（インド半島）である。

(1) ヒマラヤおよびその周辺山脈

　南アジアの北限を限り、衝立のように立ちはだかるヒマラヤ山脈は、カラコルム山脈など周辺の山脈も含めると、長さ 2000 km を超える世界一標高が高い山脈である。世界に 14 座ある標高 8000 m を超える山は、すべてこの地域に分布している（ヒマラヤ山脈 11 座、カラコルム山脈 3 座）。ヒマラヤ山脈は、インド亜大陸の衝突により約 2000 万年前頃から急速に隆起し始め、現在の高さまで持ち上げられた。現在も年間 5 mm くらいの速度で隆起を続

第1章　南アジアの自然環境

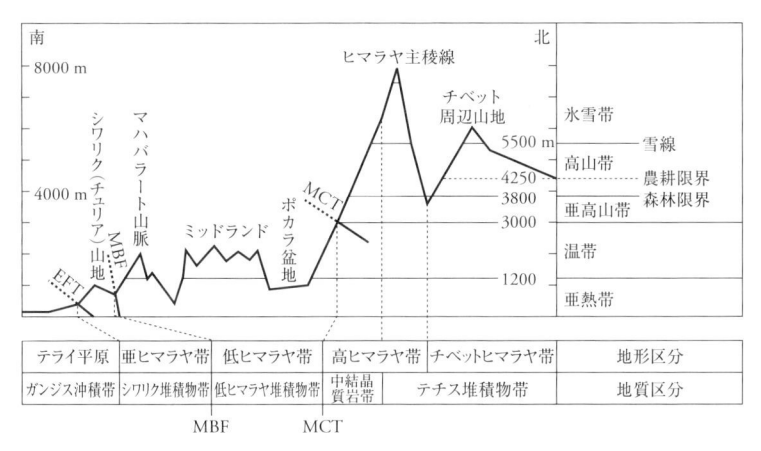

図 1-4　ヒマラヤ山脈の地形・地質区分（木崎 1988 による）

けている。まさに「世界の屋根」と呼ばれるにふさわしい巨大山脈である。

　ヒマラヤ山脈をさらに細かく地形区分すると、断層帯で区分された3列の山地帯に分けられる。一番南側には標高1000 m以下の亜ヒマラヤ帯があり、その北側には主境界断層をはさんで、標高3000 m以下の低ヒマラヤ帯、そしてその北側に主中央断層をはさんで、標高8000 mを超える高ヒマラヤ帯がある。高ヒマラヤ帯の北側にある、チベット高原に続くチベット・ヒマラヤ帯を含めて4列に区分されることもある（図1-4）。これらの断層帯に沿って、ヒマラヤ山脈が南側にのし上がるように隆起してきたのである。

　ヒマラヤを代表する高ヒマラヤ帯は8000 mを超える高峰が連なる。標高4000 mくらいまでは主にチベット系民族が定住しているが、それ以上の高度は夏の放牧地として利用されていることが多く、標高5000 mを超えると岩と氷河だけの世界である。

　低ヒマラヤ帯は弱い変成作用を受けた堆積岩からなるところが多く、比較的おだやかな山容である。稜線付近に発達する地すべり性緩斜面が農地として利用できることから、古くからインドやチベットから人々が入植し、インドとチベットの文化を融合させながら独自の文化圏を形成してきた場所である。

27

第1部　自然環境を復元する

　亜ヒマラヤ帯は別名シワリク山地とも呼ばれ、ヒマラヤ山脈が急激に隆起し始めて以降、それに伴う侵食作用により山麓に堆積した河川性の砂礫層が、さらに新しく形成された断層・褶曲により隆起した最も若い山地である。その南側を縁どるヒマラヤ前縁断層帯はきわめて活動的であり、歴史時代にも多くの巨大地震が発生している。

　ヒマラヤ山脈のような非常に高く険しい山脈の存在は、北部のチベット系文化と南部のインド系文化を遮断する障壁となり、それぞれ独自の世界観が醸成される背景となったと考えられている。また、ヒマラヤ山脈は、インド洋からの夏季の湿潤な気流を受け止め、それによる降水が大河川となって南麓に大量の水を供給する水源としての役割を果たしており、南アジア社会の経済を支える大黒柱ともいえる。

　南アジアの西側を限り、西アジアとの境界をなしているのは、パキスタン西部からアフガニスタンに分布する、中央マクラーン山脈、スライマーン山脈、ヒンドゥークシュ山脈である。前者二つの山脈は2000〜3500 m程度の標高であるが、ヒマラヤに近いヒンドゥークシュ山脈は7000 mを超える高峰も含まれている。これらの山脈の西側はイランやアフガニスタンの非常に乾燥した高原になっており、西アジア、中央アジアと南アジアの間に立ちふさがる自然的障壁になっている。

　南アジアと東南アジアの境界には、インド・ミャンマー国境に分布するパトカイ山脈、およびその南側に続くアラカン山脈があり、山脈東側にあるエヤワディ川低地帯と区分している。標高は3000 m台以下であり、自然的な障壁は北部や西部に比べ低いことから、かつては東南アジアとの間で文化や経済の交流が行われた時代があったが、最近は政治的な要因により、山脈をはさんでの東西の交流はそれほど活発ではない。

(2) ヒンドスタン平原

　インド洋からの湿ったモンスーンが涵養する大河川により、隆起し続ける脊梁山脈から大量の土砂が運搬され、その麓に堆積して形成された河成平野

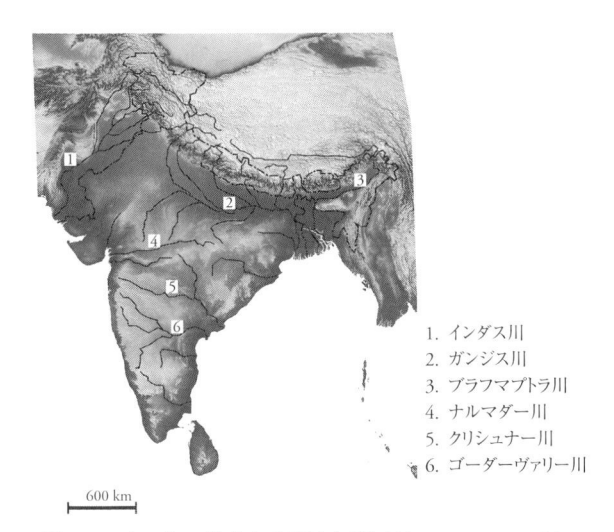

1. インダス川
2. ガンジス川
3. ブラフマプトラ川
4. ナルマダー川
5. クリシュナー川
6. ゴーダーヴァリー川

図 1-5　インドの地勢と主要な河川（ジョンソン 1986 および GTOPO30 により作成）

をヒンドスタン平原と呼ぶ。平原を構成する主な水系は、西部のインダス川水系、中部のガンジス川水系、そして東部のブラフマプトラ川水系の三つである（図 1-5）。雨季の氾濫により、ほぼ毎年肥沃な土壌が供給されることから、大農業地帯となっている。河成平野が隆起などにより台地化した部分と、現成の沖積作用が及ぶ低地に区分され、現在では台地も含め灌漑用水路が張りめぐらされている。インド中～東部では、米の二期作や小麦などを取り入れた二毛作など集約的な農業が行われ、インド西部からパキスタンでは灌漑による小麦の栽培が盛んである。紀元前 1500 年頃、アーリヤ人が北方からパンジャーブ地方に侵入して以降、インド・アーリヤ文化熟成の中心的役割を果たした地域でもある。

(3) インド半島

インド洋に三角形に突き出したインド半島は、その形成過程からインド亜

大陸とも呼ばれ、ユーラシア大陸とは異なった地質からなっている。標高は300〜700 m くらいで、全体的に平坦で東側に緩やかに傾斜した台地状の地形であるため、デカン高原と呼ばれている。

　デカン高原は山地に周囲を囲まれている。西側を限る西ガーツ山脈は、南北 1600 km にわたる長大な山脈で、平均標高は 1200 m 程度である。山脈の南部は標高が高く、最高峰のアナイムディ山（2695 m）がそびえる。西ガーツ山脈の北部はデカン玄武岩に表層を覆われており、玄武岩の構造によりテーブル状の山容を示す。西ガーツ山脈西側斜面には、インド洋からの夏季のモンスーンが直接吹きつけるため、大量の地形性降雨があり、東に傾斜するデカン高原を横切るゴダバリ川、クリシュナ川などの大河川の水源にもなっている。このためヒマラヤ山脈の場合と同様、半乾燥地域が広がるデカン高原の農業を支える水源として、西ガーツ山脈は非常に重要である。

　東側の東ガーツ山脈は、平均標高は西ガーツ山脈に比べ低く、最高峰は中部のジンダーガーダ山（1690 m）である。山脈は、デカン高原を東流するゴダバリ川、クリシュナ川など大河川の河口部沖積平野により分断されている。東ガーツ山脈南部の東海岸平野地域は、西ガーツ山脈とは対照的に、ポストモンスーンのサイクロンと、冬季モンスーンがベンガル湾を渡ってくる湿った気流が降水をもたらすため、11 月〜 1 月の降水量が多くなる傾向がある。

　インド半島北部には、ヒンドスタン平原との境界部に、ビンディヤ山脈など東西に延びる小山脈や高原地帯が分布している。これらの高原・山脈と夏季モンスーンにより、ナルマダー川など数少ないインド半島を横切って東から西に流れる河川が涵養されており、降水量が少ないインド半島北西低地部にとっては貴重な水源となっている。豊富な水資源を有効に利用するため、ナルマダー川流域に、複数の農業用ダムや発電用ダムを建設することを盛り込んだナルマダーダム開発計画が 1940 年代から計画されていた。しかし、この計画は移転を余儀なくされる地域住民から、利益を得るのは流域外の地域であること、移転に対する十分な補償がないこと、移転計画地に居住する部族の伝統文化が断絶されることなどから強く反対された。さらに、世界各

国からも環境破壊の問題から反対されたため、計画は一時暗礁に乗り上げた。現在ダムの建設はインド政府の予算で続行中であり、反対運動も継続されている。

1-2 独特な文化を生む多様な気候

　南アジアの気候は、地形の場合と同じく多様性を有している。南アジアは、北緯7度の赤道に近接する熱帯から、北緯38度の山岳地域まで、南北に30度以上の幅をもつ広大な地域である。また、インド洋沿岸の低地から、世界の屋根と呼ばれるヒマラヤなどの高山地域まで幅広い高度帯が含まれていることから、ケッペンの気候区分で、A（熱帯）、B（乾燥帯）、C（温帯）、D（冷帯）、E（寒帯、高山帯）が含まれており、ほぼ地球上のあらゆる気候帯が一つの地域内に含まれる珍しい地域である。

　南アジアの気候は多様であるが、地域の大部分の気候を支配するキーワードは「季節風（モンスーン）」である。モンスーンは、気候学的には明らかな季節的転換を伴う優勢な気流と定義される。南アジアにおける季節風とは、夏季の南西モンスーンと冬季の北東モンスーンの交替であり、大気大循環により地表面近くで南北から熱赤道付近に気流が集まって来るため熱帯収束帯が形成され、それが地軸の傾きに由来する季節変動により、南北に振動することに起因している（図1-6）。6月下旬に北回帰線付近で太陽が真上に来る北半球では、熱帯収束帯も北上し、南半球から吹き込む気流がコリオリ力によって東向きに転向するため、海水温が高いインド洋西部を通過して南アジアに湿った南西風をもたらす。これが夏季の南西モンスーンであり、南アジアを中心にインド洋から供給される水分と地形的効果によって、多量の降水がもたらされる。逆に12月下旬に南回帰線付近で太陽が真上に来る北半球の冬には、南下した熱帯収束帯に向かって、高気圧が張り出したユーラシア大陸から冷たく乾いた北東風が吹き出す。これが冬季の北東モンスーンであり、冬季の冷涼化と、ベンガル湾を通過する気流はインド南東部へ降水をも

第 1 部　自然環境を復元する

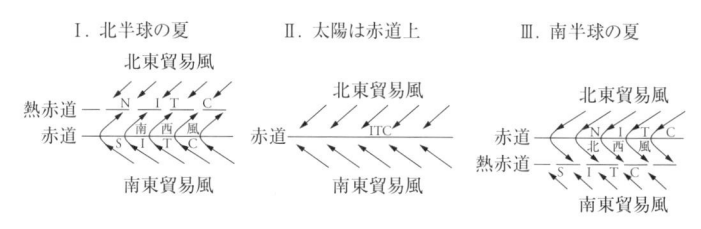

　　　　　Ⅰ. 北半球の夏　　　　Ⅱ. 太陽は赤道上　　　　Ⅲ. 南半球の夏

図 1-6　熱帯収束帯 (ITC) の季節変動 (吉野 1978 による)

たらす。
　南アジアの中央に位置するインド北部を基準に、インド気象庁がモンスーンの変化を基準に、以下のように季節区分を行っているが、国土が広大なインドでは、南部と北部で約 1 か月季節変化にずれが生じることがある。3 月～5 月のプレモンスーン期は、太陽高度の上昇につれて気温が急激に上昇する時期である。首都のデリーでは 5 月には最高気温 40 度を超える猛暑となり、雨はほとんど降らない。6 月～9 月の南西モンスーン期は熱帯収束帯の北上によって突然の雷雲とともに始まる。西ガーツ山脈では激しい地形性降雨がある反面、デカン高原西部は雨陰地域となり降水量は少ない。ヒンドスタン平原では南東からヒマラヤ沿いに入ってきた気流により降水が生じ、ヒマラヤから流下する河川は氾濫を起こす。東北部のメガラヤ州などはベンガル湾からの湿った気流と地形効果により多量の降水が生じる。同州チェラプンジでは、1860～1861 年に 2 万 6461 mm の世界一の年降水量を記録している。10 月～11 月のポストモンスーン期は、熱帯収束帯の南下に伴って北方から大陸性高気圧が張り出し、天気が安定し降水はほとんどみられなくなる。晴天が多くなるため 10 月には南西モンスーン期より一時的に気温が上昇し、その後下降に転じる。南部や南東部の海岸地域は、この時期にインド洋で発生する熱帯低気圧 (サイクロン) が通過することがあり、多量の降水をもたらす。12 月～2 月の北東モンスーン期は、北部では気温が下がり、デリーでは最低気温が 10 度を下回る。寒帯前線帯の南下により地中海付近で冬季に降水をもたらす温帯低気圧が、偏西風によりインド北西部まで東進した場合、北西部の山岳地域では冬季に降雨や降雪が生じることがある。一方、南

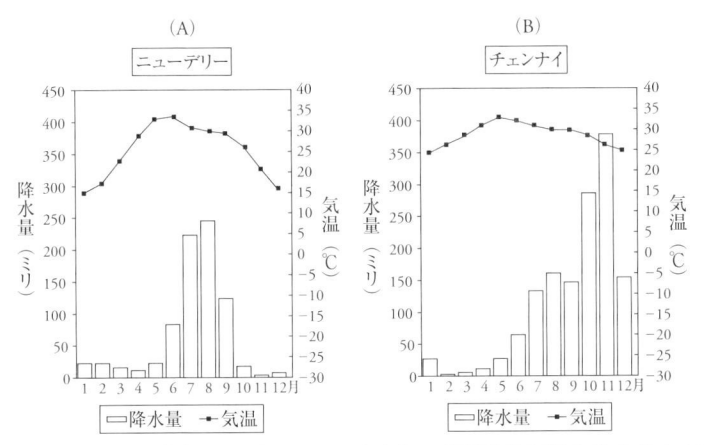

図 1-7　ニューデリー (A) およびチェンナイ (B) の月別平均気温と降水量 (1961 年〜1990 年の平均値、理科年表により作成)

部や東南部の海岸地域では、ベンガル湾を渡ってくる北東からの気流が、東ガーツ山脈の影響で生じる地形性降雨により、南西モンスーン期を上回る降水量がもたらされる (図 1-7)。

1-3　農業を支える多様な土壌

　土壌は、気候や地質、および地形と関係して形成され、農業生産性の基礎になっている。土壌の性質は、土壌母材を提供する表層付近の地質と、河川や風による運搬・堆積作用、気候条件など自然地理的要素に深く関係している。基本的に南アジアの土壌は、山岳地帯、インド半島の古い大陸地殻、そしてその間にあるヒンドスタン平原の沖積層という地質学的な 3 大区分に規定されている (図 1-8)。

　南アジア南部〜東部に分布する赤色土もしくは赤黄色土は、古い大陸地殻を構成する片麻岩や花崗岩が風化して形成された土壌であり、一般的に植物の生育に必要なリン、カリウム、カルシウムなどの養分に乏しく痩せた土壌

第 1 部　自然環境を復元する

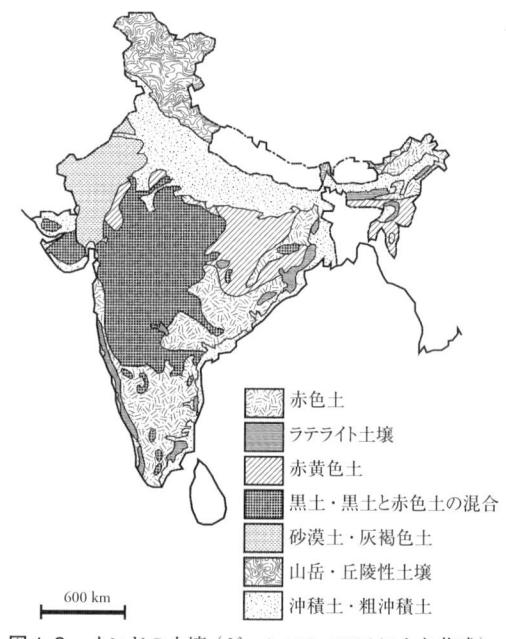

図 1-8　インドの土壌（ジョンソン 1986 により作成）

凡例：
- 赤色土
- ラテライト土壌
- 赤黄色土
- 黒土・黒土と赤色土の混合
- 砂漠土・灰褐色土
- 山岳・丘陵性土壌
- 沖積土・粗沖積土

とされている。しかし、灌漑による塩類化作用を引き起こしにくいことから、灌漑農業には有利に働く場合もある。

　インド半島中西部にはデカン玄武岩を母材としたレグールと呼ばれる黒色土が広く分布している。カリウムやリンなどの養分に富むが、粘土質で保水性が良い反面、乾燥すると固くなってひび割れする欠点もある。黒色綿花土という別名をもち、土壌の性質とともに気候条件も相まって、綿花の作付面積が比較的大きいのが特徴である。レグールはデカン高原だけでなく、西部低地のグジャラート州半島部にも広がっている。

　南アジア西部の乾燥地帯には、灰褐色度〜砂質の砂漠土であるが、非常に乾燥しているため、灌漑施設が整えられた環境でなければ農業は成立しにくい。北部〜東部山岳地帯の山麓部には森林が広がり、褐色森林土が見られる。

ヒンドスタン平原を構成する新しい沖積土は洪水により養分が毎年供給され、きわめて肥沃である。ヒマラヤ山麓に近い地域ほど、扇状地性の礫質土壌になる。台地化したやや古い沖積層はカンカールと呼ばれる石灰結核を含んでいるのが特徴である。湿潤なアッサムなどの東北部には、古い沖積層が洗脱作用を受け、ラテライト土壌（ラトソル）が形成されている。ラテライト土壌は多雨地域の南西部海岸部にも細長く分布している。ラテライト土壌は、デカン高原中部や東部にも部分的に分布しており、現在の半乾燥気候では形成されないと考えられることから、過去の多雨であった環境によって形成された化石土壌であると考えられている。

1-4 南アジアの自然環境とインダス文明

地球表面において、エクメーネ（居住地域）とアネクメーネ（非居住地域）の境界を決める要素は、南北方向では［気温］、鉛直方向では［気圧］と［気温］であり、さらに大気循環の過程で発生する［降水］の要素が加わる。実際にアネクメーネは、おおよそ高緯度地域、乾燥地域、高山地域に分布していることが多い。衛星写真による地球表面の色調の違いをもとにして、地表面の気候・生態的区分として、高緯度寒冷地域をホワイトベルト、亜熱帯〜温帯湿潤地域をグリーンベルト、中緯度高圧帯の乾燥地域をイエローベルト、低緯度熱帯沿岸地域をブルーベルトと呼ぶことがある。この区分にしたがえば、アネクメーネは、高山地域を除いて、ホワイトベルトとイエローベルトに集中している。

南アジア西部の大部分は、イエローベルトに区分され、またそれに加えて北部は世界一の高山地域を含んでいる。インダス文明が展開した乾燥地域と高山地域をかかえた南アジア西部や北西部は、まさにエクメーネとアネクメーネの境界領域であり、過去の環境変化などによる自然的要因が引き金となって、境界線が不安定化することの影響を強く受けてきた地域といえる。ましてや技術や社会が未発達な古代社会においては、不安定な自然環境は、

第 1 部　自然環境を復元する

現在とは比べものにならないくらい社会に深刻な影響を与えたに違いない。

　インダス川は、チベット高原西部に水源があり、西方からやってくる冬季の温帯低気圧による降水、インド洋からの夏季南西モンスーンによる降水、およびそれらの結果として形成されたヒマラヤやカラコルムの山岳氷河融氷水などを集めてアラビア海に注ぐ南アジア最大級の河川である。インダス文明は、インダス川およびその周辺の諸河川から定期的にもたらされる水資源に強く依存しながらイエローベルトに展開した古代文明であり、環境変化が引き金となって衰退したと考える学者も多い（序章、3 章などを参照）。

参考文献

木崎甲子郎（1994）『ヒマラヤはどこから来たか —— 貝と岩が語る造山運動』中公新書.
木崎甲子郎編著（1988）『上昇するヒマラヤ』築地書館.
B. L. C. ジョンソン（山中一郎, 松本絹代, 佐藤宏, 押川文子訳）（1986）『南アジアの国土と経済 —— 第 1 巻　インド』二宮書店.（Johnson, B. L. C. (1983) *India; Resources and Development*, Heinemann Educational Books Ltd., London.）
吉野正敏（1978）『自然地理学講座 2　気候学』大明堂.

● コラム 1 ●

インド・パキスタン周辺の活断層と歴史地震

熊原康博・堤　浩之

　インド大陸をのせるインド・オーストラリアプレートは、ユーラシアプレートに対して年間約 5 cm の速度で北進している。そのため、プレート境界にあたるインド大陸の周縁は、世界でも有数の地殻変動の激しい地域である。インダス文明が栄えたインダス・ガンジス平原北部、インダス川流域、グジャラート地方には、活断層が分布し、歴史時代にも内陸直下型大地震が発生している。本コラムでは、これらの三つの地域の活断層や歴史地震について紹介し、地震とインダス文明の衰退との関連を考えてみたい。

インダス・ガンジス平原北部

　インダス・ガンジス平原の北縁にあるヒマラヤは、両プレートの正面衝突によって生じた山地列であり、最も平原側の山地（シワリク丘陵）と平原の境界付近はヒマラヤ前縁地域と呼ばれている。ヒマラヤ前縁地域では、過去 100 年間にマグニチュード 8.0 以上の大地震が四つ発生している。インド北西部では、1905 年にマグニチュード 8.6 のカングラ地震が発生し、2 万人以上が亡くなった。震源の浅い大地震が発生すると、地表に地震断層が現れることが一般に知られているが、カングラ地震に対応する地震断層は確認されていない。ただし、地震前後の測量結果の比較から、伏在するプレート境界断層で生じた地震であること（Chander 1988）やシワリク丘陵の褶曲変形が生じたこと（Yeats and Lillie 1991）が明らかになっている。

　インド北西部のヒマラヤ前縁地域には、山地側を隆起させる逆断層（ヒマラヤ前縁スラスト、HFT）が山麓沿いに連続的に発達している（Kumar et al. 2006)。ヒマラヤの山地内にも、古い地質構造線に沿って活断層が認められるものの、最も活動的な活断層は HFT と考えられている。HFT の断層崖を横切る溝を掘って地層を観察するトレンチ掘削調査によると、地層のずれから、ひとつの地震で 10～25 m に及ぶ断層変位があったことが、各地で確かめられている (Kumar et al. 2006 など)。HFT が連続的に認められることや、一度に十数メートル以上ずれた証拠が認められることから、カングラ地震とは異なるタイプの大地震が、ヒマラヤ前縁で過去に繰り返し発生してきた可能性が高い。

　最近、ヒマラヤ前縁のパンジャーブ州で、HFT のトレンチ掘削調査を実施した (位置は図中に示す)。トレンチ壁面に現れた地層のずれの量と年代から、1400～1460 年に一度に 9.3 m 以上ずれるような断層変位があったことが明らかとなった。他のトレンチ掘削調査の結果をあわせると、北西インドでは、カングラ地震の規模を超えるマグニチュード 8.7 以上の大地震が繰り返し発生してきたと考えられる (Kumahara and Jayangondaperumal 2013)。

　残念ながら、これまでの古地震学的研究では、インダス文明期にあたる紀元前 1900～2600 年頃の断層変位の有無に関するデータは得られておらず、インダス文明の盛衰とヒマラヤ前縁で発生する巨大地震との関係については不明である。ただし、インダス文明の衰退の原因のひとつとして挙げられるインダス川の流路変更には、活断層の活動が影響している可能性がある。HFT の多くが、山麓沿いに発達する扇状地の頂部 (扇頂) を変位させており、HFT が活動した場合、扇頂付近に連続的な断層崖や、強い震動による地すべりなどが発生することが予想され、それにより河川のせき止めが生じる可能性がある。扇状地は円弧状に広がっているため、せき止めによって扇頂付近で流路が少し変わるだけでも、下流では流路が大きく変わる可能性があると考えられる。

パキスタン

　パキスタンについては、空中写真判読に基づく詳細な活断層分布図とそ

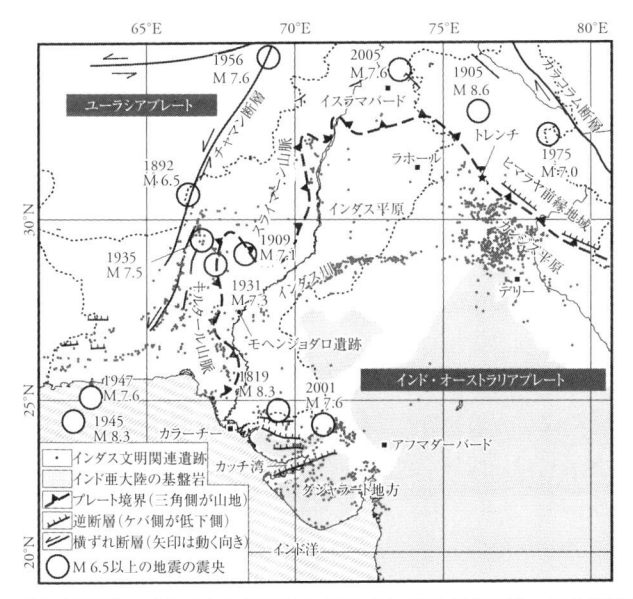

コラム1 インド・パキスタン周辺の活断層と歴史地震

図1 インド西部〜パキスタン周辺におけるインダス文明遺跡・主な活断層・歴史地震の震央。プレート境界沿いには逆断層が分布するが、この図では省略した。震央の位置・地震の規模は、アメリカ地質調査所（USGS）のサイト（http://earthquake.usgs.gov/earthquakes/eqarchives/epic/）などによる。断層の位置は、Nakata et al. 1990 や Malik et al. 2001 に基づく。インダス文明遺跡の分布は、上杉 2010 に基づく。

の解説が中田ほか（Nakata et al.1991）によって作成されている。それによると、パキスタン領内に分布する主要な活断層帯や歴史地震は以下の通りである。

バルチスタン州の中央部を北北東方向にのびるチャマン断層やこれに並走する断層群は、インド・オーストラリアプレートの北進に関連した左横ずれ断層である。これらの断層は、乾燥地域を通過するため変位地形が明瞭である。1935 年の地震（マグニチュード 7.5）ではチャマン断層の東を並走する横ずれ断層群の一部の長さ約 150 km の区間が破壊し、5 万人以上の犠牲者が出た。チャマン断層上では、1892 年にアフガニスタンとの

国境付近でマグニチュード6.5の地震が起こり、75 cmの左横ずれ変位が地表で確認された。パキスタン北部の丘陵・山岳地域には、プレートの衝突に関連した逆断層が分布する。2005年のカシミール地震（マグニチュード7.6）では、Nakata et al. (1991) に図示されていた活断層が再活動し、長さ約70 kmの地震断層が現れ、8万人以上の犠牲者を出す大災害となった。

インダス文明に影響を与えた可能性のある活断層としては、インダス平原とその西側のスライマーン山脈やキルタール山脈の地形境界に断続的に分布する南北走向の逆断層が挙げられる。多くの地点で扇状地面の東への傾動や撓みが認められるほか、活褶曲の成長に伴って形成された短い断層群が確認できる。反射法地震探査断面や石油井のデータに基づくと、山地と平野の境界には西傾斜の低角逆断層が伏在していることが明らかになっている（Humayon et al. 1991）。1909年の地震（マグニチュード7.1）は、インダス平原が両山脈の間に湾入している地域で発生している。しかし、この地震の震源域周辺では明瞭な活断層は認定されておらず、詳細な地震像は不明である。1931年の地震（マグニチュード7.3）はキルタール山脈内〜山麓に分布する逆断層が破壊して発生した地震であり、約120名の犠牲者を出した。測地学的な解析から、東傾斜の長さ60〜80 kmの逆断層が約1 m変位したと考えられている（Ambraseys and Bilham 2003）。パキスタン領内のインダス文明遺跡の多くはインダス川流域に分布しており、顕著な活断層が分布するインダス平原西縁に分布するものは少ない。代表的なモヘンジョダロ遺跡も、キルタール山脈の山麓線に沿って分布する逆断層から約100 km東に位置しており、地震で破壊されているとの報告はない。山麓の活断層は、おそらく数百年から数千年の周期で大地震を引き起こしてきたと考えられ、活断層の直上では断層変位や強震動によって甚大な被害が生じるが、被害は局地的である。よって、インダス文明遺跡の中には、近傍に位置する活断層の活動によって壊滅的な被害を受けたものがある可能性は否定できないが、文明を一気に荒廃に追い込むような大規模な地震や地殻変動は考えにくい。

コラム1　インド・パキスタン周辺の活断層と歴史地震

グジャラート地方

　この地方は、インド安定地塊の西縁に位置するにもかかわらず、地震活動が活発で、活断層が多数分布している特異な地域である。カッチ湾を境に二つの大きな山塊（北のカッチメインランドと南のサウラーシュトラ半島）があり、両山塊の北縁には山塊を隆起させる東西走向で南傾斜の逆断層が発達している。インダス文明遺跡の多くは、両山塊内に分布している。1819年（マグニチュード8.3）や2001年（マグニチュード7.6）の大地震に加え、マグニチュード3～5の中規模地震も多発している。1819年の地震は、インドとパキスタンの国境付近のアラー・バンド断層が活動し、長さが80 km以上の北傾斜の逆断層が約11 m変位したと考えられている（Bilham 1999）。2001年のブージ地震は、カッチメインランドの北東端付近で発生し、死者2.5万人を超える大災害となった。この地震は、震源の深さが22 kmと浅いことから地震断層の出現が予想され、複数のチームによる現地調査（Rajendran et al. 2001; Nakata et al. 2001; Seeber et al. 2001）が行われた。その結果、震源の北方や西方に、逆断層変位あるいは右横ずれ変位の地震断層らしき地表の変形構造が報告されたものの、その変位量は最大でも25 cmと小さいことや、地震波の解析による断層の動きとは必ずしも一致していないこと、表層の地すべりである可能性があることなど、これらの構造が地震断層かどうかはよくわかっていない。グジャラート地方においても、近傍に位置する活断層の活動によって壊滅的な被害を受けた遺跡がある可能性は否定できないが、パキスタンと同様に広範囲の遺跡群を一気に荒廃に追い込むような大規模な地震や地殻変動は考えにくい。

　以上のように、現状では、インダス文明の衰退につながるような歴史地震やそれを引き起こした断層運動を認めることはできない。今後、インダス文明期にまで遡って活断層の活動史を解明することや、遺跡において噴砂や地割れなど強い震動が生じた痕跡を見いだすことなどを通して、地震とインダス文明の衰退との関連を検討していく必要がある。

参考文献

上杉彰紀（2010）『インダス考古学の展望（中洋言語・考古・人類・民族叢書 2）』総合地球環境学研究所.

Ambraseys, N. and Bilham, R. (2003) Earthquakes and associated deformation in northern Baluchistan 1892–2001. *Bulletin of the Seismological Society of America*, 93: 1573–1605.

Bilham, R. (1999) Slip parameters for the Rann of Kachchh, Inida, 16 June 1819 earthquake, quantified from contemporary accounts. In Stewart, I. S. and Vita-Finzi, C. (eds.) *Coastal Tectonics*. Geological Society London, 146, 295–318.

Chander, R. (1988) Interpretation of observed ground level changes due to the 1905 Kangra earthquake, Northwest Himalaya. *Tectonophysics*, 194: 289–298.

Humayon, M., Lillie, R. J. and Lawrence, R. D. (1991) Structural interpretation of the eastern Sulaiman foldbelt and foredeep, Pakistan. *Tectonics*, 10: 299–324.

Kumahara, Y. and Jayangondaperumal, R. (2013) Paleoseismic evidence of a surface rupture along the northwestern Himalayan Frontal Thrust (HFT). *Geomorphology*, 180–181, 10.1016/j.geomorph.2012.09.004.

Kumar, S., Wesnousky, S. G., Rockwell, T. K., Briggs, R. W., Thakur, V. C., Jayangondaperumal, R. (2006) Paleoseismic evidence of great surface rupture earthquakes along the Indian Himalaya. *Journal of Geophysical Research*, 111, B03304. doi.org/10.1029/2004JB00430.

Malik, J. N., Nakata, T., Sato, H., Imaizumi, T., Yoshioka, T., Philip, G., Mahajan A. K., and Karanth, R. V. (2001) January 26, 2001, the Republic Day (Bhuj) earthquake of Kachchh and active faults, Gujarat, western India. 活断層研究, 20: 112–126.

Nakata, T., Otsuki, K. and Khan, S. H. (1990) Active faults, stress field and plate motion along the Indo-Eurasian plate boundary. *Tectonophysics*, 181: 83–95.

Nakata, T., Tsutsumi, H., Khan, S. H., and Lawrence, R. D. (1991) *Active Faults of Pakistan: Map Sheets and Inventories*. Research Center for Regional Geography, Hiroshima University, Special Publication, no. 21: 141.

Nakata, T., Yoshioka, T., Sato, H., Imaizumi, T., Malik, J. N., Philip, G., Mahajan, A. K., and Karanth R. V., Extensive surface deformation around Budharmora associated with the January 26, 2001 Republic Day (Bhuj) earthquake of India, 活断層研究, 20: 127–136.

Rajendran, K., Rajendran, C. P. Thakkar, M. G. and Tuttle, M. P. (2001) 2001 Kachchh (Bhuj) earthquake: coseismic surface features and their significance. *Current Science*, 83: 603–610.

Seeber, N., Ragona, D., Rockwell, T., Babu, S. and Briggs, R. (2001) Field observations bearing on the genesis of the January 26, 2001 Republic Day earthquake of India resulting from a field survey of the epicentral region. Web Document, Version of February 28, 2001.

Yeats, R. S. and Lillie, R. J. (1991) Contemporary tectonics of the Himalayan Frontal Fault System: Folds, blind thrusts, and the 1905 Kangra earthquake. *Journal of Structural Geology*, 13: 215–225.

第2章　消えた大河とインダス文明の謎

前杢英明・長友恒人

ガッガル川氾濫原と取り囲む砂丘

第1部　自然環境を復元する

　インダス川流域周辺に展開した世界四大文明の一つであるインダス文明は、モヘンジョダロやハラッパーなどの巨大都市が栄えたことで知られている（図2-1）。しかし、都市文明の最盛期である盛期ハラッパー文化期（紀元前2600〜1900年）に続く後期ハラッパー文化期（紀元前1900〜1300年）には多くの主要な都市が放棄され、小規模な集落の数も急減したことが遺跡の調査などから指摘されている（Possehl 2002）。紀元前1900年頃を境に、文明の急激な衰退、もしくは文明拠点の大規模な移動が行われたと解釈されている。衰退を引き起こした原因として最も注目されているのは、急激な自然環境変化説であろう。

　たとえば、モヘンジョダロの近くにあるチャンフーダロ遺跡における洪水痕跡の発見や、カンバート湾に面したロータル遺跡における同様な指摘により、大雨による大洪水原因説が提示された。本章ではこれらの自然環境原因説のうち、最も神秘的でドラマチックな「大河消滅説」について紹介し、その可能性について考えてみることにする。

2-1　消えた大河サラスヴァティー

　インド北部ヒマーチャル・プラデーシュ州の低ヒマラヤ山中に源流をもち、ハリヤーナー州からパンジャーブ平原を南西に流れ、ラージャスターン州から西向きに流れを変えた後、パキスタン・チョーリスターン砂漠に流入しそのまま末無川となるガッガル・ハークラー（Ghaggar-Hakra）という名の川がある。この川の流域には数多くのハラッパー文化期の遺跡が分布しており、その中にはカーリーバンガンやラーキーガリーなど有名な大規模都市遺跡も含まれている。現在この川は、南西モンスーン後退後の乾季には、河道の水流がほとんどなくなる間欠河流であるが、河川の規模に対して分布する遺跡があまりに多いことから、古代には年中水量が豊富な大河であったのではないかとする仮説が唱えられるようになった。さらに、この幻の大河をインドの古代神話『リグ・ヴェーダ』に登場する大河サラスヴァティー

第2章　消えた大河とインダス文明の謎

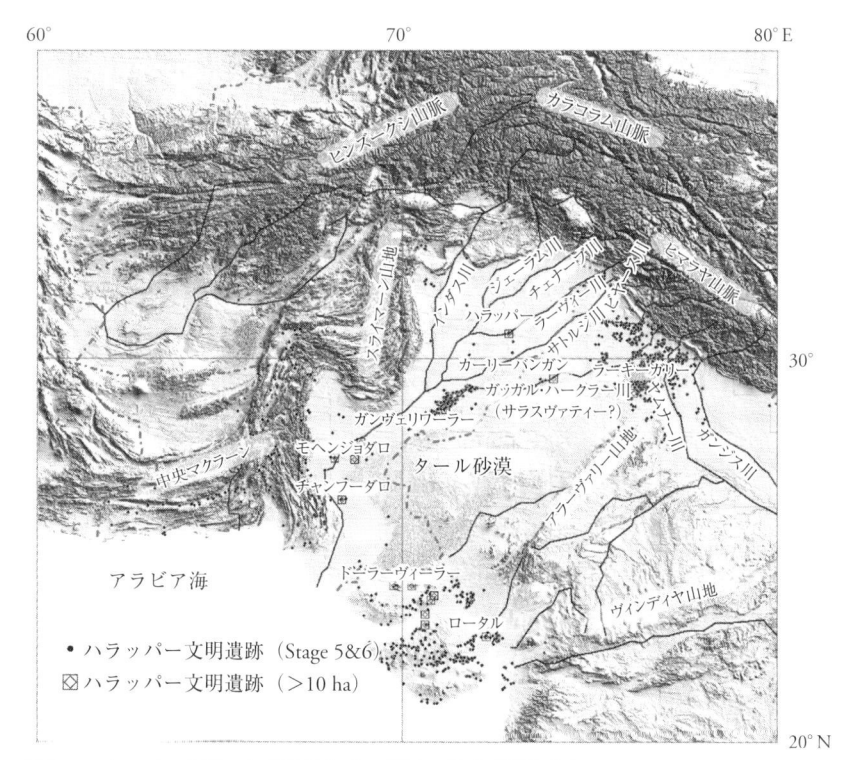

図 2-1 インダス文明の主要遺跡とその周辺の地形（遺跡分布は Maemoku et al. 2012 により作成）

（Saraswati）と同一視する考えが、歴史学や言語学の分野から提示されたことにより、「消えたサラスヴァティー（Lost Saraswati）」仮説をめぐる議論が盛んに行われるようになった（コラム 2 参照）。すなわち、かつて豊かな大河だったサラスヴァティーの恵みのおかげで、ハラッパー文化は熟成したが、突然の地殻変動や気候変動により水量が激減したため、農業などの生業が打撃を受け、文明衰退の引き金になったということである。消えたサラスヴァティー仮説は、最近の衛星画像を利用した地表面の分析などから、肯定的な見解を発表する研究者も多い。しかし、水量変化があった証拠や原因、および時期

について、現場の地形・地質学的なデータから具体的な分析をした研究は少なく、いまだ仮説の域を出ていないのが現状である。

2-2 サラスヴァティー川をめぐる議論

1970年代以降、多くの研究者や機関によって、消えたサラスヴァティー川の旧流路を探る研究が行われてきた。その結果、サラスヴァティー川は少なくともインド側では現在のガッガル川の流路に沿って流れていたとする説が有力になっているが、インド・パキスタン国境付近からアラビア海に注ぐまでの流路についてはさまざまなルートが提唱されている (Gupta et al. 2004)。

成瀬 (1976) は、5万分の1地形図の読図から、現在高ヒマラヤの氷河地域に水源をもつ大河サトルジ川が流向を90度西向きに変える山麓部のローパル付近から現在のガッガル川の間に、旧河道地形と河畔砂丘の存在を指摘し、ガッガル川はかつてローパルより上流部のサトルジ川と接続していたと考えた (図2-2)。さらに接続が切れた時期について、洪水堆積物と風成堆積物の放射性炭素年代測定により4000年前頃と推定した。Yashpal et al. (1980) は、ガッガル川がかつてサトルジ川と接続していた可能性をランドサット画像の分析から指摘し、またガッガル川支流のチョータン川を通じて大河ヤムナーとも接続していた可能性があることを指摘した。Valdia (2002) は、サトルジ川やヤムナー川とガッガル川の接続が途切れた原因として、地殻変動によるローパル付近の隆起、ビヤース川の谷頭侵食による河川争奪、争奪部付近の断層運動などを挙げている。

一方、シワリク山地南面でガッガル川支流の河成段丘を調査したRajaguru and Badam (1999) は、段丘を構成する堆積物の特徴から、ガッガル川がハラッパー文化期以降に現在の流量を大きく上回るような変化はなかったと考えた。また、Tripathi et al. (2004) は、ガッガル川、ヤムナー川、サトルジ川など主要河川の流域から河成堆積物や砂丘堆積物を採取し、堆積物中のネオ

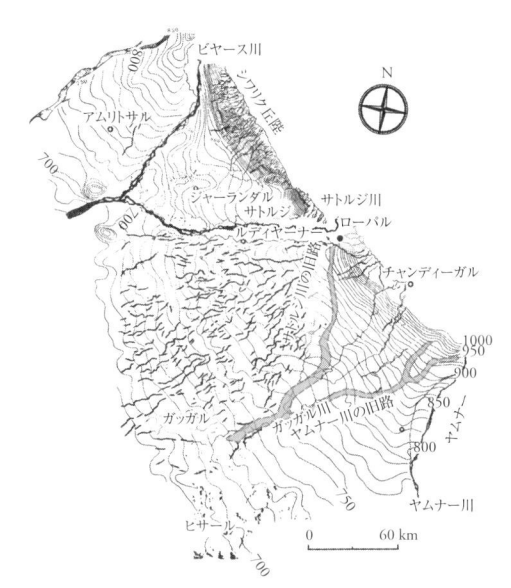

第 2 章　消えた大河とインダス文明の謎

図 2-2　パンジャーブ平原の微地形分類とサトルジ川とヤムナー川の旧流路（微地形および等高線図（単位 ft）は成瀬（1976）による。サトルジ川、ヤムナー川の推定旧流路は Yashpal et al. 1980 による）

ジウムおよびストロンチウムの同位体比の特徴から、少なくとも最近 2 万年間はガッガル川に氷河起源の堆積物が運搬された形跡はないとし、ハラッパー文化期にガッガル川がヤムナー川やサトルジ川に接続していたとする説を否定した。

　このように、サラスヴァティー川は、盛期ハラッパー文化期にヒマラヤの氷河地域に源流をもつサトルジ川、もしくはヤムナー川と現在のガッガル川が接続していたことにより、年中豊富な水量をたたえた大河としてインダス川とガンジス川の間に存在したが、河川争奪などによって現在のような間欠河流になったため文明が衰退したとする仮説を肯定的にみる研究は、主に地形図や衛星画像から分析した研究に多い。これに対して、最近の地形・地質学的な手法による研究では、ハラッパー文化期やそれ以降に、ガッガル川の水量にそれほど大きな変化はみられないとする研究が多い傾向がある。

第 1 部　自然環境を復元する

　次節では、『リグ・ヴェーダ』に登場する大河サラスヴァティーの名残とされるガッガル・ハークラー川において、盛期ハラッパー文化期以降に、水量豊富な大河から間欠河流に変化するような劇的な事件が発生したか否かに関して、主に河川地形や砂丘の形成時期に注目しながら検証してみたい。

2-3 | 消えたサラスヴァティーの謎に迫る

(1) タール砂漠と河川地形

　インダス川本流は、標高200 m付近でヒマラヤ山中から平野部に流れ出し、標高100 m付近で、主要な支流であるジェーラム川、チェナーブ川、ラーヴィー川、ビヤース川、サトルジ川などを束ねた大規模支流パンジナド川と合流し、カラーチー南方でアラビア海に注ぐアジア有数の大河川である。それぞれの大規模支流の河間に発達する沖積平野がパンジャーブ平原である。パンジャーブ平原の東部を流れるガッガル・ハークラー川は、インダス川水系の最東端に位置し、ベンガル湾に注ぐガンジス川水系との分水界をなしている。
　平原の地形は、山麓に分布する開析扇状地、大河川の河間に発達する沖積台地、大河川に沿って発達する沖積低地（氾濫原）に大別される。中北部の沖積台地や一部の沖積低地上には比較的小規模な河畔砂丘が分布し、タール砂漠に近い平原南部には、比高数十メートルの大規模な固定砂丘が発達している（図 2-3）。

(2) ガッガル川の氾濫原は大河の化石地形か？

　ガッガル川の氾濫原の大きさは衛星写真などから、ラージャスターン州付近で幅5〜8 kmであり、この幅が現在のガッガル川の平均的な流量に比べて大き過ぎるという判断から、過去の大河が作った化石地形であると結論づける研究が数多くある。一方、この幅は過大評価しすぎであり、季節河川は

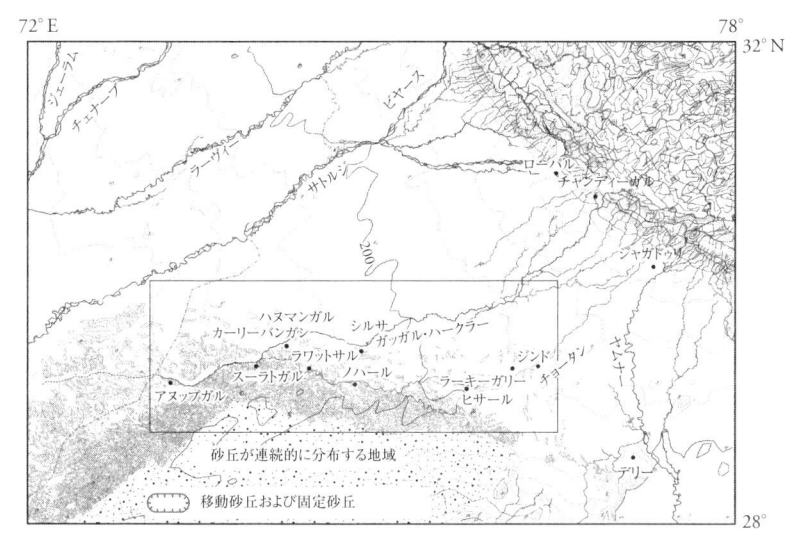

第 2 章　消えた大河とインダス文明の謎

図 2-3　ガッガル川およびチョータン川の流路とタール砂漠北縁部の砂丘分布。囲みは図 2-6 の範囲を示す。等高線間隔は平野部で 20 m、山地部で 100〜500 m。(Maemoku et al. 2012 より作成)

　河床が浅いため氾濫しやすく、水量が少なくても氾濫原の幅が広くなりがちであるという指摘もある。現在のガッガル川は、低ヒマラヤ南面に水源があること、また、近代以降の大規模灌漑による取水のため、乾季にはところどころ河道が干上がり途切れている間欠河流である。ヒマラヤの氷河に源を発するインダス川やサトルジ川のように、一年を通して河道に豊富な水流があるわけではない。数年〜十数年に 1 度の割合で、南西モンスーンの勢力が特に強い年には、雨季に大規模に氾濫することがある程度である。
　ガッガル川が過去に大規模な氾濫を繰り返す大河であり、その当時の氾濫原が化石地形として現在まで残されているのならば、単純に考えて氾濫原の幅は現在のサトルジ川やインダス川の幅と同等であるはずである。このことを確認するため、インダス川と大規模な支流（ジェーラム、チェナーブ、ラーヴィー、ビヤース、サトルジ）について、平原部における氾濫原の幅、標高、流量との関係を調べた。氾濫原とは洪水時に流水が河道などから溢流して氾

第 1 部　自然環境を復元する

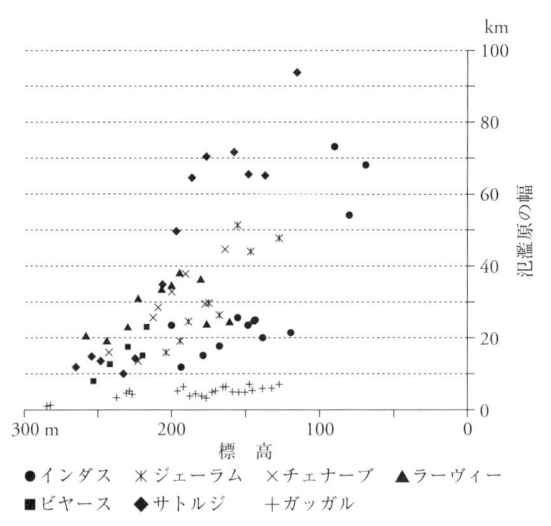

図 2-4　インダス川流域主要 7 河川の氾濫原幅と標高の関係（Maemoku et al. 2012 より作成）

濫する範囲の平野のことであり、河川によって運搬されてきた未固結の物質に覆われている。水文学的には定期的に洪水の浸水を受ける範囲をいう。浸水は毎年氾濫原全体に及ぶわけではなく、通常は洪水が到達しうる最大範囲をもって氾濫原とする。頻繁に洪水で浸水する範囲は特に活動的氾濫原と呼ばれ区別されることがある。実際に 2010 年 8 月にパキスタンで発生した洪水時には、インダス川の中下流部で、地形図や衛星写真で確認できる氾濫原全体まで浸水した。

　ガッガル川の氾濫原幅とインダス川本流と氷河地域に水源がある 5 本の大規模支流の氾濫原幅を比較するため、山麓部から数十キロごとに氾濫原幅と標高を計測した（図 2-4）。氷河起源の大河川の氾濫原幅は、標高 250 m 付近の山麓部では 10〜20 km くらいであるが、どの河川も標高が低下し、流量が増加するにつれて氾濫原幅が広くなる傾向が認められる。サトルジ川と合流する以前のインダス川の氾濫原幅が流量に比べて狭いのは、西側のスライマーン山脈に沿って流れているため、山麓からの扇状地がインダス川に向

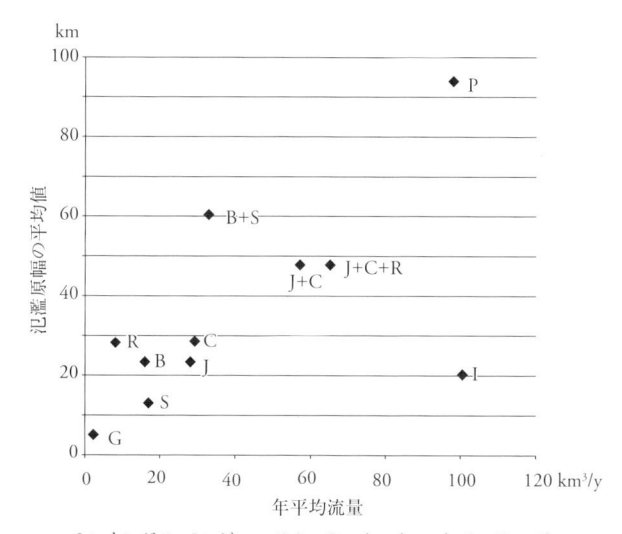

図 2-5　インダス川およびその主要な支流の氾濫間幅（平均値）と平均年間流量の関係
（Maemoku et al. 2012 より作成）

かって張り出し、氾濫原を狭めているためである。

　一方、ガッガル川の氾濫原は、ラージャスターン州で 7 km を超えるところがあるが、他の大河川に比べ非常に狭く、平均約 5 km である。図 2-5 から、パンジャーブ平原における河川の流量と氾濫原の幅は比例関係にあることがわかる。すると、ガッガル川の年間平均流量である 20 億 m^3 で現在の氾濫原は十分形成されうる規模であると考えられる。もし大河と接続していた化石地形とするならば、氾濫原の幅は少なくとも現在より数倍は大きいはずである。

　氾濫原の地形分析と現在の河川流量データから、現在のガッガル川の氾濫原は現在の河川流量によって形成されている地形であり、決して過去の大河によって形成された化石地形ではないと判断できる。

　幅が 9 km にも満たないガッガル川の氾濫原は過去の大河によって形成さ

れたものではないことがわかった。それではガッガル川の氾濫原はいつ頃から現在の状態になっていたのか、その時期が次の問題となる。もし、氾濫原の幅が盛期ハラッパー文化期直後に現在の状態になったのならば、インダス文明衰退とガッガル川の流量変化との関係に何らかの因果関係があった可能性がある。しかし、盛期ハラッパー文化期にはすでに氾濫原の規模が現在と同じ状態であったならば、ガッガル川の劇的な流量変化説は、少なくともインダス文明衰退原因の選択肢から消えることになる。

　ガッガル川は、チャンディーガル付近で亜ヒマラヤからパンジャーブ平原に流れ出し南下した後、ラージャスターン州のタール砂漠北縁部で西向きに流れを変える。また、ガッガル川の支流の一つであるチョータン川は、ハリヤーナー州北東部の亜ヒマラヤ山麓に源を発し、途中河道が不明瞭になるが、洪水時には水流が生じる凹地として連続し、タール砂漠北縁部でガッガル川に合流する。流路と思われる凹地内には乾季にはほとんど水流はみられない。

　ガッガル川やチョータン川がタール砂漠北縁を流れるラージャスターン州では、それらの氾濫原の幅を規定しているのは、比高数〜数十メートル、波長数百メートル〜数キロメートルの砂丘群である。これらの砂丘群はタール砂漠南部からアラーヴァリー山地を取り囲むように分布する横列砂丘や放物線砂丘の一部であり、強い南西モンスーンによって形成されたものである。タール砂漠では、年降水量200〜250 mm 未満の地域で砂丘の活動が活発であるとされているが、ガッガル川やチョータン川が流れるアラーヴァリー山地北縁部は、年降水量が250〜500 mm 程度であり、ほとんどの砂丘は非活動的な固定砂丘である。

　ガッガル川の氾濫原を囲むようにその両岸にある砂丘が、いつ頃から現在の位置に存在していたのか、すなわち、ガッガル川は、大洪水によって砂丘を大規模に破壊することなく、どれくらい前から現在の水量で流れ続けているのか、これがわかればインダス文明衰退とガッガル川（サラスヴァティー川）の関係が明らかになるはずである。

(3) 砂丘の年代を測る

　では、今からどれくらい前にこれらの砂丘が形成されたのか、という疑問はどのような方法で確認できるのであろうか。砂丘が形成された年代を科学的に測定する方法はあるのか。近年、年代を文献で特定したり、考古学的に推定するだけでなく、科学的な原理に基づいて測定する方法が開発されている。放射性炭素法、古地磁気法、ルミネッセンス法、年輪年代法などがそれであるが、それぞれの方法は測定に使用する試料やカバーできる年代が異なるので、どの方法でも砂丘の年代測定が可能というわけではない（長友1999）。

　地層や考古遺跡に適用される年代測定法では放射性炭素法が代表的であり、最もよく利用されているが、この方法で砂丘が形成され始めた年代を決定することができるであろうか。放射性炭素年代測定法は、炭素や有機物を測定試料として今から5～6万年前までの年代を決定することができる。インダス文明の揺籃期はこの測定法によって十分に測定可能な年代範囲にある。

　砂丘中に残存している植物起源の炭素を測定試料とすれば、放射性炭素年代測定法は砂丘が形成された年代（その植物が砂丘の表面で生息していた年代）を測定する方法の候補になりうる。問題となるのは、砂丘中の炭素試料の測定年代が砂丘の形成期と同じかどうか、ということである。砂丘に限らず、地層中の炭化物などの異物は想像以上に移動が激しい。モグラなどの小動物や昆虫が掘った穴や植物の根が枯れてできた穴があり、その穴を移動する小動物や昆虫によって運ばれること、震動によって地層間を移動することが珍しくない。従って、地中の層から採取した木炭の測定年代がその層の形成年代を示しているとは限らない点が問題となる。

　炭素や植物など、砂丘の中の「異物」ではなく、砂そのものを測定試料として、砂丘の形成年代を示す方法はないだろうか。砂を測定試料とする年代測定法にルミネッセンス法がある。ルミネッセンス法には熱ルミネッセンス法（TL法）と光ルミネッセンス法（OSL法）があるが、熱ルミネッセンス法が

土器やレンガなど加熱された試料を構成する鉱物に適用されるのに対して、光ルミネッセンス法は堆積した地質試料に適用されることが多く、堆積するときに地表面にあって太陽光を浴びていた（露光）砂が、その上に更に砂が堆積することによって露光しなくなったときの年代を決定する。現在の砂丘の表面近くの砂試料はほぼゼロ年を示すはずであり、砂丘を掘り込んで採取した砂の光ルミネッセンス年代が 5000 年を示せば、その砂丘は 5000 年より以前に形成され始めたと判断される。砂が砂丘中を上下に全く移動しないという保証はないが、砂は砂丘を形成している本質物質であるから、木炭などの異物ほどの激しさで移動することは少ないと考えてよいだろう。

そこで、ガッガル・ハークラー川流域に広範囲に広がる砂丘群がいつ頃から形成されたのか、ということを明らかにする目的で光ルミネッセンス年代測定を実施することになった。

ここで、光ルミネッセンス年代測定法の原理を簡単に示そう。その原理を理解する二つのキーワードがある。ひとつはタイムリセット（またはタイムゼロイング）であり、もうひとつは自然放射線である。砂が砂丘表面にあって太陽光に露光されることがタイムリセットに当たる。試料がタイムリセットされた後に吸収し蓄積した自然放射線の量を測定して年代を決定するのが光ルミネッセンス法である。

自然放射線とその蓄積についてもう少し詳しく説明しよう。福島第一原子力発電所の事故以来、シーベルト（Sv）という放射線量やマイクロシーベルト毎時（μSv/時）という放射線量率の単位がテレビや新聞報道に日常的に登場するようになった。シーベルトはヒトが吸収した放射線量の単位であり、その他一般の物質の放射線量にはグレイ（Gy）という単位が使われる（1 Gy と 1 Sv の大きさは厳密にいえば、1：1 ではないが、おおよそ 1 Gy＝1 Sv とみなしてよい）。福島第一原発事故による放射線量率は高いところで 1 μSv/時を超えているが、事故による影響がほとんどない西日本の各地でも 0.00 μSv/時ではなく、0.02〜0.15 μSv/時であることに気づかれたかと思う。これは自然界にはどこにでも、ウラン（U）、トリウム（Th）、カリウム 40（K-40）などの放射性元素があるからである。地殻には地球が誕生したときからウラン系列

(半減期 45 億年の U-238 系列と半減期 7 億年の U-235 系列がある) やトリウム系列 (Th-232 系列：半減期 140 億年) の放射性元素、カリウム 40 (半減期 12 億年) が含まれている。カリウムには 0.012％の K-40 が含まれているので、カリウムが多い所は自然放射線量が多い。地殻に含まれる放射性元素からの自然放射線の他に、宇宙線も自然放射線の一種である。地球を包む厚い大気のおかげでかなり遮蔽されているけれども、地表に届く宇宙線はかなりの量である。

ルミネッセンス年代測定では石英粒子を測定試料とする。石英は放射性元素を取り込むことが比較的少ないが、長石や雲母などの鉱物は放射性元素を多く含む。砂丘の石英は、砂丘に含まれる放射性鉱物からの放射線と宇宙線を常に吸収しているので、古い砂丘の石英が蓄積した放射線量 (蓄積線量) は新しい砂丘の石英の蓄積線量より多い。従って、砂丘の石英の蓄積線量 PD (単位は Gy) を測定することによって、砂丘形成の新旧を知ることができる。

砂丘形成の年代がインダス文明成立期よりも前か後かということを知るためには、砂丘形成の相対的な新旧だけでなく、今から何年前である、ということを数値で示す必要がある。測定試料の石英粒子がタイムリセットされてから現在まで常に同じ割合 (率) で自然放射線を吸収してきたと仮定して (この仮定はほとんどの場合に成立する)、1 年あたりに吸収する放射線量 AD (年間線量：単位は Gy/年) を測定する。年間線量を測定する方法には現場で測定する方法と放射性元素の含有量と宇宙線量から推定する方法がある。自然放射線量は微弱であるから現場で測定するには数か月の日数が必要であることから、ガッガル・ハークラー川流域の砂丘の年代測定では持ち帰った砂丘の砂に含まれる放射性元素の含有量から推定する方法を採用した。

蓄積線量 PD と年間線量 AD がわかれば、測定した石英がタイムゼロリセットされてから現在までに経過した年代は、PD÷AD 年 (単位は年 = Gy÷Gy/年) となる。

では、PD と AD の測定はどのように行うのか。ここで、下村博士のノーベル賞受賞で有名になったオワンクラゲの発光現象を思い出そう。オワンク

第 1 部　自然環境を復元する

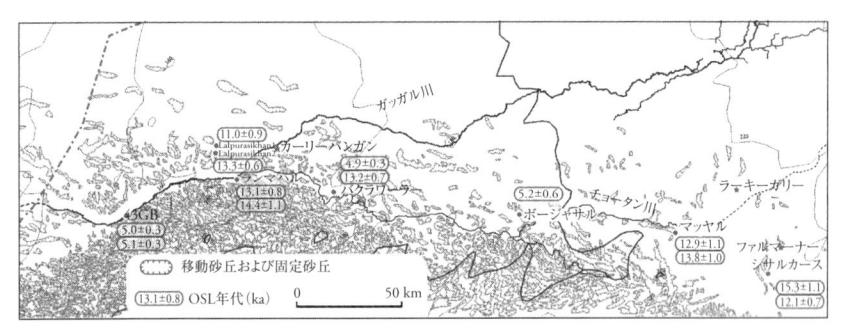

図 2-6　ガッガル川流域における砂丘砂試料の採取地点と光ルミネッセンス（OSL）年代値（Maemoku et al. 2012 より作成）

ラゲに紫外線を当てると緑色の蛍光を発する。発光の素は緑色蛍光タンパク質（GFP、Green Fluorescent Protein）という物質である（下村 2009）。インダスの砂丘から採取した石英の場合には、LED の青色光を照射して発光する紫色から紫外部の光を測定した（照射する光の波長と測定する光の波長の組み合わせは他にもある）。砂丘の砂を処理して石英粒子だけを取り出して測定するが、これだけでは発光量はわかっても蓄積線量はわからない。そこで、同じ試料に人工放射線を照射して 1 Gy の放射線でどれだけの発光量があるかを確認することによってその石英のタイムリセットしてからの蓄積線量 PD を数値化することができる。年間線量は、砂丘の砂をそのまま放射線測定器で測って（あるいは元素分析をして）U、Th、K-40 などの放射性元素の濃度を評価して、年間線量 AD に換算する。

　我々は、ガッガル川やチョータン川の氾濫原の幅を規定している砂丘の形成年代を直接明らかにするため、衛星写真や 25 万分の 1 地勢図、デジタル地形データ、および Google Earth の衛星画像などを利用して、現河道および旧河道と推定されているコースの両側に分布する砂丘の分布を調べた。分布図をもとにして、ガッガル川流域とその支流であるチョータン川流域の 9 か所において砂丘堆積物を年代測定試料として採取した（図 2-6）。

　この調査の目的は、ガッガル川の氾濫原両側に分布している砂丘が、いつ頃から今の位置で形成され始めていたのか、特にハラッパー文明期との前後

関係を知ることである。このため、砂丘砂はできる限り砂丘の基底部付近の砂丘の堆積構造が明瞭な露頭において、約 1 m の間隔をおいて上下 2 か所の層から試料を採取した。

(4) サラスヴァティーは滔々と流れる大河だったのか？

　測定によって得られた光ルミネッセンス年代は表 2-1 のとおりである。前述のように試料は各地点で上下 2 層から採取したが、残念ながら、試料処理あるいは測定の不具合で年代値を得ることができなかった層がいくつかある。これらの光ルミネッセンス年代測定の結果から、ガッガル川、およびチョータン川の両側に分布するタール砂漠北縁部の砂丘は、少なくとも 1 万 2000 年〜1 万 5000 年前には形成され始めているものが多く、採取地点の中で最も西に位置する 43GB 村の砂丘でも遅くとも 5000 年前には形成が始まっていたことが明らかになった。

　ハラッパー文明が最盛期を迎えた 4500〜3900 年前（紀元前 2500〜1900 年）には、ガッガル川やチョータン川河道付近には、すでに現在の位置に砂丘の形成が始まっており、それ以降大洪水によって砂丘が大規模に侵食され、大幅に氾濫原が広がるような事件は発生していないことが明らかになった。インダス文明は砂丘の上に成立した文明ということになる。

　『リグ・ヴェーダ』に登場するサラスヴァティー川は、少なくともハラッパー文化期に、現在のガッガル川流域において滔々と流れる大河として存在していなかった可能性が高い。さらに、砂丘上のいくつかの場所において、盛期〜後期ハラッパー文化期の土器片からなる厚さ数十センチ以上の遺物包含層が存在することからも、ハラッパー文化期にガッガル川両岸にはすでに砂丘が形成されていたことは確実であろう。

表 2-1 ガッガル川流域における砂丘砂試料の光ルミネッセンス（OSL）年代値（Shitaoka et al. 2012 より作成）

場所	位置	標高 (m)	採取位置	蓄積線量 (Gy)	年間線量 (mGy/a)	OSL 年代 (1000 年)
シサルカース	N28°56′41.32″ E76°14′11.75″	217	上位	38.3 ± 2.5	2.50 ± 0.08	15.3 ± 1.1
			下位	32.0 ± 1.6	2.66 ± 0.09	12.1 ± 0.7
マッヤル	N29°05′54.11″ E75°50′49.07″	208	上位	30.2 ± 2.2	2.34 ± 0.10	12.9 ± 1.1
			下位	34.1 ± 2.0	2.47 ± 0.09	13.8 ± 1.0
ボージャサル	N29°10′34.00″ E75°10′41.89″	192	上位	13.4 ± 1.0	2.57 ± 0.25	5.2 ± 0.6
			下位	0.5 *	2.45 ± 0.11	0.2 *
ランマハル	N29°20′01.65″ E73°57′39.44″	188	上位	26.4 ± 1.3	2.01 ± 0.08	13.1 ± 0.8
			下位	34.1 ± 2.3	2.37 ± 0.08	14.4 ± 1.1
バクラワーラー	N29°16′25.23″ E74°22′45.48″	189	上位	11.2 ± 0.4	2.27 ± 0.09	4.9 ± 0.3
			下位	28.2 ± 1.1	2.14 ± 0.07	13.2 ± 0.7
43GB	N29°10′47.80″ E73°28′27.77″	151	上位	11.7 ± 0.7	2.33 ± 0.08	5.0 ± 0.3
			下位	11.5 ± 0.6	2.23 ± 0.08	5.1 ± 0.3

＊現在の試料による汚染が考えられる

2-4 文明の盛衰と自然環境

『リグ・ヴェーダ』に登場するサラスヴァティー川は、少なくともハラッパー文化期に、現在のガッガル川流域に、インダス川やサトルジ川に匹敵する滔々と流れる大河として存在していた可能性はないことはほぼ確実であろう。もしサラスヴァティー川が大河であったとするならば、ハラッパー文化期より前の出来事だったのか（Cliff et al. 2012）、もしくはガッガル川とは別の場所に存在していた可能性は残されている。

一方、今回の結果は気候変化や河川争奪などによる小規模な河川流量の変化が起こった可能性を否定するものではない。むしろ今後は、小規模な河川水量の変化でも、文明衰退に影響を及ぼしうるのかどうかが重要なテーマとなり、環境側だけではなく、人口、生業の具体像、社会構造など、当時の人

間社会に関する情報の蓄積が不可欠であろう。これらとの具体的な相互関係の考察を抜きにして、文明と環境の関係を、時期的同期性のみによってその因果関係を議論するならば、安易な「環境決定論」に陥ってしまう可能性がある。

　自然環境は、特に古代社会において、人間社会を緩やかに変化させる引き金になりうる重要な要素であることは間違いない。一方で人間社会は、環境変化への脆弱性、衝撃からの復元性、環境変化への余力・冗長性、他者依存性、持続可能性、多様性などにおいてそれぞれ個別性をもっている。これらの指標は、それぞれの社会における統治機構、経済状況、社会構造、文化の成熟度などとして具現化されるものであり、それらを支配している根本は人間の知恵と活力に他ならない。過去の人間社会と環境に関して、人間と自然の相互関係の視点から明らかにすることができたならば、現代社会が抱えるさまざまな問題を解決する糸口が見えてくるように思える。

参考文献

上杉彰紀 (2010)『インダス考古学の展望（中洋言語・考古・人類・民俗叢書 2)』総合地球環境学研究所インダスプロジェクト.
下村脩 (2009) ノーベル化学賞受賞記念講演「ノーベル賞受賞の原点—長崎大学」2009 年 3 月 22 日長崎大学中部講堂 URL: http://www.nagasaki-u.ac.jp/ja/shimomura/file/gist.pdf
長友恒人編 (1999)『考古学のための年代測定学入門』古今書院.
成瀬敏郎 (1976) インド・パンジャーブ平原と北部タール砂漠の地形学的研究. 地学雑誌, 85: 1-18.
Clift, P. D., Carter, A., Giosan, L., Durcan, J., Duller, G. A. T., Macklin, M. G., Alizai, A., Tabrez, A. R., Danish, M., VanLaningham, S. and Fuller, D. Q. (2012) U-Pb zircon dating evidence for a Pleistocene Sarasvati River and capture of the Yamuna River. *Geology*, DOI: 10.1130/G32840.1
Gupta, A. K., Sharma, J. R., Sreenivasan, G. and Srivastava, K. S. (2004) New Findings on the course of river Saraswati. *Journal of the Indian Society of Remote Sensing*, 32: 1-24.
Johonson, B. L. C. (1979) *India – Resources and Development*. Heinemann Educational Books, London.
Maemoku, H., Shitaoka, Y., Nagatomo, T. and Yagi, H. (2012) Geomorphological constraints on the Ghaggar river regime during the mature Harappan period. pp. 97-106. In Giosan, L. et

al. (ed) *Climates, Landscapes, and Civilizations,* Geophys. Monogr. Ser., vol. 198 , AGU, Washington, D. C.

Possehl, G. L. (2002) *The Indus Civilization*. Alta Mira Press, Lanham, MD.

Rajaguru, S. N. and Badam, G. L. (1999) Evolutionary story of a lost river of northwestern India. *Memoirs of Geological Society of India*, 42: 143-151.

Shitaoka,Y., Maemoku, H. and Nagatomo, T. (2012), Quartz OSL dating of sand dunes in Ghaggar basin, northwestern India. *Geochronometria*, 39(3), 221-226.

Tripathi, J. K., Bock, B., Rajamani, V. and Eisenhauer, A. (2004) Is river Ghaggar, Saraswati? Geochemical constraints. *Current Science*, 87: 1141-1145.

Valdia, K. S. (2002) *Saraswati: the River that Disappeared*. Universities Press, Hyderabad.

Yashpal, Sahai, B., Sood, R. K. and Agrawal, D. P. (1980) Remote sensing of the lost Saraswati river. *Proceedings and Indian Academy of Science (Earth & Planetary Science)*, 89: 317-337.

● コラム2 ●

文献から見たサラスヴァティー川

山田智輝

　弁財天はご存じだろう。音楽、弁舌、学芸、富などを広く司る、言わずと知れた七福神の紅一点である。弁天様の呼び名でも親しまれ、この名を冠する町も日本各地に点在している。この弁財天について、ヒンドゥー教の女神サラスヴァティーが、仏教を経由して取り入れられたものであると知っているのは、きっとそこそこインドの文化に明るい方のはずだ。しかし、さらにこの女神のルーツを求めて遡ると、インド最古の文献『リグ・ヴェーダ』(第8章を参照)に登場する一つの川へと辿り着くことは、果たしてどれくらい知られているだろうか。

　サラスヴァティー(*sárasvatī-*)という語そのものは、恐らく「池・湖(*sáras-*)をもつ女(形容詞の女性形)」を意味する。かつて古代ギリシア人は、ヘルマンド川上流地域(現在のカンダハール地方)をアラコースィア(Arachosia)と呼んだが、この地のイラン側の呼称「ハラウヴァティシュ(*Harauvatiš*, 古ペルシア語)」はもともと「サラスヴァティー」と同じ語である。本来はその名の通り、水場豊かな土地や河川に対して用いられる普通名詞であったのかもしれない。

　サラスヴァティーは『リグ・ヴェーダ』の中で、特定の河川、またはそれを神格化した存在として登場する。この川の周辺は、特別な意味をもつ重要な場所として扱われ、今日に至るまでインド世界の「まほろば」として強く意識される。本コラムでは、このサラスヴァティーの原初の姿を伝える『リグ・ヴェーダ』を紐解きながら、その河川としての姿をご覧に入れたい。まずはサラスヴァティーがどのような川として具体的に描かれるのかを見てみよう。

第1部　自然環境を復元する

> 「サラスヴァティーは蓮根を掘り起こす者（イノシシ）のように、鼻息によって、強力な波によって、山々の背を破った。」（第6巻　第61讃歌　第2詩節より）
>
> 「サラスヴァティーの終わりのない、ふらつくことのない、激しい、動き巡る、波打つその攻撃（水の押し寄せ）は、繰り返し叫びながら進む。」（同第8詩節より）

　これら二つの例は、サラスヴァティーの急流としての特徴を伝えている。より詳しくいえば、前者は山々を浸食して流れる「渓谷の河川」の姿を想起させる。他方、後者が描き出すのは、絶えず水を流し続ける「激流」の姿だろう。

　このようなサラスヴァティー川に対し、人々は最大級の賛辞を呈して、その偉大さを褒め讃える。

> 「サラスヴァティーは河川たちの中で唯一際立つ。清く輝き、山々から海（サムゥドラ）まで進みながら。」（第7巻　第95讃歌　第2詩節より）
>
> 「最上の母よ、最上の河川よ、最上の女神よ。」（第2巻　第41讃歌　第16詩節より）

　これらの両用例を見れば、サラスヴァティーが当時の人々にとって、いかに特別な存在であったのかがおわかりいただけるだろう。なお一つ目の用例は、サラスヴァティー川が『リグ・ヴェーダ』の時代には海にまで達する大河であったことの証左として、しばしば引用される。しかしこの「海（サムゥドラ）」という語については、『リグ・ヴェーダ』の段階では「海洋」ではなく、「河川の合流」や「湖」さらには「想像上の大水」を指す可能性が高いという見解がKlaus (1989)やWitzel (2007)によって提示されていることを付け加えておこう。

　このようにサラスヴァティー川は、ある程度の水量を有する姿で描かれ、他のあらゆる河川を上回る最高の川に位置づけられている。そしてまたこの川は、人々の生活とも少なからず関連付けられる。

コラム 2　文献から見たサラスヴァティー川

　「サラスヴァティーよ、君は我々をより良き状態へと導け。蹴り飛ばすな。ミルクに関して我々を不足させるな。我々との同盟関係と、部族社会を君は喜び迎えよ。君から離れた余所の定住地へと我々が行くことのないように。」(第 6 巻　第 61 讃歌　第 14 詩節より)

この用例は、サラスヴァティー河岸部こそが真の定住地、すなわちホームランドであることを宣言するものである。また「ミルクに関して...」という表現は、この地域が、遊牧民にとって財産に等しい家畜を養うための水場や放牧地に富む、理想的な生活の場であったことを示唆している。このように、サラスヴァティー川周辺地域は、生活上の重要拠点としての性格ももっていたようである。ただしその一方で、その有用性のためにしばしば争奪の対象ともなっていた。

　「サラスヴァティーよ、君は神々を非難する者達を叩き潰せ。策略に富むあらゆるブリサヤの子孫を。」(第 6 巻　第 61 讃歌　第 3 詩節より)

ここでは敵対者である「ブリサヤの子孫」について語られるが、外来語と思われる「ブリサヤ」は、非インド・アーリヤ系の部族を指すと考えられる。このような異民族が河岸部で生活していたことは、『リグ・ヴェーダ』中に度々言及される。また、それらの一部が先進技術を持ち合わせていたことも時折暗示されることから、こういった異部族との接触が、時としてインド・アーリヤの部族に、利器や技術をもたらしていたとも推測できる。加えて、異民族だけではなく、インド・アーリヤの部族同士の対立を伝える記述も確認できるため、サラスヴァティー河岸部が広く争いの場としての性格をもっていたことが読み取れる (ただしサラスヴァティーに限らず、河川はしばしば戦争の舞台として描かれる)。

　このサラスヴァティー川は、一般にガッガル・ハークラー川と同一視される。しかし近年明らかにされつつあるガッガル・ハークラー川の実像は、上記のイメージとは随分異なっている (本書第 2 章を参照)。それでは上に示したサラスヴァティー川の姿は一体何なのか。

　ここで『リグ・ヴェーダ』が伝える「証言」について少し付け加えよ

う。この文献は神々を讃えるための「歌」を集めたものに該当する。よって「最上の河川」といった表現は、河川の物理的な大きさだけではなく、その重要性を表す場合などにも幅広く用いられるし、また河川の偉大さをややオーバーに讃えた表現である可能性も想定できる。さらにこの文献には、遊牧・移住生活を送っていた頃の古い記憶が色濃く反映されているので、インドに至る以前に出会った、追憶の中にあるさまざまな河川のイメージを、サラスヴァティーという河川の女神に集約しているということも考えられるだろう。たとえば上に示した渓流としての描写の背後には、パンジャーブ以西の山岳部の川の姿が意識されているのかもしれない。

　しかしその一方で、上記の定住の宣言や、第10巻第75讃歌において複数の河川名が実際の地理に応じて東方から列挙される中で、サラスヴァティー川がヤムナー川とサトルジ川の中間に位置することが述べられる点などは、今日のイメージとも合致している。

　これらの点を総合すると、『リグ・ヴェーダ』の記述は、サラスヴァティー川の時と場所を超えたイメージの総括を伝えるものといえるのかもしれない。サラスヴァティー川はインド・アーリヤ人達が移住の末に辿り着いた終着駅であると同時に、その後のインド世界に目を向けるのであれば、そこは新たな歴史の出発点でもあるのだ。

参考文献

Klaus, K. (1989) samudrá im Veda. *Zeitschrift der Deutschen Morgenländischen Gesellschaft*. Supplement VII, pp. 367–371. Wiesbaden.

Witzel, M. und Gotō, T. (2007) *Rig-Veda: das heilige* Wissen. *Erster und zweiter Liederkreis*. Verlag der Weltreligionen. Frankfurt am Main.

第3章 海岸線環境の変化と湾岸都市の盛衰

宮内崇裕・奥野淳一

ロータル遺跡内の船着きドック

第 1 部　自然環境を復元する

3-1 考古学的背景と課題

　インダス文明が発展した年代は完新世と呼ばれる最新の地質時代に相当し、最終氷期終焉後の氷河融解に伴う海面の急速な上昇とその後のわずかな振動によって特徴づけられる。海岸線沿いに発展したインダス文明期の港町は、そのような相対的な海面変化に伴う海岸線の垂直および水平移動に大きく影響を受けてきたに違いない (Masters and Flemming 1983)。インダス期の海岸部遺跡は、パキスタン国内のインダス川内陸部に立地する代表的なハラッパー遺跡やモヘンジョダロ遺跡から数百キロメートル以上も離れて分布し、特にインダス河口から南の海岸線（主にグジャラート州）に沿って認められる（図 3-1）。それらは外洋に面した海岸線や湾のみならず内陸部のランと呼ばれる強塩性湿地縁辺部にまで立地している。キャンベイ湾奥のロータル、ラン縁辺部のカーンメールとドーラーヴィーラーの遺跡発掘の成果によれば、インダス文明期の港町は海上交易を通じてアラビアやメソポタミアと親密な交流をもち繁栄していたらしい（たとえば、Rao 1965; Lawler 2010)。しかし、船上交通が古代の町と当時の海岸線環境の間にどのように成立し、地形学的にみてそれが可能であったのかどうか、という問題について詳しく検討された例はない。

　本章では、このような視点に基づいて、海湾に面したインダス文明期の町を二つ（ロータル遺跡とカーンメール遺跡）を選び、文明の盛衰に関与したかもしれない自然環境の変化を明らかにするために、周辺の地形発達史や干潟堆積物の解析を行う。さらに、それらの町が急速に消滅した原因について、海岸線変化の実態（離水の時期や程度）と海上交易を関連づけて検証するとともに、そのような海岸線変化をもたらした要因としてハイドロアイソスタシー[1]による地殻隆起・海岸線後退の可能性を指摘・再現する。

---

[1] ハイドロアイソスタシー：氷期間氷期の繰り返しが生み出す海水量の増減が、海底に荷重の増減となって作用し、その下にあるマントルを流動させる。これによって

第 3 章　海岸線環境の変化と湾岸都市の盛衰

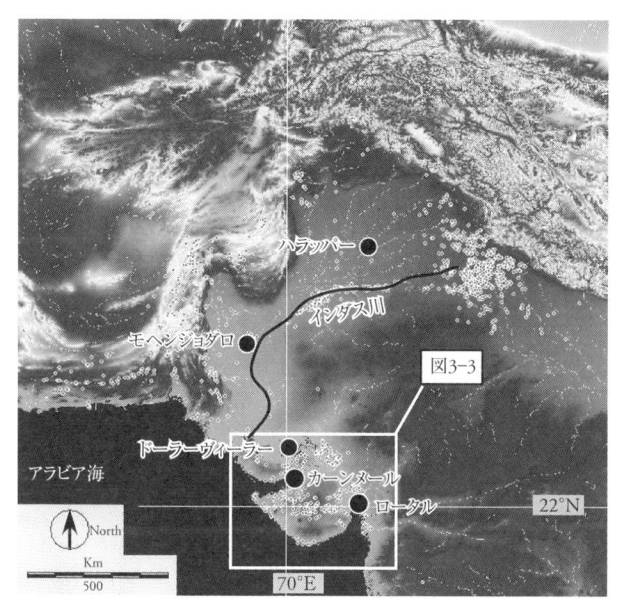

図 3-1　インダス文明期の遺跡分布図（寺村裕史氏提供の図に加筆）

3-2 グジャラート州周辺の地学的背景

　インド北西部からパキスタン東部の地域はインドプレートに属し、北上しながら北に位置するユーラシアプレートに衝突する（図 3-2）。両者の収束速度はほぼ南北方向に 4 cm/ 年前後である（Minster et al. 1974）。このプレート境界のカラコルム山脈からヒマラヤ山脈下では蓄積した歪みの解放過程として、歴史時代にも地表地震断層を伴う地震規模 M7〜8 級の直下型大地震が発生している（Quittmeyer et al. 1979）。一方、インドプレート内においても、グジャラート州北西部ブジ付近では 1819 年、2001 年（M7.8）に内陸活断層が活動して逆断層型の大地震が発生している。これらの地震は、安定した大

　さらに地殻が昇降し、陸地・海底の垂直変動が現れる現象。

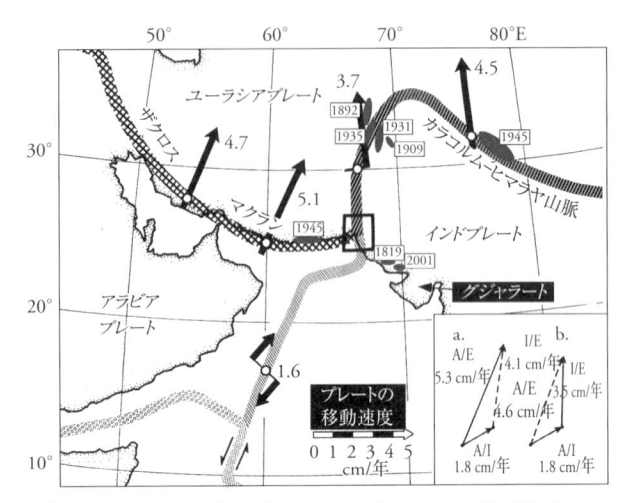

図 3-2　インド北西部のプレートテクトニクスと歴史地震。a、b は異なるモデルによるプレートの相対運動ベクトル、A：アラビアプレート、E：ユーラシアプレート、I：インドプレート。(Quittmeyer et al. 1979 に加筆)

陸プレートにおいても確実に歪みが蓄積することを示し、中生代のリフト帯[2]形成時の断層（弱面）が再活動して発生したものである（Mishra et al. 2005; Biswas 1987）。東西性の逆断層型活断層が卓越することからみてもグジャラート州周辺はユーラシアプレートとインドプレートが南北に押し合っていて、構造的にもアクティブである（Malik et al. 2000）。

インド西部には層厚 2000 m に及ぶ中生代の海洋性堆積岩類とそれを貫く岩脈や覆うデカン・トラップ（洪水玄武岩）が露出し、高原状の地形をなしている。グジャラート州はこのような高原地形の西縁に位置し、大きく三つの地形単元、すなわち東側のメインランド、サウラーシュトラ半島、カッチ半島から構成されている（図 3-3、Chamyal et al. 2003）。標高 200 m 前後のメイ

[2]　リフト帯：大陸や海嶺において地殻が引っ張られることによってできる構造的凹地のことで、大地溝帯と訳されることもある。

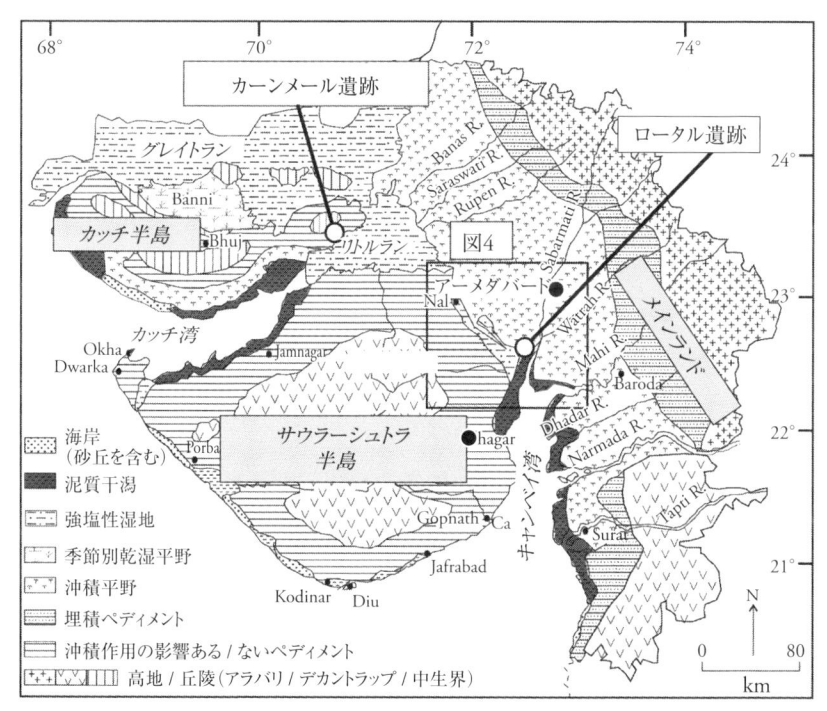

図3-3 グジャラート州の地形・地質図（Chamyal et al. 2003 に加筆）

ンランドでは西麓に沖積扇状地群が広がり、湾岸低地へと連なる。サウラーシュトラ半島（中心部で標高200 m前後）では、デカン・トラップを核として侵食性のペディメント[3]が海岸付近まで発達し、海岸線沿いに泥質干潟が見られる。カッチ半島（中心部で標高200 m弱）は地溝に堆積した中生代堆積岩とデカン・トラップを核とし周辺をペディメントや沖積扇状地に囲まれている。海岸までの低地部にはグレイトラン、リトルランと呼ばれる強塩性湿地が広がっている。これらの湿地の中心部は、雨季には海域からも塩水が流入

---

[3] ペディメント：特に乾燥地域に山地や丘陵斜面の前縁につくられる侵食性の平滑で緩やかな斜面のこと。

し広大な内陸湖となるが、乾季には干上がり塩類の析出する平野となる。

半島部の海岸や湾岸には、更新世後期〜完新世の高海面期海浜や珊瑚礁が順次離水したことで形成された海成段丘群が標高 10 m 以下に分布していることから、ローカルな地殻変動による海岸の隆起を示唆している（Gupta 1991; Prasad and Gupta 1999）。インド北西部の潮位変動は大きく、特にキャンベイ湾では最大 11 m、カッチ湾では 5 m、潮流の速度は 10〜13 km/時であるという（Babu et al. 2005）。このような大きな潮位差を考慮すると、海成段丘の旧汀線高度から地殻変動を議論する場合には離水状況について十分な検討をする必要を示唆する。

3–3 研究対象としたインダス文明期湾岸遺跡の概要

(1) ロータル遺跡（紀元前 2500〜1900 年）

ロータル遺跡は、アーメダバードの南西 60 km ほどのところにあるサラグワラ村の小さな丘の周辺に発見されたインダス文明期の港町である（図3-3）。本格的な考古学的調査は 1955〜1962 年に行われた（Rao 1979）。そのなかで特筆すべき内容は、丘上のアクロポリスと周辺の下町、高度な土木技術（洪水防御用土塀、市民用の入浴施設、地下排水施設、井戸）、そして街区に隣接するように作られたドック（船着き場）用のタンク（214×36 m）の存在（図3-4、第 3 章の口絵写真）と船の錨（アンカー）の発掘である。また、発見された遺物のなかには、種々の鉱石から作られたマイクロ・ビーズ装飾品[4]、バーレーン産の印章、オマーン産の銅・青銅鋳塊、西方での素焼技術による陶製人形などがある。これらの発掘事実は、ロータルは港をもち、ここを介して

---

[4] マイクロ・ビーズ装飾品：各種鉱石（紅玉髄・瑪瑙・紫水晶）などから作られた通常の首飾りに加えて、凍石を微細に加工して作成した首飾り（マイクロ・ビーズ）の出土がここでは特徴的である。

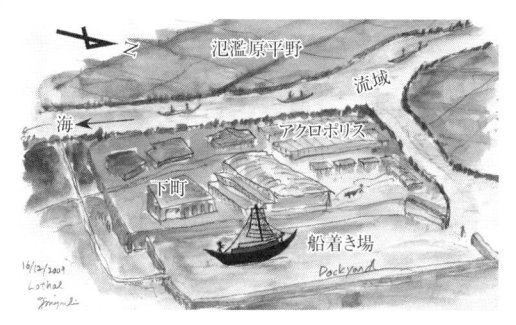

第 3 章　海岸線環境の変化と湾岸都市の盛衰

図 3-4　インダス文明期ロータルの港町の立地状況と周辺地形のイメージ図（ロータル考古博物館における展示物などを参照に宮内作成。カラー図は口絵参照。）

エジプトからメソポタミアにかけての諸国と海上交易、すなわち船を用いた貿易を行い繁栄していたことを強く示唆している（Rao 1965, 1979）。アラビア半島北東端のオマーンやアラブ首長国連邦（UAE）における同時期の遺跡において、類似した赤黒文様の陶器や同じ鉱物由来の装飾品が発見されたことからも、インダス―アラビア―メソポタミアの間に海上交易のルートが確立していたことは確実である（Lawler 2010）。

(2) カーンメール遺跡（紀元前 2600～1900 年）

　カーンメール遺跡は、ロータル遺跡から北西へ約 160 km（図 3-3）、リトルランの湖岸から内陸へ約 7 km 入ったところに位置する丘状の地形に立地している。丘の上は平坦であり、城塞は正方形に近く、石坦ブロックで幾重にも囲まれている。このような要塞はインダス文明期では希である。本遺跡にはインダス文明期から中世まで人々が住んでいた痕跡があるが、インダス文明期の出土品としては一角獣を刻んだインダス印章が押印されたペンダント（第 5 章図 5-16 参照、材質は素焼陶器で、裏にインダス文字）、多種の鉱石由来のビーズなどがある。特にペンダントは貿易に利用された一種のパスポートではないかと考えられ、マイクロ・ビーズの材料となった鉱石は他地域へ輸出された宝石にも利用されているという（Kharakwal et al. 2012）。海岸から

少し離れた場所に要塞都市が作られた理由は、なんらかの紛争から生命や工芸用原材料を守るためであったのではないかと推定されている。いずれにしても当時のインダス商人が海上交易を行ったことは確かであるが、荷卸しを行った港の場所なども含めて謎の多い遺跡である。

3-4 地形発達・相対的海水準変動と港湾都市の盛衰

　湾岸都市の盛衰に影響を与えた可能性のある自然環境の実態とその変遷を知るためには、インダス文明期前後の自然地理学的要素を復元することが必要である。特に、遺跡周辺の地形的条件と地形史、立地基盤となっている地層の状態を明らかにして、遺跡と海岸線の地理的位置関係や河川の挙動を復元することはきわめて重要である。このような視点から、まず地形学的調査を実施し、その裏付けとなる地質学的調査を行った。その成果に基づき、相対的海水準の変動と関連づけながら遺跡の立地条件について検討を行った。

(1) 地形発達史の復元手法

　大縮尺地形図や空中写真の利用が困難であったため、研究対象地域の地形条件や地形史を明らかにするために人工衛星画像（1965年に取得されたCorona画像、ごく一部実体視可能）をNASAより入手し、地形判読を行った。モノクロ画像であるが地表付近での水分状態のコントラストが鮮明であるため、旧流路などの水系復元には有効であった。ロータル遺跡における地形標高についてはGoogle社によるインターネット公開サイトGoogle Earth上の値を活用した。これらの判読を基に、地形分類図を作成し、地形発達史の考察や地質学的掘削調査地点選定の検討の材料とした。カーンメール遺跡での地形高度は、レーザー測量により計測した。
　上記で作成された地形分類図を基図として、対象遺跡周辺の地形環境を復元するために、現地調査を行った。自然露頭が河川沿いに限られるため、関

連する地形を構成する地層の掘削調査を行った。前述したように潮位差が大きい地域なので、その様子を記録する地層の観察を可能にするために、機械を用いた深度5m程度の中深度ボーリングを企画した。パーカション式ドリラーを日本より輸出し準備を整えたが、乾季における予想以上の地層固結と自然保護区における調査不許可のために残念ながら計画通りの掘削はできなかった。このため、現地アルバイトによる人力掘削を実施し、深度1〜2m程度のピット(穴)壁面において地層記載と粒度分析用の試料採取を行った。粒度分析は、国立極地研究所所有のレーザー回折式粒度分布測定装置(島津製作所製、SALD-3100)を用いて行った。

(2) 地形発達からみたインダス文明期港湾都市の盛衰

ロータル遺跡

　ロータル遺跡はキャンベイ湾の湾奥、現成干潟から内陸へ約25km入った付近に位置している。周辺の地形は東部のメインランドとサウラーシュトラ半島の間に挟まれた回廊状であり、沖積扇状地とその末端に広がる離水干潟群(海成段丘群)からなっている(図3-5)。離水干潟は二つに分類され、内縁高度15mの高位離水干潟(HETF)と内縁高度10mの低位離水干潟(LETF)である。低位離水干潟より海側にはマヒ川に沿って現成干潟が発達している。前述したように、本地域での潮位差は最大11m(平均で5m程度)あることを考慮すると、低位離水干潟は現世の高潮位時には海の作用を受けている可能性がある。現地での観察によると低位離水干潟の主部(地形的高所)には集落が立地し、耕作地あるいは植生被覆地となっているところが多く、現成の海成堆積物は河川沿いにのみ認められる。これらに基づけば、低位離水干潟の殆どは陸化しているものと判断される。離水干潟群奥に隣接するナル湖や海岸平野でのコアの層相解析、堆積物の熱ルミネッセンス(TL)年代や放射性年代測定(^{14}C年代、$^{230}Th/^{234}U$年代)による編年(Prasad and Gupta 1999)に基づくと、高位離水干潟は酸素同位体ステージのMIS5ピーク(12.5万年前)に、低位離水干潟内縁部はMIS1ピーク(約7000年前)に対比される。

第1部　自然環境を復元する

図3-5　キャンベイ湾周辺の地形学図（基図はGoogle Earth）

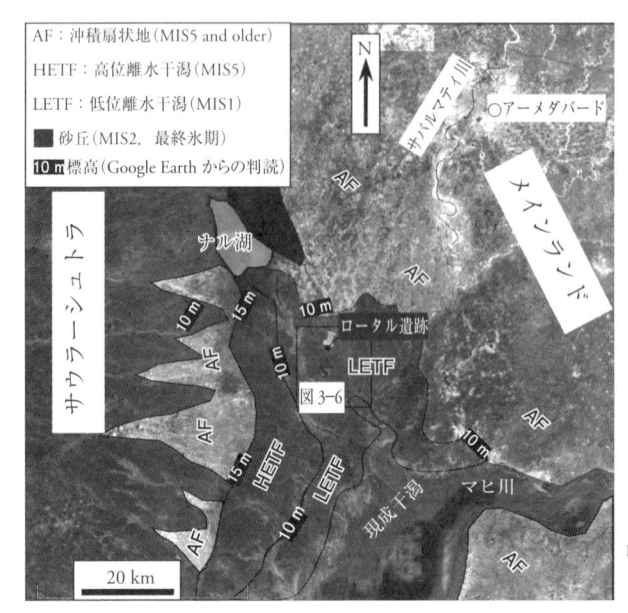

凡例：
- AF：沖積扇状地（MIS5 and older）
- HETF：高位離水干潟（MIS5）
- LETF：低位離水干潟（MIS1）
- ■ 砂丘（MIS2、最終氷期）
- 10m 標高（Google Earthからの判読）

注記地名：サバルマティ川、アーメダバード、ナル湖、ロータル遺跡、マヒ川、現成干潟、サウラーシュトラ、メインランド

Image © 2010 DigitalGlobe
© 2010 Cnes/Spot Image
Image © 2010 GeoEye

　ロータル遺跡周辺の地形条件を仔細に判読すると、微起伏、水系、画像上の白黒濃淡（地表近くの水分状態を示唆）などを指標として、低位離水干潟は標高6〜7m付近を境に高低二つのレベルに細分される。高位のものをフラット1、低位のものをフラット2と呼称する（図3-6）。フラット1上には集落をのせる微高地が存在し、周辺の離水干潟地形よりも3〜4mほど高い。これらの微高地を構成する地層についての情報は得られていないが、樹枝状の水系の間を埋めるように存在することからみて、フラット1離水後に河川に沖積作用によってつくられた氾濫原微高地（alluvial fill mound）と考えられる。
　ロータル遺跡は、このような氾濫原微高地状に立地しており、標高は12mである。遺跡発掘調査によって表層地質の情報が得られている（Rao 1979）。それによれば、遺跡包含層は地表下約2mほどまでは洪水に伴うシルト層であり炭化木片を多く含む。その下位にはエスチュアリー（三角江）に堆積した泥層が少なくとも層厚2.5mほど認められ、海棲から淡水棲の貝

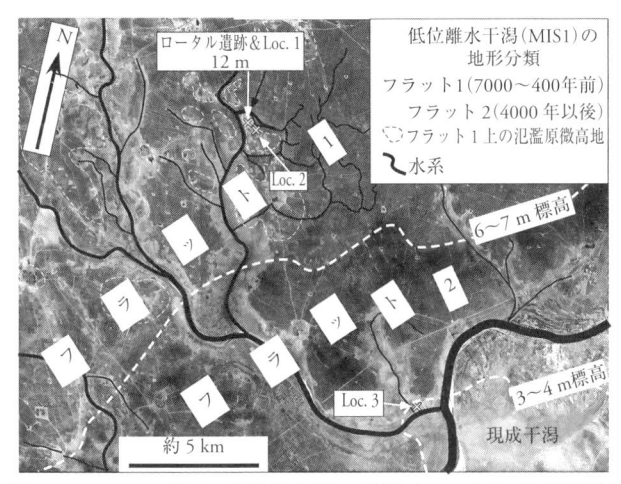

第 3 章　海岸線環境の変化と湾岸都市の盛衰

図 3-6　ロータル周辺の詳細地形学図（基図はコロナ人工衛星画像）

化石を含むという（図 3-7、Loc. 1）。上位シルト層中部の炭化木片の放射性炭素年代は、2010±150 yBP（暦年未補正値）を示している。ロータル遺跡の始まりが紀元前 2500 年前ごろであるとすると、この付近の海成層上限（標高 10 m 前後）の離水は 4500 年前以前となる。地形条件は同じで、遺跡区画の南へ 30 m ほどのところで掘った溝（Loc. 2、標高 10 m 前後）においても Loc. 1 と同様な腐植質のシルト層が表層部 40 cm ほどの深度まで観察された（図 3-8、左）。現成干潟の地形や堆積物はフラット 2 の外縁部 Loc. 3（標高 3 m 前後）付近で観察することができ、緩やかな潮流を示す漣痕（ウェイブリップル）[5] を伴う成層した泥層が認められる（図 3-8、右）。

南極西部の氷床に着目した最新の融水モデルによれば、最終間氷期 MIS5 の汎世界的古海面高度は +5.5〜9 m に達した（Dutton and Lambeck 2012）。このような古海面高度と高位離水干潟の汀線高度を当時の中潮位と仮定すると、最近 12.5 万年間に 6〜10 m の隆起が生じたことになり、平均的な隆起

---

[5]　漣痕（ウェイブリップル）：水や空気の流れによって堆積層表面にできる規則的な波状の起伏・微地形のこと。

第 1 部 自然環境を復元する

図 3-7 ロータル遺跡の様子と遺跡内の地質層序（Rao 1979 から作成）

図 3-8 ロータル遺跡近傍でのピット（左、Loc. 2）と現成潮間帯の地形と堆積構造（右、Loc. 3）

速度に換算すると 0.05〜0.08 m/千年となる。低速ではあるが、本地域の海岸部が何らかの隆起運動を受けてきたことは確かである。最終氷期以降の氷床量相当海面変動曲線に基づけば、約 7000 年前には氷床の融解はほぼ終了し、現在の海洋の体積と同じになり、それ以後顕著な海面振動はなかった（Fleming et al. 1998）、あるいは完新世中期から現在にかけて、グローバルな海面上昇にして約 2〜3 m 程度の海水量増加があったらしい（Nakada and Lambeck 1988）。これらのことは、7000 年前以降海面の位置は現在より高く

なったことはないことを示し、この時期に氷河性の海面変化に伴う海岸の顕著な離水は起こらないことになる。本地域の低位離水干潟の内縁高度 10 m は、当時の最大潮位差 10 m を仮定しても、7000 年前以降構造的には安定、ないし、若干の隆起傾向にあることがわかる。

このような氷河性海面変化と地形地質学的情報を基に整理すると、以下のようなキャンベイ湾奥周辺の完新世における地形発達に関連づけたロータル遺跡史を構築することができる。

1) 完新世最大海進期　約 7000 年前前後（図 3-9・上）

　　後氷期海進は約 7000 年前にピークに達し、キャンベイ湾の奥深くまで進入し内湾環境が維持され広い干潟が形成された。これがフラット 1 の原型となった。ナル湖の湖底標高 12 m（Prasad and Gupta 1999）からみても、当時の高潮位（HTL：High Tide Level）時にはフラット 1 は北方のリトルランと回廊状につながっていた可能性がある。また、ロータル遺跡下での海成層上限も標高 10 m 前後である（図 3-7）こと、フラット 1 の広大な幅からみても、フラット 1 はわずかに海側に傾く干潟であった。その後、相対的に海面は低下し、フラット 1 は離水し陸域へと移行したと考えられる。ロータル遺跡の立地年代から判断すると、フラット 1 の離水年代は、約 7000 年前〜4000 年前となる。このような年代幅と離水干潟の形状からみても、離水が急激ではなく徐々に進行した、すなわち相対的な海面低下がゆっくり進行した様子がわかる。この間の相対的な海面の低下量は、数メートル程度と推定される。

2) 完新世中後期　約 4500 年〜3900 年前（図 3-9・中、インダス文明期）

　　出現した離水干潟フラット 1 は、メインランドやサウラーシュトラ半島から流入する河川による沖積作用（alluvial fill）を受けるようになった。水系はクリーク状をなし、流路間には氾濫原堆積物からなる微高地が形成された。何条かの流路網に囲まれたロータル付近では、Loc. 1 に示された微高地のひとつを利用するように古代の人々が居住を始めたらしい（図 3-4）。微高地上に居住区を作り、さらに厚さ 13 m の土塀壁で南西

第 1 部　自然環境を復元する

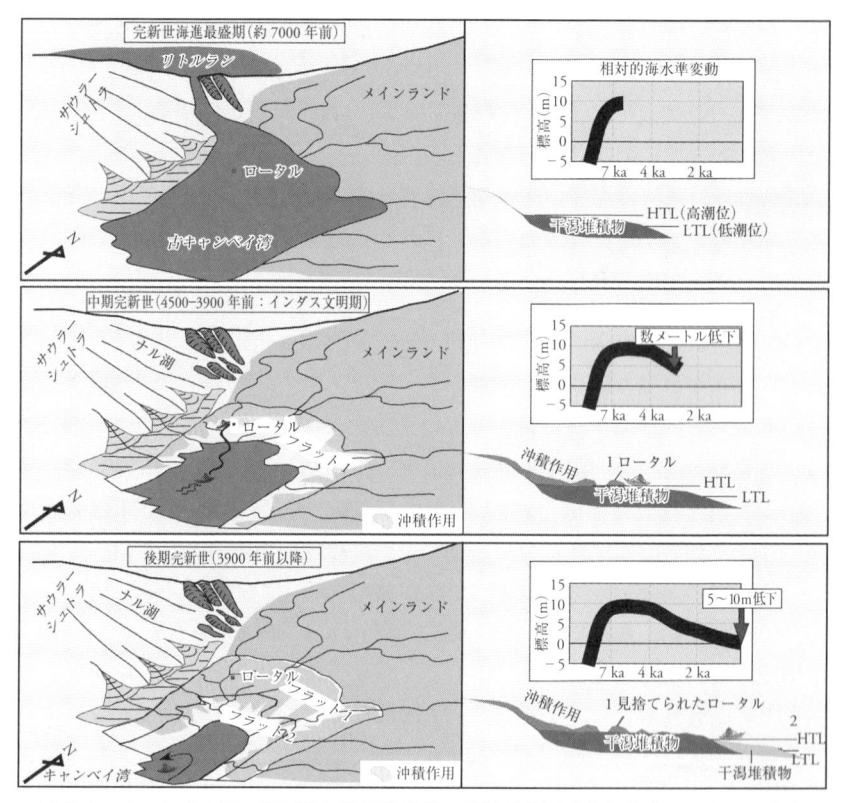

図 3-9　キャンベイ湾の完新世海岸地形発達・相対的海面変化と古代ロータルの盛衰
（ka：1000 年前、HTL：高潮位、LTL：低潮位）

部の下町を囲ったことは、当時フラット 1 上では洪水氾濫が頻繁に起こったことを示唆する。同時に居住区の東側に作られた巨大な船着き場用のタンクは、その北側で旧流路に面している。ここを水の取り込み口としタンク内に船が係留された可能性が高い。ここからフラット 2 の離水干潟までの距離は約 5 km である。最大 10 m 程度の潮位差や 10 km/時の潮流速度を考慮すると、少なくとも高潮位時には氾濫原微高地のみが上げ潮から免れ、周辺河川はちょうど海水で満たされた状態となり、

河口から船の航行が可能になったと考えるのが合理的である。その出入り口とドック内から見つかったシルト層の強い塩度や干潟貝類の存在からも、高潮位時には海からの通路が成立した可能性が指摘されている（Panikkar and Srinivasan 1971）。

　これに対し、このタンクは港ではなく、乾季における周辺農地への灌漑用であるとする説がある（Junghans 1968）。その主張は、鉱産資源や装飾品を扱う国際的な交易港としては、居住区・人口規模の点から見て小さすぎるこということによる。しかし、タンク内のシルト層が示す高い塩度や海棲種の貝類化石の存在はタンクの中が塩水であったことを示す。それは灌漑水としては絶対的に不適であったので、灌漑用タンク説は港説を完全には否定できない。洪水氾濫を避けるようにわずかな微高地にしか住めなかった立地条件に従った海からの交易ルート確保という視点から見れば、小さな港町でも機能した可能性は十分ある。

3) 完新世後期　3900年前以降（図3-9・下）

　ロータル最盛期以降にも相対的な海面低下は続き、フラット2が離水干潟として陸化を継続していたと考えられる。特にロータルの活動が衰え港町が消滅してしまう3900年頃（紀元前1900年頃）には、フラット2の汀線は後退し、そことロータルまでの距離は10 km近くになった。沖積作用による河川氾濫はさらに活発になるとともに、海岸からの距離と海面低下のために大潮時ですらロータル周辺まで潮位が届かなくなった。このため、船の往来ができなくなり、海上交通を利用した交易が途絶え、ロータルの港町は衰退した可能性が高い。遺跡包含層の上部が氾濫原堆積物に覆われていることは、洪水が町を襲ったことを示している。相対的な海面低下に伴う海岸線環境の変化のみならず、陸域での河川環境の変化もまたロータルの衰退に影響したと考えられる。相対的海面低下量はインダス文明期からみるとさらに数メートル、約7000年間ではトータルで5〜10 mと推定される。

第 1 部　自然環境を復元する

図 3-10　カーンメール遺跡周辺の地形学図（基図はコロナ人工衛星画像）

カーンメール遺跡

　カーンメール遺跡は、リトルランの北岸から内陸へ北北西約 7 km、ケスタ[6] 列の一部をなすインゼルベルク（標高 30.4 m）上に立地する（図 3-10、図 3-11）。その基部からリトルランまでの河川勾配は 2/1000（標高差 / 水平距離）を示す。ケスタ列の基盤は中生代の砂岩層である。周辺の地形は、これらの組織地形とその基部を取り巻くように発達した開析扇状地[7] 群からなり、高位（古い順）のものから AF-I、AF-II、AF-III と呼称する。Loc. 4 での掘削によれば、AF-III を構成する地層上部には有機質泥層とラミナ[8] を伴う中粒砂

---

[6]　ケスタ：緩く傾く地層や岩石に硬軟の互層があると、侵食の程度に応じてできる非対称な断面をもつ台地状の地形を指す。
[7]　開析扇状地：扇状地のなかで、特に侵食が進行し谷によって深く下刻を受けたものを指す。
[8]　ラミナ：堆積層や堆積岩において、粒子の粒径・組成・色調・固結度の違いなどに

第 3 章　海岸線環境の変化と湾岸都市の盛衰

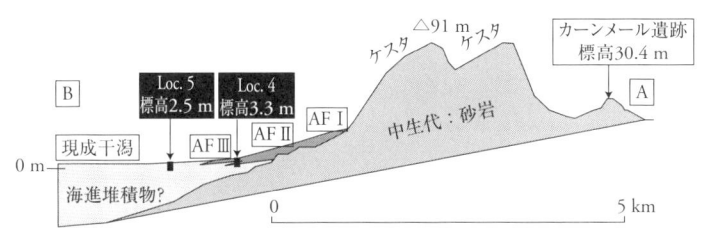

図 3-11　カーンメール遺跡周辺の地形地質断面図（A-B の測線は図 3-10 に示す）

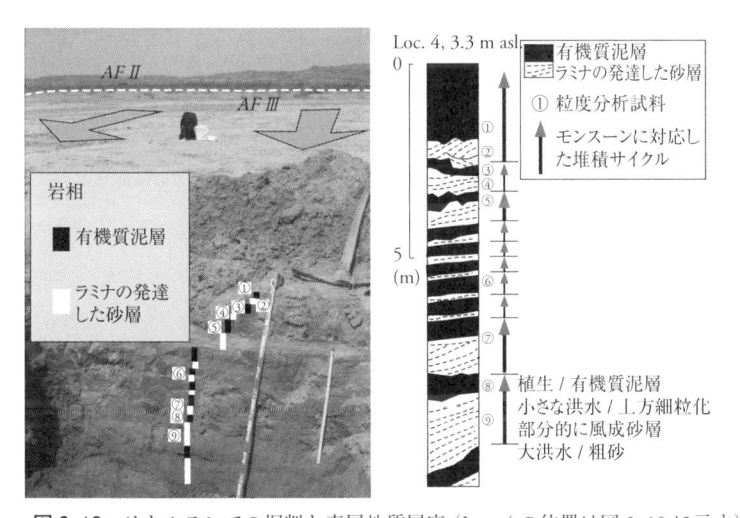

図 3-12　リトルランでの掘削と表層地質層序（Loc. 4 の位置は図 3-10 に示す）

層の互層構造（層厚 10 cm 前後）が観察される（図 3-12）。それぞれの単層の粒度分析は、ラミナのある砂層は内陸部の砂丘砂の組成に近く、また有機質泥層は現成ランの堆積物よりも細かく粘土が多いことを示す（図 3-13）。ラミナのある中粒砂層は雨季に丘陵から流れ出す河川によって運ばれた季節性の斜面堆積物、そしてシルトや粘土からなる有機質泥層は雨季末期から乾季

よって出現する縞状の構造。葉理ともいう。

第 1 部　自然環境を復元する

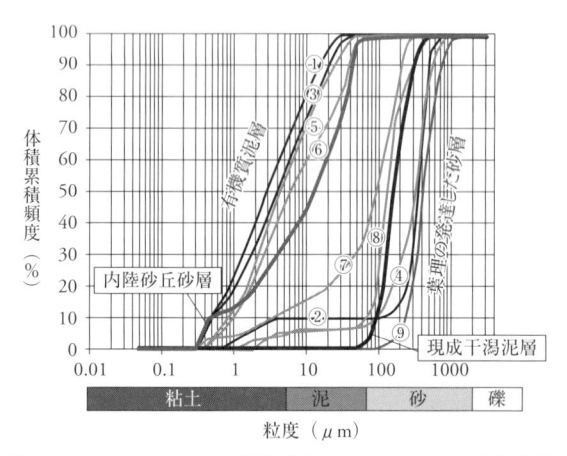

図 3-13　リトルランでの掘削地点 Loc. 4 における粒度分析。
①〜⑨は図 3-12 中の粒度分析試料に対応。

に繁茂した植生の有機成分が集積したものと考えられる。これらの地層の下に完新世海進期堆積物が存在するかどうか確認する必要があったが、自然保護区のため深度ボーリングの許認可を取得できなかった。完新世最盛期の最大海進期約 7000 年前には、リトルランはカッチ湾の一部となり干潟となっていたので（Prasad and Gupta 1999）、おそらく AF-III 付近下まで海進が及んでいた可能性が高い（図 3-11）。その後わずかな相対的な海面低下があり（数メートル程度）、リトルランは現在の内陸湖となったようである。リトルランは現在雨季になるとモンスーンよって海水が浸入し汽水性湿地になるという。

　以上のような地形条件、完新世の相対的海面変化に基づき、ロータル同様に水運に関係した盛衰説を構築してみると、以下のようなリトルランの地形環境変化とカーンメール遺跡との関係説を提唱することができる。

1) 完新世最大海進期　約 7000 年前前後（図 3-14・上）

　　完新世海進に伴い、リトルランは海域の一部となり外海と定常的に通じていた。周辺のケスタ列から流れ出た河川の多くは大きな勾配をもって海岸に直接流入し、おそらく AF-II 相当の沖積扇状地がファンデル

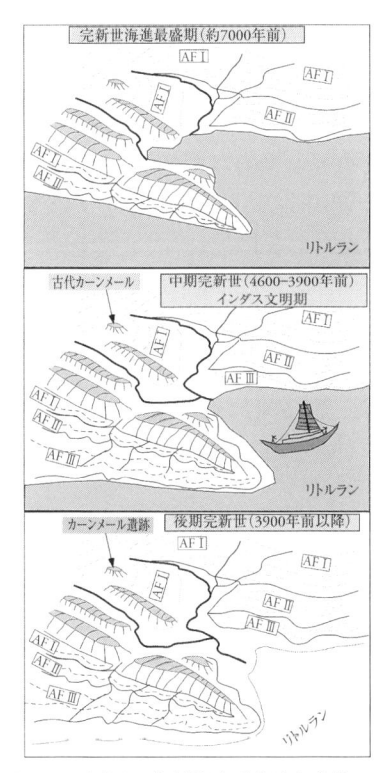

第 3 章　海岸線環境の変化と湾岸都市の盛衰

図 3-14　リトルラン周辺の完新世地形発達と古代カーンメールの盛衰

タ[9] の形状をなしていた。

2) 完新世中後期　約 4600 年〜3900 年前（図 3-14・中、インダス文明期）

　リトルランはまだ浅海域としてカッチ湾を介して外海と通じていた。インゼルベルクの丘上にカーンメールの町が要塞に囲まれるように建設され、発展をする。カーンメールの町は内陸にあるので、海上交易を行う場合にはリトルランの北岸まで陸路を利用する必要がある。河川沿いの起伏のないルートでもカーンメールから河口まで 6〜7 km の距離が

---

[9]　ファンデルタ：海岸平野に発達した扇状地をさし、臨海扇状地とも呼ばれる。

あり、河川勾配や標高からみても当時の大潮時でも海水準はラン奥深くまでは入らなかったことは確実である。

同様な海湾環境にあった北部のグレイトランは水深10mほどあり、小さな島がいくつか存在していた (Maurya et al. 2008)。島の海岸沿いには数か所でインダス文明期の遺跡が見つかっている。その中でも、海上交易の証拠品を多く出土するドーラーヴィーラー (Dholavira) 遺跡は当時最も繁栄した港の一つであり、水深のあったランに面した海岸には多くの港町が成立していた (Gaur and Vora 1999)。このような事実から類推すると、カーンメールは内陸にあるため陸路を経ざるを得なかったが、リトルランを介して海上交易を行い繁栄していた可能性を指摘することができる。残念ながらそのために利用したと想定される港はまだ発見されていない。

3) 完新世後期　3900年前以降（図3-14・下）

相対的な海面低下は継続し、リトルランの海水域は縮小した。海岸線が後退することによって、海上交易のための陸上移動距離が長くなったことは疑いない。ひとつの可能性として、海岸線の移動に伴い港あるいは荷卸し荷出しの集積場所の確保が難しくなったこと、長くなった陸域移動に対応できなくなったことなどが理由となって、カーンメールの町は徐々に衰退していったのかもしれない。ロータル遺跡のように旧汀線に関する標高の情報を得ることができなかったので、完新世最大海進期からの相対的海面低下量ははっきり述べることはできないが、リトルランの陸化の程度と標高からみても数メートルである。その低下量はロータル遺跡での相対的海面低下量5～10 m よりは少し小さいようである。

以上のように湾奥部にあったインダス文明期の港町やそれに近い内陸の町は、完新世中期7000年前に地球規模の海進ピークを迎え、徐々に海退が進行する途中の海岸平野の地形変化に順応しながら海上交通を獲得し、遠く離れたメソポタミアやエジプトと交易を行った可能性が高い。しかし、相対的海面低下による海退が継続的に進行することによって、そのような水上交通

を当時の技術では維持できなくなり、港町は衰退していったらしい。海湾に面するインダス文明の盛衰は、完新世の相対的海面低下に伴う海岸線環境の変化に大きく影響されたことは明らかである。それでは、このような海面変化はなぜおこったのであろうか？　それは構造的な運動がローカルに隆起をもたらしたことによる（たとえば、Prasad and Gupta 1999; Gaur and Vora 1999; Maurya et al. 2008など）とされるが、その運動を生み出す理由については論じられていない。しかし、我々のこれまでの調査によってキャンベイ湾沿岸やリトルラン沿岸部の岩礁部には、間欠的な地震隆起を示すような多生的海成段丘や離水海岸地形は現地調査では確認されなかった。200 km近くも離れたロータルとカーンメールが同じような陸化過程をもつことは、地殻の広い範囲に作用する運動様式（広域隆起）が必要であろう。氷床地域から遠地では氷河融解後のハイドロアイソスタシーによって地殻の上下変動が広域に発生し、海岸線の相対的上下変化を生み出すことが理論的に知られている（Lambeck 1996）。地殻変動をコントロールする一つの解として、最終氷期以後の氷河の融解に伴うハイドロアイソスタシーによる地殻変動を計算し、インド北西部グジャラート付近の広域隆起の原因について次節で論じることにする。

3-5 相対的海水準変動の原因を探る
── ハイドロアイソスタシーによる地殻変動

　地形学や地質学に基づいた調査は、ロータルとカーンメールといった都市の盛衰に、過去の海岸線の移動が大きく影響を与えたことを明らかにした。このような海岸線の移動を引き起こす一つのメカニズムとして、ここではハイドロアイソスタシーに着目して検討を行う。ハイドロアイソスタシーとは、過去におこった大陸氷床の融解や、それと同時におこる海水量の急激な増加といった地球上の重し（氷や水といった荷重）が変化することで、地球がゆっくりと変形する現象のことをいう。このハイドロアイソスタシーをコン

ピュータを用いてシミュレートすることで、地殻変動の量や海岸線の移動を詳しく再現することができる。この方法を使って、インド西部グジャラートにおける海水準変動と地殻変動を見てみよう。

(1) グレイシオハイドロアイソスタシーの背景と現れ方

　過去の氷期間氷期サイクルに応じた気候の変化に伴って、北アメリカやスカンジナビア半島では最大 3000 m にも及ぶ厚さの大陸氷床が拡大、縮小を繰り返した。約 2 万年前の最終氷期最盛期以降に、それらの大陸氷床が崩壊し、大陸氷床が存在した地域は隆起し、その周辺地域は沈降するといった現象が確認されている。この現象をグレイシオアイソスタシーと呼ぶ（図 3-15：A、B の領域）。一方で、融解した水は海洋へと流れ込み海水準の上昇を引き起こし、その増加した海水が新たな荷重となって海域にかかる圧力を強めることで、さらにさまざまな地域に隆起や沈降をもたらす。この現象をハイドロアイソスタシーと呼んでいる（図 3-15：C、D の領域）。このような気候変化に伴う地球表面上の質量の再分配（氷と水）は、多様な地殻変動を生じさせる。このような現象を考慮して全世界の海水準変動をコンピュータを用いて再現するためには、グレイシオハイドロアイソスタシーの数学的な記述が必要となる。このような背景より、Farrell and Clark（1976）により初めてグレイシオハイドロアイソスタシーによる海水準変動の数学的定式化がなされた。ここで注目している地球の変形は数千年スケールにおいて時間変化するために、地球を構成する物質をゴムまりのような粘弾性体として取り扱う必要がある。この地球内部（主にマントルといわれる部分）の軟らかさ（粘性率）を知ることは、地球内部のダイナミックな動きを理解することへの大きな手がかりとなる。このことから、コンピュータシミュレーションと海水準変動のフィールド研究より地球内部の粘性率やダイナミクスを推定する研究が、1980 年代より精力的に進められた（たとえば、Nakada and Lambeck 1989）。一方で、約 2 万年前の最終氷期最盛期からの氷床変動研究も同時に進められ、世界各地の過去の海水準の地形地質学的な実測値の蓄積と、近年の測地学的

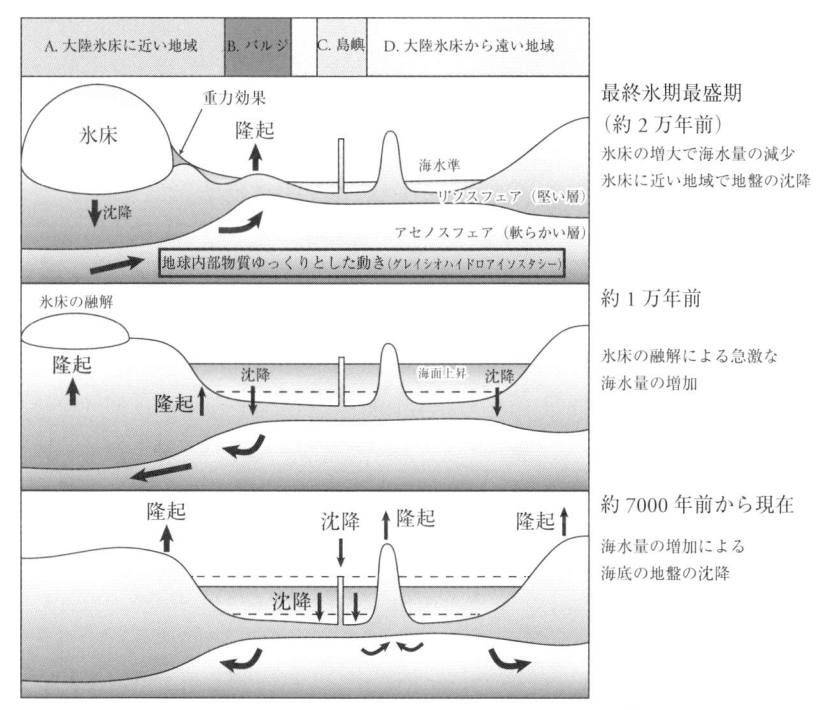

第 3 章　海岸線環境の変化と湾岸都市の盛衰

図 3.15　グレイシオハイドロアイソスタシーの概念図

な観測手法（GPS や絶対重力、衛星重力観測など）の発達により、より高分解能の氷床融解史が推定されるようになった（たとえば、Peltier 2004）。このような研究は、近年の地球温暖化に伴う海水準変動や氷床変動の将来予測研究ともリンクして、「気候変動に関する政府間パネル（IPCC）」のなどでも議論されている（IPCC 2007）。

(2) ハイドロアイソスタシーに基づく完新世の海水準変化モデリング

ハイドロアイソスタシーの理論研究と海水準変動の地形地質学的観測との

第 1 部　自然環境を復元する

比較研究について、特に研究が進められている時期が、完新世中期（約7000年前）以降の時代である。世界中のさまざまな地域における海水準変動の地形地質学的データの多い完新世中期（約7000年前）以降は、主な大陸氷床（ローレンタイド氷床やフェノスカンジア氷床など）はそのほとんどが融解完了していると考えられている期間であり、この完新世中期までに、グローバルな海面上昇にして、約120～130 m程度に相当する氷床量が融解し、海水量の増加が確認されている。この海水量の増加により、完新世中期以降の最終氷期の氷床域から離れた地域における海水準変動の観測値は、ハイドロアイソスタシーの影響を強く残している。そのため、ハイドロアイソスタシーによる地殻変動を、フィールド調査より詳細に評価できれば、地球内部の粘性構造推定の大きな手がかりとなり、実際にさまざまな地域で地球内部粘性構造が推定されている（たとえば、Okuno and Nakada 1998）。また、ハイドロアイソスタシーの効果を考慮した海水準変動が再現できれば、現在の標高分布がわかる地域において、逆算して過去の海岸線の復元も可能となる（たとえば、Lambeck 1996）。さらに、完新世中期から現在にかけて、グローバルな海面上昇にして約2～3 m程度の海水量増加が指摘されており（Nakada and Lambeck 1988）、これは、完新世中期の高海面の時期とその高さの空間的な多様性の要因ともなっている。

　さまざまな時空間で多様な変化をみせる海水準変動を理論的に再現するために、Farrell and Clark (1976) により確立された、氷河性海水準変動を数学的に記述する方法の概略について説明しよう。物理的に、海水面は等ポテンシャル面の一つであり、ポテンシャル面は地球内部の密度分布によって決定される。氷床の融解や海水量の増加などの地球表層における荷重の再分配により、地球は弾性的に、そして時間経過とともに粘性的に変形し、変形後の地球内部密度分布は変形前と異なってくる。密度分布が変化すると、海水面の形状も変化する。この変化を決めるために、次のような数値計算を行う。まず、地球を多層構造に分け、各層の弾性定数、密度、粘性率をパラメータとして与える。弾性定数と密度は地震学的に決められているので、粘性率が主要なパラメータとなる。このような粘弾性的な性質をもたせた地球モデル

を考え、その地球に単位荷重を与えて、そのときの地球の応答を計算し、ポテンシャル面を決定することにより、その時の海面を理論的に決定することができる。数学的には、単位荷重による海面の変化が決定すれば、氷床の盛衰による任意の荷重分布に対する、さらに任意の時間における海面の高さを決定することが可能である。このような方法を駆使することで、さまざまな地域における海水準変動の観測値を理論計算値と比較することにより、地球内部のマントルにおける粘性率が深さと水平方向にどのように変化しているか、南北両極域に発達した大陸氷床がどのように融解していったか、テクトニックな運動[10]による地殻変動の時間変化などを議論することができる。

(3) インド北西部グジャラート付近の海水準変動復元

今回の解析で行った研究対象地域の海域の水深分布を含めた地形図を図3-16 に示す。サウラーシュトラ半島周辺の海域は、-150 m までの海底が広く分布し、約 2 万年前の最終氷期最盛期においては、この領域あたりまで、陸化していた可能性が高い。また、-150 m までの海底が広く分布していることで、最終氷期最盛期からの氷床融解に伴う海水の増加によっておこるハイドロアイソスタシーが、大きく観測されうる地域であることも十分示唆される。

ここから、実際にハイドロアイソスタシーの計算結果をもとに地殻変動や海水準変動について考察する。図 3-17 に過去 7000 年間のハイドロアイソスタシーによる地殻変動量の空間分布を示す。用いた地球内部粘性構造モデルは、地球表層の 50 km を弾性的に振る舞う層とし、その下層から深度 650 km までの上部マントルの粘性率を 5×10^{20} Pa s（パスカル秒）、それから下層〜2900 km（マントルとコアの境界）までの下部マントルの粘性率を 10^{22}

---

[10] テクトニックな運動：地殻の大規模な変動と構造を生み出すプロセスを総称してテクトニクスと呼ぶ。地殻自体の変形（破壊や流動）によって生み出される地層や地形の昇降・移動・転位などを差し、アイソスタシーによる変動と区別している。

第 1 部　自然環境を復元する

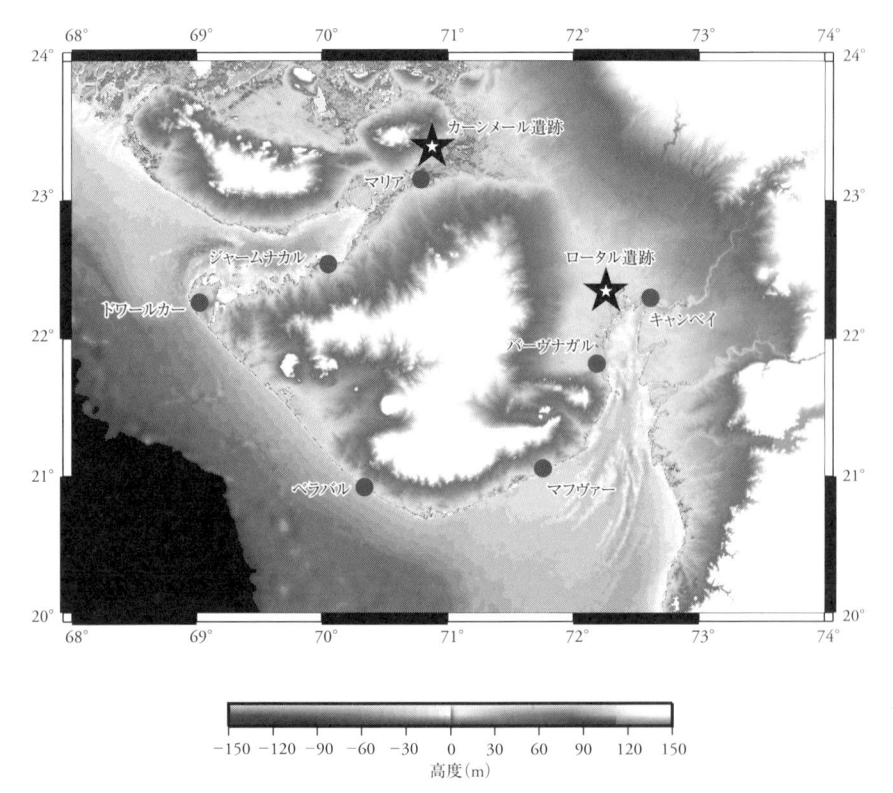

図 3-16　インド西部グジャラート、サウラーシュトラ半島周辺の海底から陸上までの地形図（巻頭口絵も参照）

Pa s とした。このモデルは、地球上のさまざまな地域で求められている平均的な粘性構造である（たとえば Kaufman and Lambeck 2000）。また、氷床の融解史としては、オーストラリア国立大のグループが提唱しているモデル（ANUモデル）を使用した。図 3-17 が示すように、これらのモデルによる地殻変動量は、およそ 7000 年間に最大 3〜5 m 程度の隆起量が見込まれる。その空間分布の特徴としては、全体的に海岸線に平行するようなかたちで地殻変動量が変化し、南東部のキャンベイ湾付近は、湾の形状に沿って内陸へ行くほど、隆起量が大きくなる地殻変動の傾向を示している。これは、北東部のカッ

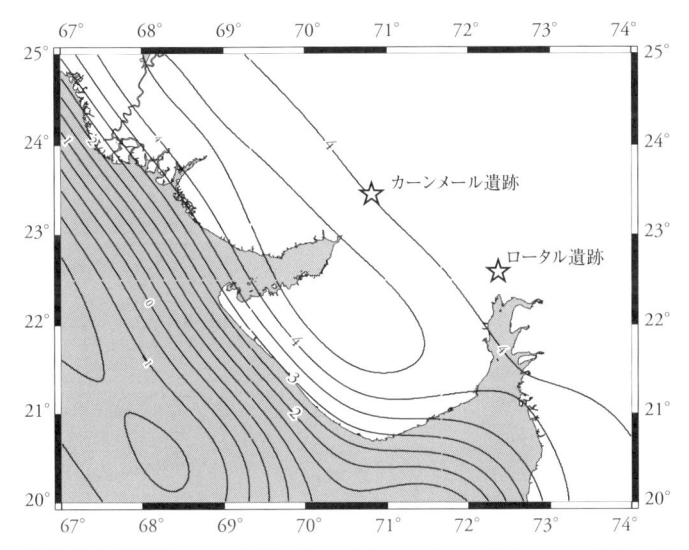

第 3 章　海岸線環境の変化と湾岸都市の盛衰

図 3-17　標準的な粘弾性モデルを用いたハイドロアイソスタシーのモデリングより推定されるサウラーシュトラ半島周辺の過去 7000 年間の地殻変動量（コンター間隔は 0.5 m）

チ湾に比べると、キャンベイ湾の湾口が大きく、海水荷重の影響を大きく受けていることによるものである。地形地質データに基づけば、過去 7000 年間の相対的海面低下は、キャンベイ湾奥のロータル遺跡で 5〜10 m、カッチ湾奥のリトルランではそれより小さい（図 3-9）。これらは、上記の計算による推定地殻隆起量（ロータル遺跡付近で 4 m 以上、カーンメール遺跡近くのリトルランで 1 m ほど）とその傾向（内陸に向かうほど大きい）も含めてほぼ一致する。このように隆起の量と様式の整合性からみて、ハイドロアイソスタシーによる地殻変動が相対的海面変化を生み出し、グジャラートの海岸を離水させてきたことは疑いない。テクトニックな隆起があったとしてもきわめてわずかであり、グプタら（Gupta 1971; Prasad and Gupta 1999）が指摘するようなローカルな地殻変動による海岸隆起の可能性はきわめて小さいと判断される。

　図 3-18、3-19 にさまざまなパラメータを用いて、サウラーシュトラ半島

第 1 部　自然環境を復元する

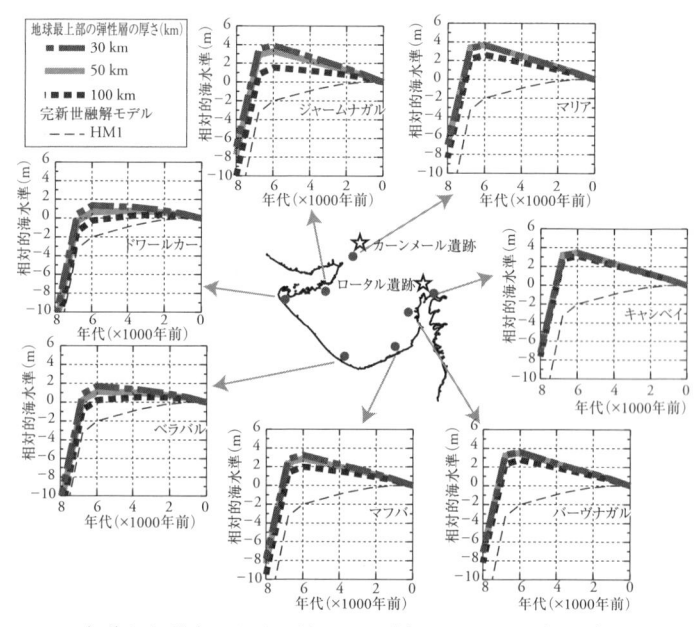

図 3-18　7000 年前から現在にかけて緩やかに融解したモデル（HM1）によるサウラーシュトラ半島周辺の相対的海水準変動の理論曲線（細い点線は氷床融解史曲線）。各線はそれぞれ地球最上部弾性層の厚さを示す。

の 7 地点の海水準変動曲線を理論的に再現した。注目したパラメータは、完新世の融解史の時間変化の違い（HM1：7000 年前から現在にかけて緩やかに融解したモデル：図 3-18、HM2：4000 年前に融解が完了したモデル：図 3-19）と、弾性層の厚さ（30、50、100 km）である。弾性層の厚さについての依存性は、厚さが厚くなるモデルほど、荷重の変化に対して耐性があるために、変形量としては小さくなる傾向にある。これが、完新世の高海面の高度の違いに現れている。また、湾奥よりの地点と湾口の地点の比較より、弾性層の厚さによる高海面高度の違いが顕著になる。このことは、このような地域で完新世の高海面の高さを正確に観測することができれば、弾性層の厚さを規定できる可能性を示している。また、100 km と 50、30 km の違いは大きく、50 km と 30 km の計算結果の差はあまりないことも明らかになった。さらに復

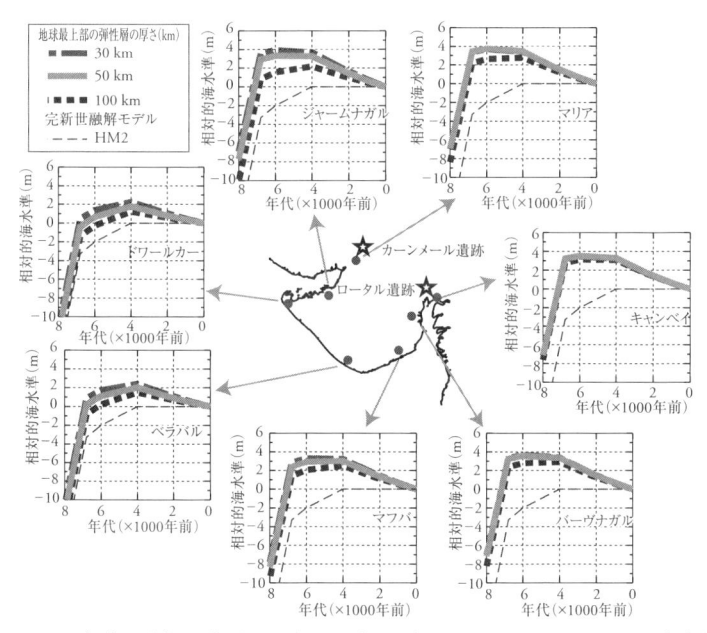

図 3-19 4000 年前に融解が完了したモデル (HM2) によるサウラーシュトラ半島周辺の相対的海水準変動の理論曲線 (点線は氷床融解史曲線)。各線はそれぞれ地球最上部弾性層の厚さを示す。

元された海水準変動をもとに、現在の地形を考慮すると、最大海進時には、グレイトラン、リトルランともに海が進入し、最大 10 m 以上の水深になった可能性が十分考えられる。

　一方で、融解史の違いによる海面変化の理論値の違いとして、HM2 (4000 年前に融解が完了したモデル) というモデルを設定した。この HM2 モデルを使用すると、完新世の高海面を示す時期が多様になることがわかる (図3-19)。特に湾口側の地点では、4000 年前に高海面が現れ、湾の中央部では、仮定した弾性層の厚さによっては、7000 年前か 4000 年前といったように、地域的に高海面の年代が異なってくる。このことは、湾に沿って、高海面の高さと年代が決定できれば、弾性層の厚さのみならず、完新世の融解史を規定することができることを示唆している。ロータル遺跡付近の地形発達から

復元された相対的海面変化（図3-9）に基づけば、7000年前から3900年前ごろまでの安定期に比べ、それ以降の海面低下が顕著である。このような海面変化の特徴はHM2モデルによる海面変化史にフィットしており、7000年前～3900年前の高海面安定期がインダス文明期の海上交易を保障していた可能性は高い。

インド北西部グジャラート付近のハイドロアイソスタシーは、過去7000年間において、地形に沿った形で地殻変動量が異なることがハイドロアイソスタシーのコンピュータシミュレーションにより示され、完新世の氷床融解量のモデルや地球内部粘性構造の選択によっては、高海水準を示す時期が約7000年前から4000年前までの期間でモデル毎に異なってくることが明らかになった。これらの結果は、当該地域の完新世の海水準変動が、海水の増加によるハイドロアイソスタシーの影響を強く受けていることを示しており、特に、湾口部から湾奥部にかけて、高海面の高度や年代が変化する可能性を明らかにした。これらのシミュレーション結果は、ハイドロアイソスタシーという現象が、インダス地域の湾岸都市の盛衰に影響した海岸線の移動の大きな要因となっていることを支持している。このような地球内部のダイナミクスも含めた地球の変動が、インダス文明期の人間生活にも大きく影響を与えたことは確かであろう。

3-6 | 古代都市の運命を支配した地球規模の変動

本章では、インダス文明期の海上交易で栄えた可能性が高いロータル遺跡とカーンメール遺跡の盛衰について、地形・地質学的データに基づく地形発達史・海面変化史の実態を明らかにし、完新世海岸地形環境の変化がその原因となりうるかどうかを考察した。また、ハイドロアイソスタシーのコンピュータシミュレーションにより、グジャラート付近の約7000年間のアイソスタティックな地殻変動量と海水準変動曲線を再現した。過去7000年間のハイドロアイソスタシーによる地殻変動量は最大5m程度に達し、その

空間分布の特徴より、海水の荷重を特徴づける海岸線の形状が、ハイドロアイソスタシーに強く影響を与えていることが示された。また、地球内部の最上部弾性層の厚さと完新世の氷床融解史とその依存性について検討してみると、モデルの設定によっては、完新世の高海面の時期やその高さが異なることが示され、その時期は、約7000年前から4000年前で、高さは約1～4mとなった。また復元された海水準変動をもとに、現在の地形を考慮すると、最大海進時には、グレイトラン、リトルランともに海が進入し、最大10m以上の水深になった可能性がある。ハイドロアイソスタシーを考慮した過去7000年間の海水準変動の復元結果は、地形地質学的調査に基づく海岸線環境変化史と大きな矛盾はない。すなわち、地形地質学的に知られる完新世相対的海面変化は質的にも量的にもハイドロアイソスタシーによって説明でき、7000年前～4000年前の海面安定期を出現させるHM2モデルがより妥当である。この完新世高海面安定期がグジャラート付近のインダス文明期港湾都市の繁栄を支え、その後の海面低下（アイソスタティックな地殻隆起）がその衰退を促した可能性が高い。

　海岸線付近に存立したインダス文明期の人間社会（都市や町）の盛衰は、地球内部までも含めたダイナミックな変動を生み出した海水準変動に強く影響されたと言っても過言ではない。図3-1に示されるようにグジャラート周辺にはかつての湾岸と推定される場所に数多くのインダス遺跡が発見されている。本章での結論の真偽を問うためにも、その他の遺跡周辺の地形形成環境史・相対的海面変化史を復元し文明盛衰との関係を明らかにすることが重要である。

参考文献

Babu, M. T., Vethmamony, P. and Desa, E. (2005) Modeling tide-driven currents and residual eddies in the Gulf of Kachchh and their seasonal variability: a marine environmental planning perspective. *Ecological Modeling*, 184: 299–312.

Biswas, S. K. (1987) Regional tectonic framework, structure and evolution of the western marginal basins of India. *Tectonophysics*, 135: 307–327.

Chamyal, L. S., Maurya, D. M. and Raj, R. (2003) Fluvial systems of the drylands of western

India: a synthesis of late Quaternary environmental and tectonic changes. *Quaternary International*, 104: 69–86.
Dutton, A. and Lambeck, K. (2012) Ice volume and sea lecel during the last Interglacial. *Sciecne*, 337: 216–219.
Farrell, W. E. and Clark, J. A. (1976) On Postglacial Sea Level. *Geophysical Journal Royal Astronomical Society*, 46: 647–667.
Fleming, K. F., Johnston, P., Zwartz, D., Yokoyama, Y. and Lambeck, K. (1998) Refining the eustatic sea-level curves since the Last Glacial Maximum using far- and intermediate-field sites. *Earth and Planetary Science Letters*, 163: 327–342.
Gaur, A. S. and Vora, K. H. (1999) Ancient shorelines of Gujarat, India, during the Indus civilization (late mid-Holocene): a study based on archaeological evidences. *Current Science*, 77: 180–185.
Gupta, S. K. (1991) Chronology of the raised beaches and inland coral reefs of the Saurashutra coast. *Journal of Geology*, 80: 357–361.
IPCC (2007) Climate Change 2007: The Physical Science Basis. Contribution of Working Group I to the Fourth Assessment Report of the Intergovernmental Panel on Climate Change. p. 996. In Solomon, S., Qin, D., Manning, M., Chen, Z., Marquis, M., Averyt, K. B., Tignor, M. and Miller, H. L. (eds.), Cambridge University Press, Cambridge, United Kingdom and New York, USA.
Junghans, K. H. (1968) The Harappan "Port" at Lothal: Another view. *American Anthropologist*, 70: 911–922.
Lawler, A. (2010) Forgotten corridor rediscovered. *Science*, 328: 1092–1097.
Kaufmann, G. and Lambeck, K. (2000) Mantle dynamics, postglacial rebound and the radial viscosity profile. *Physics of the Earth and Planetary Interiors*, 121: 301–324.
Kharakwal, J. S., Rawat, Y. S. and Osada, T. (2012) *Excavation at Kanmer, Kanmer Archaeological Research Project at Indo-Japanese Collaboration.* p. 844. Kyoto, Nakanishi Printing Co. Ltd.
Lambeck, K. (1996) Shoreline reconstruction for the Persian Gulf since the last glaciaton maximum. *Earth Planetary Science Letters*, 142: 43–57.
Malik, J. N., Sohoni, P. S., Merh, S. S. and Karanth, R. V. (2000) Active tectonic control on alluvial fan architecture along Kachchh mainland Hill Range. *Zeitshchrift Geomorphologie* N. F., 78: 1–20.
Masers. P. M. and Flemming, N. C. (1983) *Quaternary Coastlines and Marine Arhchaeology.* Academic Press.
Maurya, D. M., Thakkar. M. G., Khonde, N. and Chamyal, L. S. (2008) Geomorphology of the Little Rann of Kachchh, W. India: implication for basin architecture and Holocene paleooceanographic conditions. *Zeitshchrift Geomorphologie. N. F.*, 52: 438–504.
Minster, J. B., Jordan, T. H., Molnar, P. and Haines, E. (1974) Numerical modeling of

instantaneous plate tectonics. *Royal Astronomical Society of Geophysical Journal*, 36: 541-576.

Mishra, D. C., Chandrasekhar, D. V. and Singh, B. (2005) Tectonics and crustal structures related to Bhuj earthquake of January 26, 2001: based on gravity and magnetic surveys constrained from seismic and seismological studies. *Tectonophysics*, 396: 195-207.

Nakada, M. and Lambeck, K. (1988) The melting history of the late Pleistocene Antarctic ice sheet. *Nature*, 333: 36-40.

Nakada, M. and Lambeck, K. (1989) Late Pleistocene and Holocene sea-level change in the Australian region and mantle rheology. *Geophysical Journal*, 96: 497-517.

Okuno, J. and Nakada, M. (1998) Rheological structure of the upper mantle inferred from the Holocene sea-level change along the west coast of Kyushu, Japan. *Dynamics of the Ice Age Earth: A Modern Perspective*. 445-458.

Panikkar, N. K. and Srinivasan, T. M. (1971) The concept of tides in ancient India. *Indian Journal of History of Science*, 6: 36-50.

Peltier, W. R. (2004) Global Glacial Isostasy and the Surface of the Ice-Age Earth: The ICE-5G (VM2) model and GRACE. *Annual Review of Earth and Planetary Sciences*, 32: 111-149.

Prasad, S. and Gupta, S. K. (1999) Role of eustasy, climate and tectonics in late Quaternary evolution of Nal-Cambay region, NW India. *Zeitshchrift Geomorphologie*. N. F., 43: 438-504.

Rao, S. R. (1965) Shipping and maritime trade of the Indus people. *Expedition*, 7: 30-35.

Rao, S. R. (1979) Lothal: a Harappan port town (1955-62) volume I. Memoirs of the Archaeological survey of India, p. 265. No. 78, New Delhi.

Quittmeyer R. C., Farah, A. and Jacob, K. H. (1979) The seismicity of Pakistan and its relation to surface faults. pp. 271-284. In Abul, F., Kees, A. and Dejong (eds.), *Geodynamics of Pakistan*, Geological Survey of Pakistan.

● コラム 3 ●

メソポタミアとの交流

森　若葉

　インダス文明とメソポタミア文明との間では、人や物が行き来していたことが文献資料からも知られている。インダス文字は未解読でありインダス文明側に文献資料がないため、このコラムでは、メソポタミアの資料からわかるその交流の様子をみてみることにしよう。

　その当時、メソポタミア文明は、現在のイラク南部、ティグリス・ユーフラテス川下流域を中心に栄えていた。メソポタミア文明は、膨大な楔形文字粘土板を残しているが、ここでは、それらの資料のなかから、インダスについての記述がみられる、王碑文や行政経済文書といった資料を時代順に、そして最後に文学作品の楔形文字資料をみてみよう。王碑文には、王が記させた外交関係の記述が、行政経済文書には他国との交易に関する記録がみられる。また、文学作品には、史実を背景にした王讃歌や物語のほか、インダス文明地域の国の様子が描かれた神話が残されている。

　インダス文明が栄えた時期は、メソポタミアのシュメール初期王朝期（前 2500 年〜2350 年頃）、アッカド王朝期（前 2350 年〜2100 年頃）、ウル第三王朝期（前 2100〜2000 年頃）、および古バビロニア期（前 2 千年紀前半）の初期にあたり、楔形文字で記されていた資料の言語は、シュメール語とアッカド語である。これらの資料で、インダス文明地域は、「メルハ（Meluhha）」として知られている[1]。

---

[1] 前 1 千年紀の楔形文字文献のメルハは、エジプトを指すため、注意が必要である。これは、インダスとの交流が途絶えたのち、新たに、金や象牙、黒檀などの木材の主要な輸入先となったエジプトを指すようになったものと推測される。

コラム 3　メソポタミアとの交流

図1　円筒印章印影（アッカド期、テル・アスマル出土）。ゾウ、クロコダイル、サイの図像がみられる。

　シュメールやアッカドの王朝時代、メソポタミアはその文明生活を支える多くの文物を輸入に頼っていた。輸入先の一つがメルハであり、アラビア半島東部に位置するマガン（現在のオマーン）、ペルシア湾に浮かぶ島国ディルムン（現在のバーレーン）と並んで文献に現れ、これらがメソポタミアの主要な交易相手であったと考えられる[2]。
　メルハの記述が文献に最初に現れるのは、紀元前 24 世紀である。アッカド王朝創始者、サルゴン王の王碑文には、メルハとマガンの船が首都のアガデに停泊したと誇らしげに記されている。「メルハ、マガン、ディルムンの船をアガデの港に停泊させた（サルゴン碑文 11 [シュメール語]、サルゴン碑文 12 [アッカド語]）」。
　同じ時期の円筒印章には、メソポタミア地域には生息していないゾウ、サイ、ワニ、水牛の図像が刻まれている（図1、2）。また、「メルハの通訳」と記載のある印章（図3）やメルハ人と書かれた人名がある裁判記録も知ら

---

[2]　ただし、初期王朝期の文書に現れるのは、ディルムンのみで、メルハやマガンはみられない。この当時の海上交易はディルムンを通じて行われていたと考えられる。行政経済文書にディルムンから銅や銀を購入した記述がある（*AWL* 188 (= Fö 30)、*DP* 518）。ディルムンには、目立った産物はなく、中継交易によって栄えていた。

第1部　自然環境を復元する

図2　アッカド王朝第5代王シャルカリシャリのもと働いていた書記イブニ・シャルムの円筒印章印影。水牛が描かれている。

れている。メルハ人の到来は、アッカド期の行政経済文書に、「メルハ船」に乗船していた「メルハ人」に食料を支給した記録があることからも確認できる。アッカドの王たちは、現在のイランに位置するマルハシやエラムといった東方の国々と戦争を繰り返した。第2代のリムシュ王の碑文では、メルハやイラン高原諸国と同盟関係にあったマルハシとの戦いに、勝利したと記されている[3]。

ウル第三王朝第5代のイビシン王の碑文には、マルハシから「メルハのまだらのイヌ」と呼ばれる動物[4]を贈られたとある。ウル第三王朝期になると、ディルムンやメルハが交易相手として記述されることは稀になる。

---

[3]　リムシュ碑文8 (Frayne, *RIME* 2)「Zahar、エラム、[G]upin とメルハがパラフシュム（マルハシ）に戦いのために集まった（4-11行）。……。彼（リムシュ）はパラフシュムの将軍とエラムの王を捕らえた（12-18行）」。閃緑岩、dušû 石などさまざまな石をパラフシュムの戦利品として持ち帰った（キャプション1-4行）。このほかにも、サルゴン王や第4代のナラムシン王もマルハシと戦争を行い、勝利したと記述している。

[4]　シュタインケラーは、これをヒョウとするが（Steinkeller 1982: 253; 2006: 11)、ポッツはチーターと考えている（Potts 2002）。

コラム3　メソポタミアとの交流

図3　「メルハの通訳シュイリシュ」と刻まれている円筒印章（左）とその印影（右）

これは、当時支配下にあったマガンを介して東方の国々と、交易するようになったためと考えられる[5]。ウル第三王朝期の高度な文明水準は、余剰農業生産物との交易によって支えられていた。交易によってもたらされたものは、金属（金、銀、銅、錫、青銅）、貴石（ラピスラズリ、紅玉髄、瑪瑙、カルセドニーなど）、象牙、石材・石製品（クロライト、閃緑岩、斑糲岩、蛇紋岩、凍石などの石材、およびその製品）、真珠、植物由来製品（木材、果実、香辛料）であった。また、珍しい動物が、献上品や見せ物として持ち込まれた（ヒョウ/チーター、クジャク、ラクダ、サル、ネコ、水牛など）[6]。輸出

---

[5] ガェシュと呼ばれる高級官僚のもと、大量の穀物（18万L）のオオムギを積んだ船がシュメールからマガンに出航している。イシン・ラルサ期の文書から、ウル第三王朝崩壊後、再び商人によるディルムン交易が盛んになったことがみてとれる。
[6] 後で紹介する『アガデの呪い』にも、インダスとメソポタミアの間に位置するマルハシが、アッカド王朝の首都アガデにサル、ゾウ、水牛など東方のさまざまな動物を連れてきたと記述されている。また、諺に、東方の地名と動物が並ぶものがある。「アンシャンのロバ、マルハシのクマ、メルハのネコ、東方の山のゾウは、ユーフラテスポプラの木を葱のように噛み切る（Alster, Sumerian Proverbs 288-289: N 3395 obv. 2）」。

品は、オオムギなどの穀類、および毛織物やゴマ油など農産加工物であった。

　前3千年紀から前2千年紀前半のメソポタミアの交易は、中継国が時代によって異なるが、つねに東方から多くの文物を輸入していたことがわかっている。ただし、原産地についての情報がえられる資料は文学作品しかない。シュメール語文学作品で描かれる交易や文化接触の様子は、前3千年紀後半を反映していると思われるものが多い。よって、最後に文学作品におけるメルハ（インダス）の記述をいくつかみてみることにしよう。

　アッカド王朝の崩壊を題材にした『アガデの呪い』では、王朝の繁栄の様子が描かれており、なかに、近隣諸国が首都アガデにさまざまな貢ぎ物をもたらす場面がある。

> 「（アガデの）城門では、ティグリス川が海へと流れている。聖なるイナンナ神はその入り口をあける。シュメールは、自ら財を携えて船でさかのぼってくる。山のマルトゥ、穀物を知らぬ人は、完全な雄牛、完全なヤギを連れてくる。メルハ、黒い国の人々は珍奇な文物を持ってくる。エラムとスバルは、荷運びロバに荷を積む（43-50行）。」

そのなかで、「黒い山／国」と称されるメルハの民は珍奇なものをもってくると記述される。

　また、『エンキ神とニンフルサグ神』では、近隣諸国で産出する鉱物が描かれているが、メルハは紅玉髄や高価な木材を産する国とされる。

> 「トゥクリシュの国は、ハラリの金と……のラピスラズリをあなたにもたらす。メルハの国は、需要が高く貴重な紅玉髄やメスの木、アバの木を大きな船に積んだ。マルハシの国は、貴石、トパーズ／メノウを胸に……するためにもたらす。マガンの国は、強い銅、閃緑岩、ウ石（u）、シュミン石（šumin）をあなたにもたらす。（ウル版49A-49J行）」

　『エンキ神と世界の秩序』は、エンキ神がシュメール各地や近隣諸国をまわり、それぞれの運命を定める物語である。この神話では、当時の交易

コラム 3　メソポタミアとの交流

国が遠い順にならび、それらの国からメソポタミアに木材や鉱物がもたらされると記述される。

>「メルハ、マガン、ディルムンの国に、エンキ神たる私は目を向けた。ディルムンからの船に木を積み込む。マガンの船は財をつむ。メルハのマギルム船は、金、銀を交易する。国々の王たるエンリル神のためにニブルに運ばれる（124-130 行）」

さらに、219-35 行には、さまざまな特産品の産地としてメルハが描かれている。

>「エンキ神はメルハを通る。アブズの王たるエンキ神は運命を定める。『黒き国よ、あなたの木は偉大な木である。あなたの森は山のメスの木である。その椅子は王宮にふさわしい。あなたの葦は偉大な葦である。その葦は……である。英雄が戦いの場で武器を……する。あなたの牛は偉大な牛である。山の牛である。その鳴き声は山の野牛の鳴き声である。神々の偉大なるメにふさわしい。山のシャコが紅玉髄のひげをのばしている。あなたの鳥はクジャクである。その鳴き声は王宮にふさわしい。あなたの銀は金である。あなたの銅はスズと青銅である。山よ、あなたの事物は豊かである。あなたの人々は……である。』」

これらの文学作品の記述から、メルハが珍しい動物が住み、紅玉髄やさまざまな金属、高価な木材がとれる地域と認識されていたことがわかる。

　ウル第三王朝最盛期の王、シュルギの讃歌には、博識・万能をほこるシュルギが近隣の 5 言語を操れると述べる箇所があり、その 3 番目にメルハが挙げられる（シュルギ讃歌 B 211‒217）。

>「……3 度目は、黒い国／山（＝メルハ）の人に、私は声をかける。4 度目は、山の人、マルトゥの通訳を務める。私はかれの言葉で彼の言葉を完全に理解できる。……」

文学作品と王碑文にみられる鉱物の記述をまとめると表 1 のようになる。

表1　王碑文および文学作品にみられる鉱物とその産地

	エンキ神と世界の秩序	エンキ神とニンフルサグ神	ニヌルタ神讃歌G	リプシュル	ナラムシン碑文	グデア碑文 St. A. C 他	グデア碑文 Cyl. B	グデア碑文 Cyl. A
銅		マガン		マガン				メルハ
錫	メルハ							メルハ
ラピスラズリ	ディルムン	ディルムン	メルハ				メルハ	
金	メルハ	トゥクリシュ	ハラリ					
銀	メルハ	ハラリ	ディルムン			メルハ	メルハ[8]	
紅玉髄	メルハ	メルハ	メルハ	メルハ			メルハ[9]	メルハ
青銅	メルハ							
du₆-ši-a石		マルハシ	マルハシ					
u石		マガン						
閃緑岩		マガン			マガン	マガン	メルハ	
šumin石		マガン						
nir石							メルハ	

　文学作品の記述は、そのまま事実が描かれるわけではない[7]。しかしながら、シュメールの文学は、神話や叙事詩にも史実を題材にしたものや背景に描かれたものが多く含まれている。

　インダス文明地域の記述が楔形文字文献に現れるのは、アッカド王朝が始まった紀元前24世紀から古バビロニア時代の紀元前2千年紀前半に限

[7]　表1に挙げたグデア碑文の一つであるシリンダーB（Cyl. B）では、インダス地域に銅やラピスラズリの鉱山がないもかかわらず、そこから運ばれてくるように書かれている。これは、中継地であったメルハの船が運んできたためと考えられる。

[8]　この箇所の記述は通常の銀（ku₃-babbar）ではなく、特殊な銀（ku₃-NE）が現れる。

[9]　紅玉髄を表すシュメール語はgugであるが、グデア碑文（Cyl. AとB）の紅玉髄はgug gi-rinと記述されている。

られる。これはインダス文明の盛期とほぼ一致し、メルハは交易相手国もしくは鉱物資源、高価な木材、象牙などを産出する国として描かれている。産地と中継地が混同されているものもあるが、かなりの記述が実際の産出地と一致することがわかっている。

インダス文字はまだ解読されていない。インダス文字資料は、湾岸地域、メソポタミアでもみつかっていて、当時の交流を裏付けている。今後、さらなる資料の発見により解読が進むことが期待される。

参考文献

後藤健（1997）「アラビア湾岸における古代文明の成立」『東京国立博物館紀要』第32号.

前川和也・森若葉（2008）「初期メソポタミア史のなかのディルムン、マガン、メルハ」『セム系部族社会の形成（特定領域研究「セム系部族社会の形成・ユーフラテス流域ビシュリ山系の総合研究」Newsletter No. 11』pp. 14–23.

Collon, D. (1987) *First Impressions: Cylinder Seals in the Ancient Near East,* London.

Frankfort, H. (1955) *Stratified Cylinder Seals from the Diyala Region* (*Oriental Institute Publications* 72), Chicago.

Frayne, D. R (1993) *Sargonic and Gutian Periods* (*2334–2113 BC*), Toronto [= *RIME* 2].

Maekawa, K. and Mori M. (2012) Dilmun, Magan, and Meluhha in Early Mesopotamian History: 2500–1600. In Osada, T. and M. Witzel (eds.) *Cultural Relations between the Indus and the Iranian Plateau during the Third Millennium BCE.* Harvard University Press. Harvard Oriental Series. Opera Minora Vols. 7. pp. 237–262.

Possehl, G. (1994) Meluhha. In Reade, J. (ed.) *The Indian Ocean in Antiquity.* London: Kegan Paul International.

Potts, D. T. (1990) *The Arabian Gulf in Antiquity,* Vol. 1–2, Oxford.

―――― (2002) Total prestation in Marhashi-Ur relations, *Iranica Antiqua* 37, 343–357.

Potts, T. F. (1994) *Mesopotamia and the East: An Archaeological and Historical Study of Foreign Relations ca. 3400–2000 BC* (Oxford University Committee for Archaeology Monograph 37), Oxford.

Steinkeller, P. (1982) "The Question of Marhaši," *Zeitschrift für Assyriologie* 72, 19–28.

―――― (2006) New light on Marhaši and its contact with Makkan and Babylonia, *Journal of Magan Studies* 1, 1–17.

―――― (2007) New light on Šimaški and its rulers, *ZA* 97, 215–232.

第4章　南アジアのモンスーン変動をとらえる

八木浩司 (4-1)
松岡裕美・岡村　眞 (4-2)
中村淳路・横山祐典 (4-3)

ララ湖の遠景

第 1 部　自然環境を復元する

　インダス文明の衰退の原因として、気候変動は常に有力な候補のひとつに挙げられている。しかしながら、紀元前 1900 年頃といわれるその時代にどのような気候変化があったのか、そしてその変化がどのようにして文明の衰退を招いたのか、その関係を具体的に証明することは容易ではない。自然科学としてこの問題に取り組むためには、ある地域での数千年間にわたる気候の変化を明らかにし、その結果をひとつひとつ積み上げていくしかない。

　過去の気候の変化を明らかにするということは、それが記述された堆積物という記録を読み解くことに他ならない。数千年間の気候の変化を明らかにするためには、数千年間の記録を保持する堆積物を確保しなければならない。この堆積物が数千年もの間、整然と堆積し、記録を保持し続ける環境というものは実際には非常に限られている。堆積物記録が整然と残される環境の代表的なものは、海洋の 1000 m を超える深度をもつ深海底である。深海底の堆積物は、良好な記録を保持していることから多くの古環境変遷の研究に使用されているが、それは当然のことに海洋環境の変遷を記録している。大陸域の環境変遷を明らかにするためには、やはり陸上の堆積物記録が必要となる。しかし陸上は基本的には削剥の場であり、堆積物記録が保持される場所は限られる。河川の流域などは堆積物が大量に堆積しているが、こういった場所では堆積と削剥が繰り返され、長期間にわたる安定した記録は期待できない。陸上で安定した堆積物記録が期待できる場所としては、湖沼などの水域や沈降している湿地帯などがある。特にある程度の大きさをもつ水深の深い湖は、数千年間といった堆積物を保持している良好な記録器と考えることができる。

　インダス文明の遺跡が見つかるような地域では、残念ながらそのような湖は存在していない。インダス川流域の乾燥地帯ではなく、北部の湿潤な地域で適地を探したが、ここもヒマラヤという世界でも屈指の変動域であり大きな湖沼が安定して存在できるような環境ではない。またインドとパキスタンの国境付近では政治的な問題から調査は難しい状況にある。限られた時間でこの地域に影響を与える環境変化を探るために、私たちは広くアジアモンスーンの変遷を捉えることを試みた。本研究で調査を行ったのは、ネパール

西部の標高 3000 m のヒマラヤ山中に位置するララ湖である。この湖は変動帯に位置していながら広い面積と深い水深をもつ、唯一の貴重な湖である。ララ湖では安田ら（Yasuda and Tabata 1988）によって古環境変遷の先駆的な研究が行われており、およそ 4500 年前の環境の大きな変化が指摘されていた。20 年以上を経た今、当時とくらべ年代測定や古環境解析の手法は大きく進歩している。高品位な試料を湖底から採取することができれば、より精度の高い結果が得られると考え、この湖をターゲットとした。

4-1 ララ湖堆積物調査までの道

　インダス文明盛衰の原因を気候環境の変遷から検討する。それが我々に与えられた使命だ。そのためには、少なくとも後氷期以降の南アジア地域における気候・環境変化を記録する堆積物の採取をめざすことが必要である。そこで当初、インダス川流域にあるカシミール盆地周辺の湖盆を候補として考えた。その場合 60 有余年インド・パキスタン間の係争が続くカシミールに作業実施のための資材を大量に持ち込まなければならなかった。しかし資材の通関、入域許可、堆積物掘削許可、採取物の輸出許可などを取得しさらに期間内で修了することが、インドの厳格な官僚制のもとでは絶望的と考えられた。このため、我々との長い研究交流をとおして、公的許可取得や通関・資材輸送業務および現地調査支援に精通した方々との人的交流があるネパールにおいて代替地を検討することになった。

　その条件はいくつか考えられた。インドに近く西方擾乱の影響を受ける西部ネパールにあること、少なくとも後氷期以前に形成された湖盆であること、現在の位置が森林限界以下であること、できれば参考にすることのできる予察的先行研究があることなどである。その結果、カルナリ地方ムグ県に位置するララ湖に絞られた。こうしてララ湖調査が本格的に動き出したのである。

第 1 部　自然環境を復元する

(1) 実施のための許可書類の準備

　ララ湖は国立公園に指定された地域である。そのため、学術調査をネパール国内で実施する際にはネパール側との共同研究であることが必須条件である。また、資材の保税輸入のためには税関との折衝と必要書類の準備など、解決すべき課題があることが準備を進めていく段階で明らかとなる。複雑な手続きであるが、今後同様の調査研究を行う人々のために、その詳細について述べておきたい。

　上述の事務手続きや資材輸送を詰めるため、2009 年 3 月に前杢と八木がネパールを訪問することになった。その事前調整のため、ネパール国立トリブヴァン大学トリチャンドラ校地質学教室のビシュヌー・ダンゴル教授をカウンターパートとし、以下の点について現地当局との折衝を開始してもらうことになった。

1. 共同研究相手先の確定・リエゾン研究者の選定
   トリブヴァン大学学長、環境科学技術大臣との面談
2. 国立公園内でのコアリング調査申請のための手順
3. 税関における通関のための手続き手順の確認
   共同研究機関からの書類の確保の見通しを立てる

　さらに、ネパール側協力者とネパール国内における輸送業者の確定、現地までの資材輸送、特にヘリ輸送について細部の調整を進めるため、現地トレッキング会社や輸送エージェントと e-mail と電話による折衝を進めた。

　3 月の八木・前杢の訪ネでは、ダンゴル教授の進めた事前調整に基づき、トリブヴァン大学学長・シャルマ教授と面談し、本調査をトリブヴァン大学との国際共同研究とし、実施カウンターパートとして地質学教室を選定していただいた。さらに、国際交流部長への指示を通して、上記共同研究推進のための文書申請などで便宜を図っていただくことを承諾いただいた。また、環境科学技術大臣との面談では、地球環境問題との関連で本調査が貢献できる旨の説明を行い、ネパール政府内での許認可申請でのサポートをお願いし

第 4 章　南アジアのモンスーン変動をとらえる

た。国立公園での調査許可取得のため、森林土壌保全省を訪問し同幹部に面会した。その際、同省として本調査を承知し置くが、許可申請の手順として国立公園・野生生物保護局への申請がなされてそれが上部部局に裁可の判断が問われるまでは、同局への上層部からの指示は行わない旨の説明が行われた。ネパールにおける民主化が着実に進行していることを認識できた瞬間であった。直ちに国立公園・野生生物保護局に赴き、申請書類を受け取りその手順について説明を受けた。

　大学への共同研究書類申請には日本側メンバーやその履歴、調査日程などを確定させる必要があったが、3月の滞在期間中に行えないことから、帰国後調整・準備を進めることにした。国立公園野生保護局への申請書も、大学との共同研究推進が確定した後に、その協定書と共に提出する必要があることから、5月に再来ネする必要があることがわかった。また、税関への必要書類は、ダンゴル教授にアレンジしていただけるように依頼した。その後大学への申請書類は、反体制派学生による大学本部封鎖が予想され手続きに遅延が懸念されたことから、5月の前杢の再訪前に送付しダンゴル教授に手続きを開始していただいた。国立公園局への申請は 5月の再訪問時に行うことになった。

　5月に再度前杢と長田が訪ネし、トリブヴァン大学との共同研究に関する協定書を締結・交換した。国立公園・野生生物保護局には本プロジェクトの詳細な目的、日程、参加メンバー、試料採取手法を明記したララ湖におけるコアリングと試料採取に関する申請書を提出した。許可までに 1か月を要することがわかった。6月になってそれらの申請に対する許可が下り、資材の輸入に対する保税処置のためのトリブヴァン大学からの証明書も交付されたことで、書類上の準備は 7月までにはおおかた済ませることができた。

　なお、公的機関との許認可交渉に加えて、現地調査隊のサポートチームの構成が必要となった。このため、ヒマラヤにおける地学、植物調査隊サポートで実績のあるダワ・シェルパ氏にララ湖調査隊サポートチームの企画運営を依頼した。また、日本から持ち込む資材のコルカタからネパールそしてスルケットまでのトラックやヘリでの輸送のための交渉に、バッタチャン氏を

113

現地代理人として協力を仰ぐことになった。お二人とも旧友であり、日本人が何を欲しているのか、よく理解しており、大変助かった。

(2) 資材輸送のための準備

　コアリング実施には、高知大学理学部の岡村教授・松岡准教授のグループに参加を要請することとし、また、メンバーに花粉分析の専門家がいないことから、過去にネパールでの花粉分析研究の実績のある、同じ高知大の三宅准教授に参加を依頼した。

　コアリングの参加メンバーが決まっていくなか、2008年5月に最初の検討会をもった。その際、資材の概要について簡単な説明を受けネパールにおけるその実施可能性について予備的な調査を始めることにした。2008年9月に八木がネパールを訪問した際に、現地のトレッキング会社と折衝し資材の輸送へのヘリコプター使用の可能性についての調査を依頼した。その結果、ネパール内戦の終了と共に経済開発が活発化し西部のカルナリ川において水力発電所建設が開始されたことに伴い、西部のスルケット空港に大型ヘリが飛来することがあることから、ダム建設資材輸送の合間を利用して、大型ヘリによるコアリング資材がララ湖まで輸送可能であることが明らかとなった。

　12月末に八木が再度ネパールを訪問した際に、資材の輸送にはトラック＋ポーター、ヘリ＋ポーターの2パターンがあることを現地のトレッキング会社から説明を受けた。ただし、ポーターによる輸送は、一つの荷物が30kgに収まることが条件であった。コアリング資材の総量が1t以上で100kg前後の荷物もあることから、大型資材のヘリ利用が現実的であると判断されるようになった。ただ、ヘリチャーターが現地空港に常駐しいつでもチャーター可能か否かについては、ヘリ会社から明確な回答を引き出せないままでいた。またその際も、資材と一緒に搭乗できる人員が10名であることから、調査隊員の人数を多くできないことも明らかとなった。

　5月の訪問で前杢は、現地トレッキング会社や輸送業務エージェントと折

衝を行った。その結果、予定しているヘリチャーター料金に比べ、固定翼機（双発の19人乗り航空機DHC-6）をチャーター（行き帰り各2往復、合計4往復輸送）する方が経費削減可能でしかも確実であるので、その利用を検討したい旨が八木に伝えられた。ヘリか固定翼機のいずれをチャーターするかについては、8月まで決着が付かず混乱をもたらすことになる。

　コアリング資材について、八木は2月に高知大を訪問しその概要の把握を試みた。その時点でもコアリング資材が最長2mのパイプが含まれるなど、ヘリ輸送でも大きなものが多いことを認識できた。しかし同時期高知大施設の耐震改修工事が行われていたためすべての資材の確認ができず、その中に重量が120 kgで最小幅が60 cmもある最重要部品のウインチや、長さが1 m以上ある船外機が含まれていた。6月の最終メンバー検討会においては、固定翼機の利用を予定する旨メンバーに周知したが、直後の資材確認において、上記のウインチがあることから固定翼機の座席を取り外さないと機内に持ち込めないことが明らかになった。さらに8月初めになって、航空会社から座席の取り外しは不可能であることが通告されたため固定翼機の利用はキャンセルとなった。その後、ヘリ会社との交渉で2往復を2万ドル程度に収めてくれる目処が付いたことからスルケットからララ湖のキャンプサイト付近まで直接ヘリ空輸することになった。

　ヘリ利用の目処が遅れたことの理由として、以下のようなことが挙げられる。

1. 我々やカトマンドゥのトレッキング会社がスルケットを拠点とするヘリ輸送がいかに活発であるかを把握していなかった。すなわち、ダム建設資材運搬用に大型ヘリが利用されているという情報はもっていたが、スルケット空港に大型ヘリが4〜5機配置され、西部山岳地域を結ぶ旅客や資材輸送にフル稼働しているという実態をつかんでいなかった。その点、固定翼機であれば、ララ湖から半日の行程に空港があり毎日便があることから輸送予定を組みやすいという利点があった。
2. ヘリ会社が我々のヘリによる資材輸送への意向をまじめに取り上げて

第 1 部　自然環境を復元する

　　いなかった。すなわち、3 月の時点でヘリチャーターに関して問い合わ
　　せても、9 月の運行予定はわからない。我々の調査時期にスルケット空
　　港にヘリが配備されていたら 1 往 1 万ドル程度でチャーター可能であ
　　ると回答するのみであった。もし、ヘリがスルケットに配置されていな
　　ければ、カトマンドゥからのフェリー飛行代も必要となりチャーター代
　　金の予算的目処が付けにくかった。実際の契約段階でも、前金を見せて
　　航空会社の担当者が OK したということで、ヘリ会社にとって我々は信
　　頼できる相手と見なされていなかったのかもしれない。

　ヘリチャーターについては、本隊の主発直前になって、とんでもない事態
が発生した。それは、チャーターを予定したヘリ会社（シミリク航空）の大型
ヘリコプターが他社（シュリー航空）のヘリコプターとスルケット空港で接触
事故を起こし、なんと運行が困難になったことである。本当にどんな事態が
起こるかわからない。シミリク航空は、大型ヘリを 1 機のみ所有しそれが破
損したことから、9 月以降の運行予定が全く立たなくなっていた。8 月末に
我々がカトマンドゥ入りして、修理の見込みを問い合わせたが目処が立た
ず、結局シミリク航空からシュリー航空に業務委託をする形で我々の資材輸
送をお願いすることになったが、その契約が終了したのは空輸予定日の 2 日
前 9 月 5 日である。2 往復分として 2 万ドルとし、前金 7000 ドルを支払っ
てようやく契約にこぎ着けた。はたしてヘリが飛ぶのかどうか、ハラハラし
通しだった。

　前後するが、4 月に八木は、日本の輸送業者 2 社に神戸からコルカタ経由
でネパール・ネパールガンジあるいはスルケットまでの資材輸送について見
積もりを依頼し、紆余曲折はあったが 6 月に内外日東（株）に輸送を依頼す
ることになった。現地スルケットまで、神戸を出て 1～1.5 か月かかること
から、神戸からの積み出しは、遅くとも 7 月初旬であることを周知し、高知
大グループに荷造りと、インボイスの作成、内外日東（株）との折衝を進め
ていただいた。荷物は、7 月 13 日に神戸に高知大グループが持ち込み、7
月 20 日に神戸港を出港し 8 月始めにコルカタ港に到着。インド側の保税処

第4章　南アジアのモンスーン変動をとらえる

置をクリアーして8月11日にビルガンジに向け陸送開始。8月14日にネパール税関への申告書を提出完了。22日荷物がインド国境のラクソール到着、しかし通関待ちの車両が多くネパール側のビルガンジには25日到着、通関完了は30日。9月1日にスルケットに向けてトラックが出るが、平原部のテライでゼネラル・ストライキが打たれたので、スルケットには、調査隊の先発グループのスルケット入りよりも1日遅れた9月5日早朝であった。トラック到着後直ちに資材をシミリク航空倉庫へ下ろし、一時保管をお願いする。神戸からの資材用コンテナーは、空港施設内の空き地に置かせてもらうことになった。荷物の到着、ヘリのチャーター、すべてが綱渡り状態で、なんとか予定通りに済ませられることができたのは、まさに奇跡としかいいようがない。

(3) ララ湖への資材人員輸送

9月3日午前資材受け取り班として先発要員がカトマンドゥを出発。ネパールガンジに到着するも、ゼネストによりスルケットに移動できず、スルケットには4日の到着となった。前述の通り、資材を載せたトラックはまだ到着していなかったことから、カトマンドゥと連絡をとり5日に確実に到着することを確認、5日朝資材受領。9月6日、本隊要員が前杢隊長、長田総隊長と共に到着。日中ほとんど晴れ間が見えず、時折シャワー状の小雨が降る天気に7日の空輸が心配された。ここまでなんとかやってきたが、まだモンスーンが終わっていないこの時期、天候という人敵が行く手を遮っていた。

7日朝小雨降る中を空港に移動、資材をヘリパッドに移し機体内に収納する。しかし、2名分の重量超過であることが運行会社から知らされたため、八木および長田がスルケットに残ることを調査隊として決定した。その直後、コーディネーターのダワ・シェルパ氏が運行会社と調整した結果、彼1人を残して出発することになる。彼は、調査地点から数時間のところにあるタルチャまで定期便で遅れて来ることにした。実際には3日遅れの到着となった。

第 1 部　自然環境を復元する

図 4-1　12 人とコアリング機材 1.5 トンをララ湖まで運んだヘリコプター

　こうして、我々と資材を乗せたヘリコプターは、13 時頃ようやくスルケット空港を発進した。ヘリは低く雨雲がたれ込める中、カルナリ川の谷沿いに進む。我々の眼前には山並みが迫ってくる。さらにララ湖西端から流れ出る谷を遡り、峠に空いたわずかな雲の隙間からララ湖上に約 1 時間で到達した。北側湖岸にある陸軍キャンプにあるヘリパッドに着陸。霧雨の中を兵士と共に、荷下ろしを済ませる。ララ湖面の高度が 3000 m、雲底高度 3300 m 程度という状況で、周りには 5000 m ほどの山もあり、いつ山の斜面にぶつかっても不思議ではなかった。一生涯のすべての運を使い果たすほど、土壇場でなんとか切り抜けてようやくララ湖に到着した。ララ湖は本当に遠かった。
　運び込んだ資材は陸軍キャンプヘリポート脇に置かせていただき、8 日からそれに接する湖岸で筏フロートとコアリング・リグの組み立てを行った。

第 4 章　南アジアのモンスーン変動をとらえる

4-2 ララ湖ピストンコアリング

(1) 湖沼堆積物の採取

　試料採取の方法として本研究で使用したのはピストンコアリングという方法である。一般的に堆積物の採取方法として使用されているのは機械式ボーリングといわれる方法である。この方法では掘削櫓を固定する必要があることから水深の深い湖や広い湖ではかなり大がかりな作業が必要となる。もちろん十分な時間と資金があれば試料の採取は可能であるが、道路もないヒマラヤ山中の水深 160 m を超えるララ湖ではこの方法は現実的ではない。ピストンコアリングはもともと深海底の試料を船上から採取するために開発された方法である。基本的には錘を使い重力を利用して堆積物を採取するが、試料採取パイプのなかにピストンを入れることで管内摩擦を軽減させることができる。仕組みは単純であるが、それだけに信頼性は高い。櫓を固定する必要がなく船上から採取を行うことができるため、特に水深の深い海や湖での堆積物の採取に有効である。ピストンコアリングではボーリングとは異なり、湖底から数メートル程度の深さまでしか堆積物を採取することはできないが、ララ湖のような静かな堆積環境にある湖では数千年から 1 万年程度の試料を採取することが期待できる。

　今回使用した機材は、重量 200 kg の本体と、内径 69 mm、外径 75 mm、長さ 2 m のアルミパイプをつなげて全長 6～8 m として使用するコアラーを使用した。作業船としてはゴムボート 3 隻をベースにしてその上に三脚をたてた組立式のコアリング専用筏を使用、筏の曳き船としてもう 1 隻の船外機付ゴムボートを用意した。ピストンコアリングの機材はすべてを日本から運んで堆積物採取を行った。簡単なシステムといっても、今回使用した機材は総重量 1500 kg に達した。これを船便で日本からインドへ、さらにネパールへ陸送し、最終的にララ湖へは中型ヘリコプターを利用して持ち込んだ。湖上で試料を採取する作業自体は、国内でも海外でも特別な違いはない。海

第 1 部　自然環境を復元する

図 4-2　ピストンコアリングを行う筏。ゴムボート 3 隻の上に組み立てた櫓にウインチを設置している。

外で試料を採取する場合の最大の問題は、通関をはじめとして機材をどうやって現地まで運ぶかというロジステックスにある。本研究ではこれまで長年にわたって日本人研究者によって築き上げられてきたネパールでの人脈と多くの方の尽力により、問題なく機材を輸出入し試料を採取することができた。その苦労のほどは本章の第 1 節を読んでいただければおわかりになると思う。

(2) ララ湖の堆積物

　ララ湖ではまず測深を行い、湖底全体の姿を明らかにした（図 4-3）。測深は小型の音響測深器を用いて行い温度などの補正は行っていない。このため深度データにはある程度の誤差が含まれると考えられるが、堆積盆としての湖底地形を検討する目的には十分な精度をもつ。ララ湖の最深部は東西に延びる湖の西端に位置しており、その水深は 168 m に達する。湖盆は水深約

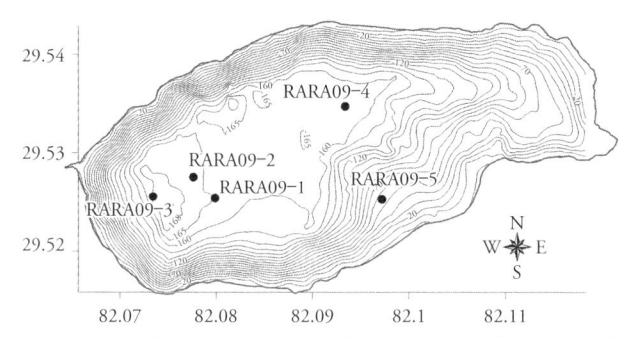

図 4-3 ララ湖の水深図とコアリング地点（水深図はララ湖調査グループによる）

160 m の平坦面をもつが、これは湖底の西半分にのみ広がり、湖底の東半分は緩やかに傾斜した斜面となっている。湖の北、西、南は湖底から急激な斜面として立ち上がっている。南西部には顕著なデルタが流入しており、湖底地形にもその延長部を見ることができる。この山中にどうしてこのような大きな湖が存在しているのかは、これまで長らく不明とされてきた。今回の調査によって、初成的には横ずれ断層系のステップによって形成された構造的な凹地が、湖の東側を構成している氷河性堆積物によって閉塞されたという成立モデルが提示されている（八木ら 2011、およびコラム 4 参照）。

コア試料は湖盆の平坦面から 4 本、南東の緩やかな湖底斜面上から 1 本採取した。斜面上の 1 本は他の試料とは対比がつかなかったため、ここでは検討に用いていない。湖盆平坦面の西端にあたる最深部で RARA09-3（全長 430 cm）、そのやや東側で RARA09-2（全長 291 cm）、湖のほぼ湖心だが平坦面の東端にあたる位置で RARA09-4（全長 421 cm）、RARA09-2 より南側のデルタよりで RARA09-1（全長 260 cm）を採取することができた。放射性炭素年代測定の結果から、RARA09-4 は約 7000 年間をカバーしていることが明らかになっている（4-3 節参照）。

試料は主に灰白色から暗灰色の泥によって構成されているが、何枚もの青灰色の砂層を含む（図 4-4）。これらの砂層は、数ミリから 20 cm 程度の層厚をもち、粗いものは中流砂から礫サイズまでの粒子から構成される。厚い砂

第 1 部　自然環境を復元する

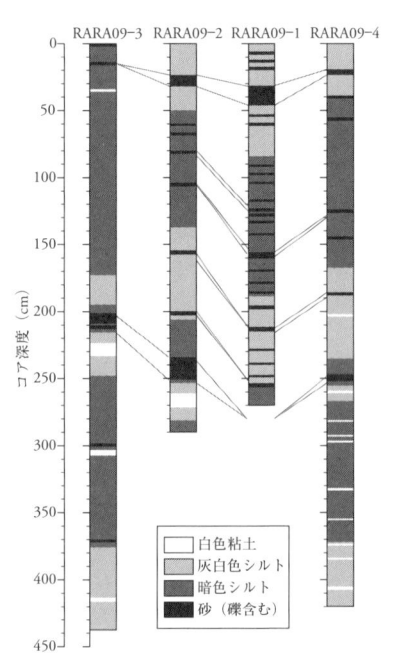

図 4-4　ララ湖の湖底から採取した 4 本のコア試料の模式柱状図とその対比。深度は湖底面からの深さを示している。

層は級化層理を示し、周囲の斜面から流れ込んだタービダイトであると考えられる。タービダイトは、浅い湖底に堆積していた砂泥が水と混濁して斜面を流れ降り、湖盆の底に堆積したもので、付近で発生した大きな地震や洪水などの何らかのイベントによってもたらされると考えられている。通常はシルトや粘土などの細かい粒子しか堆積しない湖盆の底に運ばれた比較的粗粒な堆積物である。

　4 本のコア試料の間でこれらのタービダイト層は、おおむね対比可能である。最深部の RARA09-3 や湖心の RARA09-4 から RARA09-2、RARA09-1 とデルタに近づくにつれて、タービダイト層の数が多くなるとともに層厚も厚くなる傾向が見られる。このことからタービダイト層は湖の南西部のデルタ付近から運搬されたことがわかる。全長が 4 m を超す RARA09-3 と

RARA09-4 では 7000 年程度をカバーしているが、それよりも短い RARA09-1 と RARA09-2 では 4000 年程度の年代しか採取されていない。この約 4000 年間で対比可能な明瞭なタービダイト層は 6 層ある。

4 本のコア試料のうちの数本で対比可能なタービダイトは、数百年から千年に 1 回程度の頻度で存在している。ヒマラヤ地域は典型的な変動帯であるにもかかわらず、歴史的には巨大地震の頻度が高い場所であるとはいえない。これらのタービダイトは周囲で発生した巨大地震の痕跡だとしても矛盾はないが、現時点ではそうであるという確証もない。タービダイト層が最も多く存在する RARA09-1 が最も堆積速度が速いが、タービダイト層の厚さを除くと 4 本の泥層の部分の厚さはほぼ等しく堆積速度は同等ということになる。このことから、湖盆内の堆積物はタービダイト層を除けば整然と安定して堆積しており、過去の環境変遷の記録計として良好であることがわかる。

4-3 湖沼堆積物の分析

(1) アジアモンスーンの変動

さて、ララ湖の湖沼堆積物が採集されると、今度はその分析に着手する。その前に、ララ湖の湖沼堆積物から何がいえるのか、もう少し詳細に述べてみたい。

大陸と海洋の地理的な分布に起因する風循環のことをモンスーンという。陸地は海洋よりも比熱が小さいため、陸地は海洋に対して暖まりやすく冷めやすい。夏になるとアジア大陸上空の気温は周辺の海洋よりも相対的に高くなり、海洋から湿った風が陸へと吹き込み降雨をもたらす (図 4-5)。逆に冬になるとアジア大陸は冷やされ、シベリア高気圧から海洋に向かって寒気が吹き出す。このように季節による風向の反転と夏季の降雨で特徴づけられるモンスーンは、現在のアジア地域の人々の生活と密接に関わっている。

第 1 部　自然環境を復元する

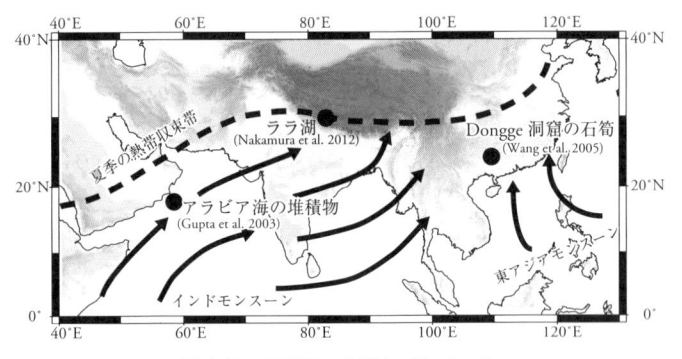

図 4-5　ララ湖の位置とモンスーン

　それでは地質学的な時間スケールでモンスーンはどのように変動してきたのであろうか。1 万年前から現在に至る時代は完新世と呼ばれている。完新世の気候は、それ以前の時代の気候と比べると、おどろくほど安定であることがさまざまな地質記録からわかっている。しかし注意して地質記録を読み解くと、完新世の中にも細かな変動があることが明らかになってきた（Yokoyama et al. 2011）。モンスーン変動の代表的な復元結果に、アラビア海の浮遊性有孔虫のデータがある（Gupta et al. 2003）（図 4-5）。浮遊性有孔虫とは、海洋に生息する単細胞の動物プランクトンである。浮遊性有孔虫の種構成はモンスーンの強さによって変化するため、堆積物に含まれる浮遊性有孔虫を用いて過去のモンスーン変動を復元することができる。Gupta et al.（2003）によると、完新世のなかに 6 回、モンスーンが弱化していた時期があることが明らかになった。

　それでは陸域ではモンスーンはどのように変動していたのであろうか。はたしてアラビア海のように、モンスーンが弱化した時代があったのであろうか。それともヒマラヤ域の気候変動は海洋とは全く異なっているのであろうか。陸域は海洋のように泥が連続して堆積する場所が限られているため、陸域の古気候記録は海洋に比べると不足している。海と陸の相互作用で生じるモンスーンという現象を明らかにするには、海洋からの記録に加えて陸域の記録を得ることが重要だ。アジア地域の気候システムを理解し、気候変動の

メカニズムを解明するには、陸と海の古気候記録を比較し、モンスーン変動の空間パターンを明らかにする必要がある。

(2) 湖沼堆積物の年代を測る

　過去の気候を復元する際には、注目する変動の起きた年代を決定することが重要である。湖沼堆積物は自然が記録した気候変動の歴史書だ。しかし日付は残っていない。そこで古気候の研究者は、放射性炭素という有機物中にごく微量に含まれている炭素原子の存在量を測定することで、堆積物の年代を決定している（横山 2007）。大多数の炭素原子は質量数が 12 だ。しかし自然界には約 1% の割合で、中性子が一つ多い炭素 13 が存在する。そして極微量に、1 兆分の 1 という割合で炭素 14 も存在する。この炭素 14 は時間とともに放射壊変し減少していくため、放射性炭素と呼ばれている。放射性炭素は大気上空で宇宙線の作用によって生成される。その後、酸化され二酸化炭素となり大気中に拡散し、一定の濃度となっている。この放射性炭素は光合成や捕食によって生物に取り込まれていく。放射性炭素の時計が動き始めるのは物質が閉鎖系になった時、つまり生物が死んだ時だ。生物の死後、放射性炭素は規則正しい一定の割合で放射壊変により減少していく。したがって、現在含まれている放射性炭素の量を加速器質量分析装置という機器で正確に測定することで、逆に年代を求めることができる（横山 2007）。

　ララ湖の堆積物試料には、落ち葉の化石が約 30 cm 間隔で保存されていた。葉化石は年代測定の格好の試料だ。葉の化石の代わりに泥に含まれている有機物を用いて年代を求めることもできる。しかしこれらの有機物は、湖に流入する前に土壌中で長期間保存されていることがあるため、実際の堆積年代より古い年代を示すことが多い。この年代差は時に 500 年から 1000 年にも及ぶため、葉化石を含まない湖底堆積物試料の年代決定の大きな問題点となっている。幸運にもララ湖（図 4-6）の堆積物は葉化石を多く含んでおり、古気候の復元に適した試料であった。

第 1 部　自然環境を復元する

図 4-6　晴れた日のララ湖の風景

(3) 泥から過去の気候を読み解く

　堆積物は昔の気候変動を示す情報の宝庫だ。陸から運ばれてくる砕屑物、微生物の遺骸、風によって飛んで運ばれてきた粒子、そして水中での沈殿物などが混ざりあって湖の堆積物や海底の堆積物となる。これらには堆積した当時の気候の情報がいろいろな形で記録されている。その記録のされ方の仕組みを明らかにし、そして過去に適用することで、気候変動の復元ができる。こういった気候情報の間接指標はプロキシ（代替指標）と呼ばれ、過去の気候を読み解く鍵となっている。たとえば、プランクトンの種の割合、プランクトンの殻を構成している元素の同位体、堆積物を構成している鉱物の種類と割合、堆積物中の花粉の化石など、さまざまなプロキシが存在する。

　私たちがララ湖堆積物で着目したのは、堆積物を構成している元素の割合だ。堆積物の元素組成は堆積物粒子の種類やその割合を反映している。私たちは堆積物中の特にマンガン（Mn）という酸化還元状態で形態が異なる元素

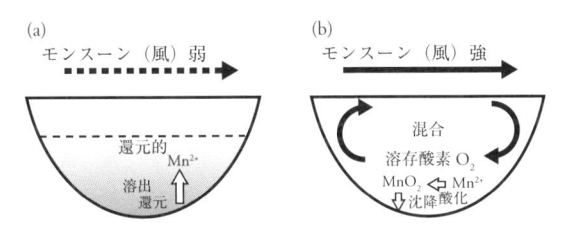

第4章　南アジアのモンスーン変動をとらえる

図4-7　夏季モンスーンの強度とMnの挙動。(a) モンスーンの風が弱い場合、(b) モンスーンの風が強い場合。

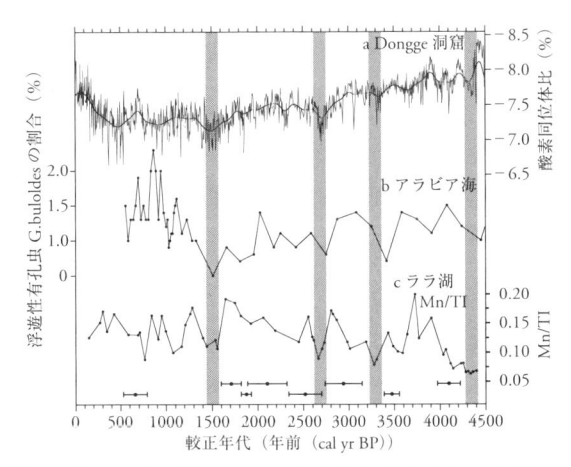

図4-8　ララ湖から得られた夏季モンスーン変動と他の地域の比較。(a) Dongge洞窟（Wang et al. 2005）、(b) アラビア海（Gupta et al. 2003）、(c) ララ湖（Nakamura et al. 2012）。マンガン（Mn）の含有量はチタン（Ti）の含有量で規格化している。黒丸と誤差（1σ）は年代測定点を示す。

の濃度を用いて、夏季モンスーンの強度を復元した（Nakamura et al. 2012）。堆積物中のMn濃度は湖の鉛直循環と大きく関係している（図4-7）。風によって駆動される湖の循環が強化されると、湖の底層まで溶存酸素がいきわたる。するとそれまでイオンの形で水中に溶けていたMnは酸化され沈殿する。したがって堆積物中のMn濃度は湖の底層の酸化還元状態、つまりはモンスーンの強度を反映している。

図4-8にララ湖堆積物から復元された過去4500年間の夏季モンスーン変

第 1 部　自然環境を復元する

動を示す。ララ湖堆積物コアから、ヒマラヤ域の夏季モンスーンは 700 年前、1100 年前、1500 年前、2700 年前、3300 年前、4300 年前に弱化していたことが明らかになった。これらの変動をアラビア海で明らかになっている夏季モンスーン変動 (Gupta et al. 2003) と比較したところ、1500 年前、2700 年前、3300 年前、4300 年前の夏季モンスーン弱化イベントは時代が一致していることがわかった。そして中国の Dongge 洞窟の石筍から得られた降水量変動 (Wang et al. 2005) もこれらと同調する変動パターンを示している。ヒマラヤ域のモンスーン変動を解き明かし、他の地域で得られている結果と比較することで、点で得られる古気候記録が面となり、気候の仕組みや成り立ちの時空間的理解が深まっていく。

(4) インダス文明の衰退原因としての夏モンスーン

　インダス文明の衰退原因はこれまでいろいろな説が登場してきた。それらについては、すでに序章でまとめられている。そのうちの一つが気候変動説である。特に、気候変動説で有力なのが、4.2 ka イベント説である。この気候変動は、今から 4200 年前頃、地中海から西アジアにかけての冬モンスーンが弱かったので乾燥化をまねき、冬作物であるコムギ、オオムギが大打撃を受けたという。特に、メソポタミアのアッカド王国がこの気候変動によって崩壊したとされている (Staubwasser et al. 2003; Staubwasser and Weiss 2006)。ただし、考古学者は気候変動だけをクローズアップして、それだけでアッカド王国が崩壊したとみなすのは早急すぎるとして、気候変動が一因となったとしても、崩壊のプロセスはもう少し社会的政治的問題にも留意すべきだという。

　アッカド王国崩壊のプロセスはともかくとして、4.2 ka イベントがあったことは変わりがない。そして、その影響がインダス文明にも及んでいると 4.2 ka イベント研究者は指摘している。しかし、その影響がインダス文明地域にまであったのかどうかとなると、もう少し慎重になるべきであろう。なぜかというと、インダス文明はちょうど夏モンスーンの影響を受ける地域と

冬モンスーンの影響を受ける地域の両方に広がっている。したがって、冬モンスーンに焦点をあてた 4.2 ka イベントだけではうまく説明がつかない。我々の研究は夏モンスーンに焦点をあてている。夏モンスーンだけを取り上げてみると、すでに述べたように、4300 年前にモンスーンが弱かった。このデータの年代精度を考えると、これが 4.2 ka イベントと対応している可能性がある。ただし、この時期にはインダス文明は衰退していない。

では、我々の研究データをどう読み取ればいいのだろうか。ここからは自然科学者のデータをどうインダス文明研究者が読み解くかの問題である。その点は強調しておいたほうがいいだろう。前節では、自然科学者である中村、横山はアラビア海や中国のデータと比較可能である夏モンスーンの弱化のみを慎重に指摘している。しかし、図 4-8 を見ていただければわかるように、3900 年前から 3700 年前にかけては夏モンスーンの活動が激しかったことを物語っている。

このことから何がいえるのだろうか。インダス文明衰退時期には、夏モンスーンの活動に変化があった。つまり、インダス文明衰退時期は乾燥化していた時代の最終的な時期か、もしくは夏モンスーンの強度が強化されていく時期に相当する。文明衰退時期の決定と古気候復元との両者に年代の誤差を伴っているので、対比には慎重な議論が必要である。一般に文明の衰退は湿潤化よりも乾燥化と結びつけられることが多い。しかしインダス文明衰退時期が夏モンスーンの強度が強化されていく時期と対比できるとすると、どのようなシナリオが考えられるのだろうか。夏モンスーンの強度が強化されていく時期は乾燥化よりも洪水が起こった可能性の方がずっと高い。洪水と聞いて思いだされるのは、2010 年 8 月のパキスタン、インダス川流域で起きた洪水だ。こうした洪水がインダス川流域のインダス都市を直撃したら、大きな惨事となったことは想像に難くない。インダス文明の衰退といっても、その実態はインダス川流域の遺跡が激減し、遺跡の規模が縮小しただけで、遺跡の数は逆に増えている（詳細は終章で述べる）。そのことを考えると、夏モンスーンの洪水によって、インダス川流域のインダス都市から人々が移住していったとする、終章で提示されたシナリオを支持していることになる。

我々の研究からはインダス文明衰退時には夏モンスーンの強度に変化があったことが明らかになった。それがインダス文明衰退とどうつながるかについては、他の章を読んでいただきたい。特に、第7章のインダス文明の農業で、気候変動に対する適応戦略が地域ごとで一様ではなかったことを指摘している。また、すでに述べたように、終章では衰退のシナリオを提示している。夏モンスーンで打撃を受ける人々がいたことは容易に想像できるが、それが一つの古代文明の衰退を招いたかどうかは、このような学際的な研究によって初めて、その妥当性が議論されるべきであろう。本研究を基礎に、さらなる調査研究が続行されることを期待してやまない。

参考文献

八木浩司・前杢英明・岡村眞・松岡裕美・長田俊樹・寺村裕史・熊原康博・アディカリ, D. P. ダンゴル　ビシュヌー (2011)「氷性堆積物で閉塞された構造性凹地としてのララ湖 ── ネパールヒマラヤ最大の湖の成因」日本地球惑星科学連合 2011 年大会講演要旨, HQR023-02.

横山祐典 (2007) 放射性炭素を用いた気候変動および古海洋研究. 真空. 50: 486-493.

Gupta, A. K., Anderson, D. M. and Overpeck, J. T. (2003) Abrupt changes in the Asian southwest monsoon during the Holocene and their links to the North Atlantic Ocean. *Nature*, 421: 354-357.

Nakamura, A., Yokoyama, Y., Maemoku, H., Yagi, H., Okamura, M., Matsuoka, H., Miyake, N., Osada, T., Teramura, H., Adhikari, D. P., Dangol, V., Miyairi, Y., Obrochta S. and Matsuzaki, H. (2012) Late Holocene Asian monsoon variations recorded in the Lake Rara sediment, western Nepal. *Journal of Quaternary Science*, 27: 125-128.

Wang, Y., Cheng, H., Edwards, R. L., Hr, Y., Kong, X., An, Z., Wu, J., Kelly, M. J., Dykoski, C. A. and Li, X. (2005) The Holocene Asian monsoon: Links to solar changes and North Atlantic climate. *Science*, 308: 854-857.

Yasuda, Y., Tabata, H., (1988) Vegetation and climatic changes in Nepal Himalayas. A preliminary study of the Holocene vegetational history in the Lake Rara national park area, west Nepal. Proc. *Indian Natl Sci. Acad.*, 54: 538-548.

Yokoyama, Y., Suzuki, A., Siringan, F., Maeda, Y., Abe-Ouchi, A., Ohgaito, R., Kawahata, H., and Matsuzaki, H. (2011) Mid-Holocene palaeoceanography of the northern South China Sea using coupled fossil-modern coral and Atmosphere-Ocean GCM model. *Geophysical Research Letters*, 38: L00F03.

● コラム 4 ●

ララ湖はいかにしてできたのか

八木浩司

2001 年 11 月のことだった。ネパール王女が乗ったヘリコプターがララ湖に墜落し、王女ら 4 名が亡くなった。その年の 6 月には王女の夫であった、ディレンドラ殿下がネパール王宮で乱射事件を起こし、それがネパール共産党毛沢東派の台頭と相まって、ネパール王室の終焉を迎える序章となった。ララ湖がいわば現代史の一コマとなった瞬間である。

そのララ湖で超音波音響測深器と GPS を併用して東西 27 測線、南北 3 測線、合計 30 測線に沿って 1143 地点の水深測定を行った。超音波音響測深器に、ヘリコプターの残骸でも写ろうものなら世界的なニュースになる。そんな思いを抱きながらの調査であった。測定結果は GIS ソフト上で周辺地域の GDEM（約 30 m グリッド）の地形データと重ね合わせることで、ララ湖およびその周辺地形図を作成した。作成した地形図の地形解析と地表踏査による地形調査結果とを併せてララ湖の成因について考察したのがこのコラムである。我々の思いとは別に、ヘリコプターは見つからなかったが、最終氷期にまで遡る壮大な歴史を知る手がかりとなった。

ララ湖およびその周辺の地形概観

ララ湖は、3000 m から 3900 m の山稜に囲まれた東に大きく開いた南北幅 3〜4 km の東西性の谷の西端部に位置している（図 1）。その北西隅からは V 字谷がゴルジュ（切り立った岩壁にはさまれた峡谷）を形成しながら西に流れ出ている。ララ湖の規模は東西 1300 m、南北 500 m 程度の広がりをもつ。水面高度は、季節的な変化はあるが流出する河川の水門で調整され、おおよそ海抜 2980 m である。湖は、その東側を水面からの比高

第1部　自然環境を復元する

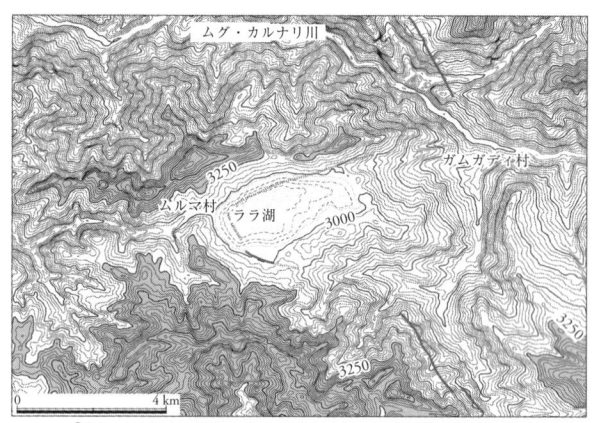

図1　ララ湖周辺の地形
活断層　陰影部：>海抜3250 m　等高線間隔：50 m

50 m以下の堤防状の低起伏丘陵によって閉塞されている。一方、湖の西縁および北縁は湖岸線の背後には山麓線が迫っている。南岸に沿っては丘陵状の地形やその間を流れる河川が形成した扇状地が接している。南岸の扇状地には北西―南東走向で活断層による北東側落ちの変位を受け、低断層崖が発達している。

　ララ湖の湖底地形は、周辺山地の地形的特徴とは真逆の傾向を示す。すなわち、湖の東側ではV字型の谷が西側に向かって深くなり、西側では水深160 m以深の平坦な底面をもつ矩形の凹地が発達する（図2）。西縁の湖岸に接して直線的な水没した急崖が発達し、その基部に沿って湖最深部が現れている。2009年9月10日に観測された最深部の水深は、−169 mであり、当日の水面高度が平均水面高度に比べ34 cm高かったことから誤差を考慮しても、ララ湖の水深が−168 m、あるいはそれよりも低く従来の報告よりも若干深いことが明らかになった（図2）。この最深域を、我々の調査実施において多大な協力をいただいたネパール陸軍ララ湖駐屯地司令のラトール・スシル・シン少佐にちなんで、ラトール・ディープと呼ぶことにした。

図2 ララ湖の湖底地形

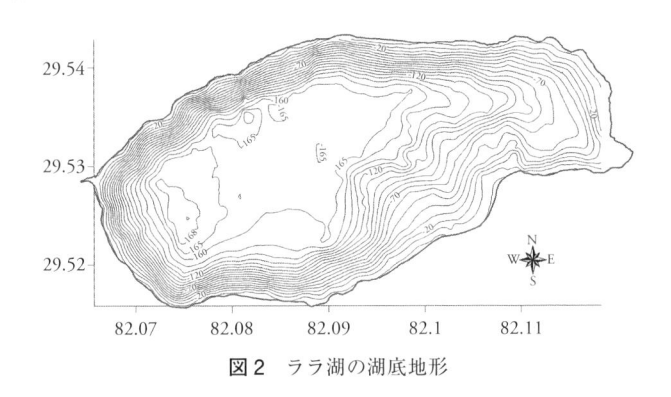

湖底地形と周辺の地形から判断されるララ湖の成因

　ララ湖の湖水は、北西隅で基盤を切るゴルジュから流出する。一方流出部に接した湖側には、前述の比高160 m以上の水没した崖が直線的に発達している。

　ララ湖の位置する東西性の河谷が大きく東に開いていることは、その概形が東流する水系で形成されたと考えやすい。しかし、湖底地形では西側に向けて水深が深くなりながら広い谷底を維持している。しかもその西縁は、基岩から構成される急崖で限られている。これらから、この地形概形の成因を、東に流れる河川の浸食に求めることには無理がある。当然現在の湖水の排水に関わる河川も、西縁の湖岸に沿った急崖を形成できない。さらに、ララ湖を取り囲む山地斜面上部にも圏谷やU字谷のような明瞭な氷蝕地形は残されていないことから、直近山地に涵養された氷河による深い閉塞凹地の形成も考えにくい。従って、ララ湖は構造性の陥没帯、すなわち地殻変動で形成された凹地と考えたほうがよさそうだ。

　ララ湖東岸は、層厚100 m以上のマトリックスとしての砂層に富んだ岩屑層から構成される長細い堤防状の丘陵によって限られている。従って、もともと矩形の構造性凹地として発達したものが、さらにその東縁をこの岩屑層によって塞がれたものが、現在のララ湖であることが明らかとなる（図3）。岩屑は、粘土分をほとんど挟まないことから地すべり起源の

第1部　自然環境を復元する

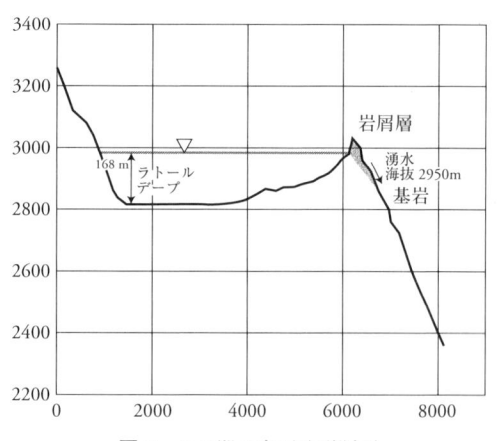

図3　ララ湖の東西地形断面

ものとは考えにくく、ララ湖を取り囲む山地斜面には地すべり地形に特有の馬蹄形滑落崖がないこと、あるいは湖底地形に流山のような地すべり地形特有の形態が認められないこともそれを裏付けている。堆積物の層相から判断すれば、この岩屑層は氷河性堆積物と考えられるが、前述の通りララ湖直近の山地には氷食の痕跡も認められないことから、その由来を検討する必要がある。この岩屑層中には、主中央衝上断層（MCT）北側に産出する角閃岩の岩片が含まれている。ララ湖は MCT よりも南側に位置することから、本論では仮にこの堆積物を最終氷期以前の氷河拡大によって大ヒマラヤ側から運ばれてきた氷河性堆積物と考える。従ってララ湖の形成は最終氷期よりも古くから始まったものと考えることができる。

　では、ララ湖湖底西部に発達する箱形の構造性凹地は、具体的にいかにして形成されたのであろうか。ララ湖南岸に発達する扇状地は、北北西―南南東走向の断層によって東落ち変位を受けている。その延長はララ湖西縁に沿った埋没急崖に連続する。西部ネパールでは、MCT に沿った位置で、大ヒマラヤ側の沈下を伴う右横ずれ成分を伴った活断層系が認められている（Nakata 1982; Kumahara and Nakata 2005）。また同断層系に属するタル

コラム4　ララ湖はいかにしてできたのか

図4　ララ湖周辺の活断層分布

フィ断層とシミコット断層は、位置的にララ湖を挟んでステップ（転移）して連続する（図4）。横ずれ断層系の配置とララ湖の位置を検討すれば、ララ湖西側に認められる箱状の凹地は、右横ずれ断層系におけるセグメント間のステップ部に形成された、一種のプル・アパート（pull apart）盆地と考えられる。

　以上のように、ララ湖は初成的には横ずれ断層系のステップに構造的凹地として発達したが、その後の氷河の拡大期に東縁を氷性堆積物で閉塞され現在の水位が決定される、複合的な成因の湖盆であるといえる。

引用文献

Kumahara, Y. and Nakata, T. (2005) Detailed mapping on active fault in developing region and its significance: A case study of Nepal. *Annual Report of Research Center for Regional Geography*, no.14: 113-126.

Nakata, T. (1982) A photogrametric study on active faults in the Nepal Himalayas. *Jour. Nepal Geol. Soci.*, vol.2, special issue: 67-80.

第2部

人々の暮らしを復元する

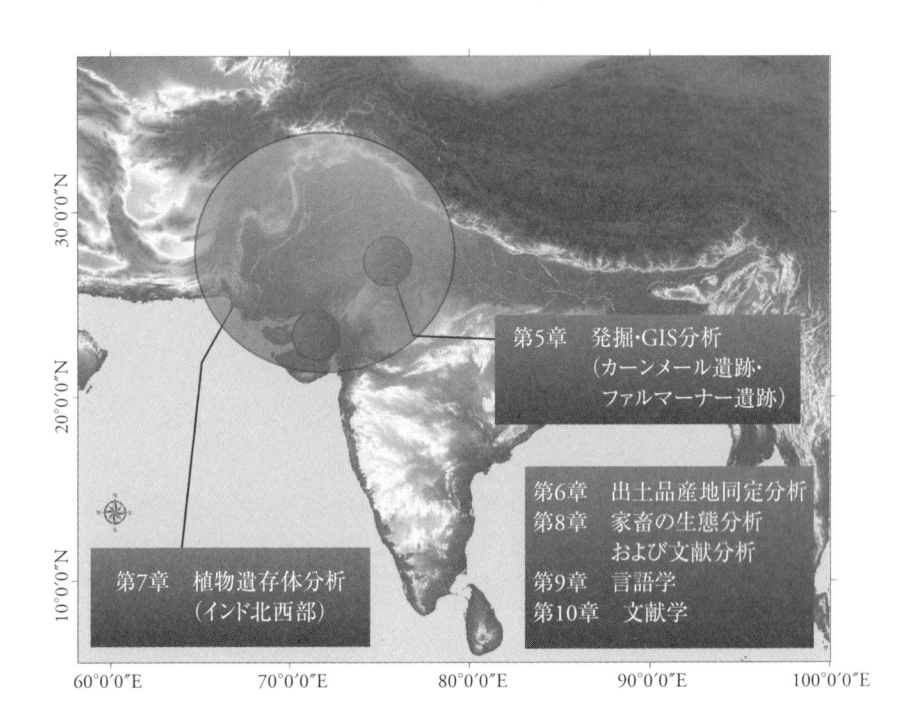

第5章　発掘・GIS分析
　　　（カーンメール遺跡・
　　　ファルマーナー遺跡）

第6章　出土品産地同定分析
第8章　家畜の生態分析
　　　および文献分析
第9章　言語学
第10章　文献学

第7章　植物遺存体分析
　　　（インド北西部）

第5章　発掘とGIS分析で
インダス文明都市を探る

寺村裕史・宇野隆夫

カーンメール遺跡での作業風景

第 2 部　人々の暮らしを復元する

　本書の第 2 部はインダス期の「人々の暮らしを復元する」ことを目的としており、本章では遺跡発掘のレビュー・遺跡都市間比較をテーマとして、考古学的な発掘調査の成果を紹介し、そこからインダス文明期の都市の様相と変遷を明らかにしたいと思う。

　インダス文明の繁栄、言い換えると当時の人々の暮らしを支えた基盤は、インダス川やガッガル・ハークラー川が流れる広大な平野における農業牧畜生産と、西方のイラン・湾岸地域・メソポタミア文明をはじめとする隣接地域との盛んな交流・交易であったと推定されてきている（Wheeler 1968; Kenoyer 1998; Possehl 1999; Agrawal and Kharakwal 2003; Osada 2005）。しかしインダス文明遺跡を総合的な方法で発掘調査した事例はまだ少なく、未解明な部分が多く残されていた。

　そうした現状から、考古学、地質学、地理学、農学、言語学、人類学など多くの分野の研究者が協力して、遺跡およびその周辺地域の総合的な調査を実施することとした。

　このような学際的プロジェクトの課題の一つは、多様な分野の研究の結果を総合して、まとまりある成果として発信する仕組みを作ることにある。このことを達成するため、我々は Geographic Information Systems（GIS：地理情報システム）を共通の研究基盤として、すべての情報を一体的に管理・分析し、その成果を共有することを目的に、考古学 GIS チームとして活動してきた。

　GIS は、空間的な情報をコンピュータを用いて収集・管理・分析・公開などを行うツールの総称である。考古学 GIS チームの第一の目的は、このシステムを用いて、考古学調査の成果をデジタル技術で精密に記録することにある。これによって広い地域に分布する複数の遺跡の成果を統一的に管理し、同じ基準で比較することができるようになるであろう。また我々はこれを、デジタル時代における考古学調査のモデルにしたいと考えて調査を行った。これによって学際的な比較研究に耐えうるインダス文明の考古学データを、発信することが可能になるであろう。

　ここでは、この考古学 GIS チームの活動の成果を述べて、そこからイン

第 5 章　発掘と GIS 分析でインダス文明都市を探る

ダス文明の特質や、インダス文明と以後の南アジア社会との接点について探ることにしたい。

5–1 | インダス文明遺跡の特徴と調査手法

　インダス文明は、紀元前 3 千年紀を中心として、インド西北部からパキスタンにかけての広大な地域で栄えた古代文明である。方格を基調とする整ったプランをもつ大小の都市、華麗なインダス式土器、貴石・貝・ファイアンス・金属などで製作された装身具、インダス文字や牛・一角獣などの動物の図像を刻んだ印章、青銅製や石製や土製の人物・動物・器物像などが、この古代文明を特徴づけている（前掲書）。

　我々は調査の準備段階から現在に至るまで考古学 GIS の方法により、上記のさまざまな種類の情報を統合的に運用する手法を模索してきた。本節では、まずそのデータ取得の経過について紹介しておきたい。

　まず、調査の基礎となる準備作業として、2005 年 4 月から 2006 年 3 月にかけて、インド西北部からパキスタンにかけての地域の数値標高モデル（DEM, Digital Elevation Model：3 次元の地形を表現したベースマップ）を作成し、あわせて位置・年代情報が公表されていた二千余件のインダス文明関係遺跡（新石器時代〜初期鉄器時代）のデータを入力し、インダス文明関係遺跡の分布図を作成した。

　このデータを基に、GIS ソフトウェア（IDRISI および ArcGIS）の空間分析機能を使って、インダス文明地域における時期別の遺跡の分布密度・河道復元・海水面変動分析を行った。このことによって、インダス文明関係遺跡の時期別分布傾向を知り、河道との位置関係も検討できるようになった。

　2006 年 2 月には、カーンメール（Kanmer）遺跡の第 1 次発掘調査の開始にともない、宇野隆夫が高精度 GPS（基地局：Topcon GB500、移動局：Trimble Pro XH）を使って、城塞部と周辺地区の地形測量を行った。

　この GPS 測量データを、京都市埋蔵文化財研究所の宮原健吾が補正計算

141

第2部　人々の暮らしを復元する

を行い、その結果に基づいて、寺村がカーンメール遺跡の城塞部と周辺地区のDEMを作成し、以後、これを発掘調査データのベースマップとして利用した。さらにこの調査による取得データを基にして、城塞部からの眺望範囲の分析を実施している。

2007年2月には、カーンメール遺跡第2次発掘調査の実施に伴い、近藤康久・寺村・宇野が発掘遺構の写真測量を実施した。また宮原の協力をえて、高精度GPS（Topcon GB500、同GB1000）による、城塞部の石積城壁調査地点の測量を行った。

2007年3月には、宇野がヴァサント・シンデ（Vasant Shinde）教授らとインドのハリヤーナー州・ラージャスターン州のガッガル（Ghaggar）川・チョータン（Chautang）川流域地区で、インダス文明遺跡の詳細分布調査を実施した。調査には、高精度GPS（Trimble Pro XH）を使って、遺跡のプロファイリングと発掘用の測量原点設置とを行った（Osada and Uesugi eds. 2008）。

2008年2月には、ハリヤーナー州で分布調査を行った遺跡のうち、ファルマーナー（Farmana）遺跡の本格的な発掘調査を開始し、寺村・近藤・宇野・千葉が地形測量調査を実施した。これらの二つのデータをあわせて、寺村・近藤がファルマーナー遺跡のDEMを作成した。さらに、カーンメール遺跡第3次発掘調査にともない、寺村・近藤・宇野・千葉がプリズム自動追尾型のトータルステーション（Trimble S6）を使って地形測量を行い（図5-1）、カーンメール遺跡の新しいDEMを作成した。また発掘遺構の写真測量も継続して実施している。

さらに2008年2月と2009年2月には、カーンメール・ファルマーナー両遺跡で、地中に埋もれた遺構の状況を探るために、地中レーダ（Ground Penetrating Radar：GPR）探査を実施し（図5-2・右）、貴重な成果が得られている（Teramura et al. 2008）。

地中レーダ探査は、地中における電磁波（レーダ波）の反射、屈折、透過、減衰などの物理現象を利用して地下の構造を調べる探査法であり、測定したデータをその場で擬似的な地下断面図としてモニターに表示できる（図5-3）。

第 5 章　発掘と GIS 分析でインダス文明都市を探る

図 5-1　GPS（左）・トータルステーション（右）を用いた調査の様子

図 5-2　発掘調査風景（左）と地中レーダ探査（右）の様子

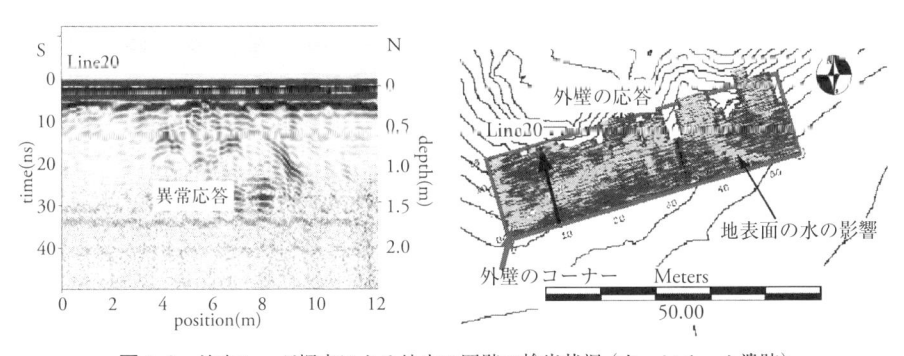

図 5-3　地中レーダ探査による地中の囲壁の検出状況（カーンメール遺跡）

143

分解能も高く、測定時間が早いという利点もあり、環境分野や考古学分野などにおけるさまざまな目的での測定に利用されている。

　GISを使った実際の分析に際しては、大きく三つのレベルについて、それぞれに適切な方法を選択して分析を行ってきている。三つのレベルとは、1. 広域レベル（Supra-regional level）、2. 地域レベル（Regional level）、3. 対象遺跡レベル（Target site level）の各レベルである。

　広域レベルでは、インド・パキスタンにまたがるインダス文明遺跡のデータベースを作り、そのデータを基にGISの分析機能を用いたインダス文明遺跡の分布研究を行った。地域レベルでは、ハリヤーナー州での河道復元、グジャラート州での海水準変動シミュレーションや遺跡からの眺望範囲の分析を通して、周囲の環境と遺跡立地との関係についての分析を行った。対象遺跡レベルとしては、インドのファルマーナー遺跡・カーンメール遺跡それぞれにおいて、GPSやトータルステーションを用いたデジタル地形測量や写真測量を行い、遺跡の構造や遺跡周辺の地形との関わりを把握することに努めた。ファルマーナー遺跡とカーンメール遺跡を発掘調査対象に選んだ理由は、ガッガル川上流域の内陸部に位置するファルマーナーと、アラビア海に近いグジャラート州の沿岸部に位置するカーンメールを比較することにより、インダス文明の理解を深めることができると考えられたからである。

　そして最終的には、図5-4にあるように遺構情報の上に遺物の定量的情報などを加え、上記の3段階のレベルを踏まえた上でGISという一つの柱のもとにすべての情報を統合するシステムを構築している。これは今後の考古学調査のモデルになると考えるものである。

5-2　インダス文明遺跡の地理的分布

(1) 分析の目的と準備作業

　上で述べたように、広域レベルと地域レベルにおける分析として、南アジ

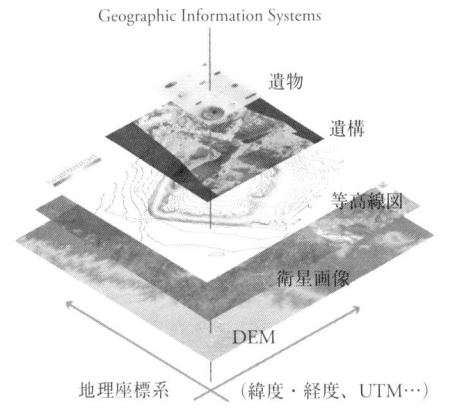

第 5 章　発掘と GIS 分析でインダス文明都市を探る

図 5-4　GIS を用いた時空間情報データの統合

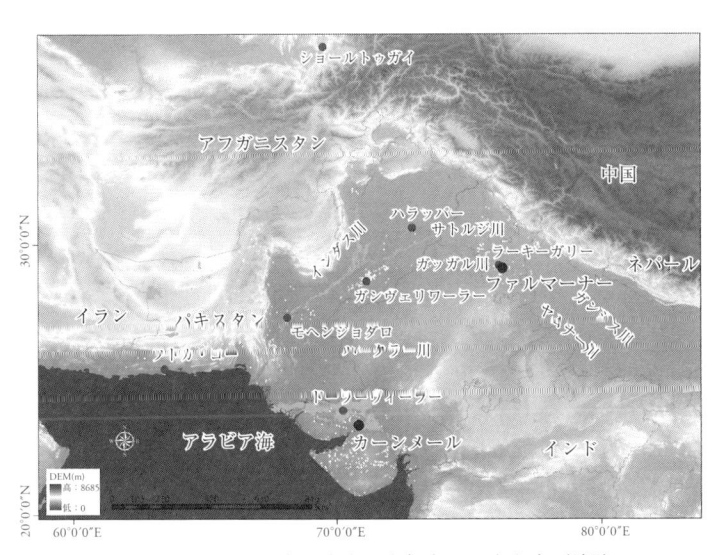

図 5-5　インダス文明遺跡の分布（Stage 5）と主要遺跡

第 2 部　人々の暮らしを復元する

表 5-1　各ステージの暦年代（Possehl（1999）より）

Stage 1	7000–5000BC	
	5000–4300BC	農耕・牧畜集落の出現
Stage 2	4300–3800BC	
	3800–3200BC	農耕・牧畜集落の発展
Stage 3	3200–2600BC	前期ハラッパー文化期
Stage 4	2600–2500BC	前期～盛期ハラッパー文化の移行期
Stage 5	2500–1900BC	盛期ハラッパー文化期
Stage 6	1900–1000BC	後期ハラッパー文化期
Stage 7	1000– 600BC	初期鉄器時代

ア地域の DEM の作成（図 5-5）および、インダス文明関係遺跡の位置情報などの入力を行い、その遺跡空間データベースを基にインダス文明の諸都市・集落を DEM 上に時期別に表示して、いくつかの空間分析を加えた。インダス文明遺跡の空間分布の変化と、地形や河川流路や海水面変動との関わりを知ることは、その文明としてのダイナミズムを知ることに連なるであろう。またそれは、インダス文明の成立・発展・衰退の実態と背景の一端をも示していると思われる。

(2) 資料と分析方法

　まずインダス文明遺跡の情報を集成した "Indus Age"（Possehl 1999）の付編データに基づき、遺跡名、所在地（緯度・経度）、存続時期、遺跡面積などからインダス文明遺跡空間データベースを作った。資料に掲載されている遺跡数は 2502 遺跡であるが、その中でも遺跡所在地の緯度・経度情報と時期が明確な 2020 遺跡を分析対象としている。時期に関しては "Indus Age" の区分に従い Stage 1～Stage 7 に分類し、遺跡存続期間が複数時期にまたがる遺跡については、それぞれの時期で別々にカウントしている。各ステージのおおよその暦年代は、表 5-1 のようになる（Possehl 1999）。

　対象地域の DEM については、アメリカの NASA が公開している SRTM-

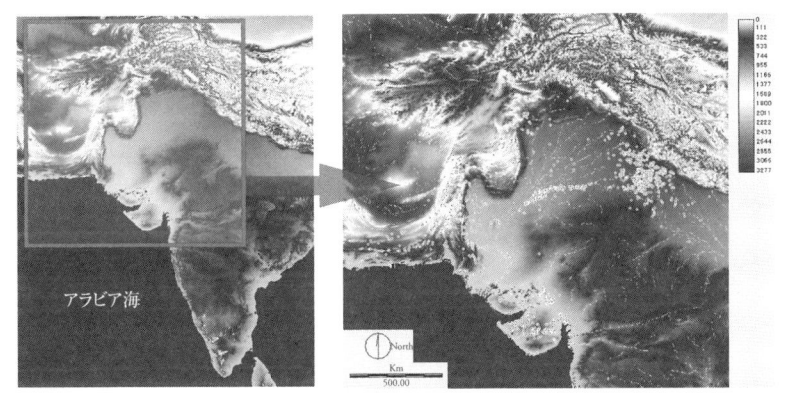

図 5-6 DEM 上にプロットされた遺跡分布（全時期）

3 と呼ばれる 3 秒メッシュ（約 90 m）と SRTM-30（30 秒メッシュ、約 1 km）を使い、GISmap というアプリケーションによって GIS ソフトである IDRISI 上に取り込める形式に変換し、上記の遺跡空間データベースと DEM を、GIS の上で連動させた。

(3) インダス文明遺跡の分布の変遷

　対象地域の DEM に全時期の遺跡をプロットしたものが図 5-6 である。遺跡分布はインダス平原を中心に西はバローチスターン丘陵から東のガンジス川上流域、南のサウラーシュトラ半島まで広がっている。
　そこで各ステージの遺跡分布の変化をみるために、分布密度の分析を行った（図 5-7）。色が濃い円形の部分ほど遺跡の分布密度が高いことを示す。
　各ステージの分布密度をみると、Stage 1 では西方のバローチスターン丘陵周辺に遺跡が集中している。Stage 2 になると、バローチスターン周辺に加えてインダス川中流域にも遺跡が分布するようになる。Stage 3 では、さらに東に分布域が広がり、ガンジス川上流域にも遺跡の集中部がみられるようになる。Stage 4 は遺跡数が少ないが、南のグジャラート州に遺跡が現れていることが特徴的である。Stage 5 になると、急激に遺跡数が増加し、サ

第 2 部　人々の暮らしを復元する

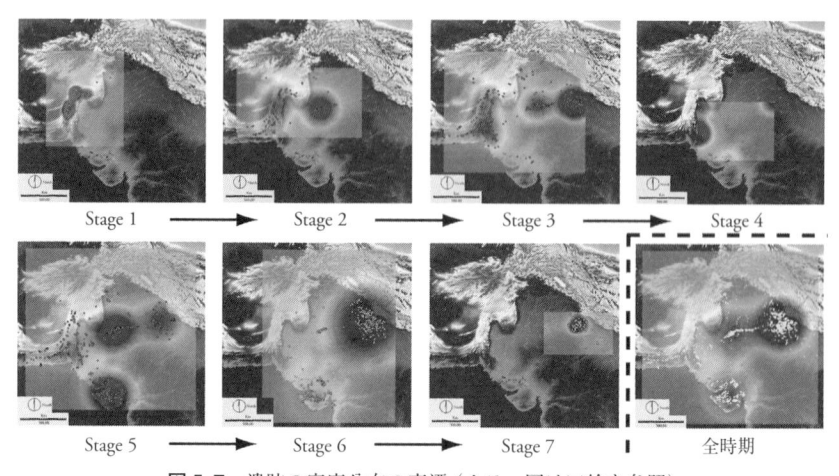

図 5-7　遺跡の密度分布の変遷（カラー図は口絵を参照）

ウラーシュトラ半島にも多数の遺跡が出現する。

　グジャラート州周辺、インダス川中流域、ガッガル川流域（北インド）において密度が高い三つのまとまりがあり、インダス川下流域からバローチスターン丘陵にかけても遺跡の緩やかな集中が存在する。Stage 6 では、分布の密度が高い地域がガンジス川上流域とグジャラート州周辺に二極化するとともに北インドでの遺跡数が顕著に増加する。しかし Stage 7 になると、北インドに遺跡が集中し、その他の地域で遺跡がほとんどみられなくなる。

(4) 各ステージの特色

　ここまで、GIS を用いたインダス文明都市・集落の分布をみてきたが、その結果、各ステージについて以下のような諸点が浮かび上がってきた。

　Stage 1　遺跡はインダス平原西方のバローチスターン丘陵に集中している。インダス文明は、イラン高原の新石器文化の東漸に端緒をもつ可能性が高いが (Agrawal and Kharakwal 2003)、それがインダス平原の環境に

適応する直前の状況を示しているのであろう。

Stage 2　インダス平原への集落進出期である。この頃、顕著となる降水量の増加・温暖化によりインダス平原の居住環境が改善された可能性が考えられる（Singh and Singh 1973; Bryson 1988; Agrawal and Sood 1982）。特に、夏雨と冬雨の両方が増加し、農業生産の安定性が増した可能性が高い。中でもハラッパー遺跡周辺に遺跡が集中することから、ラーヴィー川の流路・流水量の安定化があった可能性があるであろう。また盛期ハラッパー文化期にみることができる護岸技術（Bund）の出現がこの頃まで遡るか否かなどの人文的要因も、今後の検討課題である。

Stage 3　インダス平原の遺跡が増加するとともに、インド西北部のグジャラートをはじめとする海辺の集落と、ガッガル・チョータン川流域（北インド）の遺跡が出現した。銅・ラピスラズリ・凍石製装身具の広域流通、城壁の築造など、盛期インダス文明を特徴づける諸要素の多くが出そろい、遺跡の空間分布においても、文化・社会的にも盛期インダス文明の骨角が形成されたと考えられる。

Stage 4　遺跡数が減少する時期である。この現象については、盛期インダス文明成立の直前に大きな社会変動があった、あるいは Stage 4 の存続時間がごく短いなどの解釈が考えられる。前期ハラッパー文化終末期様式の土器は、盛期ハラッパー文化初期様式の土器と一緒に出土することがあるため（Agrawal and Kharakwal 2003）、Stage 4 の存続期間がごく短かったと推定しておきたい。実際、最近では Stage 4 は Stage 5 に含められることが多くなってきている。

Stage 5　インダス文明の盛期（Mature Harappan）の段階である。ハラッパー遺跡を中心とするインダス川上流域とインド・グジャラート州域が二大中心域をなし、北インドがこれに次ぐ。モヘンジョダロ遺跡を中心とするインダス川下流域とその西方丘陵地帯にも遺跡は多いが、集中度はあまり高くない。インド・グジャラート州にインダス川上流域に匹敵する遺跡集中が成立したことは、この地域を介してなされたオマーンを経由する西アジア地域との交易が、盛期インダス文明の繁栄を支えた一つの

要因であったことを示唆している。

Stage 6　インダス文明の衰退の開始時期である。インダス文明の衰退要因については、諸説があるが、遺跡の空間分布からは、モヘンジョダロ遺跡およびその西方丘陵の遺跡の減少と北インドの遺跡数の増加が対をなしている。それは都市集住から分散居住への転換、あるいは西から東への大規模な人口移動を示唆しているであろう。またハラッパー遺跡を中心とするインダス川上流域の遺跡数も減少するのに対して、インド・グジャラート州域の遺跡のかなりは維持されている。社会変動の背景には、ミレットの増加やラクダ・馬・ロバの出現などに示唆される降水量の減少・寒冷化など、インダス平原の環境悪化があったと考えられるが、交易活動が環境変化に対する耐性を提供した可能性があるであろう。

Stage 7　遺跡分布が北インドにほぼ限られる時期と捉えられる。インダス文明の最終的な衰退の要因としては、環境の悪化やアーリヤ人の侵入などの説がなされてきた。遺跡の空間分析からは、インド・グジャラート州周辺の遺跡の衰退が、非常に大きな要因であったと推定できる。その背景として寒冷化・乾燥化に加えて、海水面の下降により港湾機能が低下した可能性を推察している。

以上、インダス文明都市の盛衰について、GISを用いた空間分析によって、検討を加えた。その結果、インダス文明遺跡全体が衰退したのではないこと、また交易活動がその発展と維持において重要な役割を果たしたであろうことが浮かび上がってきたと考えた。なお遺跡の分布密度の分析以外の空間分析については、Teramura and Uno (2006)、Teramura et al. (2008) などを参照されたい。

5-3 カーンメール遺跡の発掘調査

インダス文明の遺跡としては、モヘンジョダロ遺跡やハラッパー遺跡のよ

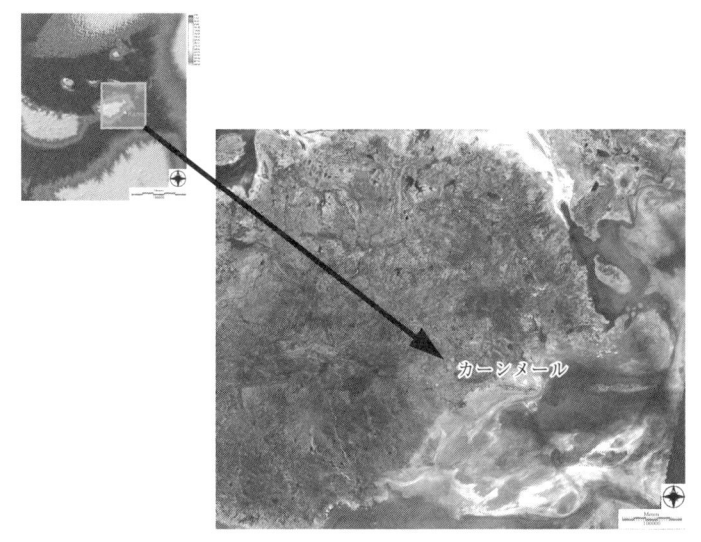

第 5 章　発掘と GIS 分析でインダス文明都市を探る

図 5-8　カーンメール遺跡周辺の DEM と衛星画像（Landsat TM Imagery）

うな 100 ha を超える大型の都市遺跡が著名である。これらは日干レンガを使った大規模な城壁の内部を碁盤目状の道路で区画し、多くの建物が配置されていた。他方、有力個人の大型王墓は存在しなかった可能性が高い。

　他方、インダス文明では、上記の少数の大型都市遺跡だけでなく、中・小型の遺跡が非常に多く存在することがもう一つの特色である。インダス文明のまとまりは、特定個人の権力ではなく、これら大小の都市・町のネットワークによって成り立っていたであろう。

　ただし従来、中・小型のインダス文明遺跡の調査例は少なく、その実態が十分にはわかっていなかった。このような研究状況を踏まえて、インド・グジャラート州カーンメール遺跡と同ハリヤーナー州ファルマーナー遺跡の発掘調査を実施した。

図 5-9　カーンメール遺跡：メインマウンドの近景

(1) 発掘調査の概要

　カーンメール (Kanmer) 遺跡は、インダス文明期の遺跡の一つであり、ラージャスターン・ヴィディヤピート大学 J・S・カラクワル (Jeewan Singh Kharakwal) 准教授とインダス・プロジェクト日本隊が協力して発掘調査を行った。この発掘調査は、日本隊が初めて行ったインダス文明遺跡の発掘調査として、学史的意義をもつものである。

　カーンメール遺跡は、インド・グジャラート州西部のカッチ地方のカッチ湿原とリトルランとの間に挟まれた場所にあり、衛星画像で見てもわかるように (図 5-8)、すぐ南側にランが迫った微高地に立地している。遺跡代表点 (測量原点) は、北緯 23°25′4.6″、東経 70°51′49.7″、標高 34.2 m である。なおランとは海水が干上がってできた塩原であり、海水面が上昇すると海水が流入する。

　カーンメール遺跡の発掘調査は、2005 年度から 2008 年度にかけて実施した。遺跡はマウンドが良好な状態で残っていたため (図 5-9)、2005 年度に高精度 GPS による試験的な地形測量を行い、樹木伐採が進んだ 2007 年度に

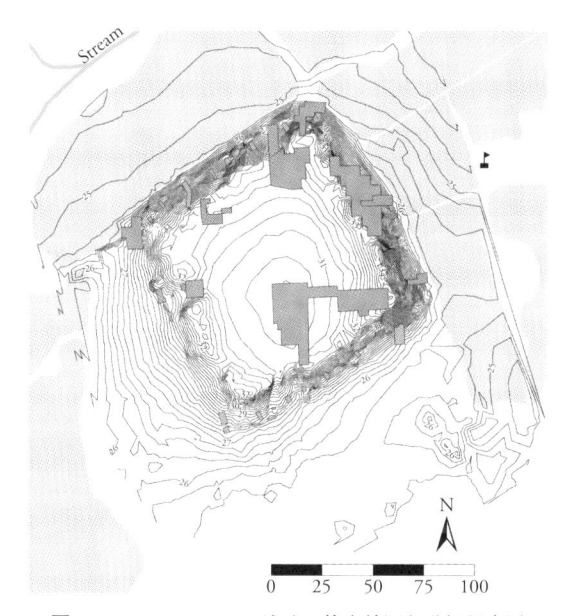

第 5 章　発掘と GIS 分析でインダス文明都市を探る

図 5-10　カーンメール遺跡の等高線図と発掘調査区

トータルステーションによる精密地形測量を行った。

　測量は、高精度 GPS によって測量原点の世界測地系経度・緯度・標高値を取得した。この経度・緯度値を UTM 座標値（世界測地系に準拠した直交座標系）に変換して用いた。これを基準点としてトータルステーションによって取得した地表の位置データ（点群データ）から、GIS 上で等高線図や数値標高モデル（DEM）を作成している。

　図 5-10 はカーンメール遺跡の等高線図と発掘調査区を重ね合わせたものであるが、発掘調査は、まず遺跡の形と規模を明らかにするために周壁を中心として小さなトレンチ（試掘坑）を設定し、周壁内部については中央部のやや標高が低く窪んだ箇所と周壁コーナー部分を中心にして進めた。さらに地形測量によって得られたデジタルデータから、マウンドの DEM と鳥瞰図を作成し（図 5-11）、城塞の東側が西側よりも 1〜2 m ほど高く、南側と西側に凹みがあることがわかるなど、マウンドの形状や規模を視覚的に把握でき

153

第 2 部　人々の暮らしを復元する

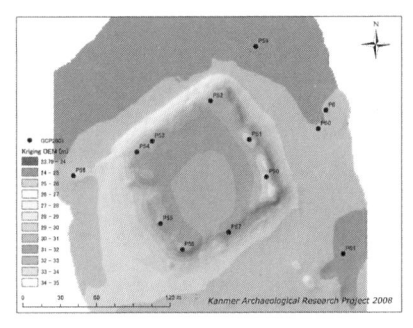

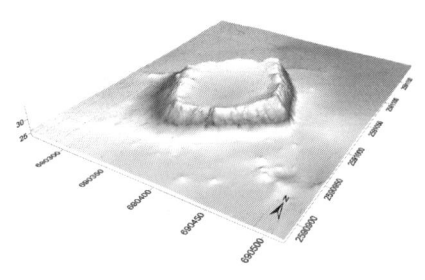

図 5-11　カーンメール遺跡の DEM（数値標高モデル）と鳥瞰図

るようにした。

　カーンメール遺跡では、地形測量に加えて、諸施設（遺構）の写真測量を行った。遺構の平面図や土層の断面図などは、インド隊が紙図面に記録し、日本隊はそれとは別にデジタル技術による記録を行うことによって、お互いのデータを補完した。

　なおインド隊の紙図面はコンピュータ上でデジタルトレースし、ラインやポリゴンとして図化して、各トレンチでの建物などの検出遺構の配置図を別途作成している（図 5-12）。

　上記から判明した遺構の発掘成果を簡単に記すと、カーンメール遺跡では、周壁や内部の建物の壁に石積みの技術を用いている。周壁の石積みは砂岩質の板石を長手（横長）積みにして土石を裏込めするものである。周壁外面では最初に構築した周壁（図 5-12、st. 5b）を覆うように第 2 次の周壁（st. 5c）を造り足して、第 2 次周壁の上面が細い通路状の小平坦面になっている（図 5-13）。

　これらの石材は遺跡の近くで産出して、現在も建物や石塀に利用されているものである。なおマウンドの堆積層が断層になっている地点があることから、地震による被害が第 2 次周壁を造り足した原因であった可能性がある。

　この石積み周壁は、外側が東西約 114 m、南北約 110 m とほぼ正方形であり、カーンメール遺跡は約 1.25 ha の規模であった。周壁の南北軸の方位

154

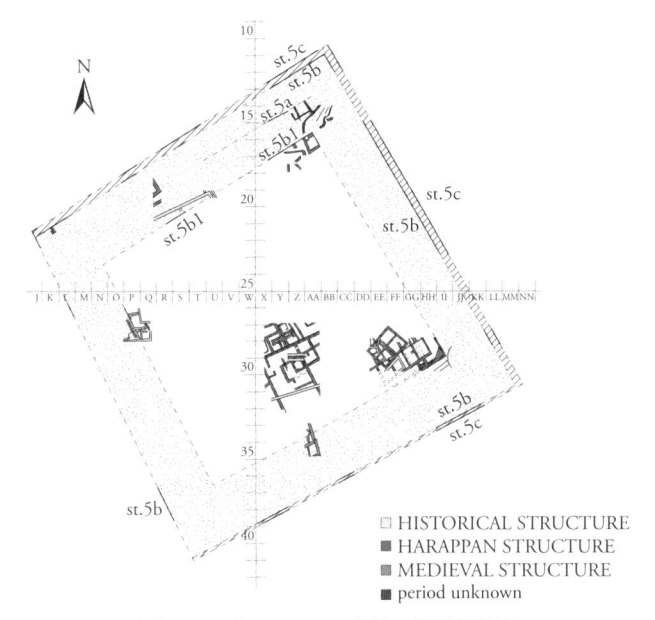

第 5 章　発掘と GIS 分析でインダス文明都市を探る

図 5-12　カーンメール遺跡の遺構配置図

は西に約 30 度振っている。

　周壁は幅約 18 m、残存する高さは現地表面から約 6 m である。すなわち、周壁の中の平坦面の面積は約 0.58 ha であり、この利用可能な内部面積に比べて非常に巨大な幅の広い周壁（図 5-12、ドットの網掛け部分）を築いたことがわかる。

　周壁の内部には、石積みの方形の建物・部屋が密集し（図 5-14）、内部に炉や据え甕をもつものがある。道路遺構もあり、最下層の道路の方位が周壁とほぼ並行していることから、当初（盛期ハラッパー期の始まり前後頃）から、方格の地割りが存在していたと考えられる。

　なおインダス文明では、方格の地割りをもつ建物群の成立が、都市・町の成立の一つと考えられるが、最下層の方格地割りの下にも、生活の痕跡があり、町の成立の前に村が存在したことを示している。

第 2 部 人々の暮らしを復元する

図 5-13 カーンメール遺跡の石積の周壁(北東コーナー)

図 5-14 カーンメール遺跡の建物遺構(中央トレンチ)

(2) 出土遺物

　遺物（器物類）としては、土器、石器、貴石製・貝製装身具をはじめ、インダス印章および封泥、計量に用いた立方体のチャート製錘ほか、興味深い品々が多数、出土している。

　土器からは、この遺跡が初期ハラッパー文化期の末から後期ハラッパー文化期まで存続し、最盛期が盛期ハラッパー文化期（紀元前3千年紀中頃〜同2千年紀初め）にあったことがわかる。ハラッパー式の彩紋・無紋の土器に加えて、在地型の土器も多数用いていた。

　また土器の壺に入った状態で凍石製の大量のビーズが見つかるなど、装身具も多数発見されている（図5-15）。貴石製・貝製装身具には、完成品に加えて未成品があり、周壁内に装身具の工房があったと推測される。

　中でも最も顕著な出土品は、インダス印章を押印した3点の土製垂飾（土製ペンダント）である（図5-16、コラム5参照）。これはやや扁平な球状の粘土に印章を押し付けた後に、穿孔して焼成したものである。裏面にはインダス文字を線刻している。その特色は同じ印章を画一的に押印し、それぞれに異なる文字を線刻したことであり、この垂飾は、それを身につけた個人に対して保証された何らかの権利を示すものであり、調査隊はパスポート的な役割をもったものと推察した。

　また発掘では、5m方眼の発掘地区を設定して行い、すべての出土遺物について一辺2.5m平方の発掘地区名と層位（遺物が出土した層名・地表面からの深さ）・出土遺構名の記録を行った。そのため遺物のすべてに共通した時空間情報を付与して、定量（数量）データも含む遺物データベースを作成して、GISによる時空間分析を行った（図5-17）。

　図5-18は土器を除いた装飾品や石器などの遺物が、どこから出土したのかを点数によって色の濃さを変えて5m方眼の単位で示したものである。当然であるが、これらの遺物は、周壁部分よりも、内部の建物関連の遺構からたくさん出土している。さらにこれを遺物の種類ごとに細かく分析することで、ビーズの工房や、石器の製作場所などの建物があった位置を推定する

第 2 部　人々の暮らしを復元する

図 5-15　遺物の出土状況（左：土製ペンダント、右：ビーズ）

図 5-16　インダス印章を押印した土製ペンダント

ことも可能になるであろう。

　遺物には、土器ではハラッパー式土器と在地式土器、また貯蔵具や食膳具など用途を異にする多様な器種が存在する。また装身具の素材も、銅、紅玉髄、瑪瑙（めのう）、凍石、ファイアンス、土器、貝といろいろのものがあり、器種も多様である。これらが量的にほぼ均等に分布するか、偏在して分布するか、またその分布と遺構の性格との関連の有無をより詳細に分析すれば、

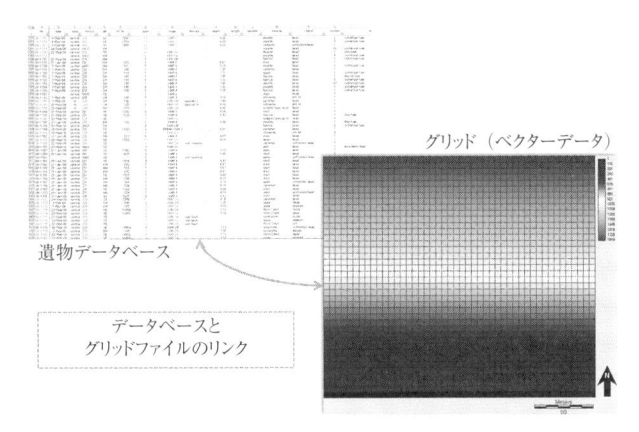

第 5 章　発掘と GIS 分析でインダス文明都市を探る

図 5-17　GIS 上での遺物データベースとグリッドのリンク

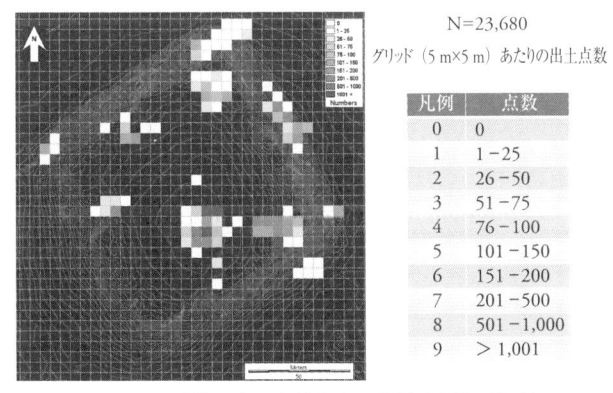

図 5-18　遺物の出土点数と出土位置（土器は除く）

さらにいろいろの事柄がわかるであろう。さらに今後、印章や石製工具類、各種の動物骨や植物遺体など、あらゆる種類の遺物について同様の分析を行って比較すれば、カーンメール遺跡での営みをより具体的に復元できる可能性がある。

さらに出土遺物の中から数点を抽出し、試験的に 3D レーザースキャナー

159

を使用して遺物の3次元計測も実施した。図5-19がその結果の一部である。3点の土製ペンダントやインダス印章、動物のミニチュア土製品や土器片を0.2 mmピッチの精度で計測し、ソフトウェアを用いて3次元モデル化している。こうしたデジタルの3次元モデルの特徴として、大きさや文様などの計測が手書きの実測図よりはるかに正確で、コンピュータ上で回転・拡大・縮小などが自由にできることが挙げられる。遺物のデジタルデータ化という点においても、今後重要度を増す技術であると考えている。

(3) カーンメール遺跡の性格

　インダス文明遺跡の調査例は決して多くない中でカーンメール遺跡の発掘調査はその文明の本質を理解するための貴重な情報を提供した。

　方形周壁をもつインダス文明遺跡において、100 ha 超級のモヘンジョダロやハラッパー遺跡に対して、約 1.25 ha のカーンメール遺跡は最も規模が小さなグループに属している。他方、インド・グジャラート州における小規模遺跡の激増は、インダス文明が特に栄えた盛期ハラッパー期を特色づける大きな現象であった。

　調査成果からは、堅固な石積みの周壁は軍事施設とするには異様に規模が大きく、攻撃用武器の発達も認められない。周壁はむしろその中でなされた特定の行為の重要性あるいは神聖性を顕示するためのものであり、その特定の行為とは装身具生産と交易であったと推定しておきたい。

　カーンメール遺跡が所在するインド・グジャラート州カッチ地方には、前述のように広大なランがあり、遺跡はランに近い微高地にある。GISを用いた海水準変動シミュレーション（Teramura et al. 2008）やプロジェクトメンバーの分析（奥野 2010）により、紀元前3千年紀には、ランは船が航行可能な海峡をなしていたと推定できた（第3章を参照）。

　またインダス文明を特色づける装身具の原料である紅玉髄、瑪瑙、巻貝などはグジャラート州周辺から産出するものである。これらはインダス文明の各地で用いられるとともに、その一部は西アジア・中央アジアなど広大な地

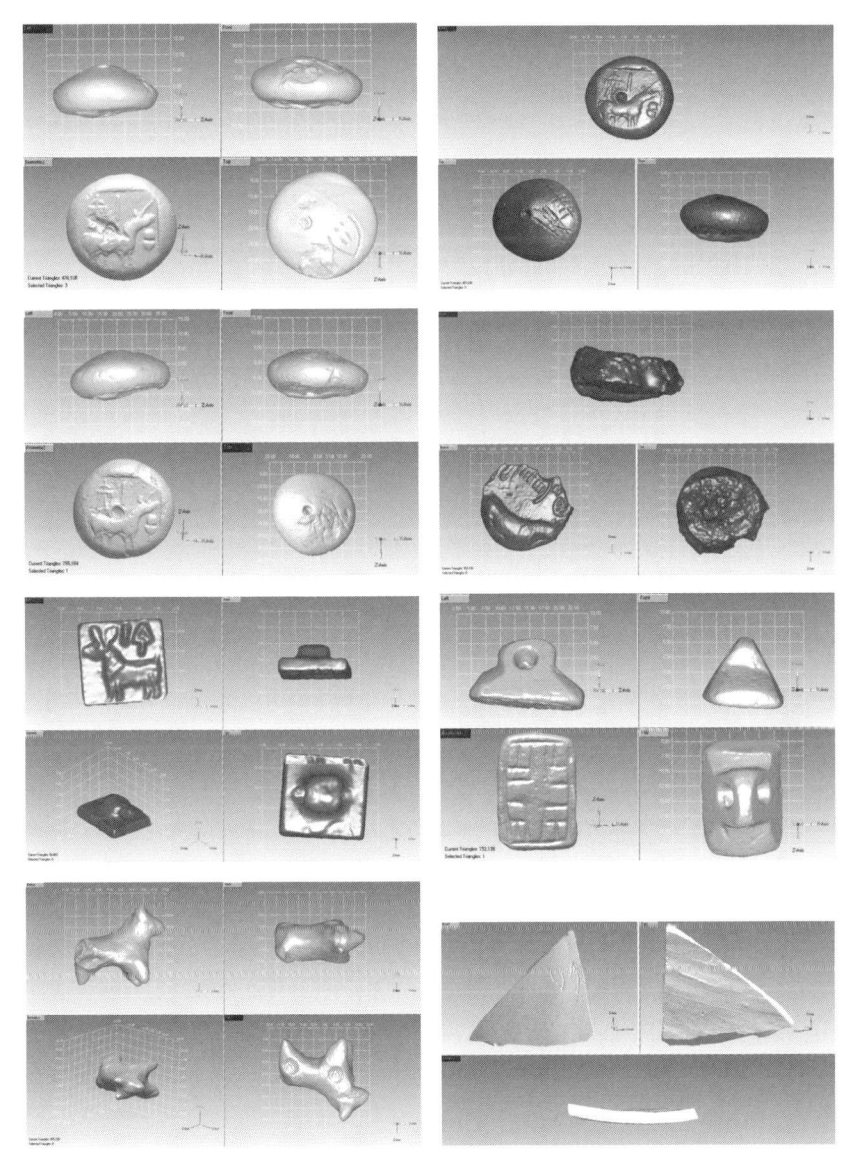

第 5 章　発掘と GIS 分析でインダス文明都市を探る

図 5-19　3D レーザースキャナーを用いた遺物の 3 次元計測

域に持ち運ばれた。

　これらの諸点から、我々はカーンメール遺跡を国際交易拠点として位置づけ、インダス印章を押印した土製垂飾は交易活動を可能にしたパスポートと考えている。

　また調査成果からインダス文明は画一的な内容のものではなく、地域的特色に富むことも明らかになってきた。そしてそれらの各地を結んだ貴石製・貝製装身具の生産と交易の盛衰が、インダス文明の繁栄と衰退と深く関わっていたのであろう。

5-4 | ファルマーナー遺跡の発掘調査

　我々は、インド・グジャラート州での発掘に並行して、インド・ハリヤーナー州と同ラージャスターン州においてインダス文明遺跡の詳細分布調査を実施し、ファルマーナー（Farmana）遺跡を中心とする発掘調査を行った（Vasant Shinde, Osada T. and Kumar M. eds. 2011）。

　この地域はインダス文明遺跡の一大集中地域であり、またインダス文明盛期（盛期ハラッパー期）が過ぎて以後も、繁栄が継続した地域であることが、この地域で発掘調査を行った大きな理由である（図5-6、5-7）。

　インド・ハリヤーナー州とラージャスターン州は、ヒマラヤとデカン高原とインド・パキスタン国境、およびガッガル川とガンジス川との分水嶺に囲まれた大平原にあり、今も農業生産の一大中心地である（図5-20）。

　この地域の中で最大のインダス文明遺跡は面積約150 ha、あるいはそれ以上とされるラーキーガリー（Rakhigarhi）遺跡であり、モヘンジョダロ遺跡やハラッパー遺跡に匹敵する規模のものである。そしてこの地域でそれに次ぐ規模のものがファルマーナー遺跡を代表とする15〜20 ha級の遺跡である。

　ファルマーナー遺跡は、すでにマウンドの多くが耕作によって失われていたが（図5-22左）、盛期ハラッパー期の堆積層と遺構の保存状態は良好であ

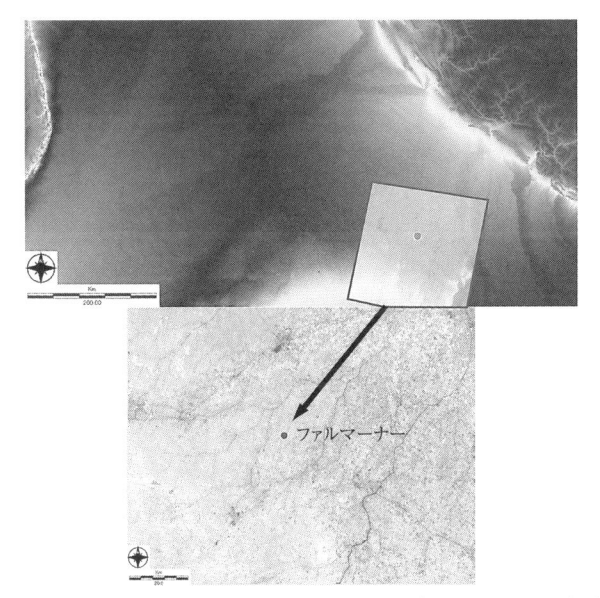

第 5 章　発掘と GIS 分析でインダス文明都市を探る

図 5-20　ファルマーナー遺跡周辺の DEM（上）と遺跡の位置（下）

ると考えられた。また当遺跡は、居住地区と埋葬地区の両方が判明している数少ない例でもあった（図 5-21）。これらのことから、ファルマーナー遺跡の情報は、インダス文明全体の性質の解明にとって重要であると考えて、発掘調査を行うこととした。

そのため我々は、まず高精度 GPS とトータルステーションと GIS を使って、ファルマーナー遺跡居住地区とその周辺の精緻な地形測量図面を作成して、発掘調査の開始にそなえた（図 5-22 右、図 5-26 左）。

(1) 居住地区の発掘調査

居住地区では、わずかに残るマウンドの標高が最も高い場所に中央地区（Central Area, Northern Extension）を設けて、その周辺に東地区（East Area）、北地区（North Area）、北西地区（Northwest Area）、西地区（West Area）の 6 か所の

第 2 部　人々の暮らしを復元する

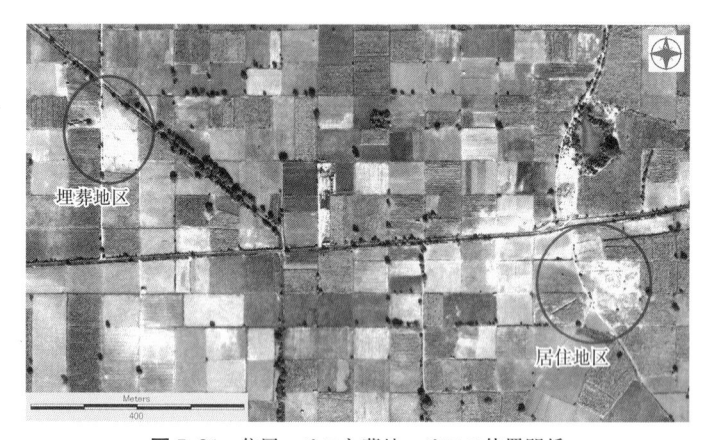

図 5-21　住居エリアと墓地エリアの位置関係
(ベースの衛星写真は QuickBird による：includes copyrighted material of DigitalGlobe, Inc., All Rights Reserved.)

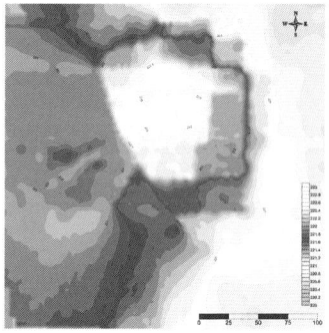

図 5-22　ファルマーナー遺跡の遠景（左）と住居エリア周辺の地形図（右）

トレンチを設定して発掘した（図 5-23）。その結果、表土直下に盛期ハラッパー期（Mature Harappan、およそ紀元前 2500〜1900 年）を中心とする建物群や街路が存在することが、明らかになった。

　その最初期には縦穴建物や貯蔵用甕があり、村があったと推定できるが、盛期ハラッパー期の始まり前後頃に、日干しレンガを使用した諸施設や道路が現れて、町が成立したものと推定できる。

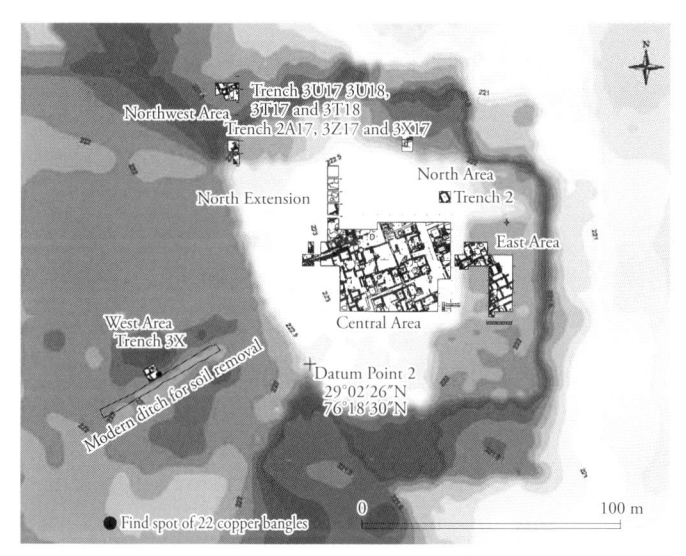

第 5 章　発掘と GIS 分析でインダス文明都市を探る

図 5-23　ファルマーナー遺跡の地形とトレンチ配置

　この町は、ほぼ直交する直線道路によって整然と区画されていたが、真北から約 30 度程度西に振り、正方位は意識されていなかったようである。これらの建物群・道路は新古の 2 段階からなるが、中央地区ではその新しい段階の諸施設の配置がよく復元されている（図 5-24）。

　中央地区の東部では、北北西―南南東の方向の幅が広い大路（Main street、幅 3.6〜4 m）があり、これに直交して取り付く小路（Lane no. 1）によって、およそ 3 地区に区画される。

　その中でも西北地区の建物（壁で区画された空間）No. 3J は面積約 72 m^2（9.6 m×7.5 m）と他の建物と比較してやや大型であり、またその中に施設が乏しいことから、周囲の建物（部屋）に囲まれた中庭（Central court yard）とされている。これはインダス文明の建物の典型の一つであり、現在の民家にもみられる配置である。このほかにもいくつかの建物群の単位が認定されていて、その中には 1 家族集団の居住を越えると推定できる大きな規模のものもある。

第 2 部　人々の暮らしを復元する

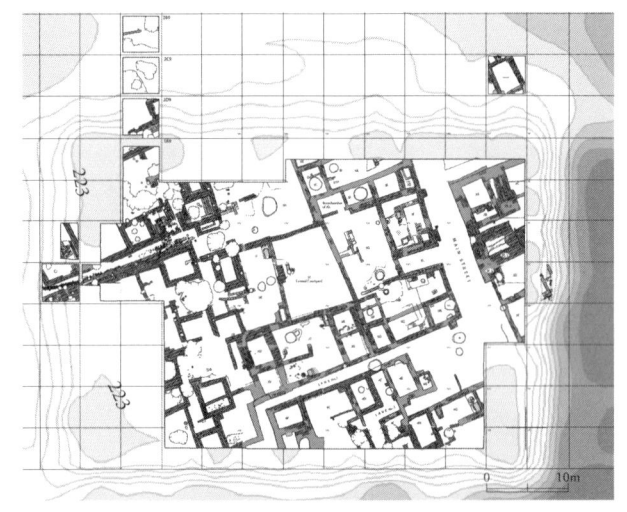

図 5-24　ファルマーナー遺跡中央トレンチの建物遺構配置図

図 5-25　ファルマーナー遺跡の遺構写真

　これらの建物には平面長方形の炉と平面円形の貯蔵施設が付属することが多く、動物骨などの存在から調理場と推定できるものがある（図 5-25）。また焼成レンガを使用した風呂場などがある一方（中央地区東端）、工房と認定できる建物は中央地区に存在しない。
　これらの諸点から、中央地区はファルマーナー遺跡のシタデル（Citadel、中心地区）であったと推定されている。

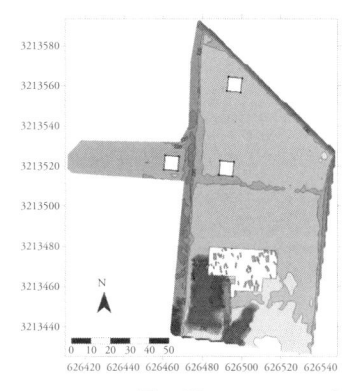

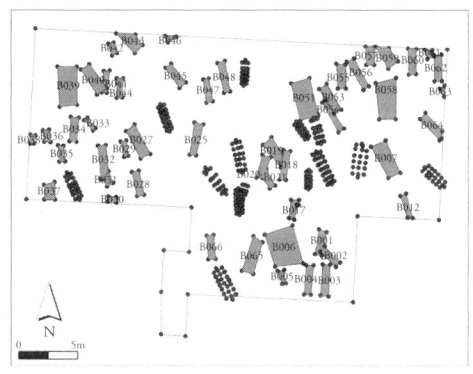

図 5-26　ファルマーナー遺跡の墓地エリアの地形と墓の配置図

(2) 墓地の発掘調査

　ファルマーナー遺跡では、居住地区から約1km西にある墓地が本格的に調査された（図5-26）。年代がファルマーナー遺跡の存続期間とほぼ一致し、ファルマーナー遺跡に住んだ人々の墓地であったと推定できる。調査地区の各所で墓が見つかっているが、配置図の最も南の調査地区で、最も密集して墓がみつかっていて、4段階の推移が復元された。

　これらの墓は平面が整った長方形であり、1人の人を葬りその身近に副葬品を配置する土坑墓という形式である。遺体を布でくるんだり、木の棺を使ったりした可能性はあるが、その痕跡はみつかっていない。

　墓の方位は北枕（頭が北になるように埋葬する）を基本としているが、古いものほど西に振れる傾向がある。また人骨の全体が本来の位置関係でみつかるものがある一方、一部の骨がないものや、本来の位置関係が失われていて再葬したと考えられるものなどがある（図5-27、5-28）。

　墓に伴う副葬品は、土器が最も多く、ハラッパー式土器と在地型の土器がほぼ拮抗していて、頭部付近に配置することが多かった。また貴石・貝・銅製などの装身具（腕輪・玉類）をもつ墓もあった。これらの副葬品の質と量には一定の格差も存在するが、特定の個人を他者と区別して死後に顕彰した形

第2部 人々の暮らしを復元する

図 5-27　ファルマーナー遺跡の墓の写真測量図

図 5-28　ファルマーナー遺跡の墓地エリアの人骨の出土状況

跡は存在しない。

(3) 出土品

　出土品は、大量のハラッパー式土器や土製造形品のほか、凍石・貴石・銅製などの多様な印章・装身具類がある。他方、在地型の土器もかなりの量が

存在して、多様な地域文化が存在する一方で、インダス文明を特徴づける文物が共有されたことを示している。これらの詳細については、報告書（Shinde et al. 2011）を参照されたい。

(4) ファルマーナー遺跡の性格

　ファルマーナー遺跡では、居住地区と墓地区が調査されたが、それらはファルマーナーでの営みをリードした人々の生活・宗教や社会を考える有力な情報となるものである。

　当時の社会が平等でなかったことは、居住地区での建物群の規模や複雑さの違い、墓地での墓の空間的配置（集中地区か周辺地区か）や副葬品の質量の違いにみることができる。

　同時に、現世・来世のいずれにおいても、王宮や役所の空間を形成したり特定の個人を死後に顕彰したりした形跡をみることができないことは、従来の知見を強めるものである。

5-5 インダス文明をどのように理解するか

　以上、インダス文明遺跡について、最先端の技術を用いた調査と分析をできる限り試みた。その得られた情報を用いて、インダス文明について、できる限りの歴史的な位置づけ行っておきたい。

(1) インダス文明は南アジアの基層文化か？

　現代のインドでは、インダス文明の建物と変わらない配置の民家をみることができる。また道を行き交う牛車もインダス文明の土製品そっくりであるなど、現代と過去の共通点を多くみることができる。しかしインダス文明が南インド社会の基層文化になったのか、途絶えた文明であったのかは、解明

第 2 部　人々の暮らしを復元する

Stage 5　　　　　　　　　　　　Stage 6

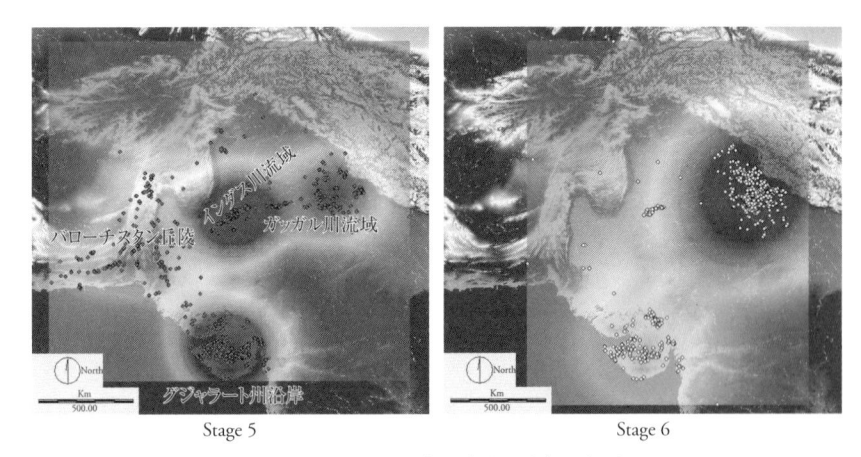

図 5-29　インダス文明遺跡の分布の変遷

すべき重要な課題である。

　このことについては、インダス文明全域についてのマクロな GIS 遺跡分布分析によって明瞭に示すことができる（図 5-29）。インダス文明の最盛期（盛期ハラッパー期、Stage 5）とは、西北インド・パキスタンの広大な領域に四つの遺跡グループが栄えた段階である。四つのグループにはそれぞれ 100 ha 級以上の大型都市が一つずつあり、多数の中小の町や村が存在してネットワークを形成したと考えられる。

　これに対してインダス文明の衰退期（後期ハラッパー期、Stage 6）とは、パキスタン地域で遺跡が急減する一方で、遺跡がインド北部で急増する段階であった。インダス文明の衰退とは、その社会全体が途絶えたのではなく、北インドへの集中現象であった。

　この北インドへの遺跡集中現象は紀元前千年紀の初期鉄器時代（Stage 7）まで続くため、その文化が北インドを介して後の南アジア社会に伝えられた可能性は非常に高いであろう。現代と過去の類似点の多くは他人の空似ではなく、現代文化と基層文化の関係に根ざすものと推定したい。なおこのことはポーセルらが示唆していたが（Possehl 1999）、今回、GIS の手法を用いてそれを可視化できたことはインダス・プロジェクトの大きな成果の一つであっ

た。

(2) インダス文明の特質

　上記の四つの遺跡グループの内、情報量がやや少なかったインド・グジャラート州でカーンメール遺跡を、ハリヤーナー州でファルマーナー遺跡を発掘調査したことによって、ミクロレベルの情報が多く得られた。これらのミクロレベルの情報は、インダス文明の特質を生き生きと伝えてくれるものである。

　我々は何よりも、遠く離れたこの二つの遺跡が、よく似た都市・町化（Urbanization）のプロセスを辿ったことを重視したい。

　両遺跡ともに、最初の段階は縦穴建物などからなる小規模な村であった。それが盛期ハラッパー期の始まり（紀元前 2600 年頃）の前後頃に、突然、直線道路による方格地割を行い建物群が密集する町が成立したと考えられる。カーンメール遺跡の調査地区はほぼ正方形の巨大な周壁で囲まれたシタデル（Upper town）であり、遺跡探査結果によるとシタデルの外にも諸施設があった可能性がある。ファルマーナー遺跡は耕作でマウンドのかなりが削られているが、カーンメール遺跡と同様の方形を基調とする周壁で囲まれていた可能性が高い。

　このような、町のプランが成立するとともに、インダス印章、ハラッパー式土器、多様な装身具、土製人物・動物・器物像など、インダス文明に特徴的で画一的な文物が、一斉に多量に用いられた。他方、両地域において在地の系譜を引く土器を少なからず使い続け、城壁や建物をグジャラート州域では主に石材で構築し、ハリヤーナー州では日干レンガを使用するなどの地域的特色も発揮されている。

　インダス文明の諸特徴は、ハラッパー遺跡などパキスタン地域の有力遺跡において、盛期ハラッパー期以前から徐々に形成され充実してきたものである。それに対して、盛期ハラッパー期のインダス文明とは、それらの特徴が、西北・北インド地域の在来社会と共有され、情報・文物が行き交った段

階であったと考えられる。それには人の移動が不可欠であったが、全般的に軍事的な色彩が乏しく、また在来文化が維持されることから、植民都市が建設されたのではなく、交易や宗教や都市計画の知識の共有に根ざす広大なネットワークが形成された可能性が高いであろう。

とりわけ盛期ハラッパー期の顕著な現象は、インド西北部グジャラート州地域での中小遺跡の急速な増加である。この地域は入り組んだ海岸線に恵まれて良港の存在が予想される。また装身具の原料となる貝・貴石の有力産出地であり、実際この地域の多くの遺跡では活発な装身具生産を行っていた。そしてこの地域が、河川・海路を通じてインド・パキスタン内陸部や西アジア地域との交流・交易の結節点となる姿が、盛期ハラッパー期のインダス文明の大きな特質であったと推定しておきたい。このように考えるなら、カーンメール遺跡出土のパスポートと考えた土製垂飾の意義も明確になるであろう。

(3) インダス文明の衰退とは何か？

上で述べたように、インダス文明が一律に衰退したものではない以上、その衰退の背景を一律に説明することができないことは明らかである。そして私たちは、インダス文明の衰退を二つの意味で捉えることができると考えている。

一つは都市文明としてのインダス文明の衰退である。後期ハラッパー期以後は、北インドで遺跡が増加するものの、遺跡の規模は小さくなり、直線道路による方格地割りというインダス文明の最も重要な特質が失われていく。そして上記のインダス文明に特徴的な文物もそれと軌を一にして衰退していった。

このことから後期ハラッパー期を境として、都市文明としてのインダス文明は衰退し、そのなかのいくつかの文化要素が基層文化として後世に伝えられたと考えられる。我々は、盛期ハラッパー期のインダス文明を特色づける諸要素は、広大な地域間ネットワークを支えたものであり、遺跡が北インド

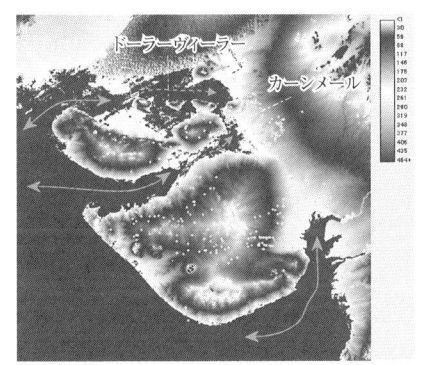

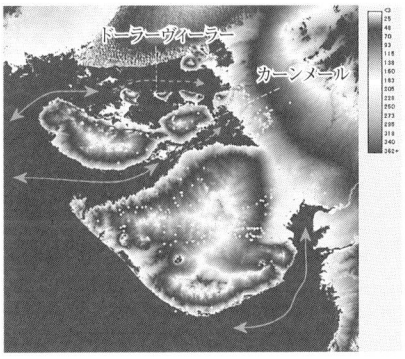

図 5-30 グジャラート州沿岸部の海水準変動のシミュレーション（左：海面＋1 m、右：海面＋3 m）。カラー図は口絵を参照。

に集約されるようになると、その役割が低下したものと評価している。

　もう一つの衰退は、上記の都市文明の衰退をもたらしたインダス文明領域の中での地域的な遺跡数の減少である。我々は諸般の事情から、パキスタン地域での発掘調査ができなかったため、この地域についてはその手がかりを得ていない。他方、インド・グジャラート州地域では総合的な調査がなされたため、ある程度の推測ができるようになった。

　このことについては、グジャラート州におけるマクロとミクロの中間である地域レベルのGIS分析（図5-30）と古環境研究グループ（本書第3章を参照）の海水面変動の復元が、一つの解釈を提供するであろう。

　グジャラート州地域は、装身具用貴石・貝の重要産地であり、また入り組んだ海岸線に恵まれて、船を用いた交易の一大中心地であったことを上で述べた。この地域では盛期ハラッパー期には、現在のラン（塩原）に海水が流入して船の航行が可能であったが、後期ハラッパー期には海水面が低下してそれが難しくなった可能性が高い。この地域的な環境変化は、インダス文明を支えた交易活動への大きなマイナス要因になったであろう。

　インダス文明の盛衰と環境変動は密接に関わっていたであろうが、地球規模の大きな環境変動のみが重要なのではなかったであろう。文明が高度になればなるほど、地域的なわずかの環境変動でも、その社会のネットワークを

第 2 部　人々の暮らしを復元する

分断し、多大な影響を与える場合のあることを、私たちはインダス文明から学ぶことができると思う。

参考文献

奥野淳一（2010）インド西部グジャラートにおけるハイドロアイソスタシー，「環境変化とインダス文明」2009 年度成果報告書，総合地球環境学研究所　インダス・プロジェクト．73-78．

岸田徹・酒井英男（2005）電磁気から探る遺跡の研究と GIS．第 24 回国際研究集会論文集，国際日本文化研究センター，255-261．

Agrawal, D. P. and Sood, R. K. (1982) *Ecological Factors and the Harappan Civilization.*

Agrawal, D. P. (1992) *Man and Environment in India Through Ages.* Books and Books, New Delhi.

Agrawal, D. P. and Kharakwal, J. S. (2003) *Bronze and Iron Ages in South Asia.* Aryan Books International, New Delhi.

Bryson, R. A. (1988) What the climatic past tells us about the environmental future. Earth, 88: Changing Geographic Perspectives. Proceedings of the Centennial Symposium. National Geographic Society, Washington D. C. pp. 230-247.

Kenoyer, J. M. (1998) *Ancient Cities of the Indus Valley Civilization.* Oxford University Press, Karachi.

Osada, T. (2005) *Studies on the Indus Civilization: Retrospect, Prospect and Bibliography.* Indus Project, Research Institute for Humanity and Nature, Kyoto.

Osada, T. and Uesugi, A. (Eds.) (2008) Linguistics, Archaeology and the Human Past. Indus Project Occasional Paper 3, Research Institute for Humanity and Nature, Kyoto.

Possehl, G. L. (Eds.) (1993). *Harappan Civilization.* New Delhi: Oxford and IBH Publishing Co.

Possehl, G. L. (1999) Indus Age - The Beginnings -. University of Pennsylvania Press, Philadelphia.

Shereen, R. (2000) The end of the Great Harappan Tradittion. Manohar publisher, Delhi.

Shinde, V. (1998). Pre-Harappan Padri culture in Saurashtra - the recent discovery. *South Asian Studies*, 14: 1-10.

Shinde, V., Osada, T., Sharma, M. M., Uesugi, A., Uno, T., Maemoku, H., Shirvalkar, P., Deshpande, S. S., Kulkarni, A., Sarkar, A., Reddy, A., Rao, V. and Dangi, V. (2008). Exploration in the Ghaggar Basin and excavation at Girawad, Farmana (Rohtac District) and Mitathal (Bhiwani District), Haryana, India. Osada, T. and Uesugi, A. (eds.), *Linguistic, Archaeology and the Human Past*, Occasional Paper 3, Indus Project, Research Institute for Humanity and Nature, Kyoto.

Shinde V., Osada T. and Kumar M. eds. (2011), "EXCAVATIONS AT FARMANA: DISTRICT ROHTAK, HARYANA, INDIA 2006-2008", Indus Project, Research Institute for Humanity and Nature, Kyoto, Japan.

Singh, G., Chopra, S. K. and Singh, A. B. (1973) Pollen-rain from vegetation of North-West India. *New Phytology*, 72: 191–206.

Teramura, H., Kondo, Y., Uno, T., Kanto, A., Kishida, T. and Sakai, H. (2008) Archaeology with GIS in the Indus Project. In Osada, T. and Uesugi, A. (eds.) Occasional Paper 5: *Linguistics, Archaeology and the Human Past.* RIHN, Kyoto. pp. 45–102.

Teramura, H. and Uno, T. (2006) Spatial Analyses of Harappan Urban Settlements. Shinde, V. et al. (eds.) *Ancient Asia*, Vol.1, Society of South Asian Archaeology and Reesha Books International, Mumbai. pp. 73–79.

Wheeler, R. E. M. (1968) Indus Civilization. 3rd ed. Supplementary volume to the *Cambridge History of India*. University Press, Cambridge.

Yasuda, Y. (2001) The Changing pulse of Monsoon and the rise and fall of the ancient civilizations in Eurasia. *Monsoon and Civilization* (Abstracts), Yasuda, Y. and Shinde, V. (eds.), New Roli Books, Delhi.

第 2 部　人々の暮らしを復元する

● コラム 5 ●

カーンメールの印章

長田俊樹

　カーンメール遺跡での発掘は 2006 年 1 月から 2009 年 3 月まで、毎年、12 月末から 3 月はじめの実質 2 か月間行われた。1 月には涼しい風も吹き、心地よい日々が続くが、2 月も中旬になると、暑くて昼間の発掘はとてもじゃないけどやってられない。4 シーズンにわたる発掘ではいろんなドラマがあった。最大のドラマは世界的に有名になったインダス印章ペンダントである。発掘風景を思いだしながら、ペンダントが見つかった日々のことを振り返ってみたい。

　カーンメール村はグジャラート州のカッチ県にあり、日本から行くには、まずムンバイまで国際線で行き、そしてムンバイからカッチ県の主都ブジまで飛行機に乗って 1 時間 15 分で着く。カッチ県はパキスタンとの国境に面しており、ブジは基本的に軍事空港で、一般人が乗れる飛行機はムンバイからしか飛んでいない。軍事空港なので、空軍機が優先され、ブジ空港を前に何度も旋回し、着陸を待たされることもある。ムンバイのタージマハールホテルが襲撃された事件の後だったが、30 分以上旋回し続け、しかも風に煽られて機体がゆれ、すごく怖い思いをしたことがある。

　ブジからカーンメールまでは車で 2 時間半ほどかかる。発掘中はかなりの悪路だったが、片道二車線の立派な道路ができ、料金所も作られていたので、今では通行料が必要となる幹線だ。その幹線を左に曲がって 500 m ほどで発掘現場に着く。

　カーンメール遺跡は遺丘と呼ぶのにふさわしく、周りを石壁で囲まれ高台になっている。素人目にも宝が埋まっているようで、ワクワクさせてくれる。実際、幾重にも重なった石壁、とても数えきれないほどの土器類（た

コラム5　カーンメールの印章

だしインダス文明期のものばかりとは限らない）、壺いっぱいのマイクロ・ビーズ、炉の跡、そしてインダス印章などが見つかっている（これらの詳細は第5章を参照）。

インダス印章が押印されたペンダントは三つ見つかった。いずれも中央のトレンチから発掘された。最初の一つは2008年2月に、後の二つは2009年2月に見つかっている。これらをなぜペンダントと呼ぶのか。それはちょうど真ん中に穴が開けられていて、その穴にひもを通すとペンダントとして使えそうだというので、そう呼んでいる。また、インダス・パスポートとして、日本では読売新聞に掲載され、海外でも『サイエンス』誌が掲載している（写真）が、なぜそれをパスポートと呼ぶのか。それは、同じデザインのインダス印章が押印された表側をひっくり返すと、裏側に全く別の文字が彫ってあり、同じデザインが国や出身地を表し、裏の文字が個人名やクラン名を表すと考えたため、パスポートという解釈が生まれたのである。

最初のペンダントが見つかったときは今でもはっきりと覚えている。カーンメール遺跡からインド隊の隊長カラクワルさんが電話をかけてきて（そう、今やこんな辺境の地でも携帯電話がつながるのだ）、インダス印章が見つかったと興奮した様子で早口でしゃべり出した。その弾んだ声を聞き、日本隊として初めてインダス文明遺跡を発掘することができたことに感謝しつつ、心から発掘してよかったと思ったものである。たぶん、発掘期間中、一番うれしかった瞬間だったかもしれない。続けて、見つけた人に報奨金として500ルピー払ったという。そこで、この電話の後、カーンメールに行く機会があったので、実際にこのペンダントを発掘した人に、日本隊からとして、こちらも報奨金を出した。日本円で1000円ほどの金額だが、現金収入の少ない村の人にとってはかなりの大金で、とても喜んでくれたことはいうまでもない。

カラクワルさんは発掘が開始された当時、40歳過ぎたばかりの若い研究者で、発掘の経験が少なく、素人が見ても、お世辞にも発掘がうまいとはいえない。しかし、現地の村人との交渉やキャンプ地のセッティングな

177

図1　インダス印章が押印されたペンダントの発見を報じた『サイエンス』誌の紙面（2010年5月28日号）[1]

　ど、彼の協力なくして発掘はできなかったし、ましてや、世界を駆けめぐるペンダントの発見など到底できなかった。共同研究はお互いの欠点を挙げだしたら空中分解する。お互いの長所を伸ばし、欠点を補い合ってこそ成功する。カーンメールの印章を眺めるたびに、そんな教訓を思いだしている。

---

[1] Modification is due to a correction for this article that the editors of *Science* ran in the 25 June 2010 issue, noting that "the subheadline on page 1100 should have read that the Indus society shipped goods to the west, not the east."

第6章　工芸品からみたインダス文明期の流通

遠藤　仁

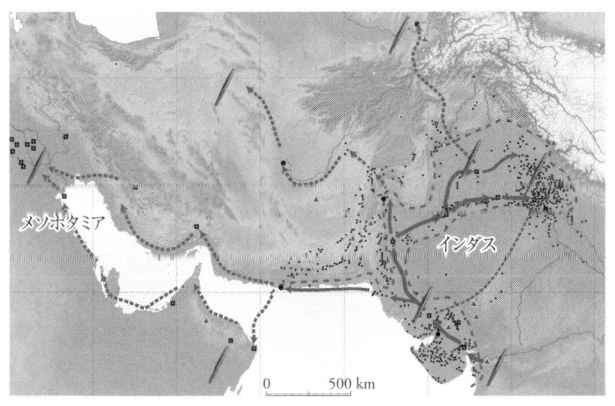

前2〜3千年紀のカーネリアン・ロード

第 2 部 人々の暮らしを復元する

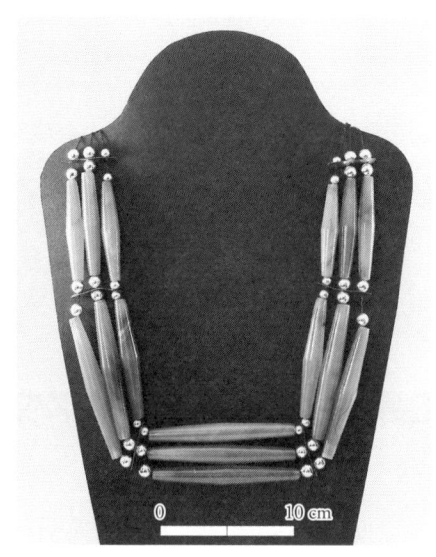

図 6-1　カーネリアン製の樽型ビーズ（カンバートの現代ビーズ製作職人による復元品：小磯・遠藤 2012）

　我々人類は誕生以来、石や貝などの希少価値のある原材料でつくられた装身具をつけていたことが知られている。実利的には不要と思われる身を飾る装身具の製作には、原材料の調達から加工まで実に多くの手間がかかったことであろう。しかし、我々は今日に至るまで、その嗜好をやめるどころか、ますます発展させている。本書で対象とするインダス文明（前 2600～1900 年頃）の人々にとっても、それら装身具を含む種々の工芸品はその生活と経済基盤を支えるうえで非常に重要なものであったことが広く知られている（Allchin and Allchin 1997; Deo 2000; Kenoyer 1998; Possehl 1999 など）。そして、それらの工芸品は自らの身を飾るのみではなく、特に紅玉髄（カーネリアン）製ビーズは当時の人々の嗜好に合致したようで、インダス文明の主要な交易品としてメソポタミアなどへと流通し、まさに「インダス・ブランド」（小磯 2009）と呼ぶべき地位を築いていたのである。とりわけ、最長 12 cm に及ぶ長大なカーネリアン製の樽型ビーズ（図 6-1）は、モヘンジョダロ遺跡やハ

ラッパー遺跡などの文明域内の各主要都市や、原石産地から最も遠いアフガニスタンのショールトゥガイ遺跡（Francfort 1984）、さらには遠くメソポタミアのウル遺跡にまで流通し（Yule 1985）、同文明を代表的する交易品の一つであった。本章では、そのインダス文明が独自に確立した工芸品生産システムについて、特にカーネリアン製ビーズに着目して、素材獲得から生産、流通に至るまでを以下に述べていき、筆者が提案する「カーネリアン・ロード」（遠藤 2012a, 2012b; 小磯・遠藤 2012）を代表とする当時の流通システムについて概観する。

6-1 工芸品の種類と素材

　前述したように、インダス文明を支えた基幹産業の一つはカーネリアンを含む玉髄・瑪瑙系石材（agate-carnelian and chalcedony）などの準貴石（semiprecious stone）や貝、ファイアンス（faience:（2）工芸品の素材を参照）を素材とした工芸品の生産であった。そして、これら工芸品の生産は、各々の素材原産地近隣の遺跡で盛んに行われていたが、「インダス・ブランド」を特徴づけるカーネリアン製ビーズなどは特定の石材産地近隣の遺跡だけではなく、文明域内の各都市などで広く生産されており、その出土の有無がインダス文明帰属遺跡か否かの判定基準の一つにもなっている。

　本節では、以下にインダス文明で生産されていた工芸品の種類と素材について概述する。

(1) 工芸品の種類

　本章で扱う「工芸品」は、彩文土器や布製品などを含んだ広義のものではなく、主に装身具に限定した狭義のものである。ここでいう装身具とは、ビーズやペンダント、またはそれらを連ねたり、単独の素材で成形された首飾り（ネックレス）や耳環（イヤリング）、腕輪、足環などを指す。

　具体的にそれらの定義を記すと、ビーズおよびペンダントは、紐を通すた

第 2 部　人々の暮らしを復元する

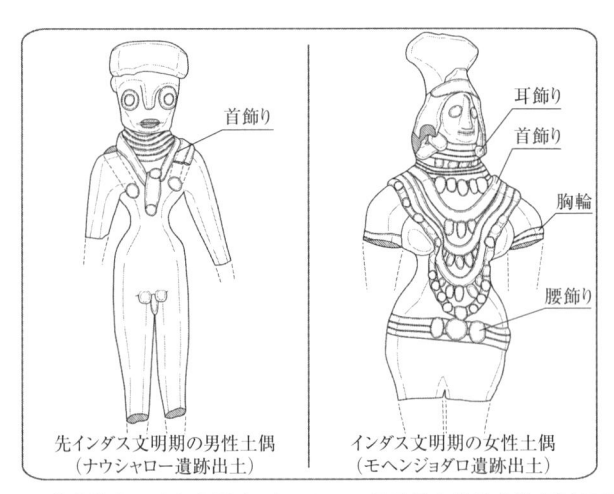

図 6-2　装身具をつけた土偶（パキスタンの展示品を筆者素描（縮尺不同））

先インダス文明期の男性土偶（ナウシャロー遺跡出土）——首飾り

インダス文明期の女性土偶（モヘンジョダロ遺跡出土）——耳飾り、首飾り、胸輪、腰飾り

めの穿孔が施された装身具で、単独または複数を連ねて首飾りや腕輪、足環、腰飾り（ベルト）として、あるいは衣服などに縫いつけて使用する。その素材は (2) に列記したすべてのものを使用する。また、腕輪や足環、耳環は、ビーズやペンダントを連ねずに単独の素材を環状に整形することによってもつくられる。その素材としては貝や骨、金属、そしてファイアンスやテラコッタなどの焼き物が使用される。

　それらの装身具は、インダス文明前後の先インダス文明期（前 3000〜2600 年頃）やポスト・インダス文明期（前 1900〜1400 年頃）においても使用されており、図 6-2 に示したように男女の区別なく身を飾っていたことが各遺跡より出土した人物土偶から推察されている。図示した男性土偶は先インダス文明期のジョーブ式土偶と呼ばれているもので文明期のものではないが、その素材は不明ながら首や胸元に複数の首飾りをつけていたことが確認できる。おそらく文明期においても多くの男性は同様の装いをしていたのであろう。女性土偶のほうはインダス文明期の土偶で、これまた素材は不明ながら耳飾りや首飾り、腕輪、腰飾りなどで全身を華美に装っていたことが確認できる。もちろん、これらの土偶が日常的な装いを示しているとは限らないが、

男女ともに装身具で身を飾る習慣があったことはわかるだろう。

(2) 工芸品の素材

　遺跡から出土する工芸品を見わたすと、インダス文明期において利用されていた素材は実に多岐にわたっていたことがわかる。それらは金や銀、銅、青銅などの金属、ファイアンスやテラコッタなどの焼き物、玉髄・瑪瑙系石材やジャスパー (jasper)、アマゾナイト (amazonite)、ラピスラズリ (lapis lazuli) などの準貴石、凍石（ステアタイト：steatite)、貝や動物の骨、角、牙などである。これらの素材の推定産地はこれまでの研究によって概ね把握されており、特に石材や鉱物などはR・W・ローのハラッパー遺跡出土資料の分析を通した研究 (Law 2011) によって産出候補地が明確に示されている。この研究を含む先行研究によって推察されている工芸品素材産地およびインダス文明期の遺跡分布を示したのが図6-3である。この図で示したようにインダス文明はその分布範囲が南北約1550 km、東西約1800 km、面積68万km^2（日本国土の約1.8倍）以上と非常に広大な範囲をその影響下においていたが、工芸品素材産地は文明域内外に広く分布していたであろうことがわかる。この工芸品素材産地と製作地、消費地を結ぶルートこそが、インダス文明の経済基盤を支えていたネットワーク網ということができる。

　そこで、これら工芸品の素材について、現況の研究成果で明らかになっている範囲で、その特性と産地について以下列記する。また、装身具については第5章で紹介しているグジャラート地方のカーンメール遺跡（以下遺跡、産地の場所は図6-3参照）の出土品を中心にその写真や実測図を提示する。

金属（金・銀・銅・青銅）

　インダス文明はいわゆる金石併用時代に属しており、銅や青銅、金、銀などの金属とその加工技術が知られていたが、その供給量は十分ではなく、利器や工芸品に用いられることは限定的であった。文明域内およびその周辺で、金や銀、銅などが一定量産出することから、それらの採掘および加工を自ら

第 2 部　人々の暮らしを復元する

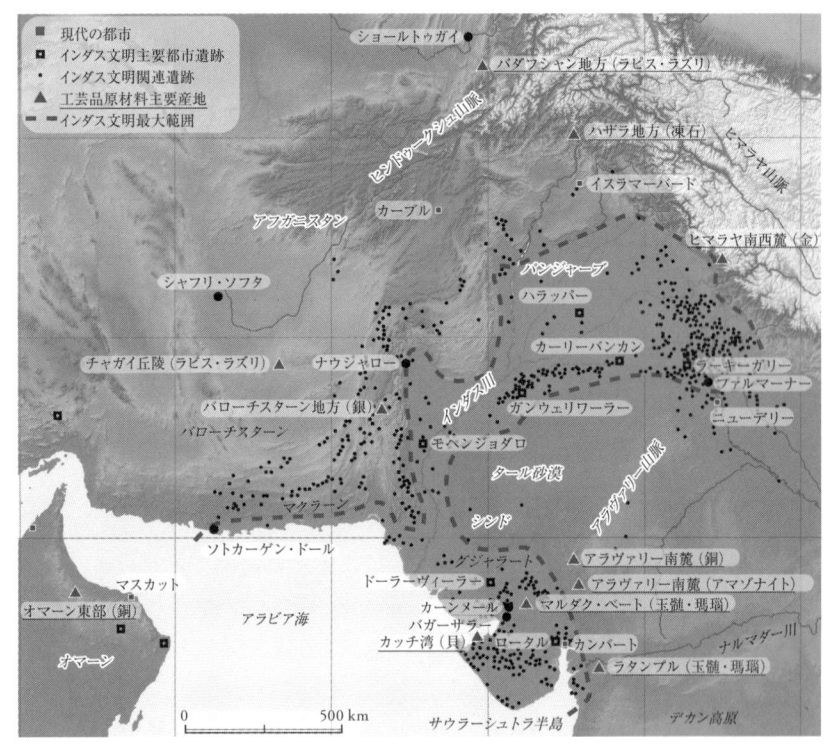

図 6-3　インダス文明期の遺跡および工芸品産地分布図

行っていたことが想定されるが、精錬や冶金加工を明確に行っていた遺構は未だ確認されていない。

　金はヒマラヤ山脈南麓からヒンドゥークシュ山脈南麓にかけて産出するが（Law 2011）、その中でも実際に利用したことが有力視される産地はヒマラヤ山脈の南西麓であり、その近傍に遺跡はないものの文明影響圏に比較的近い。

　インダス文明圏における銀は、鉛鉱石に含まれて産出することが多い。それらはヒマラヤ山脈南麓からバローチスターン地方、アラーヴァリー山脈南部などで産出するが（Law 2011）、その有力産地はバローチスターン地方である。

第6章　工芸品からみたインダス文明期の流通

　銅はヒマラヤ山脈南麓からバローチスターン地方、アラーヴァリー山脈、アラビア半島北東端に位置するオマーンなどで産出するが (Law 2011)、その有力産地はアラーヴァリー山脈、オマーン東部などである。特に文明圏南部グジャラート地方の都市、ロータル遺跡からは半球状に成形された銅塊（インゴット）が出土しており、その産地同定結果はオマーン産とされている (Rao 1985)。おそらく同様のものと考えられている輸出用に整形されたインゴットはインダス文明と同時期のメソポタミア文明の都市スーサからも出土しており (Rao 1964)、両文明にとって当時の鉱物資源の所在の知識や流通路が共有されていたことがわかる。

　上記の金属の内、腕輪や足環と考えられる銅製のもの（図6-4下段）が各地から出土するが、それ以外の利用は希薄である。準貴石製ビーズやペンダントと組み合わせて、金や銀製のビーズ、ペンダント（図6-4上段）が用いられることもあるが、その出土数は多くはない。

　上記鉱物の産地に関しては、R・W・ローによる安定同位体分析などにより、ハラッパー遺跡の出土品を中心に明らかになりつつあるが、未分析の資料が圧倒的に多い。インダス・プロジェクトにおいてもファルマーナー、カーンメール遺跡の資料の一部を分析しているが (Nagae 2011; Patel et al. 2012)、今後より多くの分析が行われていくことが切望されている。

ファイアンス

　ファイアンスとは、「石英または石英質の粉をガラス質のマトリックスで結合されている人工物質で、表面には色釉が施され、ガラス質の光沢を持つもの」(山花 2005: 124) で、インダス文明においては、上記の石英以外にも凍石の粉を用いていたことも知られている (山花 2005)。石英はアラーヴァリー山脈北部などで産出する (Law 2011)。凍石の産地に関しては後述する。着色には前述の銅などを用いていた。

　それらの色調は、淡い青色のものが多く、その他にも白色、淡黄色、淡緑色のものなどがあり、ビーズやペンダント（図6-5上段）、腕輪（図6-6上段）などの製品が数多くつくられていた。

185

第 2 部　人々の暮らしを復元する

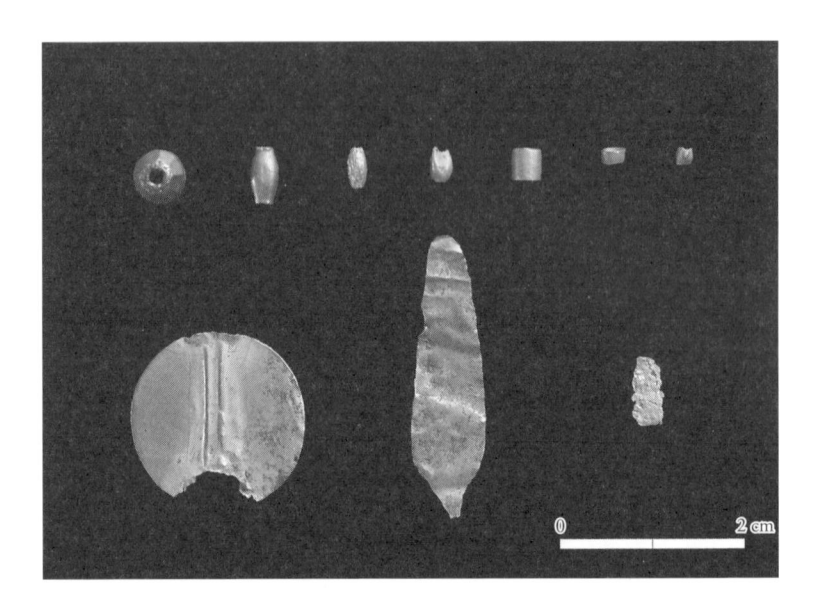

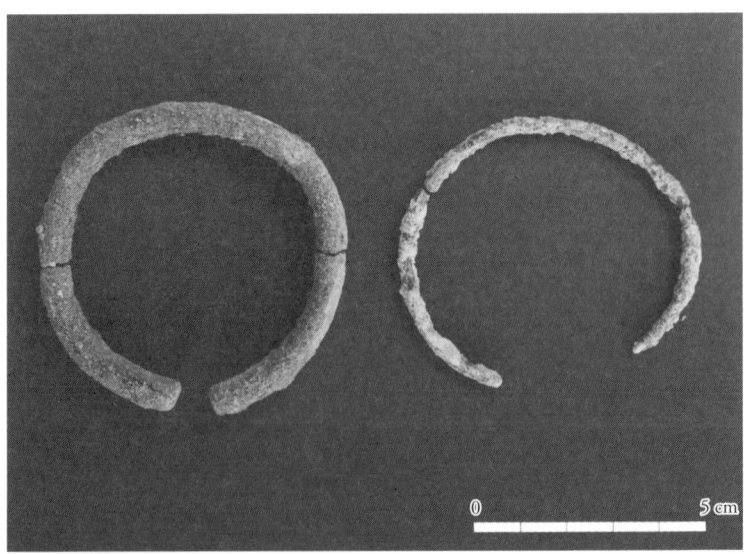

図 6-4　カーンメール遺跡出土の金属製装身具（上段：金製　下段：銅製）（Endo et al. 2012）

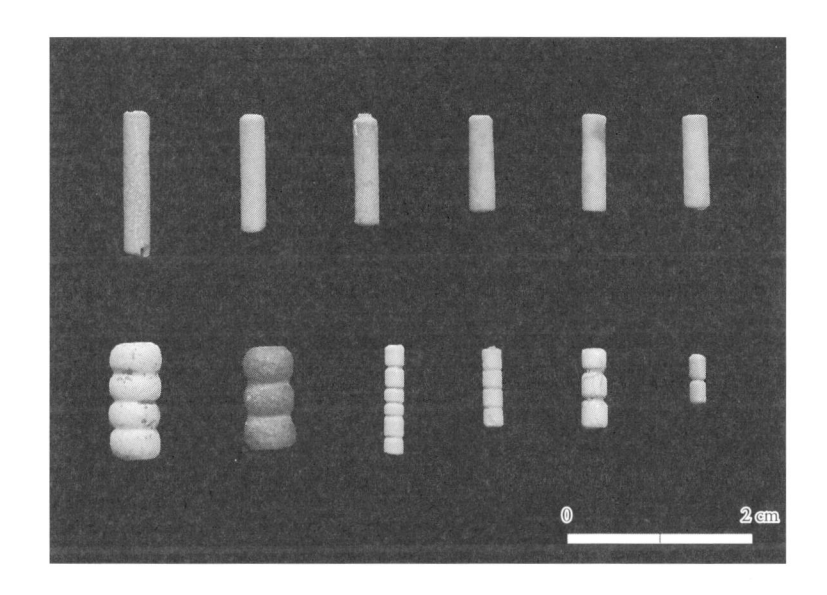

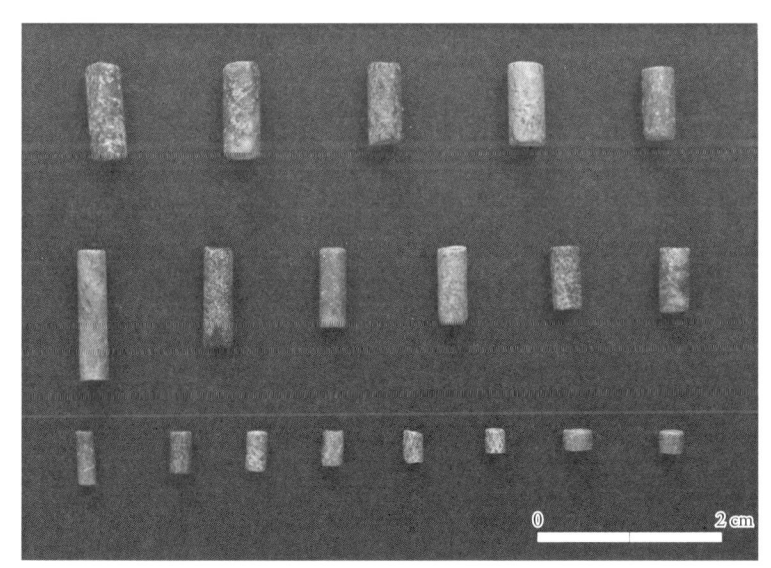

第 6 章　工芸品からみたインダス文明期の流通

図 6-5　カーンメール遺跡出土の装身具（上段：ファイアンス製　下段：ラピスラズリ製　カラー図は口絵参照）（Endo et al. 2012）

テラコッタ

　テラコッタは、焼成された土製品であり、その素材は粘土である。当時は土器が盛んに生産、使用されていたため、どの地域でも原材料の入手や製作が容易であった。そのため、最も入手が容易なものとしてビーズやペンダント、腕輪（図6-6下段）などが大量に生産されており、各遺跡から凍石製装飾品に次いで多く出土している。中でもハラッパー遺跡などでは、「インダス・ブランド」を代表する長大なカーネリアン製の樽型ビーズの形態を模倣した土製ビーズが出土しており（Kenoyer 2005）、他の素材の代替品として機能していたこともわかる。

準貴石

　インダス文明を代表する装飾品の素材であり、その種類は多岐にわたり、カーネリアンや瑪瑙、縞瑪瑙、玉髄、ジャスパー、アマゾナイト、ラピスラズリなどが多用されていた。これらの内、ラピスラズリ以外は文明域内およびその周辺で産出し、各遺跡で盛んに生産されていたことがこれまで発掘された遺跡から確認されている。

　これらはビーズやペンダント（図6-7）などに加工されるのが常で、それらの産地は、カーネリアンや瑪瑙、縞瑪瑙、玉髄、ジャスパーは文明圏の南部、グジャラート地方で多く産出する（Law 2011; 遠藤 2012a）。それらはバローチスターン地方でも一部産出するが、この産地を多用した痕跡は現況では認められていない。また、アマゾナイトもグジャラート地方で産出する。一方、ラピスラズリはアフガニスタンのバダフシャン地方やパキスタン西部のチャガイ丘陵などで産出し（Law 2011）、前者の近傍にはショールトゥガイ遺跡、後者の近傍にはシャフリ・ソフタ遺跡が存在している。これらの遺跡は文明圏中心部からは遠く離れているが、インダス文明の影響が非常に強い遺跡として知られており、いわばラピスラズリなどの資源を獲得するためのインダス文明の衛星都市として機能し、資源の安定的な供給を担っていたと考えられている。

　グジャラート地方の準貴石産地に関しては具体的な採掘地が推定されてい

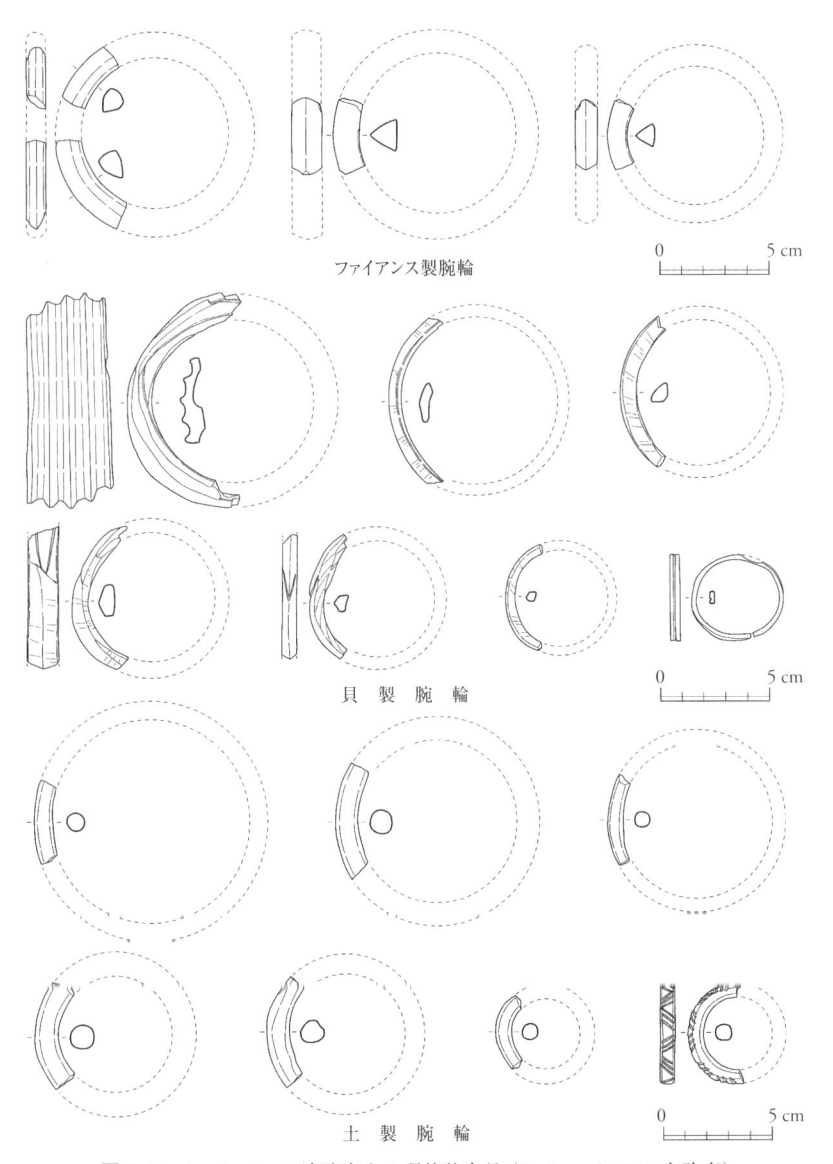

第 6 章　工芸品からみたインダス文明期の流通

ファイアンス製腕輪

0　　　5 cm

貝製腕輪

0　　　5 cm

土製腕輪

0　　　5 cm

図 6-6　カーンメール遺跡出土の環状装身具（Endo et al. 2012 を改変）

第 2 部　人々の暮らしを復元する

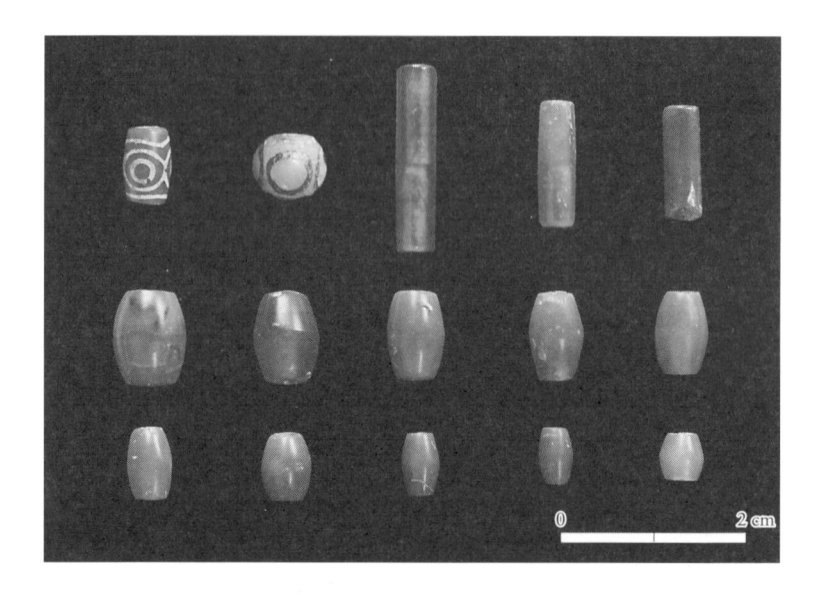

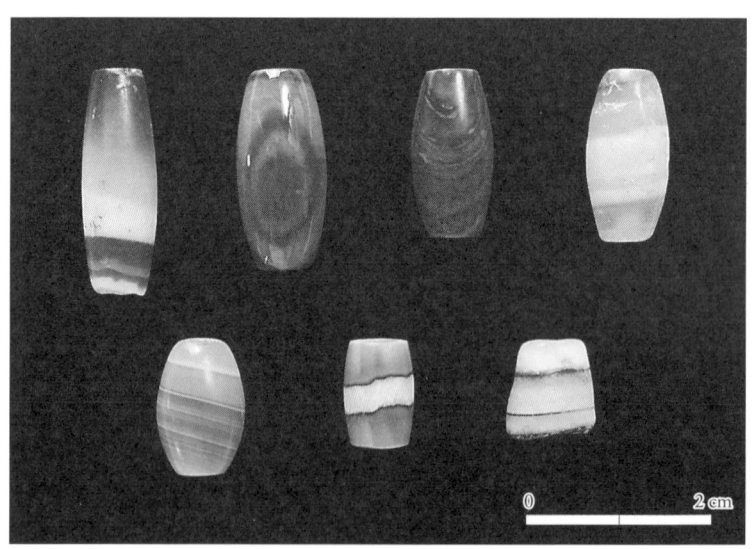

図 6-7　カーンメール遺跡出土の準貴石製ビーズ（上段：カーネリアン製　下段：瑪瑙、縞瑪瑙製　カラー図は口絵参照）(Endo et al. 2012)

第 6 章　工芸品からみたインダス文明期の流通

るため、以下にその詳細を述べる。

　インド亜大陸の中・西部一帯には洪水玄武岩からなるデカン・トラップ（Deccan trap）と称される溶岩台地が広がっており、地盤となるその堆積の隙間に玉髄・瑪瑙系石材やジャスパー、アマゾナイトなどの珪質岩が塊状に形成されている。そのため同地方の河岸沿いなどは、現在においてもこれらの小片が散在しているのを見ることができる。これらの石材は旧石器時代から利用されており、細石刃や装身具に加工されていた。その中でも特に、ナルマダー川下流域に位置するグジャラート州バルーチ県ラタンプル（Ratanpur）周辺や同カッチ県マルダク・ベート（Mardak bet）などは良質かつ希少な産出地であり、インダス文明期にここで採集されていたと考えられている（遠藤・小磯 2011）。また、グジャラート地方には文明期の主要都市遺跡と考えられる、ドーラーヴィーラー遺跡やロータル遺跡があり、これらの遺跡を拠点に準貴石製装身具の生産と原石の流通が行われていたと考えられ、同地方が一部準貴石の石材流通の中心を支える重要な土地であったことが窺える（遠藤 2012a）。

凍石

　これもまた、インダス文明を代表する装飾品の素材であり、そのまま加工されることもあれば、前述のファイアンスの素材として利用されることもあった。この素材は非常に軟質で、加工が容易であることからか「マイクロ・ビーズ」と呼ばれることもある直径 1 mm 程の極少のビーズが大量に生産されており、各遺跡から大量に出土している。そのため、装身具の数としては他の素材を圧倒しており、ほとんどの遺跡で最も多い出土量を占めている。インダス・プロジェクトで発掘したカーンメール遺跡においても小型の壺の中から約 1 万 1700 点もの凍石製「マイクロ・ビーズ」が出土している（Endo et al. 2012、図 6-8 下段）。もちろん、「マイクロ・ビーズ」以外の製品も生産されており、薄手のビーズ（図 6-8 上段中列と下列）や多連ビーズを連結させるためのスペーサーと呼ばれる製品（図 6-8 上段上列）なども盛んに生産されていた。

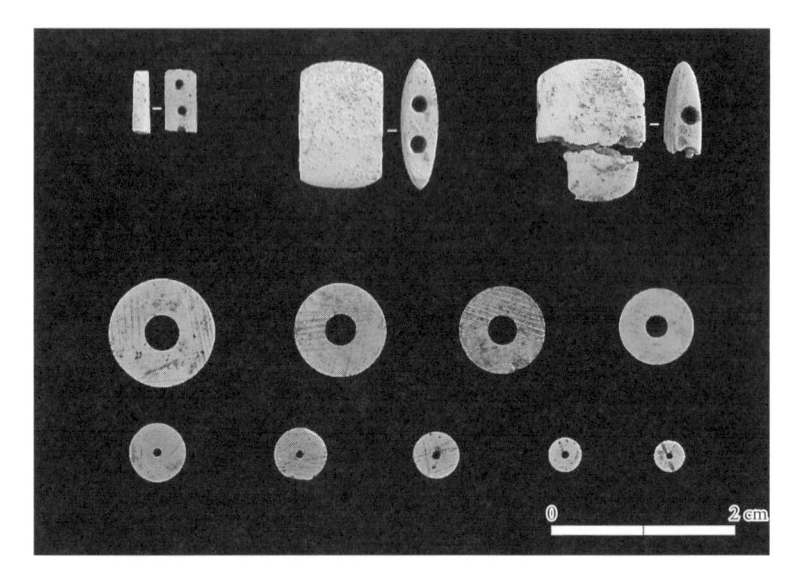

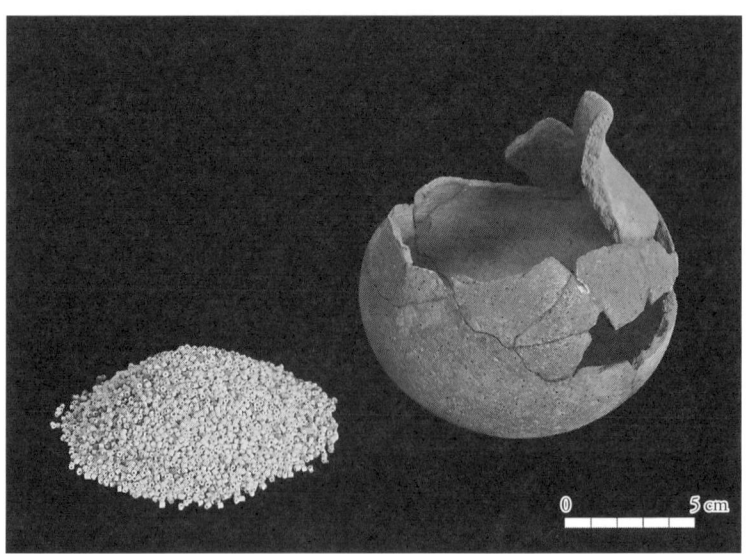

図 6-8　カーンメール遺跡出土の凍石製装身具（上段：スペーサーとビーズ　下段：一括出土マイクロ・ビーズ）（Endo et al. 2012）

第 6 章　工芸品からみたインダス文明期の流通

　その産地はヒマラヤ山脈南麓からヒンドゥークシュ山脈南麓、バローチスターン地方、アラーヴァリー山脈周辺などで、ヒマラヤ山脈南麓のハザラ地方が最も多く産出していたと考えられている (Law 2011)。
　前述の「マイクロ・ビーズ」であるが、そのあまりの小ささからどのような紐で連結させていたのか、多くの研究者にとって永らく疑問の的であったが、近年の分析により、絹糸により連結させていたことがわかってきた (Good et al. 2009)。実際に遺跡から出土した複数が連結した「マイクロ・ビーズ」に繊維が遺存しており、その繊維の同定結果が絹とされたのである。一般的に絹は中国で利用され始めたのが最古であり、南アジアでのその利用は前2世紀以降に発達した、「シルクロード」以降と考えられてきた。しかし、中国での利用開始とほぼ同時期の前3千年紀にすでにインダス文明圏では絹の利用が始まっていたのである。中国とインダスの絹の利用は、別個に発達したものと考えられ、この事実は後世の「シルクロード」に関しても再考の余地があることを示唆している。

貝、骨、角、歯牙
　インダス文明においては、鉱物や石、ファイアンスやテラコッタ製以外にも自然界にある素材を利用した装身具が多くつくられていた。それが海棲の貝や家畜・野生動物の骨や角、歯牙などを利用したものである。これらは腕輪や足環（図 6-6 中段）、ビーズやネックレスに加工されていた。
　動物の骨や角、歯牙は、文明域内で広く入手が可能であった家畜であるヤギやヒツジ、コブウシなどや、野生のレイヨウなどのものが多く利用されていたが、象牙や犀角の利用も少量ながら認められる。現在はインダス文明域に生息していない象や犀であるが、インダス式印章（スタンプ）や土偶のモチーフにもなっており、当時は文明域内もしくはその周辺に生息していたのであろう。象牙の流通に関しては、現況ではその産地が特定困難であり明らかではないものの、文明域南部から希少価値のある素材として流通していたことが推察される。
　一方、海棲の貝に関しては文明域南部のグジャラート地方のサウラーシュ

第 2 部　人々の暮らしを復元する

図6-9　バガーサラー遺跡の貝製腕輪工房（Bhan et al. 2004: Fig. 3）

トラ半島沿岸部のアラビア海で採集された大型の巻貝（*Turbinella pyrum*）が多く利用されており、中でもカッチ湾に面するバガーサラー遺跡では、その素材を利用した腕輪の生産工房が見つかっている（図6-9: Bhan et al. 2004）。大形の巻貝以外にも子安貝や二枚貝など多くの貝が利用されており、これらはアラビア海沿岸の遺跡で生産され、文明域内に広く流通していた。そのことを示す資料が、インダス・プロジェクトで発掘したカーンメール遺跡から出土している。ポスト・インダス文明の層から出土した小型の壺から約110点のもの貝製ビーズが見つかったのである（図6-10）。同遺跡もアラビア海にほど近く、貝製の装身具はこのように壺に入れられ遠方へと搬出されていたのであろう。

図 6-10　カーンメール遺跡出土の貝製一括出土ビーズ（Endo et al. 2012）

6-2 工芸品の生産

　前節で工芸品の素材の概要を紹介したが、これらの素材のうち産地近隣の遺跡や限定的な大規模都市などでのみ生産されるものと、素材自体が文明域内に広く流通し生産されるものがある。前者は金や銀、銅などの金属、ファイアンス、ラピスラズリ、凍石、海棲の貝などで、後者はテラコッタとラピスラズリ以外の準貴石、骨、角、歯牙などである。
　これらの工芸品は、いずれも高度に専業化した職人の手によって生産されていたと考えられている（Kenoyer 1998; 遠藤 2010）。これらすべての詳細な製作技術を語るのは、紙幅もないため割愛するが、冒頭に述べたように玉髄・瑪瑙系石材、特にカーネリアン製ビーズについて以下詳細に述べていく。
　カーネリアンを含む玉髄・瑪瑙系石材はインダス文明の工芸品を特徴づける石材である。なぜなら、それらは前述のように同文明の西側にあったメソ

第 2 部　人々の暮らしを復元する

ポタミア文明世界への主要輸出品であり、同石材製工芸品（特にビーズ）の存在の有無がインダス文明帰属遺跡か否かの判定基準の一つにもなっていたからである。それらの製作の痕跡は、文明域各地のいわゆる都市遺跡ではない小規模遺跡や原石産地からはるかに遠方の遺跡からも確認されており、インダス・プロジェクトで実施した原石産地に近いグジャラート州にあるカーンメール遺跡（Endo et al. 2012）や、原石産地から最も遠いハリヤーナー州のファルマーナー遺跡（Konasukawa et al. 2011）でも確認されている。

　カーネリアンを含む玉髄・瑪瑙系石材製ビーズは、遺跡出土の製作途上で遺棄された破片の分析や、現在の民俗事例の調査（Kenoyer et al. 1994; 遠藤・小磯 2011）から、詳細な製作工程が推定復元されている。南アジアに存在するカーネリアンは、自然の状態ではその名が示すような真紅の色を呈しておらず、黄色から橙色をしている。そこで、当時の人々の嗜好に合致するような真紅にするために、人為的に加熱処理を施すことにより色調を改変している。この工程に関しては、遺跡出土の情報のみでは明らかにすることは困難であり、前述のように民俗事例により明らかにされている。それは、原石を直接火にあてれば、急激な温度変化に石材が耐えられず砕けてしまうため、土器や籾殻、灰などで原石を覆い、間接的にしかも数度にわたり専用の窯を用いて低温で長時間加熱するという方法である。この民俗事例は、インダス文明期にも盛んにビーズ生産が行われていたグジャラート地方に所在するカンバートという街で今なお行われているもので、筆者もこの街で数年にわたり調査を行ってきた。その工程模式図を図 6-11 に提示する（遠藤・小磯 2011）。カンバートは、街全体がカーネリアンをはじめとする準貴石製工芸品生産（家内制手工業）に関わり、機械化の進行が限定的な世界的にも特異な街である。

　図示したのは現代のカーネリアン・ビーズの事例の模式図であるが、インダス文明においてもほぼ同様の工程をとっていたと考えられる。これによると、まず産地で採掘を専門とする集団が原石を掘り出し、流通を担う別の集団により生産地に運び込まれる。生産地では乾燥や加熱処理、敲打による成形、研磨、穿孔などを各々専門職人が行い、最終的に首飾りなどの製品の状

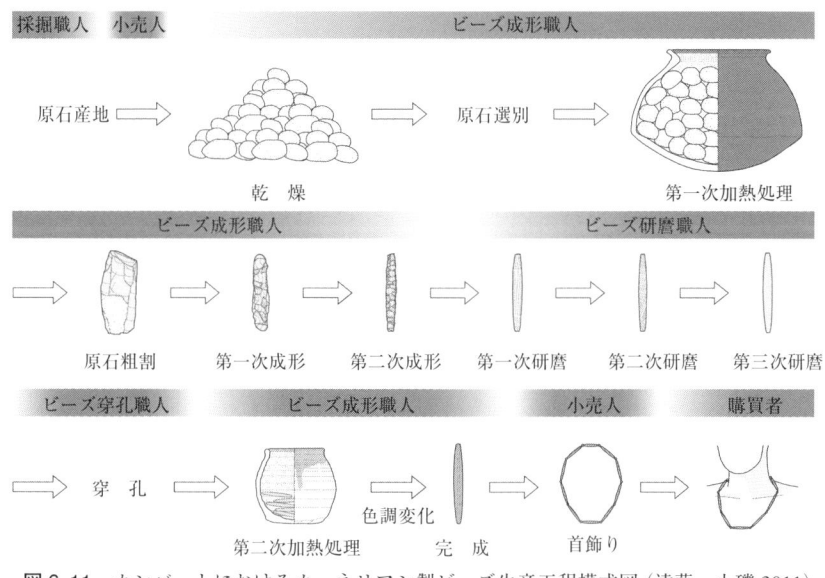

第 6 章　工芸品からみたインダス文明期の流通

採掘職人	小売人	ビーズ成形職人
原石産地 →	乾燥 →	原石選別 → 第一次加熱処理

ビーズ成形職人	ビーズ研磨職人
→ 原石粗割 → 第一次成形 → 第二次成形	→ 第一次研磨 → 第二次研磨 → 第三次研磨

ビーズ穿孔職人	ビーズ成形職人	小売人	購買者
→ 穿孔 →	第二次加熱処理 色調変化 完成 →	首飾り →	

図 6-11　カンバートにおけるカーネリアン製ビーズ生産工程模式図（遠藤・小磯 2011）

態に連結され、小売業者や卸業者へとわたり、消費地へと流れるというものである。もちろん、移動手段が高度に発達し、グローバル化が著しい現代の事例を直接の比較対象とはできないが、下記のような示唆を得ることはできる。

① 採掘にはいわゆるカースト・ヒンドゥーとは異なる民族集団のビールやスィッディーなどマイノリティーが従事している（遠藤・小磯 2011，小磯・遠藤 2012）。

② ビーズ生産は成形、研磨、穿孔など各工程が別個に熟練した専業もしくは兼業の職人が担っており、ヒンドゥー、イスラームといった宗教の差なく、また男女の差もなく行われている（遠藤・小磯 2011）。

③ 採掘地（ラタンプル）から生産地（カンバート）へと原石を搬入しているのは専門の少数の商人であり、カンバートで生産された工芸品はこれもまた、別の専門の商人の手によってインド各地や国外に販売、流通されて

いる（遠藤・小磯 2011; 小磯・遠藤 2012）。

　インダス文明の宗教や社会制度は明らかになっていないが、現代の宗教や集団が複雑に関係したカンバートの状況が、文明期の様相をもある程度示していると考えられる。すなわち、インダス文明は複数の地域文化が取り込まれて成立していったと考えられており（Possehl 1999）、その段階で、工芸品の素材近傍の文化の技術と知識も共有されていき、形状も素材も多種多様な工芸品を「インダス・ブランド」へと昇華させていったと考えられる。

6-3 ｜ 工芸品の流通からみたインダス文明の流通システム

　前節でも若干述べたように、流通には専門の集団が介在していた可能性が高く、文明域内外各地から工芸品の素材や製品が、カーンメール遺跡の出土事例からわかるように壺などに入れられ行き交っていた。それらは街道や河川、海などを徒歩や牛車、船などを利用して頻繁に行き来していたことが推定される。ここではその流通網の中でも、カーネリアンに着目して述べていく。

　カーネリアンは文明域南東端のグジャラート地方で豊富に産出するが、その原産地からカーネリアン・ビーズの生産が確認できる文明域内の北東端の拠点都市ラーキーガリー遺跡（Nath 2001）までは直線距離で約 900 km、アラーヴァリー山脈沿いにタール砂漠を突っ切ると約 1050 km、最も妥当な移動手段のインダス川沿いを移動したとして約 1950 km ある（図6-12）。当時は徒歩や牛車、船などしか移動手段がなく、砂漠越えのルートは補給を受けられるインダス文明帰属遺跡もなく、現実的に実行可能とは考え難い。もちろん、原石産地から直接遠方の都市に搬入されたのではなく、多くの中継地点を経由しての移動だと考えられるが、その距離は果てしなく遠い。しかし、現実にラーキーガリー遺跡からグジャラート産とみられる製作途上のカーネリアン・ビーズが出土している以上、この 2000 km 弱を完成品ではなく原

第 6 章　工芸品からみたインダス文明期の流通

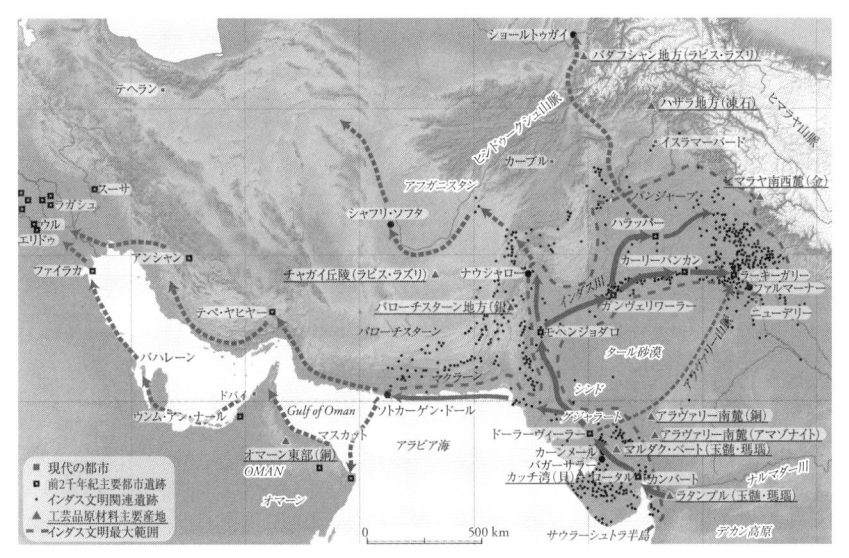

図 6-12　インダス文明におけるカーネリアン・ロード

石が移動したのは疑いがない。当時の人々にはその必要性があり、流通システムが完備されていたからこそ可能であったと考えられる。筆者は、その流通路を仮に「カーネリアン・ロード」と名付けた（遠藤 2012a, 2012b; 小磯・遠藤 2012）。もちろん、「カーネリアン・ロード」はカーネリアンのみを運んだものではなく、「シルクロード」のように当時の主要交易品を代表させた名称であるのは言うまでもなく、このルートは遠くメソポタミアまで伸びていたのである（図 6-12）。この流通路には、原石の採掘や工芸品の生産、流通にも専業化した集団が従事しており、完全にシステム化され、インダス文明を支えた経済基盤の一つであったと考えられる。この流通システムの推察に関しても、前節で述べた現代のカンバートの事例を参考にしている。カンバートの工芸品産業では、流通に関してこれらを統括、管理する存在はなく、市場の需要に従い各々が独自の経済原理で行動し、各工程の職人、商人たちはそのシステムの全貌を把握してはいない。この点は、支配基盤やその統治システムが不明といわれている（Renfrew 2008）、インダス文明期の流通シス

テムを理解する上で示唆に富んでいる。すなわち、王や神官、官僚といった行政の中枢機構が管理しなくても、素材の獲得から生産、広範囲への流通といった一連の行動は成立していたということである。

以上のように、工芸品の中でも特にカーネリアンを中心に流通について述べてきた。この状況はカーネリアン以外の準貴石でもほぼ共通し、それ以外の素材も図6-12で提示した流通路が起点となる原産地が変化するのみで同様のものであったと考えられる。このような遠距離流通網は、工芸品のように小形で価値が高いものや、それらを製作するための素材では確立していたが、それ以外の種々のモノでは如何であったであろうか。そのすべてについてここで言及するのは紙幅もなく、筆者の手に余る作業であるが、その一部をここで述べてみたい。

冒頭で述べたように、インダス文明の主要交易品は本章で細かく述べてきた工芸品であるが、その他にもインダス式の銅製の利器（斧やナイフなど）やインダス式印章、インダス式土器、石製の種々の重り（当時の度量衡の基準と考えられる直方体の石製品）などがインダス文明域内外に広く流通していた。これらは文明域以外ではアラビア半島の東海岸沿いやメソポタミアでも発見されており、これらの主要流通路が内陸交易ではなく、海上交易であったと考えられている。また、メソポタミア側の文字記録の解読によると、インダス文明を指すとされる「メルハ（*meluhha*）」から多くの木材が輸入されていたとの記載もあり、遺物として遺跡に残りにくい木材や布なども海上交易により行き来していたと考えられる（コラム3を参照）。この文字記録にはカーネリアンについての輸入の記載もあり、ここからも主要な交易品であったことが追認できる。

インダス文明から輸出されていたモノは、上に述べたが、逆に輸入されていたのは何であろうか。具体的な出土遺物としては、イランや中央アジアに起源をもつと考えられる形式の印章が文明域各地から出土している。また、印章に刻まれた図柄がインダス式印章やインダス式の彩文土器の図柄に影響を与えていたことも推測されている。具体的な出土遺物としては、前述のオマーン産の銅やアフガニスタン産のラピスラズリのほかに、イラン産の石製

容器などが知られているが、明らかになっている遺物はごくわずかであり、出土遺物の詳細な分析が必要である。

交易に関しては出土遺物の分析だけでは限界があり、メソポタミアの楔型文字のように行政文書の解読が必要となってくる。しかし、インダス文字は未解読であり、楔形文字のように長い文章を記録したものは見つかっておらず、メソポタミアと同様の分析は困難である。そのため、インダス文明研究では、今後も本章で扱った工芸品のように個別に丹念なモノの研究を積み重ねていくことが求められている。

6-4 南アジアにおけるカーネリアン・ロード

インダス文明の特徴の一つは、高度に専業化されたモノの生産技術の共有である（遠藤 2010）。カーネリアンなどの玉髄・瑪瑙系石材製装身具に関していえば、おそらく、文明成立以前に確立していたグジャラート地方の生産技術が、文明成立段階で土器や他の利器、工芸品の生産情報と共に文明全体に組み込まれたのであろう。技術共有の具体的なメカニズムは不明であるが、原石や工芸品の流通は文明内外の人々の嗜好（市場の需要）により支えられ、数千キロメートルの距離をも移動可能にする「カーネリアン・ロード」を形成した。そして、約700年間続いたインダス文明の重要な政策はこの流通路の維持であったことは、想像に難くない。インダス文明崩壊の理由は、いろいろ推定されており、本書においても一部で言及されているが、この流通路を維持できなくなったこともその主たる要因の一つであろう。しかし、その流通路の一部や工芸品の製作技術は途絶えたわけではなく、ポスト・インダス文明にも受け継がれ、本章で触れたカンバートの事例で明らかなように、現代に至るまで「カーネリアン・ロード」は機能している。

参考文献

上杉彰紀（2010）『インダス考古学の展望　インダス文明関連発掘遺跡集成（中洋言語・考

古・人類・民俗叢書 2)』総合地球環境学研究所　インダス・プロジェクト.
遠藤仁 (2010) インダス文明期における工芸品生産 —— 石器及び石製ビーズの製作技術と流通.『日本西アジア考古学会　第 15 回総会・大会要旨集』pp. 17-22. 日本西アジア考古学会.
——— (2012a) インダス文明における準貴石製工芸品の生産 —— 玉髄・瑪瑙系石材原産地の探訪報告.『環境変化とインダス文明　2010-2011 年度成果報告書』. pp. 117-124. 総合地球環境学研究所.
——— (2012b) インダス文明期におけるカーネリアン・ロード.『日本西アジア考古学会　第 17 回総会・大会要旨集』. pp. 33-36. 日本西アジア考古学会.
遠藤仁・小磯学 (2011) インド共和国グジャラート州カンバートにおける紅玉髄製ビーズ生産：研究序説.『東洋文化研究所紀要』第 160 冊. pp. 340-376. 東京大學東洋文化研究所.
小磯学 (2008) インダス文明の腐食加工紅玉髄製ビーズと交易活動.『古代文化』60: 95-110.
——— (2009) インダス文明のビーズについて —— 覚え書き.『環境変化とインダス文明　2008 年度成果報告書』. pp. 65-74. 総合地球環境学研究所.
小磯学・遠藤仁 (2012) 赤い石がつくる道 —— カーネリアン・ロードをたどって.『季刊民族学』140: 37-84. 千里文化財団.
山花京子 (2005)「ファイアンス」とは？ —— 定義と分類に関する現状と展望：エジプトとインダスを例として.『西アジア考古学』6: 123-134. 日本西アジア考古学会.
Allchin, F. R. and Allchin, B. (1997) *Origins of a Civilization, The Prehistory and Early Archaeology of South Asia*. Viking, New Delhi.
Bhan, K. K., Ajithprasad, P. and Pratapchandran, S. (2004) Excavations of an Important Harappan Trading and Craft Production Center at Gola Dhoro (Bagasra). *Journal of Interdisciplinary Studies in History and Archaeology*, Vol. 1-2: 153-162.
Deo, S. B. (2000) *Indian Beads-A Cultural and Technological Study*. Deccan College Post-Graduate and Research Institute, Pune.
Endo, H., Uesugi, A. and Meena R. (2012) Chapter 7: Minor objects. pp. 481-748. In Kharakwal, J. S., Rawat, Y. S. and Osada, T. (eds.) *Excavations at Kanmer, 2005-06-2008-09, Kanmer Archaeological Research Project an Indo-Japanese Collaboration*. Indus Project, Research Institute for Humanity and Nature, Kyoto, Japan.
Francfort, H. P. (1984) The Early Periods of Shortugai (Harappan) and the Western Bactrian Culture of Dashly. pp. 170-175. In B. Allchin (ed.) *South Asian Archaeology 1981*. Cambridge University Press, Cambridge.
Good, I. L., Kenoyer, J. M. and Meadow, R. (2009) New Evidence for Early Silk in the Indus Civilization. *Archaeometry*, 51-3: 457-466.
Jyotsna, M. (2000) *Distinctive Beads in Ancient India*. BAR International Series 864, Archaeopress

Publishers of British Archaeological Reports, Oxford.

Kenoyer, J. M. (1986) The Indus Bead Industry. Contributions to Bead Technology. *Ornament* 10(1): 18–23.

―――― (1998) *Ancient Cities of the Indus Valley Civilization*. American Institute of Pakistan Studies, Oxford University Press, Karachi.

―――― (2005) Bead Technologies at Harappa, 3300–1900 BC: A Comparative Summary. pp. 157–170. In Jarrige, C. and Lefevre, V. (eds.) *South Asian Archaeology 2001*, Editions Recherche sur les Civilisations, Paris.

Kenoyer, J. M., Vidale, M. and Bhan, K. K. (1994) Carnelian Bead Production in Khambhat India: An Ethnoarchaeological Study. pp. 281–306. In Allchin, B. (ed.) *Living Traditions: Studies in the Ethnoarchaeology of South Asia*. Oxford & IBH Publishing, New Delhi.

Konasukawa, A., Endo, H. and Uesugi, A. (2011) Chapter 7: Minor objects from the settlement area. pp. 369–529. In Shinde, V., Osada, T. and Manmohan Kumar (eds.) *Excavations at Farmana, District Rohtak, Hryana, India, 2006–2008*. Indus Project, Research Institute for Humanity and Nature, Kyoto, Japan.

Law, R. W. (2011) *Occasional Paper 11: Linguistics, Archaeology and the Human Past. Inter-regional Interaction and Urbanism in the Ancient Indus Valley: A Geologic Provenience Study of Harappa's Rock and Mineral Assemblage*. Indus Project, Research Institute for Humanity and Nature, Kyoto, Japan.

Nagae, T. (2011) Chapter 10: Compositional and Microstructural Analysis of Copper Wares Excavated at Farmana. pp. 801–807. In Shinde, V., Osada, T. and Manmohan Kumar (eds.) *Excavations at Farmana, District Rohtak, Hryana, India, 2006–2008*. Indus Project, Research Institute for Humanity and Nature, Kyoto, Japan.

Nath, A. (2001) Rakhigarhi: 1999–2000. *Puratattva*, 31: 43–45.

Patel, A., Kharakwal, J. S. and Endo, H. (2012) Chapter 9: A Preliminary Study on the Typology and Alloy Pattern of Harappan Copper Artifacts from Kanmer. pp. 761–766. In Kharakwal, J. S., Rawat, Y. S. and Osada, T. (eds.) *Excavations at Kanmer, 2005-06-2008-09, Kanmer Archaeological Research Project an Indo-Japanese Collaboration*. Indus Project, Research Institute for Humanity and Nature, Kyoto, Japan.

Possehl, G. L. (1999) *Indus Age, the Beginning*. University of Pennsylvania Press, Philadelphia.

Rao, S. R. (1985) *Lothal: A Harappan Port Town (1955–62)*, Vol. 2. Memoirs of the Archaeological Survey of India 78. Archaeological Survey of India, New Delhi.

―――― (1964) Contacts between Lothal and Susa. Summaries of papers, XXVI International Congress of Orientalists, New Delhi, pp. 10–11.

Renfrew, C. (2008) *Prehistory: The Making of the Human Mind*. Modern Library.

Vidale, M. (2000) Indus craft production: Raw materials and manufacturing techniques. *The Archaeology of Indus Crafts – Indus craftspeople and why we study them*. IsIAO, Rome, pp. 33–

第 2 部　人々の暮らしを復元する

100.
Yule, P. (1985) *Figuren, Schmuckformen und Tafelchen der Harappa-Kultur*. C. H. Beck'sche Verlagsbuchhandlung, Munchen.

第7章　インダス文明の衰退と農耕の役割

スティーヴン・A・ウェーバー

（訳：三浦励一）

インダス遺跡の発掘が行われたカーンメール村の農業風景。2頭のコブウシに除草具を牽かせてワタ畑を除草していた。（撮影：訳者）

紀元前2600年頃、南アジア北西部の地域文化は、高度な組織化・経済的集中化・文化的統合といった、文明のもつ諸特徴をまぎれもなく示していた（Kenoyer 1998; Possehl 2003）。よく計画された、周壁をもついくつかの大都市が、農村共同体から発達した。インダス文明（ハラッパー文明）は、ある部分では農耕の成功によって繁栄したといえる（Fuller 2003, 2007; Kenoyer 1998; Weber 1999）。この文明を構成する各地域は、それぞれ地域に固有の生態学的条件に適応し、それがさらに拡大と都市化を促した。インダス文明期の農耕戦略を再構成しようとしたり、気候あるいは気候変化が文明に及ぼした影響を説明しようとしたりする際にはいつでも、生態学的に異なる地域ごとの特性を理解することが大前提となる。

　紀元前3千年紀の終わりに、インダス文明は都市複合体から地方的な文化単位の集合へと劇的に移り変わった。このできごとは「崩壊」というよりはむしろ変容あるいは再構成という性格のものであったかもしれないが、統合と集中化の時代が終わりを迎えたのは確かである。このような変遷を説明する学説は、気候、生態および水文的条件の影響に焦点をあてることが多い。もし気候あるいは水分条件の変化が決定的な要因であったなら、気候と密接に歩調を合わせるはずの農耕慣行もまた影響を被ったはずである。さらに、生態学的に異なる各地域は、農耕戦略がそれぞれ異なっていた以上、気候変化に対して異なる反応を示したはずである。この論文では、インダス文明の衰退において農耕が演じた役割をよりよく理解するために、農耕と気候変化の間の、地域ごとに異なる関係を探ってみることにする。

7-1 ｜ 農耕とインダス文明

　紀元前2600年から紀元前1900年にかけて、インダス文明は北西インドからパキスタンにわたって散在する1000近くの遺跡を含んでおり、その中には農村共同体や小さな町から、大人口を擁するよく発達した都市複合体までがあった（Weber 1999）。都市はたいてい周壁をもち、炉床や調理用具が包

含される、はっきりとわかる広い居住区をもっていた。工芸品の生産と流通のシステムが高度に組織化されていたことははっきりしており、それは共同体間の結びつきを調べる手がかりにもなる［訳注：本書第6章を参照］。物質文化にみられる共通要素から、統合と集中化のレベルは相当高かったことがわかるが、それでもなお、地域ごとに異なる様式のなかに、文化的多様性をみてとることができる。ポーセル (Possehl 1989; Possehl 2003: 238) はインダス文明の六つの異なる文化圏 (東部パンジャーブ式、バハーワルプール式、後期コート・ディジー式、シンド式、クッリ式およびソーラート式) を認めており、それらはインダス文明の文化の独特の変形をそれぞれ示している。

　植物性食品はインダス文明期の人々の生存基盤として不可欠の要素だった。紀元前2600年頃にはすでに、よくできた農耕戦略が発達しており、既存の集落の拡大や新しい共同体の発達を可能にした。このような初期の農耕慣行に関する今日までの知識は主として植物考古学的遺物に基づいているが、これは炭化によって保存された植物種子にほぼ依存しているといってよい (Fuller and Madella 2001; Weber 2003)。これまでに40種近くの栽培植物が同定されているが、その大部分は穀類であり、続いて豆類、野菜類、果実、ナッツ類、油料種子、繊維作物、そしてスパイス類も含まれている (Fuller and Madella 2001)。

　インダス文明期の農耕は二つの主要な「作期」に基づいていた。まずラビー (*rabi*, 冬作) は、秋に蒔かれ、冬の雨で育ち、春に収穫される作物を作っていた。ここにはオオムギ、コムギ、エンドウマメ、レンズマメ、ヒヨコマメ、ガラスマメ、アマおよびカランなどが含まれる。二つめの作期はカリフ (*kharif*, 夏作) で、夏に蒔かれ、夏の雨を利用し、秋に収穫される作物を作っていた。夏作物にはさまざまなミレット、マングビーンやホースグラムなどの熱帯性マメ類、ゴマ、ワタ、ブドウが含まれ、イネもあったかもしれない。インダス文明の異なる地域は、これらの作期のいずれかに重点をおいており、これが互いに区別することのできる独自の農耕様式を生み出した。

　地域ごとの作物の選択は、利用可能な水分の有無と量、温度、土壌、地形など、多くの要因に基づいていた (Weber et al. 2010a)。このような変動要因

はどの作物が栽培可能であるかに影響するばかりではなく、地域の農業生産力を見積もる手がかりともなる。農業生産力はインダスの文化に直接的な影響を及ぼしたものであり、遺物にみられる地域差に関する我々の理解を一歩前へと進めてくれる。インダス文明期を通じて異なる農耕生態的地域がいくつあったと定めることは、ひとつには植物考古学的記録が限られているために難しいことであるが、ポーセルが認めた六つの文化圏だけではないことははっきりしている（Weber et al. 2010a）。さてここでは、ポーセルの文化圏と部分的に重なり合う三つの農耕地域に焦点をあてることにしたい。すなわち、南シンド、北パンジャーブおよびサウラーシュトラである。これらの地域における考古学はよく進んでおり、各地域は異なる生態学的条件に基づいてそれぞれ独自の農耕戦略を発達させていたことがわかる。

　まず南シンドであるが、歴史時代において、この地域の年降水量は 80 mm を超えなかった（Weber et al. 2010a）。インダス文明期においてもそこはやはり乾燥地であったことを、あらゆる証拠が示している。この地域は曲がりくねったインダス川に中心をおいており、川の両側には広大な沖積平野があり、そのさらに外側には砂漠的な環境があった。モヘンジョダロのような遺跡は河の低い堤防沿いに位置していた。この地域ではモンスーンによる雨はほとんど降らなかったが、大規模な洪水が起こることがあった。インダス文明期のこの地域の農耕は河川に依存していた可能性が高く、年 1 回の短い作期に基づいていた。植物考古学的遺物によれば、冬作物に重点がおかれ、作物の多様性は小さかったことが示されている。この地域の潜在的生産力が限定されたものであったことと、人口の多い都市が多くあったことを考え合わせると、この地域は食糧需要を充たすために他の地域に依存していただろうと考えられる。

　北部パンジャーブ地域はシンド地域と好対照をなしている。気温はわずかに低い程度であるが、雨量はかなり多く、平均年降水量は 250 mm になる。降水量の 75％近くは夏季に降る。この地域は丘陵地、台地、沖積平野に隔てられた多数の水系をもつ。ラーヴィー川を見下ろす高台にあるハラッパーはそのような場所にある遺跡である。高い土手、速い流れ、狭い河床はイン

第 7 章　インダス文明の衰退と農耕の役割

ダス川と著しい対照をなしている。夏季の洪水と河跡湖があるので、高い農業生産をあげるために灌漑はほとんど必要とされない。この地域では冬作物と夏作物の両方がつくられていたことが、膨大な植物考古学的遺物からわかっている。農耕戦略は複数の作期に基づいており、多様な作物種が栽培されていたが、冬作物と穀粒の大きな穀類［訳注：ムギ類をさす］に重点がおかれていた。この地域は高い潜在生産能力をもち、外部からの支援はほとんど必要としなかっただろう。

　グジャラート州中央部に位置するサウラーシュトラの環境は全く異なるタイプに属する。この地域はアラビア海に面し、海洋性気候のもとにあるとみなすことができる。湿原、感潮域、沖積平野が、多数の小河川とともにあった。年降水量は 700 mm を超え、他の地域よりかなり多くの水分が得られる（Weber et al. 2010a）。雨量の 95％以上は夏季に降る。結果として、夏のモンスーンの頃には洪水の危険性が高まる。この地域の植物考古学的遺物は多種多様な植物を含んでいるが、天水で栽培される夏作物に重点がおかれていたことが明瞭である（Weber 1991; Fuller and Madella 2001）。この地域は高い生産性をあげ他の地域から独立して存続する能力を明らかにもっていた。

　これら三つの地域の例からわかるように、インダス文明の期間を通じて、農耕は広汎にかつ集約的に行われていた。オオムギは出土する遺跡の数と出土量からみて最も重要な作物であり、コムギがこれに次ぎ、その次がミレット類であった。多くのさまざまな作物が栽培されたが、ほとんどの居住地域では穀類が主要な作物であったらしい。穀類は、粒の大きさと重さによって大粒性穀類と小粒性穀類に分けることができるであろう（Weber et al. 2010b）。コムギ（*Triticum*）とオオムギ（*Hordeum*）は大粒性、ミレットの多く（*Panicum* や *Setaria*）は小粒性である。これはインダス文明期の植物利用戦略を考えるときに重要な変数である。ある環境のもとでどのような作物が栽培できるかに生態学的要因の影響がある一方で、作物自体の特性は文化に影響を与える。穀粒の大きさは根系の構造と機能に関連があり、ひいては作物の管理システムに関連する。このことがさらに作物の生産性と集落サイズに影響を与える。インダス文明期において、穀粒の大きさは人口増加と都市化に影響を及

ぼした (Weber et al. 2010b)。地下水があるところで耕起された土に種子を播くと、より深い土層から発芽し生存することのできる大粒性作物が有利になる。インダス文明期においては、大粒性穀類は、大規模な集落が成立するための十分条件ではないにせよ、必要条件であった。インダス文明期の大規模な遺跡はすべて大粒性穀類と結びついている。同じ時代の小規模な共同体は、生態的条件によって、大粒性穀類と小粒性穀類のどちらに重点をおいていることもある。大規模な遺跡は大粒性穀類が主体であったシンドとパンジャーブにみられる。小粒性のミレットが主体であったサウラーシュトラではインダス文明期の大きな集落は全く見つかっていない。穀粒サイズは集落が大きくなって生産性を高める必要が生じたときにだけ重要な問題となった。比較的人口の少ない小規模な集落では、より労働集約的な作物に重点を移して生産性を高めるという必要に迫られることはなかっただろう。

7-2 インダス文明の衰退

　インダス文明期の後期は明らかな「変容と再編制」の時代であった (Kenoyer 1998, 2008)。この変化はある地域ではゆっくりと起こったことや、インダス文明に伝統的な多くの要素が存続していたことを考えると、文明はカタストロフィックに崩壊したのではなく、新しい諸条件に適応したのかもしれない。生態条件の変化はたしかに起こっており、文化的統合と集中化は紀元前1900年頃に解体しはじめた。かわりに現れた地域的システムはもはや単一の観念形態や社会経済システムによって統合されてはおらず、集落の数の増加および大都市の放棄をともなっていた (Kenoyer 1998; Possehl 2003)。このような分断化された地域的文化は、広大な領域の統合を支えていた広汎な貿易ネットワークが崩壊しはじめた頃に現れた。インダス文明期後期（地方化時代）にみられるゆっくりとした再編制のなかで、地域的に異なるいくつもの文化が出現する。新しい居住形態や土器の形式を明瞭に認めることができる。パンジャーブではH墓地文化、シンドではジューカル文化、サウラー

シュトラではラングプル文化ないし輝赤色土器文化の出現がこの時代の指標である。

脱集中化と地方化の理由についてはいまだに論争がある。初期の学説はしばしば侵略と環境劣化に焦点をあてていた (Wheeler 1953; 1968 をみよ)。移住や侵略や戦争を示すよい考古学的証拠が見いだせなかったことから、後の学説は気候、生態学的条件、地殻の隆起および水文学的条件の影響に焦点をあてる傾向がある。たとえば、過去 5000 年間に海岸線がかなり変化したという明らかな証拠がある。この隆起は海洋交易に、ひいては文明そのものに、大きな影響を与えただろう。今日では、多くのからみあった要因が、ある居住地域では人口増加圧を生み、ある居住地域では放棄をもたらすように作用したことが明らかになっている (Kenoyer 2008)。

しばしば議論されるわりにはよく理解されていない一つの要因として、インダス文明の衰退に関わる気候変化の役割がある。この過程において気候が重要な変数であったとしたならば、それは農耕戦略に、もっと厳密にいうなら地域的な作付体系に、影響を与えたはずである。文明の衰退に関して農耕が果たした役割を理解するために必要な最初のステップは、この時期に起こった気候学的な事象を再検討することである。

インダス文明期の気候と古生態学的変化

南アジア北西部の環境はインダス河谷の発掘の当初から論争の的になっていた (Weber 1999; Possehl 1996)。インダス文明の勃興と衰退に関する多くの学説の中で、古生態学的な変化が重要な役割を演じてきている。その気候がどのようなものであったか、また、それが文明期を通じてどのように変化したかについての確かな合意はないが、降水量と洪水の起こり方は安定してはいなかったというパターンがしだいにはっきりしてきている。Madella and Fuller (2006) は湖底堆積物の花粉分析、地球大気のメタン測定、酸素同位体比の変化の研究、湖沼の水位データ、デルタの年縞分析、木炭分析に基づく古植生の再構成など発表された研究成果を組み合わせ、インダス文明期の古環境に関する有用かつ総合的な議論を行った。彼らはさまざまな研究の間に

第 2 部　人々の暮らしを復元する

みられる不一致を指摘する一方、以下のような重要な変化傾向を認めた。

1．完新世中期には冬期の降水量は現在より多かったが、夏季のモンスーンは弱まりつつあった。これは前期ハラッパー文化期の村落における農耕の基本となった冬期‑春期作のセットの拡散を促したかもしれない。農業生産の向上は定住集落の成長を促進し、さらにこの地域に兆した社会の複雑化を促進しただろう。
2．盛期ハラッパー文化期の始まりにあたる紀元前 3 千年紀半ば頃までには、すでに乾燥化傾向が始まっていた。集落の成長と人口増大の時代における冬雨の減少は、人々が川沿いに移住するように仕向け、その結果いくつかの地域では人口密度が高まった。より集約的な農耕方式、たとえば犁耕や夏作冬作併用への依存が起こったかもしれない。
3．紀元前 2200 年頃に世界的な温暖化傾向があったことが判明したが、これはインダス文明にも影響を与えた可能性がある（Staubwasser et al. 2003 を参照）。このできごとは、すでに進行していた乾燥化傾向を加速したかもしれない。
4．インダス文明期後期（後期ハラッパー文化期）には夏季モンスーンの衰退と降水全般の不安定性の増大が起こった。河川水と洪水の減少は農業生産に直接的な影響を及ぼしたはずである。

Madella and Fuller（2006: 1298）の結論はこうである。気候の変化と不安定化はインダス文明の勃興と衰退の両方に関与したかもしれないが、降水量の長期的な減少傾向は、インダスの都市期の終わりよりもむしろ始まりのほうにより密接に関係していた。実際彼らは、どのような個別の気候学的事象も、インダス文明の衰退と結びつけることができなかった（Madella and Fuller 2006: 1283）。この文明にみられる地域的な生態学的多様性をみれば、どのようなできごとも単独で地域全体に影響を及ぼしたわけではないが、それでもなお気候変化は脱集中化の主要な要因であったということもありうる。気候変化の影響と役割をよりよく理解するためには、先に述べた三つの地域ごとに、適応戦略を再検討してみる必要がある。

7–3 農耕とインダス文明期後期の人々

　中央の統御や美術様式からしだいに疎遠になっていく傾向はこの文明全体に共通しているが、異なる地域ごとのプロセスははっきりと異なる文化を生み出し、それぞれが生態学的特徴や気候変化に対して異なった反応を示す。
　北部パンジャーブの集落は盛期から後期にかけてかなりの連続性を示している。多くの集落は小さくはなっていったが、放棄はされなかった。物質文化のある側面、たとえば陶器などは変化していき、別のタイプの物質文化、たとえば印章は消えていった。インダス上部地域における地形・水文学的条件は系統的に研究され、インダス文明期を通じて地域の気候は確かに変化していったことを結論づけた (Wright et al. 2008; Staubwasser et al. 2003; Schuldenrein et al. 2004)。まず、この地域は 4200 年前に起こった、短期間ではあるが劇的な年降水量の増加に反応していたかもしれない (Wright et al. 2011)。夏と冬の雨量のいずれもが増加したらしい。これに続いて、インダス文明期後期の雨量減少が起こった。後期のはじめ頃に、夏のモンスーンの雨量は 25% も急落し、その後完新世の最高レベルに戻った。冬期の雨量は最初はモンスーンの雨より安定していたが、やはりインダス文明期の後期には減少した。ハラッパーのような遺跡の膨大な植物考古学的データに基づいて、気候変動に対する農耕上の反応を認めることができる (Weber and Belcher 2003 を参照)。炭化材の研究は、とげのある乾生林が河畔的な混合林に遷移していったことを示唆している (Tengberg and Thiebauls 2003)。一方、夏作と冬作の両方が重要であり続けたが、冬穀類により重点がおかれていたことが、炭化種子から示唆されている。ほかにも数々の変化を認めることが可能である。新しい作物が加わり、夏作マメ類はさらに重要度を増していった。雑草や脱穀残渣がいずれも増加したことは、作物の加工操作に変化が起こっていたことを示すのかもしれない。
　南部インダス地域のシンドでは全く異なるパターンが起こっていた。比較的大きな遺跡は放棄され、地域の人口は希薄になっていった。この地域に降

る少ない雨はインダス文明期を通じて減少していったが、農耕にとってより重大な意味をもっていたのは河川の水量であった。インダス川の水量は、夏季のモンスーン、冬季の雨、西部ヒマラヤの氷河や雪原からの融雪水（それ自体が冬から春にかけての降水の結果であるが）など、さまざまな要因に基づいて決まってくる。夏季と冬季の両方の雨量が全般的に減少していく傾向の中にあって、インダス文明後期の南シンドの人々はさらに、インダス川の水量と季節的洪水の両方が相当程度減少するという局面を経験した（Bryson 2005; Wright et al. 2008）。植物考古学的遺物は限られているが、作付体系は冬作を中心とし、作物の多様性は低かったことを示唆している。モンスーンを利用した作付けは実質的に不可能であり、人々は不良環境に対する耐性の高いミレット類を作付体系の中に取り込むことができなかった。

　三つめの農耕地域であるサウラーシュトラでは、ソーラートの人々が上述の2地域のいずれとも全く異なる問題に直面していた。ここでは、冬雨や山岳部の積雪はあまり関係がない。より重要な問題は、海岸線と地下水位の変化であった（Weber et al. 2010a）。農業生産は河川の水量よりは夏季のモンスーンとそれに続く浅い洪水に依存していた。モンスーンが衰退したことの明らかな指標はあるが（Madella and Fuller 2006）、モンスーンはなお相当量の降水をもたらしていた。植物考古学的遺物から、乾燥化が問題になってはいたが、夏作物はなお高い生産力を維持していたことが示唆される。重点がおかれたのは耐旱性のミレット類であった。集落の拡大とともにみられたのは、作物の種類の増加とアフリカ原産のミレット類およびイネの分布拡大であった（Weber 1999）。雑草の出現頻度の増加と皮（穎）がついた状態の穀類の利用の増加も認められるが、これはインダス文明期後期において作物の加工調製法に変化が起こったことを示しているかもしれない（Madella and Fuller 2006）。

7-4 地域別アプローチの意義

　三つの地域がインダス文明のすべての時期を通して農耕の面で異なっていたことを、農耕地域からみるアプローチによって論証したが、このアプローチはまた南アジア北西部の各地に住んでいた人々が気候変化に対し異なった対応を示したことも論証する。北部パンジャーブ地域は気候的に多様であったため、気候の変動にはそれほど敏感ではなかった。河川水利用と天水利用の利点を生かし、彼らは常に年二毛作を行うことができた。この地域の自立した作付け戦略は、インダス文明の後期に入ってもなお生産的であり続けた。戦略上の主要な変化は、より多種類の作目を組み込んだ自立性の高い生計への推移であったように思われる。新しく取り込まれた作物の多くはマメ類のように家ごとの野菜園でよく育つものである。

　南部シンドは気候変動に対してはるかに脆弱であった。インダス川の集水域で起こったいかなる変化も、川の水量を変化させることによって、この地域の農業生産に影響を及ぼしたであろう。この地域は、インダス文明の他のどの地域にもまして、広域的な気候変化の影響を受けやすかった。この地域の住人たちは乾燥農法に対する依存を強めるか、他の地域からより多くの食糧を持ち込むか、さもなければ居住地を放棄して新しい土地に移住するかしなければならなかった。冬穀類の収穫を確実にするために、より広汎かつ集約的な水管理システムが必要とされたかもしれないが、それは今度は土壌浸食を悪化させることになったであろう。この地域では、乾燥化は衰退に直結する。

　サウラーシュトラは河川の水量や夏季のモンスーンの水量のかなりの減少にもほとんど影響を受けなかった。この地域の集落は小規模で散在していたので、容易に生産性を維持することができた。さらに、イネとアフリカ原産のミレット類の利用によって、人口と集落規模はむしろ拡大が可能であったかもしれない。パンジャーブ地域でみてきたのと同様、作物の加工調製方式が世帯レベルに重点をおいた地域性の高いものへと変遷していく現象はここ

第 2 部　人々の暮らしを復元する

でもあったらしい。

　ハリヤーナー州東部のガッガル・ハークラー地域での新しい発掘データは、気候変化に対するインダス文明諸文化の応答に地域差があったという考えに、さらに支持を与える。新しい証拠は、ガッガル・ハークラー川と呼ばれていたものが完新世を通じて季節的な小河川にすぎなかったことを示唆している (Lawler 2011)［訳注：この文献は前杢博士らによる研究成果（本書第 2 章）を報じたニュース記事である］。この流れは降水と北部の融雪に大きく影響を受けていただろう。北部パンジャーブと同様にこの地域の年降水量は 300 mm 以下と少ないが、夏季のモンスーンはその 75% 近くをもたらしている。この地域の植物考古学的なデータは少ないが、冬作物が主体であったことを示唆している。作物の多様性はあまり高くないが、住人たちは冬穀類の利用を夏作のミレット類で補っていた。インダス川下流域でみられたのと同様に、ガッガル・ハークラー水系に影響を及ぼす水文的変化はどれも農耕に直接的な影響を及ぼしたであろう。夏季のモンスーンの雨量の減少は地域の生産性を低下させ、より多種類の作物を利用する独立性の高い集落の成立を促したであろう。

　インダス地域のモデルがしだいに明らかになってきた。多様な古環境は地域的で独立した農耕戦略の発達を促したらしい。気候が乾燥化し、地域差が大きくなるにつれて、異なる地域の生産性は予測しにくくなり、大きく変動するようになっただろう。この予測不可能性はさらに局地化を促し、より多くの食糧が世帯レベルで生産されるようになっただろう。

　ものごとの順序はおそらく以下のようであっただろう。インダス文明期初期にみられたように、この地域に比較的多くの雨が降っていたころは、集落はどこでも生産性の高い土地を利用して成長しただろう。南アジア北西部が乾燥していき、地域による農業生産力の差異がしだいに大きくなっていくにつれ、人々は大きな中心都市か、あるいはより生産性の高い地域に向かって移住したと思われる (Madella and Fuller 2006; Kenoyer 2008)。このプロセスははじめのうちは、より都市的な、おそらくはより集権的で統合された社会をもたらしただろう。インダス文明の盛期、これは共同体レベルに重点をおい

た食用穀類の生産、加工および貯蔵として現れた。しかし地域の乾燥化傾向が続くと、いつか、さまざまな共同体が変化を余儀なくされるに十分なストレスを与えただろう。乾燥化の進行は農耕の地域差を増大させた可能性が高い。その行き着く先は、都市的ではない、あるいは統合されていない文明、つまりは我々がインダス文明期の後期に見たものではなかっただろうか。これが、インダス文明期後期における、家計レベルの加工と貯蔵を伴う地域的農耕への移行を説明するかもしれない。この説では、統合された都市文明の成長と衰退の両方にとって、乾燥化傾向が重要な説明要因となる。

インダス文明期を通じて、気候が農耕の地域的多様性をもたらし文明の成長と衰退に影響を与え続けたという証拠は明らかであるように思われる。これは、気候だけでインダス文明の衰退が説明できるという意味ではない。はっきりしているのは、気候は安定してはいなかったということ、生態学的に多様な環境があったため、それぞれの地域の共同体が水循環の地域的および地球的な変化に対して異なる適応を示すことができたということである。

地域的な作物の多様性が、システム全体の成功にとっての鍵であった。個々の地域が環境に最も適した作物を作り続けたことによって、気候の変化は、地域的であれ地球的であれ、対処可能であった。ところが最近の100年間に、このパターンは消え去ろうとしている。過去における地域ごとの作物選択が、ますます少ない作物種に依存する広域的戦略へと道を明け渡しつつある。今日、北部パンジャーブ、南部シンドおよび中部サウラーシュトラでみられる作付けパターンの違いは、インダス文明期のように明瞭ではない。過去5000年間に進んだ農耕の多様性の喪失によって、この地域における農業の持続性と将来性は疑問を抱かせるものになっている。

【訳者補記】

本章は、インダス・プロジェクトのメンバーであったウェーバー博士（Steven A. Weber、ワシントン州立大学）が本書のために寄稿してくださった論文 "Decline of the Indus Civilization and the Role of Agriculture" の全文の和訳である。ウェーバー博士はハラッパーやロージディーをはじめとするインダ

スの各遺跡で発掘と植物考古学的遺物の分析に携わってきた、インダス植物考古学の第一人者である。

　ジャレド・ダイアモンドの『文明崩壊』を持ち出すまでもなく、過去の文明について人々が最も強い関心を抱く問題は、「それはなぜ崩壊したのか」であろう。植物考古学研究者としては、気候変化や環境破壊によって農業が壊滅したというようなストーリーを描きたくなるのが自然ではないかとも思われるが、インダスに関してウェーバー博士は、そのような見方には懐疑的だった。インダス文明期に栽培されていた作物種は後期に向かってしだいに多様化しており、各作物種への依存の度合いを変えることで、環境変動に対処することは可能だったはずである。時代に伴う作物種の構成割合の変化は、文明の変容の原因ではなく結果であろうとウェーバー博士は論じたことがある（Weber 1999）。

　ウェーバー博士の基本的な考えはその後も大きくは変わっていないように見えるが、本稿では気候変動に関する最近の知見（Madella and Fuller 2006など）も折衷的に取り入れ、より総合的な解釈をめざしている。ウェーバー博士は、農業の基礎となる立地や気候条件には、インダス文明の領域の中にさえも、大きな地域差があったことを強調する。広域的な気候変化がある地域に対しては有利に、別の地域に対しては不利に作用するというようなことはありえても、全域で一様に農業が衰退したとは考えられない。

　農業衰退がインダス文明衰退のキーファクターであったかどうかという問題に対して結論を出すのはまだ早すぎるように思うが、本書の第3章や第6章は、農業生産よりも広域的貿易ネットワークがインダス都市文明の生命線だったことを示唆しているようにみえる。では、そのことはインダス文明における農業の役割を小さくみることにつながるだろうか？　やや逆説的ではあるが、そうはならないと思う。ウェーバー博士の結語をヒントにするならば、多様な作物と家畜を組み合わせた農業体系が強靱であったからこそ、それは文明崩壊をひきおこすアキレス腱にはなりえなかったとは考えられないだろうか。そしてその強靱さが今日失われつつあるのではないかと、ウェーバー博士は懸念する。

第 7 章　インダス文明の衰退と農耕の役割

　インダス文明期の農牧業については、どの時代にどのような作物と家畜が利用されていたかというリストは整いつつあるものの、各地域で行われていた農業が具体的にどのようなもので、現代（近代化以前）のものとどのように異なるかといった点は、いまだ憶測に頼らざるをえない部分が大きい。その点は今後、多様な方法論の相互比較によって少しずつ明らかにされていくことだろう。本プロジェクトに関連する発見をいくつか挙げると、グジャラート州のカーンメール遺跡では、炭化木片の分析から現在同地ではみられない河畔林構成種やマングローブ樹種が (Lancelotti and Madella 2011)、炭化種子としては湿生植物のジュズダマなどが検出され (Pokharia et al. 2011)、遺跡周辺が現在よりも湿潤であったことが示されている。またハリヤーナー州ファルマーナー遺跡では、インダスの遺跡としては初めて本格的にデンプン粒の分析が行われ、人骨の歯石や器物表面からショウガ、ウコン（ターメリック）、マンゴー、ヤムイモなどのデンプン粒が検出された (Weber et al. 2011)。このような分析によって、現代インドの環境や食生活と遺物との関連が、より具体的にイメージできるようになってきている。

　以下、訳文に関する補足説明を 2 点挙げる。

1) インダス文明とハラッパー文明について。インダス文明とハラッパー文明は同義に用いられるが、「インダス」の語がほとんど常に「文明」と結びつけられるのに対し、「ハラッパー」のほうは「ハラッパー文化」の形でもよく用いられる。このウェーバー博士の論文の原文は「Indus ―」と「Harappan ―」を混用しつつ後者を多用していた。これには、都市文明に焦点をあてるか農業や文化にまで視野を広げるかによる微妙なニュアンスの違いがあるのかもしれないが、そのような使い分けはわが国では一般的ではなく、本書の他の章も、都市文明の発達以前から衰退以後までを含む文化複合全体に対して「インダス文明」の語を用いている。本論文の翻訳にあたっても、原文にあった Indus と Harappan の両方を「インダス（の）」（時代を表す場合は「インダス文明期（の）」）と統一して訳した。

2）カリーフとラビーについて。北インドやパキスタンでは、一年生作物を作期によってカリーフ作物（*kharif* crop）とラビー作物（*rabi* crop）に大別する。カリーフ作物は6月から7月に始まるモンスーンの雨を利用して栽培される作物群で、イネ、ミレット、熱帯性のマメ類などが含まれる。インダス文明期と比べると、現代のカリーフ作物には、新大陸起源のトウモロコシ、ヒマワリ、ラッカセイなどが付け加えられている。一方、ラビー作物はモンスーンが終わった10月頃から、モンスーンの間に土中に蓄えられた水分とわずかな雨を利用して、あるいは灌漑することによって栽培される作物群で、ムギ類と、ムギ農耕に随伴するマメ類やアブラナ科作物などが含まれる。種構成からみると、カリーフ作物・ラビー作物はそれぞれ、日本や欧米でいう夏作物・冬作物におおよそあてはまる。しかし、インドではモンスーンが始まる直前の暑く乾いた季節（農業には適さない）がむしろ「夏」と認識されているので、作物の作期に関しては夏/冬よりもカリーフ/ラビーという区分が好まれているのかもしれない。なお、カリーフ/ラビーはアラビア語の秋/春にそれぞれ由来する。播種期ではなく収穫期を指す用語であることに注意されたい。

三浦励一（京都大学農学研究科）

参考文献

Fuller, D. Q. (2003) An agricultural perspective on Dravidian historical linguistics: archaeological crop packages, livestock and Dravidian crop vocabulary. pp. 191-213. In Bellwood, P. and Renfrew, C. (eds.), *Examining the Farming/Language Dispersal Hypothesis*. McDonald Institute for Archaeological Research, Cambridge.

─── (2007) Contrasting patterns in domestication and domestication rates: recent archaeobotanical insights from the Old World. *Annals of Botany*, 100: 903-924.

Fuller, D. Q. and Madella, M. (2001) Issues in Harappan archaeobotany: retrospect and prospect. pp. 317-390. In Settar, S. and Korisettar, R. (eds.), *Indian Archaeology in Retrospect: Proto History Archeology of the Harappan Civilization*, Vol. III, New Delhi, ICHR.

Kenoyer, J. (1998) *Ancient Cities of the Indus Valley Civilization*. Oxford, American Institute of Pakistani Studies.

―――― (2008) Indus civilization. pp. 715-733. In Pearsall, D (ed.) *Encyclopedia of Archaeology*, Elsevier, New York.

Lawler, A. (2011) In Indus times, the river didn't run through it. *Science*, 332: 23.

Madella, M. and Fuller, D. Q. (2006) Paleoecology and the Harappan civilisation: a reconsideration. *Quaternary Science Reviews*. 25 (2006) 1283-1301.

Possehl, G. L. (1989) The Harappan cultural mosaic: ecology revisited. pp. 237-244. In Jarrige, C. (ed.), *South Asian Archaeology 1989*. Monograghs in World Archaeology No. 14, Prehistory Press, Madison.

―――― (1996) Climate and the eclipse of the ancient cities of the Indus. pp. 193-244 In Dalfes, H. N., Kukla, G. and Weiss, H. (eds.), In *Third Millennium BC Climate Change and Old World Collapse*. Otto Springer, Berlin.

―――― (2003) *The Indus Civilization: A Contemporary Perspective*. Altamira Press, New York.

Schuldenrein, J., Wright, R. P., Rafique Mughal, M. and Afzal Khan, M. (2004) Landscapes, soils, and mound histories of the upper Indus Valley, Pakistan: new insights on the Holocene environments near ancient Harappa. *Journal of Archaeological Science,* 31(6): 777-797.

Staubwasser, M., Siroko, K., Grootes, P. M. and Segl, M. (2003) Climate Change at the 4.2 ka BP termination of the Indus Valley civilization and Holocene South Asian monsoon variability. *Geophysical Research Letters,* 30: 1425-1429.

Tengberg, M. and Thiebault, S. (2003) Vegetation history and wood exploitation in Pakistani Baluchistan from the neolithic to the Harappan period. In Weber, S. A. and Belcher, W. R. (eds.), *Indus Ethnobiology: New Perspectives from the Field*. Lexington Books, Lanham.

Weber, S. A. (1991) Plants and Harappan subsistence: an example of stability and change from Rojdi. Westview Press, Boulder.

Weber, S. A. (1999) Seeds of urbanism: paleoethnobotany and the Indus civilization. *Antiquity,* 73: 813-826.

―――― (2003) Archaeobotany at Harappa: indications for change. pp. 175-198. In Weber, S. A. and Belcher, W. R. (eds.), *Indus Ethnobiology: New Perspectives from the Field*. Lexington Books, Lanham.

Weber, S. A. and Belcher, W. R. (2003) *Indus Ethnobiology: New Perspectives from the Field*. Lexington Books, Lanham.

Weber, S. A., Barela, T. and Lehman, H. (2010a) Ecological continuity: an explanation for agricultural diversity in the Indus civilization and beyond. *Man and Environment* XXXV (1): 62-25.

Weber, S. A., Kashyap, A. and Harriman, D. (2010b) Does size matter: the role and significance of cereal grains in the Indus civilization? *Archaeological and Anthropological Sciences*, 2: 35-43.

Wheeler, M. (1953; 1968) *The Indus Civilization*. Cambridge Press.

Wright, R. P., Bryson, A. R. and Schuldenrein, J. (2008) Water supply and history: Harappa and the Beas regional survey. *Antiquity,* 82(315): 37-48.

Wright, R., Schuldenrein, J., Weber, S. and Hritz, C. (2011) Human geography and the impact of climate change in the upper Indus: convergent data from stable isotopes, CORONA imagery, and the paleobotanical record. Presentation at the American Geophysical Union meetings, Climates, Past Landscapes and Civilizations, 21-25 March 2011. Santa Fe, NM.

【訳者補記】(著者が引用したものを除く)

Lancelotti, C. and Madella, M. (2011) Preliminary anthracological analysis from Harappan Kanmer: Human-environment interactions as seen through fuel resources exploitation and use. pp. 129-142. In Osada, T. and Uesugi, A. (eds.) Occasional Paper 10. *Linguistics, Archaeology and the Human Past.* Indus Project, RIHN, Japan.

Pokharia, A. K., Kharakwal, J. S., Rawat, R. S., Osada, T., Nautiyal, C. M. and Srivastava, A. (2011) Archaeobotany and archaeology at Kanmer, a Harappan site in Kachchh, Gujarat: evidence for adaptation in response to climatic variability. *Current Science,* 100: 1833-1846.

Weber, S. A., Kashyap, A., and Mounce L. (2011) Archaeobotany at Farmana: New insights into Harappan plant use strategies. pp. 808-825. In Sinde, V., Osada, T. and Kumar M. (eds.) *Excavations at Farmana.* Indus Project, RIHN, Japan.

● コラム6 ●

クワ科植物が結ぶインダスと南インド

千葉 一

　サプタマートゥリカ（七母神）の原型とされるインダス印章（図1）がある。ヒンドゥー寺院で見られる七母神は、シヴァ神やその眷属（ガネーシャ、ムルガン、ヴィーラバドゥラ）と共に表現されることもある。印章のインドボダイジュかベンガルボダイジュの木々の間に立つのは、プロト・シヴァだろうか。その腕には棘の様な突起が多数ある。それは気根の表現だろうか。七女人の腕と束ねた髪にも同様の突起がある。女達の頭上のフックした角（髪型？）は、ボダイジュの葉先（図2）を連想させる。

　インドボダイジュはクワ科イチジク属。クワ科は特に熱帯・亜熱帯に繁茂し、中でもイチジク属は突出している。多くが気根を発達させる絞め殺しの木として知られ、乳白色の樹液をもつ。南インドのカンナダ語（ドラ

図1　サプタマートゥリカの原型とされるインダス印章。

図2　インドボダイジュの葉（写真提供：Alamy / アフロ）

ヴィダ語族）で「乳」を意味するハールは、栄養繁殖系のサトウキビの搾汁やヤシの樹液、医療ワクチンなど、超自然的または科学的に特別視される液体の呼称にも使われる。語頭のh音が脱落したアーレやアールも同義だが、それはベンガルボダイジュをも意味する。

　「ドラヴィダ語族の人々はインダス文明の担い手だった」とする説がある。アーリヤ人の侵入後、彼らは徐々に南下し、現在の南インドに集住するに至ったと。南インドにはインダス文明の破片が埋もれているのだろう。しかしそれに触れるには、異質なインパクトを緩和しつつ古層を保つ深い森や山岳部へと、時として踏み入ることになる。

　カルナータカ州のマレナード（森の国、西ガーツ山脈）に入ると、イチジク属と思われる樹木の多用を目にする。人々はインドボダイジュをはじめ、乳白樹液の木々を特別視している。少数民族の聖林ジェッティガナバナ（英雄達の森）は、そうした木々で構成されている。チャウダンマやヤクシ、ワナドゥルガなどの女神達が宿るのも乳の木だ。その女神の聖林デーヴィマネ（女神の家）は、稲の播種や出血儀礼、穂摘み祭りや焼米に関わっている。この地は、女神信仰にことのほか篤い。

　マレナードにあってインダスのビーズ文化を夢想させるハーラッキ族

コラム6　クワ科植物が結ぶインダスと南インド

図3　ハーラッキ人の女性。カルナータカ州ウッタラカンナダ県ホンナワル郡アッパケーリ村、2001年。

図4　稲刈後の田んぼに立つバサリマラ：ハーラッキ人。同じくアッパケーリ村、2001年。

（図3）。その田んぼの中にも乳の木があった。バサリマラ（孕みの木）（図4）と呼ばれるこの類の樹木は、もっぱらイチジク属らしい。またマレナードには、マギベッチュという儀礼がある。人々はベッチュマラ（恐れ木）を田んぼに立て（図5）、稲の豊かな孕みを願う。同様の儀礼をゴダワ人ではボットゥと呼ぶ。パラサイトで絞め殺しのボットゥの枝を田んぼに立てると、母なる河神カーヴェリが宿るという。「女神の加護がなければ稲は力を失うのだ」と。

　クワ科パンノキ属のハラス（ジャックフルーツ、波羅蜜）は、聖所のドアフレームや脱穀ベンチ（図6）の材に使われる。稲穂が掛けられ（図7）たり、脱穀場中央に収穫の杭としても立つ（図8）。しかしハラスの杭はメーディと呼ばれ、それはフサナリイチジク（優曇華）を意味する。フッタリという穂摘み祭りでは、ベッチュが立つ田んぼの青い稲穂が、脱穀場のメー

225

第 2 部　人々の暮らしを復元する

図 5　田んぼに残されたベッチュマラ：ゴンダ人。ベッチュの枝で輪を作り竹杙に掛ける場合もある。カルナータカ州ウッタラカンナダ県バトゥカル郡ハディーラ村、2001 年。

図 6　脱穀ベンチと稲籾の苞：ゴンダ人。結婚したてのカップルは、このベンチに腰を下ろしてから家に入るなど、特別な用法が見られる。同じくハディーラ村、2001 年。

コラム6 クワ科植物が結ぶインダスと南インド

図7 稲が掛けられたジャックフルーツの木；ゴンダ人。カルナータカ州ウッタラカンナダ県バトゥカル郡ハリヤーニ村、2001年。

図8 脱穀場と収穫の杭：クナビ人。ここは寺院同様に土足厳禁とされる。カルナータカ州ウッタラカンナダ県イェッラープル郡カイガディ村、2001年。

図9　ヤシの実と花だけのシンプルな神棚に張られた稲穂の注連：クナビ人。同様の注連は家の入口などにも張られる。フッタリの靭皮紐には、インドボダイジュやマンゴー（ウルシ科で乳白樹液）の葉も提げられる。同じくカイガディ村、2001年

ディ（ハラス）に掛けられる。またフッタリマラの強い靭皮から紐を作り、青い稲穂を提げ注連を張る（図9）。脱穀の仕舞いには、人も水牛（役用）もメーディを囲み共食し収穫の分に与る。脱穀場にカースト以前の古い祝福が束の間現れる。木霊か稲魂の恵みか。共有や分配を垣間見せる収穫の杭は、ベーティ（儀礼的な共同狩猟）とも呼ばれる。

　デカンに下り、エンマーコムギを刈入れる女達（図10）に出会った。男達は「女達が静かに丁寧に刈り取らなければならない」と言う。穂軸の折落や穀霊逃亡への危惧からか。作を助ける女神達の加護と養いを模倣する。脱穀にあたって、畑中の墓前で5人の既婚女性が歓待される（図11）。それは、シヴァ神の五面によって構造化されたリンガーヤタ社会が伝える、変容したサプタマートゥリカの再現だろうか。御手伝徒はその五母神の足にナマスカーラ（帰命）し作業に取り掛かった。綺麗なサリーで正装した5人の女達は、少しだけ脱穀を手伝う真似をし、去って行った。

　蛇足かも知れない。シュラワナ月（7〜8月頃）の最初の週に三つの儀礼が続く。4日に穀を消尽するロッティハッパ、5日に乳の流れるコブラを祝うナーガラパンチャミ、6日に女神ガンガーを招くガンガーシャシュ

コラム 6　クワ科植物が結ぶインダスと南インド

図10　2月初旬、極早生のエンマーコムギを刈入れる女性達。カルナータカ州チットゥラドゥルガ県モラカールムール郡ウェンカタプラ村、2009年。

図11　2月中旬、マカロニコムギの脱穀に際して、リンガーヤタ・カーストの既婚女性5人への歓待がなされた。同様の歓待はエンマーコムギの場合にもなされる。カルナータカ州ビジャプル県バサワナバゲワディ郡ドーヌール村、2009年。

第 2 部　人々の暮らしを復元する

図 12　井戸端でのガンガー祭祀をすませ、井戸水を汲みガンガーのカラシャ（水瓶とヤシの実）を頭上に戴き、帰宅するリンガーヤタの女性達。カルナータカ州バッラーリ県クードゥリギ郡コットゥール村、1996 年。

ティ（図 12）と。ナーガ（龍蛇、コブラ）に河神ガンガーが宿り夏作を養い孕む。絞め殺しの恐れ木ボットゥに河神カーヴェリが宿るように。絡みつき絞め殺し飲み込み、作を養い助け孕む性が、イチジク属の女神達とナーガを神秘主義的に一つのものとして結び付けている（図 13）。ナーガラパンチャミに、マメ類やゴマやイネ科穀類から 5 種類の大きなタレウンディ（頭玉）が作られ、娘の嫁ぎ先に贈られる（図 14）。シヴァ神の来訪を五つの首で物語り、嫁して間もない若い娘子の多産と豊穣を呪助する。

　菩提樹、波羅蜜、優曇華などから、クワ科植物と女神の豊穣、その信仰に絡みつく龍蛇を見てきた。アーリヤからの逃避地マレナードやブラフマニズムに反逆する仏教に、インダスの潜在が垣間見えるのかも知れない。クワ科植物をめぐるインダスの乳の流れ、あるいはその信仰は、南太平洋の樹皮布タパ、沖縄ガジュマルの妖精キジムナー、四国の太布織、東大寺二月堂お水取りの紙子、諏訪大社の梶葉紋、万葉集の柘枝仙媛伝説、東北のオシラサマ信仰と、その底流らしきものが広くアジア太平洋に横たわっていると見るのは、飛躍に過ぎるだろうか。

コラム6　クワ科植物が結ぶインダスと南インド

図13　蟻塚の土から作られたナーガのミニチュアに乳を注ぐ家内儀礼：リンガーヤタ。数日後、女性器のナーガは井戸に納められる。同じくコットゥール村、1996年。

図14　娘の嫁ぎ先に運ばれた五穀のタレウンディ；リンガーヤタ。カルナータカ州バッラーリ県ハガリボンマナハッリ郡バチゴンダナハッリ村、1996年。

第8章　インダス文明の牧畜

木村李花子 (8-1)
大島智靖 (8-2)
西村直子 (8-3)

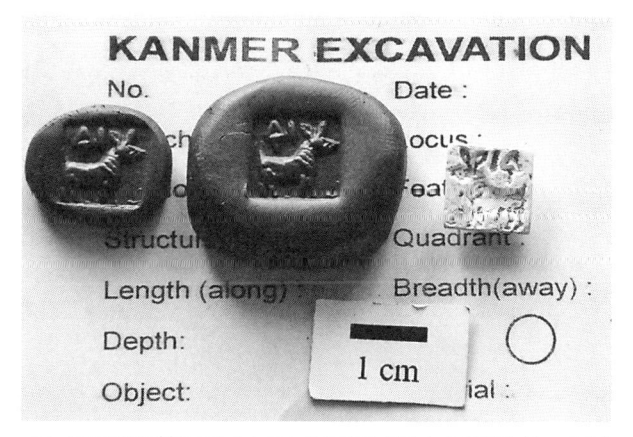

インドノロバが刻印されたと思われる印章（右）とその印影（左・中央）
（カンメール遺跡出土）

第 2 部　人々の暮らしを復元する

　2012 年 12 月、科学誌『ネイチャー (Nature)』の短報は、ポーランドから出土した小さな穴を多数持つ土器 (多孔土器) がチーズを作るために用いられた、という仮説を支持する調査結果を示した。著者である Salque、Bogucki、Evershed らは新石器時代初期 (紀元前 6 千年紀) に北部ヨーロッパの人々が用いたと見られる土器を化学的に分析し、乳加工の跡を明らかにした。食糧の安定供給が難しい時代に、ミルクは貴重なタンパク源として大きな役割を果たしたはずだ。搾乳技術が確立すれば、動物を殺して肉を得るよりも効率的に栄養を摂取することができただろう。野生動物を家畜化する意義をも高めたものと思われる。さらに、チーズへの加工はミルクの保存性を高めることはもとより、成人によるミルクの消化吸収を助けることに大きな功績があったといえよう。つまり、乳糖不耐症の解決だ。
　同じ形式の土器は、アナトリア南東部のほぼ同時代と思われる層からも出土しており、やはり乳加工に用いたのだろうとの見方もあるが、現時点ではその証明は為されていない。
　この多孔土器は、インダス文明の遺跡から発掘された出土品の中にも見られる。その用途をめぐっては、発酵飲料の濾過 (Kenoyer 1998)、儀礼 (Rao 2008; Mahadevan 2009) に用いたなどの見解の他に、乳加工を想定する仮説も提出されている。Gouin と Bourgeois は、ハラッパー遺跡から出土した紀元前 3 千年紀の多孔土器を分析し、乳製品に特徴的な脂肪酸の存在を示した。先述の『ネイチャー』の論文は、このインダス多孔土器が乳加工に用いられたという仮説をも支持しうるかもしれない。
　しかしながら、インダス文明期の乳利用並びに牧畜生活については、多くが謎に包まれている。印章や動物土偶の中には牛、特にコブウシをかたどったものが多数見られ、人々にとって牛が特別な意味をもつ動物であったことは、疑う余地がない。労働力として、また食糧源として、牛は多くのものを与えたことだろう。だが、紀元前 3 千年紀のメソポタミアやエジプトに見られるような、搾乳あるいは乳加工の様子を伝える資料には乏しいと言わざるをえない。牛だけではない。馬も、ロバも、水牛も ── 人々が動物たちと共に暮らしていた姿は、帳（とばり）の向こう側に隠されている。

これまでの調査から、都市の規模や農耕の実態、土器および工芸品作成の技術、当時の地形や気候風土など、明らかにされた事柄は多い。バクトリアやマルギアナといった隣接地帯を経てヨーロッパ南部へと至る巨大な商業ネットワークと海上交易に関する研究も、着々と進められている。それらとの関わりから牧畜の実態解明への突破口が得られる可能性もある。土器や人骨・動物骨のさらなる分析、文字の解読、そして新たな資料の発見などにより、当時の人々と我々とを隔てている帳の開かれることが期待される。

　その幾重にも折りたたまれた帳を、この章ではほんの少し揺らしてみよう。

　8-1節「カッチ湿原が生んだ幻のロバ」（木村）では、カッチのカーンメール遺跡から出土したインドノロバの印章を手がかりとして、現代インドにおける特殊なロバ産業との関わりから、インダス文明期にロバが果たした役割と当時の家畜生産とについて光を当てる。動物行動学と馬事文化の専門的知見を盛り込み、インダス文明とこれを取り巻く当時の「国際社会」との在り様の考察に確かな手応えを与えてくれる。牧畜を営む者にとって、家畜の繁殖と育成とは常に最大の関心事の一つである。殊に、優れた種を多く残すためには、さまざまな工夫がなされたことだろう。古代の人々が考え抜いたその工夫を、ここに垣間見ることができよう。殊に、家畜と野生種との交配という繁殖技術の記述は、アーリヤ人が伴っていた牛とコブウシとの関わり、交配について考える上でも示唆に富む。

　8-2節「コブウシ考」（大島）では、インダス文明期のコブウシに言及しつつ、それより遅れて登場するアーリヤ人（インド・アーリヤの人々）のサンスクリット語資料に言及されるコブウシを中心に考察する。インド・アーリヤの人々は黒海東岸から現在のイラン、アフガニスタン、パキスタンなどを経て、紀元前2千年紀中頃以降にインドへと順次移入してきたと考えられる。彼らは牛を中心とする遊牧生活を営み、インド入植当時も牛たちの群れを伴っていたと思われるが、その牛たちがどのような姿をしていたのかは明確には知られていない。すなわち、コブのある牛だったのか、それともコブのない「北方型」の牛であったのか、という問題である。もし「北方型」が群

れの中心であったならば、彼らはどのようにしてコブウシと出会ったのか、その出会いはインダス文明末期に暮らす人々との邂逅をも意味したのではないか、という疑問は誰しもが当然もつだろう。その際に資料となるのが、現存するインド最古の宗教分献群「ヴェーダ　Veda」である。

　そして、8-3 節「牛を伴侶とした人々」（西村）では、ヴェーダと仏教文献とに基づき、紀元前 1000 年頃から同 3 世紀頃までの資料に跡付けられる当時の牧畜生活と乳加工の実態を取り上げる。その中で、先述の多孔土器と乳加工の意義についても言及する。

　「インダス文明の牧畜」という「本体」は、未だ我々に姿を顕してはいない。それでも、異なる時代や地域の文物によって、その「本体」の輪郭を浮かび上がらせることはできる。

　揺れる帳の隙間から、どのような光が差し込むだろうか。どのような風が吹くだろう。どのような匂いが立ちのぼるのだろうか。

8-1 カッチ湿原が生んだ幻のロバ ── 古代における野の育種

　瑪瑙や紅玉髄の原石が堆積する赤みがかった丘が、雨季の後の半渇きの湿原に細長く横たわっている。このマルダック島 (Mardak-Bet) を擁する小カッチ湿原（塩沼）は、アジアノロバの一亜種インドノロバ (*Equus hemionus khur*) の世界で唯一の保護区であり、また幻の種間雑種ロバ (*E. h. khur* × *E. asinus*) 生産が僅かに伝承される場所である。グジャラート州カッチ地方には足の速いロバを作るために、飼いロバを野に放ち、野生ロバの雄との雑種を作る習慣があった (Postgate 1986; Clutton-Brock 1992)。それは今でも、小カッチ湿原の周域で行われているのだが、いつごろから始まったかは定かではなかった。

　しかし、グジャラート州西部から南部にかけてのインダス遺跡の調査が進むにつれて、カッチ地方のインダス文明におけるユニークな位置付けが明らかになってきた。そして、カッチのカーンメール遺跡から、インダス文明期の遺跡としては初めてインドノロバを彫った印章が発見された時、出るべき

第 8 章 インダス文明の牧畜

図 8-1 雌の種間雑種"アドベスラ"（*Equus hemionus khur* × *E.asinus*）

ものが出るべきところから出たという、ある確信を得た。この印章はインダス文明末期とカッチ湿原、そして幻のロバを同じ時空につなぎとめる証になるかもしれない。以下にこの幻のロバを、カッチ地方のムスリム陶工らが使う「アドベスラ」（「雑種家畜」的意味合い）という呼称を用い、カッチでなければなし得なかったロバの育種の伝承と背景について、再考してみたい（図8-1）。

(1) 湿原のからくりと移牧民 ── 水に閉ざされた放牧場

まず、小カッチ湿原であるが、雨季（6〜8 月）には降雨や川の氾濫に加え、アラビア海の潮流の変化で海水が流れ込み、50 cm〜1 m 程度冠水がみられる（Singh 2001）。乾季には干上がり、ひび割れた大地の表面には塩が結晶するという、雨季と乾季では全く異なる様相を示す塩性湿原である。

現在までに確認できたアドベスラの生産方法は、2 通りある。ひとつは、小カッチ湿原西部のプラスワ（Plaswa）村とヴェヌ（Venu）村を居住地とする移牧民バルワード（Bharwads）によるものである。彼らは主にヒツジ・ヤギの

第 2 部　人々の暮らしを復元する

図 8-2　マルダック島でロバを放牧するバルワード

放牧のため、乾季には小カッチ湿原の東部域で遊牧生活を行い、雨季の頃は居住地に戻る。遊牧生活中に荷を運んでいた雌ロバは、居住地に戻れば利用することもないため、冠水した湿原にできる浮島 (*Bet*) に移す。いくつかの浮島の中から格好の放牧地として選ばれたのが、このマルダック島（面積 1042.5 ha）である（Kimura et al. 2005-2006）（図 8-2）。

　雨季が本格化する前に、彼らは二つの村の雌ロバ約 50 頭をこの島に持ち込み、周辺の水が引いた頃に連れ戻すのである。この辺りに生息していたインドノロバも同時に閉じ込められる。ノロバの多くは湿原域に残るが、湿原の周縁域に出て生活するものもいる（Singh 2001）。この水に閉じ込められた放牧場が、インドノロバの雄と、家畜ロバの雌との雑種が誕生する場となるのである。

　しかし、それは自然任せであり、牧者の介入は何もない。雨の少ない年には島ができず、放牧をしなかったこともあるという。インドノロバ（アジアノロバの一種）を含むノロバの社会は縄張り型であり、繁殖は乱婚型である（図 8-3）。基本的にノルム群の雌とのみ繁殖を行う再野生馬や、シマウマ（グレビーシマウマを除く）とは異なり、縄張り雄は縄張りにくる不特定多数の発

図8-3 インドノロバは縄張り型の社会を作る（写真左の種雄は体毛が濃い婚姻色になっている）。

情した雌と交尾し、雌もまた一定の縄張りに留まらない限り、多くの雄と交尾する機会をもつ。同時に、縄張りをもつ力のない若い雄は、縄張り域外で雌を求めることになる。

　実際、この持ち込まれた雌ロバの繁殖率はあまり高くないようで、50頭持ち込んでも、出産にいたるのは2〜3頭程度だと聞く。すでに家畜ロバの子を妊娠した状態で持ち込まれる個体も当然いる。雌ロバを相手にするのは、縄張りをもてない若い雄か、閉じ込められた島に雌のノロバが少なかった場合などに起こると思われる。現代の移牧民にとっての雑種ロバ作りは、暇な雨季のちょっとした手なぐさみ、あるいは小遣い稼ぎのように見受けられ、希少な育種法伝承者の自覚はないようだ（木村 2007）。

野合の成果

　もうひとつの生産方法であるが、これは前述の方法に比較すると、さらに偶発性が高い。雨季になると、カッチ湿原の東部から南部にかけての周縁域に草を求めて、移牧民バルワードたちがグジャラート州の他地域から

239

第 2 部　人々の暮らしを復元する

図 8-4　雨季の小カッチ湿原周縁に移動してきたバルワードとロバ

100 km 近くを移動してくる（図 8-4）。彼らはテント生活をおくる家財道具を運ぶために雌のロバを連れているのだが、この雌ロバがアドベスラの母となる可能性をもつのである。水で覆われたカッチ湿原の周縁部には、縄張りをもてない若雄や、縄張り争いに敗れたあぶれ雄がたむろしている。この雄たちが、たまたま移牧中に発情を迎えた遊牧民のロバを、繁殖相手にする場合がある。しかし、一度ノロバの仔を出産すると、再び同じような時期に発情を迎えるため、現に同じインドノロバの仔を 2 回続けて産んだ雌ロバもいた（木村 2007）。

　以上が生産方法の概略である。これらの生産方法の利点は、①種間交配（アフリカノロバを起源とする家畜ロバとアジアノロバ）による雑種強勢が図られ、体格の大型化、速力と持久力（輓曳能力）の強化が子の代ですぐに実現すること。また、野生種の持つ力の再導入も可能になること。②雄の捕獲など野生集団への物理的な侵略がなく、さらに雄の遺伝子のみを利用することで、野生集団への家畜種による遺伝的汚染がなく、家畜種と野生種の共生が維持されること。③気候風土の状況に準じると同時に人工的な介入が最低限であるため、集約的かつ侵略的な土地利用が避けられ、自然資源全般に負荷

をかけないこと。また、④マルダック島ではロバの放牧頭数は50頭程度なので、雨季であることにより草地（エサ）の競合は低く留められており、家畜種放牧による播種および施肥効果を考慮すれば、むしろ草地の維持に貢献している可能性が高い点などが挙げられよう。

問題点は、家畜ロバが感染元となる疾病の罹患率が高まることである。インドノロバが絶滅危惧種であることを考えれば、周辺域の家畜へのワクチン接種の徹底が必要であろう。

「アドベスラ」の特徴と市場価値

アドベスラは、生産者（移牧民）、成育者（籠網職人）、博労（ロバ博労）、利用者（陶工、土工）らによって認知されているものの、呼び名は統一されていない。一般的にはカッチャール（$Kachaal$）と呼び、ヒンドゥー語やグジャラート語でラバを意味するが、語源的にみれば、火が通っていない生の状態や確定していない状況を指す形容詞「カッチャー」の派生語と考えられる。いわゆる「あいのこ」の意味合いである。冒頭で述べたように、カッチ県のムスリムの陶工らは、「アドベスラ（$adbesra$）」という言葉も用いる。これも雑種を意味するが、ニュアンス的には雑種交配による育種改良された動物を指し、より肯定的な意味合いを含んでいる。これはカッチ周辺の地方語であると考えられ、ヒンドゥー語にもウルドゥー語にも見当たらない。確かに今でもインドのムスリムには、育種センスに長けた人が多く、驚くような栽培育種をやってのける園芸家や農民の事例には事欠かないのである。

筆者らは種問雑種であることを染色体数（$2n=59$）（Joshi et al. 2001）からも確認した6頭のアドベスラを、2001年から2003年の間に主に気質と軛曳能力を中心に調査したが、その気質は家畜ロバに比較し一様に神経質で、噛む、蹴るといった行動を日常的に繰り返し、生涯で1人の人間にしか馴れないといわれるほどであった。アドベスラと家畜ロバの所有者を対象とした、回答シートによる気質調査の結果は図8-5のとおりである。人が扱いにくいこの神経質な気質は、アドベスラの典型的な特徴であり、また家畜ロバに比較し気質面での性差が少ない傾向にあることがわかった。体高（地面から背中

第 2 部　人々の暮らしを復元する

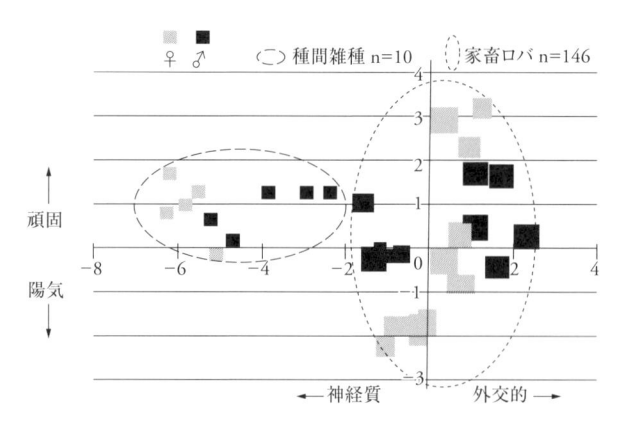

図 8-5　家畜ロバと比較した種間雑種"アドベスラ"の気質（主成分分析）
（Assessment of the traditional production of the hybrids of Indian wild asses (*Equus hemionus khur*) and Jennies (*Equus asinus*) in Kutch, Gujarat. Journal of Environmental Systems, Vol. 32(4), 2005-2006 より）

の前方の最も高いところまで）はグジャラート地方の家畜ロバが 97±5.0 cm （n=124）なのに対し、アドベスラが 107±3.7 cm （n=6）と大きく、瞬発力や敏捷性は、野生ロバを彷彿とさせた。

　鞍曳能力実験では、雌のアドベスラが 2 輪荷車で約 1200 kg の荷を曳いたが、経験を積んだ家畜ロバとの集団間での比較では、調教不足もあってか、牽引能力の差は明らかにならなかった。ただ、雌のアドベスラと雌の家畜ロバ間には明確な鞍曳能力の差が認められた（Kimura 2005-2006）。体高の高さは、轅をつないだ時に荷車を水平に保つことができ、安定感が増すことは調教や実験を通じてよく理解できた。

　アドベスラの突出した能力を語る上で伝承される逸話は多い。つないでいた木を根ごと倒し、そのまま引きずって逃げた話。また、アドベスラを愛用していた土工は、山の上の寺院の建設現場まで、砂利の往復運搬に使役したところ、普通のロバの 6 倍の仕事量をこなしたと自慢げに話していた。マハーラーシュトラ州の村では、アドベスラを乗用に使う村人がいると、羨ましそうに語る博労がいた。かつては、鉄道の敷設、炭鉱などでも利用されたが、水の中に長くいても蹄が悪くならなかったという。汽車より速く走った

アドベスラが鉄道省の役人に撃たれたという言い伝えは、目撃者の孫の陶工に聞いた。0 歳の仔馬の頃から寝食をともにするように育てればよく人に馴れた。これらの逸話から読み取れるアドベスラ像は、カッチの土着の力の誇示ではなかったのか。

　アドベスラは、0 歳のうちに移牧民により廉価で庭先売買される他は、育成者である籠編職人らの手を経て、博労を介しロバ市にかけられる。稀少性、大ぶりで美しい外貌、足の速さ、力強さなどをかわれ、高値で売買されることが多い。しかし、ロバ市では実際にこのロバの血筋や能力を、よく知る者はさほどいない。需要の中心は、やはり使いがっての良い普通のロバであり、ましてウマもラバもいる現在、「足の速い怪力のロバ」に、大した意味はなくなっている。しかし、わずかに残る愛好者らの間で伝説とともに語られ、稀少価値も付加されて、ロバの 50 倍、ポニーより高値の大型ラバなみの値を付けることもあるという。筆者らも、まだ 1 歳の雌のアドベスラをロバ市で売ってみたことがあるが、素人博労でも、ロバの 2.5 倍の値がついたのである（木村 2007）。

(2) インダスへの回廊

　4000 年前のグジャラート周辺の海水準は現在より 2 m 程度高かったと推測され（奥野 2010; 長田 2012）、また、大カッチ湿原、小カッチ湿原ともに海が進入し最大 10 m 以上の水深になった可能性も第 3 章で示された。移牧民がロバを放牧するマルダック島の標高は現在約 51 m あり、小カッチ湿原の中にできる約 75 個の小島のうち最も高い（Singh and Raval 1999）。以後も海水準は下がり続けたため、インダス末期頃には、先の島でみられるような雑種繁殖方法を行うことは、可能であったのではないだろうか。マルダック島から西に約 20 km の地点には、今回発掘が行われたカーンメール遺跡がある。厚い壁をもつ貯蔵庫とも思える遺構をもち、交易用の瑪瑙、紅玉髄などのビーズが大量に発見された。マルダック島は特産品である半貴石の採掘場として、人々に積極的に利用されてきた場所であることが推測できる。また、

第 2 部　人々の暮らしを復元する

　同遺跡からはインダス遺跡で初めてインドノロバ[1]の図像を刻印したボタン型凍石印章も発見されている（Kharkwal et al. 2011; Parpola and Januhunen 2011）（本章扉写真参照）。
　カッチのインダス主要遺跡のひとつスールコタダー遺跡から西方約 17 km にはナンダ島があり、小カッチ湿原東部沿いのナグワダ遺跡から西約 6 km には、最も大きいジンジュワダ島がある。さらにノロバがかつて分布していた大カッチ湿原には、大都市ドーラーヴィーラーが栄えたカディール島をはじめ、大小の浮島が点在する。これらの島を天然の放牧場として広く種間雑種ロバを生産することも可能であったはずだ。
　ところで、これらの遺跡から発掘された半貴石や貝類などはどのように運搬されたのだろうか。牛や水牛の可能性もあるだろうが、陶工たちが好んだように、小回りが効いてスピードがあり、湿原によく適応したアドベスラを利用しようとは考えなかったのだろうか。
　インダス遺跡からのウマ属遺物あるいは小像の出土例について報告例はあるものの、多くはインドノロバのものと考えられ、家畜ロバかノロバか、あるいは小型馬かの同定については不明確なものがほとんどである（Parpola and Januhunen 2011）。インダス文明期における家畜ロバの利用については、いまだ推測の域を出ないのも事実であり、今後遺伝子レベルでの解析が進むことを期待したい。

ロバを雑種化する意味

　ロバ（*E. asinus*）の雑種化ははたしてどれほどの意味をもっていたのだろうか。ロバの使用時期は馬より早く、紀元前 3000 年頃の北アフリカであった。アフリカノロバの 1 亜種、ヌビアノロバ（*E. africanus africanus*）とおそらくもう 1 亜種が家畜ロバの起源種であることを遺伝的分析結果は示している（Beja-Pereira et al. 2004; Kimura et al. 2011）。家畜ロバはアフリカ以外にも中東

---

[1] 肩の十字線が強調されていることから、種間雑種ロバを表している可能性もあると思われる。

からアジア諸国、特に、適応しやすい砂漠・乾燥気候の土地には広く伝播した。アジア地域に広まった家畜ロバの体高は約 90〜110 cm。農耕、乗用、駄載、輓用に利用されたが、特に輓用に関しては、大型化とスピードが希求された。一方、アジアの野生ロバの体高は種によって異なり 100〜145 cm、瞬間走行スピードは時速 60〜70 km に達する。

　アジアノロバとの雑種化による大型化とスピードの強化は、荷車や戦車の牽引を効率的にし、宿駅制度などの国家的プロジェクトの実現に貢献している (Postgate 1986)。雑種化による大型化や使役能力の強化は、育種学的には雑種強勢という概念である。現在ではこの手法は、アジア地域の小型馬の多い山岳部や乾燥地域での、ラバ (雄ロバと雌馬の種間雑種) の生産にみることができる。またインド軍は、国境山岳地帯の警備用にフランス産大型ロバのポワトー種 (体高約 140〜160 cm) と馬を掛け合わせたラバを生産している。

　種間雑種は非常に丈夫であるが、原則的には不稔を示し繁殖に用いることはできない。だが、古代の都市部においても、繁殖に伴う手間がはぶけ、性差を考慮せず生涯使役に利用できる点は利点であったかもしれない。馬が導入されると、馬車の牽引などはロバから次第に馬やラバにとって代わっていく。

(3) メソポタミアへの回廊

　グジャラート州におけるインダス遺跡の調査成果は、西方との海洋交易に関わるさまざまな仮説を立証しつつあり、インダス文明後葉の地方文化とメソポタミア地域の連関をより強固に支持している (Lawler 2010)。家畜の育種に関するアイデアについても、影響を受けたであろうことは想像に難くない。

　メソポタミアでのウマ属動物の飼育・利用状況は、古代のウマ科動物の育種を考える上で魅力的な示唆に富んでいる。初期王朝から第三王朝期 (紀元前 2500 年〜2000 年) にかけての行政文書によれば、ウマ科動物で家畜ロバに次いで飼育数が多いのが BAR. AN である (前川 2006)。この動物を家畜ロバ

とアジアノロバ(このアジアノロバをシリアノロバとするか、ペルシアノロバとするかは意見が分かれている)の雑種と解釈するのが学界の趨勢であるが、前川和也教授は、雑種ではなく野生のペルシアノロバ(オナガーとも呼ばれる)であるとする説を、古代文書の緻密な解読を基に貫かれている。野生ロバ(オナガー)を戦車などに利用したことはあるが、馴致や扱いの困難さから多頭数を安定的に確保できず、雑種が生産されるに至ったと筆者は考えている。ここでは、BAR.AN を種間雑種ロバと仮定して推考を進めてみたい。

　野生ロバの遺伝子を得てより速く、より魅力的な存在となった種間雑種家畜は、王の儀礼用の車や戦車を曳く力と権威の象徴であり、さらに第三王朝期には新しい国家的プロジェクトである宿駅馬車用の需要に応えたのである。記録には高値で売買され、家畜ロバの 7～40 倍の値で購入されたことが記されている (Oates 2001)。この動物がティグリス上流域や東部のナガルなどの地方からシュメールに大量輸入されていた (Archi 1998) 事実からこの動物の父個体(あるいは母個体)となる野生ロバの捕獲や生産・輸送が、都市部では困難であったと考えられる。さらに到来動物を一時管理する施設には 750 頭近い BAR.AN がいたことが記録されており、この数をみても、限定的な生産地での集約的な繁殖方法がとられていたと考察されている (前川 2006)。

　たとえば、雄の野生ロバを捕らえて、種オスとして家畜雌ロバの群れに導入するか、あるいは小カッチ湿原のように、野生オスロバを囲い込んで、多数の家畜雌ロバを放牧するような生産方法をとれば、このような頭数は確保できたかもしれない。BAR.AN を雌のノロバと雄の家畜ロバとの交雑種と想定する研究者もいるが (Oates 2001)、野生雌個体の利用は、雌個体が完全に野生集団と隔離されない限り、野生集団への家畜遺伝子の混入が避けられず、野生種の絶滅をたやすく導く。動物との共存を果たしてきた古代人は、このような破壊的な手法を回避していたと考えたい。

(4) 異種と野生の導入

　カッチ地方の遊牧民と話をすると、「野生動物」と「家畜」といった2極的な概念はほとんど存在しないようにみえる。古代における種間雑種生産行為をあえて育種と呼ぶならば、それは、家畜化によって弱まった動物としての能力を取り戻すための、血の再導入と捉えられるだろう。反対に、馴致の難しい野生種には、家畜を交配させて扱い易くし、野生種でも馴致できる個体はそのまま使っていたのではないだろうか。これは、改良というような概念ではなく、個別的補足、また、種全体ではなく個体ごとの欠点を補うような非系統的な育種行為（Kimura 2008）ではなかったか。

　野生種との交雑例を挙げると、シュメールでは、ヒツジやヤギでも野生種との掛け合わせは普通に行われていたという（Postgate 1986）。インドのラダック地方の遊牧民チャンパは、チベットノロバ（*E. kiang*）とポニータイプの馬（*E. caballus*）の雑種を「*Kiangtul*（キャントゥル）」と呼び、チベットノロバの生息地域（標高 4500 m 以上）内で放牧を行う彼らの所有する雌馬からも、今でも稀に生まれている。それは、チベットの神話に聖獣のごとく登場する雑種動物（Denzau and Denzau 1999）と、同様の配合なのだ。古代中国神話には、水辺に雌馬を放し、龍と交配させ駿馬を作る話がある（西脇 1991）。また中国青海省玉樹族自治州では、今でも家畜ヤクのオスを野に放ち、野生化させて「神聖雄ヤク」と呼び、種雄として利用する習慣が残っている（長谷川 2007）。

　ともあれ、生態系を知り共生を育む心得が下地としてあれば、家畜に野生種の遺伝子を導入することは、リスクの少ない理にかなったアイデアといえる。たとえば近代以降の育種改良の常套手段として行われる遠隔地から大型の種オスを持ち込む方法より、経費や気候への順応性、耐病性の面からみても、まさに持続可能な風土に根ざした方法ではある。古代において、野生遺伝子資源の利用というアイデアは、非常に汎用性の高い育種方法であったに違いない。また、メソポタミアやカッチにおける、少なくともウマ属家畜育種における特徴とは、野生種の遺伝子を家畜種に取り込むと同時に、同種で

はなく近縁異種の遺伝子をも取り込めるという、巧まずして2通りの利点要素を同時に獲得できる点にあったといえよう。

インダス文明期のカッチ地方は鉱物資源に恵まれ、装飾品などの加工技術をもとに力をつけ、陸海両面で西方との交易流通ネットワークを野心的に広げていた（上杉 2010; 長田 2012）。野生動物資源にも恵まれたこの地で、メソポタミアを含んだネットワークを介して、種間雑種生産という育種情報の流通があったと考えるのは、ごく自然なことではないだろうか。

8-2　コブウシ考

もしあなたが子供に「ウシの絵を描いて」といわれたら、どう描くだろうか。絵心があるならば、あの正面から見た四角くて目が離れていて間抜けで愛らしい顔を描くことも可能であろう。そうでなければ、どのような特徴を描けばすぐにウシだとわかってもらえるだろうか。角はウシに限ったものではないし、鼻環も微妙だ（インドでは付けていないウシの方が多い）。日本の子供に最も馴染みのあるのは恐らくホルスタインの白黒模様かもしれない。一方でインドの子供にウシだとわからせるのは簡単なこと、背中にポッコリとコブを描けばよい。ただし、背の真ん中に富士山のようなコブを描いたらラクダと間違われるかもしれない。肩の上につまみ上げたようなコブを描くのがコツである（図 8-6）。

インダス遺跡出土の印章や多彩文土器の文様あるいは土偶を見ると、多くのウシが装飾を施し立派な角と盛り上がったコブを備えていることに気付く。ウシを表現する上で、コブと角は重要な指標としてインダスの人々に認識されていたのである。後述するようにコブウシの牧畜そのものは、インダス文明期のはるか以前すなわち何万年も前にまで遡ることが可能であることは遺伝学および考古学的見地から確かである。

現代インド中部から南部では、繁華街でも田舎道でも目にするウシは圧倒的にコブウシが多く、そこにスイギュウ（コブウシに次いで多い）と少数のホ

第 8 章　インダス文明の牧畜

図 8-6　典型的なインドのコブウシ

ルスタインが混じる（図8-7）。コブなしウシはごく稀に見かける程度である。しかしたとえば北東部のビハール州に行くと、荷車を牽引しているのは必ずコブウシであるが、民家の軒先につながれているのはコブなしウシであることが少なくない。コブウシしかいなければ話は簡単なのだが、このような状況はある種の歴史的な問題を考える材料ともなる。とはいえ、家畜の黎明期から現代まで、コブウシは南アジアに揺るぎなく「継続するもの」のシンボルの一つとして存在し続けていることは明白である。インド人とコブウシの関係は、インダス文明期から現在まで変わらず継続してきている。それでいいではないか。では一体筆者はこれから何を問題にしようとしているのだろう。

　現代インドには多くの民族が存しているが、宗教・文化・社会あらゆる面でその主流は、ヒンドゥー文化を担うインド・アーリヤ人と呼ばれる人々であるといえる。そこで本書のテーマである「インダス文明」と「現代」との関係 —— すなわち本書で提唱するところの南アジア基層世界 —— を考えるとき、インド・アーリヤ人がそこにどう関わってきたのかという問題が常に

第 2 部　人々の暮らしを復元する

図 8-7　スイギュウとホルスタインの放牧（マハーラーシュトラ州プネー）

大きな壁となって立ちはだかる。インダス文明の担い手は、非インド・アーリヤ人であるとするのが一般的な見解である。ではインド・アーリヤ人の文献研究者がここに出てくるのは、お門違いということになるだろうか。

　気候や地形に関してならば、古インド・アーリヤ人の遺した文献史料とインダス考古史料はお互いをすり合わせて貢献させることができる。本書でも扱われている伝説のサラスヴァティー川などは、好例中の好例であろう。しかし民族および宗教文化となると、古インド・アーリヤ人がインド亜大陸の地を踏んだのはいつかという歴史的難問が待ち構えているのだ。

　近年研究の進んだ西アジア方面の言語や文献史料および考古史料などとの関連も状況証拠となって、インド・アーリヤ人が西から東進してインド亜大陸に入って来たであろうことは確実であり、またその時期はインダス文明期ではないと見るのは各分野のインド学研究者の多くに共通する見解であろう。しかし、ごく一部でそれに異を唱えるヒンドゥー・ナショナリズム的動きもある。彼らの中でも特に極端な者たちは、言語系統や「東進」に疑義を

第 8 章　インダス文明の牧畜

呈するのみならず、インド・アーリヤ人はインド亜大陸で発生し、文化は西に伝播したとまで言うのである。ヴェーダ文献群の成立年代も極端に古く設定され、インダス文明とほぼ直結させてしまう。この主張のポイントは従って「インダス文明はインド・アーリヤ人の担ったものである」という点にあるわけだが、南アジアの連続性という観点からすると、これほど都合よく、かつナショナリストの心をくすぐる主張は他に見当たらないであろう。依然として気が遠くなるほど多い未発掘の遺跡から、学界をひっくり返すような証拠が出てくるのか否かは知る由もないが、古インド・アーリヤ人の歴史に関しては、現時点ではヴェーダ文献のみが拠所である。我々には理性的に判断する責任が課せられている。

　さて話は戻り、ウシである。インド・アーリヤ人にとって、そしてインダス文明を担った某民族にとっても、ウシは生活の糧であり文化の要諦であり続けている。ウシ（と牧畜）という歴史的連続性のシンボルを手がかりにしても、インダス文明からインド・アーリヤ文化という「南アジア基層世界」に切り込むことは容易ではないが、以下に筆者が知る限りの情報を整理してみよう。

(1) インド亜大陸とウシ

原牛と家畜ウシ

　まず家畜ウシの歴史的概観をしてみたい。家畜ウシの主要な祖先はオーロックス（Aurochs、*Bos primigenius*）「原牛」と呼ばれ、更新世の終わり頃（1万数千年前）にはアジア、ヨーロッパ、そしてエジプト・北アフリカに及ぶユーラシア大陸の広範囲に分布していたことが化石調査により判明している（地域により3亜種に分類される）。オーロックスはすでに絶滅しているが、ヨーロッパでは比較的近年まで生存していた。

　現在、世界で見られる家畜ウシは、大きく北方系ウシとインド系ウシ、加えて両者のハイブリッド起源である中間型の3種に分類されるが、それらは野生のオーロックスが何らかの過程を経て家畜化されたものと考えられてい

る。ここで、ハイブリッド種についてはさておき、北方系ウシとインド系ウシの 2 大系統がオーロックスからいつどのようにして生じたのかという疑問が沸くであろう。つまり「野生種が分化」したのか、「家畜ウシが分化」したのかという問題である。現代の細胞遺伝学的成果によると前者が先であったとの説が有力である。すなわち人類によるウシの家畜化創成期（考古学的仮説によれば約 1 万年前）よりはるかに古い時代（遅くとも 20 万年前）に、オーロックスに系統分化が起きたと推定されるという。これはあくまで遺伝的分化が認められるというだけであり、インド系ウシの祖先とされる野生集団の外見（すなわちコブの有無など）については何もわからない。現在の家畜ウシの分布としては、ユーラシア北部・中央部とアフリカ西部に北方系ウシ、南アジアと東南アジアの一部、中央アフリカにインド系、そして西アジアとアフリカ南部、および東南アジアに中間型が存在している。

インド系ウシ Zebu

　筆者がここで注目するのは、先ほどより話題にしている家畜ウシ 2 大系統の一つであるインド系ウシであり、一般にコブウシ（Zebu）と呼ばれる種である。外見上は肩の盛り上がり（「肩峰」と呼ぶこともある）や胸垂などの特徴によって北方系と区別される。その家畜化の起源となる地はイラン高原あたりで、遅くとも約 6700 年前には始まっていたとする説が有力である。インド系ウシのコブの証拠は、確実なものとしてはメソポタミア南部ウル遺跡（約 4800 年前）の壁画に遡る。ところで、先に述べた 20 万年以上前にオーロックスの 1 亜種から分化した野生集団（＝インド系ウシの祖先）が、どのような過程を経てコブを発現させたのかも気になるところだ。他の地域のオーロックスには全くコブがなく、家畜化される以前のインド系ウシの祖先にコブがあった証拠は未だ発見されていないことから、現在は家畜化された後の「改良」過程で現れたものではないかとの見解が提出されている。つまり家畜化の始まった頃から約 4800 年前の数千年間に人類がコブをつくり出したということである。だが、実際どのような種との交配を経てコブを出現させたのかが不明であり、家畜化以前に野生集団の間でコブが出現した可能性も依然

として残されている。また、「改良」だとするならば、コブの家畜上の利点は何なのか。食用、労役、宗教上の理由などが考えられるが、そもそも本当に意図的にコブをつくり出したのかも根本的な問題である。インド系ウシと北方系ウシとの交配は近代でも行われ、第1世代には大きなコブが発現することがわかっている。従ってコブウシを繁殖させるのはインダス文明期の人々にとってもインド・アーリヤ人にとっても容易であったと推測されるが、いずれにせよコブをもつ「原牛」との出会いが必要となるであろう。家畜改良というよりは奇形種としてコブを発現させたウシが突如出たのであろうと筆者個人は想像するが、その突然変異が野生種の中で起きたのか家畜ウシの中で起きたのかはわからない。コブの遺伝子研究が（可能ならば）待たれるところである。

さて、インダス文明期にインダス平原において家畜ウシとしてのコブウシが一般的に存在していたことは遺品から確実であるが、アーリヤ人については、彼らがいつコブウシを知ったのかということがもうひとつの大きな問題として立ち上がってくる。各々を次項以降で整理してみよう。

(2) インダス文明とコブウシ

インダス文明の時代（と地域）をどう捉えるかは一概にいえることではないが、ここでは紀元前4千年紀から2千年紀中葉までと想定しよう。考慮する地域は現インド、パキスタン、およびアフガニスタンにまたがる地域である。コブウシは土器の文様、印章、土偶などに頻繁に見られ、インダス文明において一般的な家畜であったことは疑いがない。ここで一例として挙げたのはバローナスターン丘陵で紀元前2500年～2000年頃に出土した多彩文土器の見事な文様である（図8-8、8-9）。明らかにコブウシとわかる動物が描かれている。各遺跡の土偶の変遷を見ても、出土数はコブウシが圧倒的に優勢である（図8-10）。しかしながら同時にコブがないウシも一定数確認され、二つの系統のウシが併存していた可能性を示している。このコブのないウシは、果たして北方系のウシなのであろうか。それともインド系ウシの祖

第 2 部　人々の暮らしを復元する

図 8-8　ナウシャロー遺跡（ID 期）より出土した巨大壺の美しい文様。コブウシのコブと胸垂が優美に描かれている。小さな目がクッリ式土器の文様（図 8-9）と著しく異なる。胴の装飾や手綱らしきものが見える。紀元前 2500 年頃か。（上杉・小茄子川 2008: 113）

図 8-9　上左はクッリ・メーヒー遺跡出土の壺、右上はナウシャロー遺跡出土の壺に描かれた文様。下の 2 行はクッリ遺跡出土壺文様 2 種。力強いコブと体躯、丸く大きな目が特徴的である。紀元前 2000 年頃。（上杉・小茄子川 2008: 112）

第 8 章　インダス文明の牧畜

図 8-10　バローチスターン丘陵南部ナール遺跡出土の土偶 2 種。長い角、コブ、胸垂が見事に表現されている。紀元前 4000 年～3000 年。バローチスターン各遺跡出土のウシのほとんどはコブウシである。(上杉 2010b: 20)

先となる野生集団なのか（この時代にそのような種が残っていたかもわからない）。野生に近いウシではないかとの見解も出されてはいるが、家畜ウシではないという決定的な証拠はないのである。

　現在この地域では、コブのない家畜ウシはほとんど見られないというが、インド北部やベンガル地方などインド東部では、コブなしの家畜ウシは比較的容易に見つけることができる。それこそ現代への連続性という観点から、家畜ウシのコブありとコブなしが併存していたという可能性も考慮するべきであろう。牧畜・放牧の詳しい形態については、まだ不明な点が多い。

(3) インド・アーリヤ人とコブウシ

『リグ・ヴェーダ』とコブウシ

　先に触れたが、古インド・アーリヤ人が遺した古代文献群をヴェーダ文献と総称する。これらはサンスクリットの基となるヴェーダ語で書かれ、貴重な第一級資料としての価値を保っている。その中にコブウシの記述を求めると、まず現存最古となる『リグ・ヴェーダ』という讃歌集の段階ですぐに問題に突き当たる。まずコブを表していると思われる語が少ない。これについてはリューデルス（Lüders 1951）がまとめ、論じているが、『リグ・ヴェーダ』においてまず問題となるのはカクブ（$kakúbh$-）というヴェーダ語である。この語は『リグ・ヴェーダ』VIII 20 および 21 に現れ、「それらはお互いのカクブを舐め合う」とある。カクブは隆起したものや突起・突出を表す語であるが、後代の文献では確実にウシの「コブ」を指していると見なされる語で

ある。しかし『リグ・ヴェーダ』の当該箇所の解釈については諸説があり、「コブ」の他に「頭」とも解釈されることがある。リューデルスは「コブ」ではなく「脇腹」と考えたが、明確な根拠は示していない。また『リグ・ヴェーダ』にはカクハ（*kakúha-*）という派生語が単数/複数形で出る。戦車の牽引馬をこう呼んでいるが、伝統的な辞典は「突出した、優れた」と定義するもリューデルスはそれに異議を唱え、牽引補助馬を含む3頭の馬と考えた。通常の牽引形態であれば双数で出るはずだと言う（サンスクリットには3種の数がある）。この主張は、トゥリカクブ（*trikakúbh-*）あるいはトゥリカクドゥ（*tirkakúd-*）── 字義通りには「三つの頂点を備えた」── が戦車の3頭立ての操縦形態に由来すると想定することによる。しかしそのような3頭立ての操縦形態がリグ・ヴェーダ時代にあったのか否か、それを示す用例が見出し難く、直ちに首肯するには至らない。あるいはトゥリカクブ/トゥリカクドゥはもともと馬のことをいい、「三角の頂点」の原義から考えて、戦車競技で馬たちが走るときに先頭に立ち三角形をなして他を引き離す特別足の速い馬のことをいう可能性もある（後藤敏文の説）。比較的後代の成立となる『リグ・ヴェーダ』の最終巻（第10巻）になると、8.2および102.7にカクドゥマント（*kakúdmant-*）「頂点をもっている」という形容語がヴリシャバ（*vṛṣabhá-*）「種牛、雄牛」と共に使用される。これは従来「コブをもっているウシ」と解釈される。『リグ・ヴェーダ』においてはウシの記述は枚挙にいとまがないが、このようにコブを示す語は極端に少ない。この時代、コブウシは彼らにとってまだ珍しいものであったのだろうか。すなわち彼らが放牧していたウシは北方系であったのだろうか。次節で見るように、この時代以降コブウシの記述は目立つようになる。ヴェーダ時代初期にコブウシとの初接触があり、次第にコブウシが取り込まれていったとするならば、ウシの分布から考えても、彼らが東へ進んだという足跡が示唆されるわけで、それは大きな知的興奮をもたらしてくれる。

アタルヴァ・ヴェーダ以降の文献とコブウシ

　『リグ・ヴェーダ』より少し時代が下がっての成立であろうと考えられる

マントラ集『アタルヴァ・ヴェーダ』には、雄牛の一部位を指してカクドゥ(kakúd-)「先端、頂点」なる語が数回見出される。これはコブを指していると見て差し支えない。

またさらに少し時代が下がり、祭式儀礼の行為とその意義を神学的に説いたブラーフマナと呼ばれる祭式文献の古層になると、クブラ(kubhrá-)という語が登場する。これと似た語形でクブジャ(kubjá-)「湾曲した」という形容詞があるが、ウシを表す用例はかなり後代になる。このクブラがコブウシのコブと関係していると考えられる。ヴェーダ諸学派のブラーフマナに伝えられているとりわけ興味深い神話を以下に抜粋してみよう。

> インドラはヴァラの洞穴を開け放った。そこで最上の家畜であったもの、それを背中を掴んで引き抜いた。1000の家畜たちがそれに従って行った。……その1000の先頭としてコブウシ(kubhrá-)が出て来た。これを、「1000に関わる吉印」と人々は言う。それは盛り上がった［雄牛］となった。……それは縮こまった。そのようなこれは、縮こまった［ので］、クブラ(kubhrá-)である。……家畜を望む者は、インドラに属するそれを捕えて捧げるべきである。……さて、ヴィシュヌには小さな(vāmaná)［雄牛］を捕えて捧げるべきである。この［雄牛］の上に1000が立っていたのだ。それゆえこの［雄牛］は縮こまっていて小さい。実に、産まれた家畜たちに足場を与える。
> (『マイトラーヤニー サンヒター』II 5, 3；『カタ・サンヒター』XIII 3；『タイッティリーヤ・サンヒター』II 1, 5)

この神話はヴェーダ学派によっていくつかのバージョンがあり、表現や使用している語に多少の差異がある。その違いは専門家にとっては重要であるが、ここでは一般読者の混乱を避けるため一つにまとめた。

元来、「ヴァラの洞穴を開け放つ」云々は『リグ・ヴェーダ』I 11, 5におけるインドラ神の武勲を称えた神話に遡る。ヴァラとは洞穴を指すが、伝説では異部族パニの要塞であるとされる。これがインドラ神による二大功業のひとつ、「パニ族のウシの解放」である。我々はこの神話の背景に、他部族の家畜を奪うという現実の「掠奪行」があることを読み取ることができる。ここで「クブラ」と呼ばれているコブウシらしきウシは、多くの雌牛を引き

連れたハーレムの主であり、さらに彼らにとって特別な存在であったことが窺える。とりわけ銘記すべきは「コブ」が注目すべき特徴として捉えられていたということである。当時の彼らが驚きをもってコブウシと遭遇したとするならば、日常的に放牧していたのは北方系のウシということになろう。それがコブウシだったとしたら、このような神話描写はなかったかもしれない。

　この神話に登場する雄牛は、他に「盛り上がった」（unnatá-）、体躯の「小さい」（vāmaná-）あるいは「縮こまった」（sámīṣita-）と表現されている。いずれもコブウシの特徴を捉えた表現であると考えるのが妥当である。さらに興味深いのは、「インドラ神が背中を掴んで引き抜いた」という描写である（『タイッティリーヤ・サンヒター』が伝える）。インダス遺跡出土品でも見たように、コブはつまみ上げられたような形状であり、言語とビジュアルの相違はあるが、古インド・アーリヤ人とインダス文明を担った某族の観察眼の一致をみる。いかにもコブの因縁譚に相応しく、巧妙に語られた神話ではないか。

　コブウシが小柄かどうかについては判断が難しい。より大型のウシとしては水牛ぐらいしか思い浮かばないが、スイギュウの歴史的実体は筆者には全くわからない。ところで背中に特徴あるこの雄牛は特別な場合に神々に捧げる犠牲獣と規定されており、祭式儀礼上もその存在は特別なものであったようである。先に述べたようにこの神話は古インド・アーリヤ人とコブウシの接触の初期段階を示唆しているのか、あるいは既に北方系とインド系のウシはゆるやかに混在していたのかもしれないが、いずれにせよアーリヤ人の家畜ウシはインド系ウシが多い地域に進出していくにつれてコブ率を高めていったといえそうである。

(4) 牧畜史の変化と連続 ── テキストとレリックを超えて

　移住期の古インド・アーリヤ人が生活の糧として遊牧飼育していたウシは、彼らの故地とウシの系統分布を地理的に考慮するならば、もともとは北

方系のウシであった可能性が高い。ただし確証は得られないままである。次に、ならば一体どこでコブウシと出会ったのかが問題となるが、恐らくバクトリア・マルギアナ考古複合（BMAC）地域かあるいはインダス文化域（西アジア、アフリカ南部そして東南アジアに分布している中間型の存在が少し事態を複雑化させるが）における異部族との接触時ということになろう。その辺りの事情がインドラ神のヴァラ神話に反映されているという仮説を立てることが可能である。

ではさらに問題を広げて、その頃インド亜大陸の家畜事情はどのようなものであったのだろうか。本書のテーマに従うならば肝心なのはそちらの方である。アーリヤ人が進出してくる以前に、インド亜大陸にもコブウシとコブなしウシがいたことはわかった。そのコブなしウシが北方系なのか、あるいはそもそも家畜なのか、現段階では何とも言いようがない。インダス文明の担い手候補としてしばしば言及されるドラヴィダやムンダ系の、インド亜大陸先住民とされる人々がどこかから連れてきたのかと考えてみても事情が複雑になるだけである。今度は彼らのルーツに迫らなくてはならなくなるのだ。

以上、浅薄ながら私見を述べた。その担い手の歴史に大問題を孕みながらも、コブウシは確かに南アジア基層世界の連続性を示している存在の一つであることは伝えられたかもしれない。

古代インド文献学に携わる者の唯一の手がかりであるヴェーダ文献からの情報と、考古史料研究や遺伝子研究の成果との連携が進まない限り、上記で述べたことの多くは想像の域を出ないままで終わる。本書の基盤となったインダス・プロジェクトは多方面の分野から研究者が集った特別な異業種タッグ・チームであり、今後も協力し続けていくことができれば、新たな歴史の扉が開くかもしれないのだ。

8-3 牛を伴侶とした人々 ―― 古代インドの牧畜と乳製品

(1) 古代インドの牧畜

人間、馬、牛、羊、山羊、大麦、米。

ヴェーダ文献の一つ、『マイトラーヤニー サンヒター』(紀元前800年頃) に列挙される家畜、ないしは祭式の供物となる犠牲獣のリストである。

「家畜」「犠牲獣」としたのは古インド・アーリヤ語 grāmyá- paśú-、「村落に属する家畜/犠牲獣」をいう語句である。家畜にせよ犠牲にせよ、そのリストに「人間」が含まれていることはいささかショッキングかもしれない。

人間を神々に捧げるという点は、『リグ・ヴェーダ』(紀元前1200年頃) の「プルシャ・スークタ」を思い起こさせる。「世界の創造と巨人の解体」をモチーフとする讃歌であり、北欧神話との類似も指摘されている。神々がプルシャ(「人、男」)を供物として祭式を行うと、解体されたプルシャから世界を構成するあらゆるものが生じる。その中には、馬(およびその仲間)、牛、山羊、羊が含まれている。人間を供物とする観念や動物の登場順序には今は立ち入らないが、プルシャ・スークタは当時の人々にとって重要な動物が何であったのかを明確に示している。

『マイトラーヤニー サンヒター』がこれらの動物と共に大麦や米を挙げていることは、奇妙にも思える。不殺生をいう「アヒンサー áhiṃsā-(原義は「傷つけないこと」)」の観念は、動物や人間を対象としたものだと思われがちだが、ヴェーダ祭式では植物にも同じ配慮がなされた。たとえば、祭式用の敷き草(バルヒシュ barhíṣ-)を刈る時に、祭官は鎌を正しい位置(節)に当てることに留意した。「下に[当たら]ないように、上に[当たら]ないように、[丁度]君(バルヒシュ)の節に私はうまく到達したい」というマントラ(個々の祭式行為に伴って唱えられる祝詞、祭詞。紀元前1000年頃)が伝えられている。このマントラを唱える意義は「草たちを傷つけることがないように (óṣadhīnām áhiṃsāyai)」と説明される。「節」の原語 páruṣ- は動物の「関節」

をも意味する。動物を解体する際にも、切断部位には注意が向けられた。植物を動物と同様に扱った彼らは、供物の材料となる穀物をも「犠牲獣」とみなした可能性がある。

　ヴェーダ祭式では、動物の肉よりも穀物や乳製品を捧げる方が一般的であった。穀物で作った供物の代表例は、発酵させずに焼いたパンケーキ（プローダーシャ *puroḍāśa-*）と粥である。材料となる大麦と米とが「村落に属する」という定住生活を思わせる言葉で説明されている点は注目に値する。このような言葉の吟味によって、アーリヤの人々による農耕の実態と、彼らがインド亜大陸で定住化していった過程とを跡づけてゆくことが可能となろう。

　「村落（グラーマ *grā́ma-*）」という概念は、彼らの牧畜生活を考える上で一つのキーワードとなる。この語は元来、車と家畜とを伴って移動する（部族）集団の単位をいうものであった。やがて、マントラの解釈や神学議論を伝える散文（ブラーフマナ）がヴェーダ文献として整備される時代（紀元前800年頃以降）になると、その集団の集落を指す文脈が現れるようになる。移住遊牧生活を営んでいた諸部族が定住へと生活様式を変化させてゆく過程を、その背後に見ることができよう。定住に際しては居住に適した土地が選別されたものと思われるが、そのような場所には先住部族も存在していた可能性が高い。それは、アーリヤの人々である場合も、現地固有の部族である場合もあっただろう。諸部族は、互いのテリトリーを意識しながら生活することになる。その一方で、固有の部族の活動領域に属さない境界エリア、既得権の及ばない場所が「村落」と対をなして語られるようになる。「荒野、原野」をいうアラニヤ *áraṇya-* と呼ばれる領域である（おおよその原義は「よその土地」）。ブラーフマナには、冒頭に挙げた「村落に属する犠牲獣（*grāmyá-* は *grā́ma-* から派生）」に対する「荒野に属する犠牲獣 *āraṇyá- paśú-*」という表現が散見する（*āraṇyá-* は *áraṇya-* の派生語）。「村落に属する犠牲獣」「荒野に属する犠牲獣」は、それぞれ「家畜動物」「野生動物」ほどの意味でもあっただろう。その一方で、前者は放牧に行かず村落に留まった仔牛たちを、後者は放牧に出た牝牛たちを指す場合もあった。『カタ・サンヒター』（紀元前800年頃）は、村落にいる家畜たち（仔牛たち）と荒野にいる家畜たち（牝牛たち）

とが、夜には1か所にまとめられていたことを伝えている。家畜を放牧させる場所は荒野と考えられていたようだ。このことは、彼らの牧畜生活の実態を生々しく我々に伝えてくれる。ヴェーダの1学派、ヤジュルヴェーダ学派には、放牧儀礼に唱えるマントラが伝えられている。乳製品を主要な供物とする祭式では、放牧も供物の準備の一つと位置付けられて祭式に組み込まれた。その中で、放牧先での牛たちの無事を祈願するマントラが唱えられる、「君達を泥棒が支配することのないように、悪意ある者が［支配することの］ないように。この牛の主人の下で、君達は丈夫で数多くなってほしい」「清い水達を良い水飲み場で飲んでいる君達を、ルドラの飛び道具（矢、即ち疫病）は［脇に］外せ」（『マイトラーヤニー サンヒター』）。危惧されているのは病気や怪我、群れからはぐれること、そして他部族による略奪である。放牧先がアラニャという既得権の及ばない場所であった故に、自らの所有権を主張できない局面も生じただろう。アーリヤの人々にとっては、略奪行為も正当な経済活動の一部であったと考えられる。自らが他部族の牛を略奪することもあれば、逆に他部族に略奪されることもあったはずだ。放牧という行為が家畜を利し、身内を利するものであると同時に、重大な損失を招く危険と常に背中合わせにあるものとして理解されていたことが窺われる。

　その一方で、理想的な放牧地の姿も伝えられている。ヤマ (Yama) の楽園である。ヤマは人が死後辿る道を最初に見いだした人間として、死者の世界の王と位置付けられる。仏教の時代までには死者を裁く「閻魔」へと変容するが、ヴェーダ文献にその跡を辿ることは難しい。『リグ・ヴェーダ』には、死者がヤマの楽園で愉しく過ごす様子が伝えられている。そこは「牧草地 (gávyūti-)」、「昼たちによって、水たちによって、（薄明の）色づけたちによって飾り付けられた休息地 (avasána-)」と呼ばれる（阪本訳による）。昼の明るさと水、さまざまな色によって特徴づけられる、豊かな夏の放牧地がイメージされていたようだ。牧畜、殊に牛との生活が彼らの精神世界の構築に関与していたことを、ここにも見て取ることができる。

　アーリヤの人々が家畜の中でも牛を特別に崇拝していたことは、つとに知られている。現代のインド文化にも連なる牛の神聖視である。牛は家畜とし

第 8 章　インダス文明の牧畜

て重要だっただけでなく、彼らの宗教にも大きな役割を果たした。たとえばそれは、供物の乳製品が牛乳で作られるのを原則としていることにも表れる。馬や羊、山羊も乳を出すが、祭式の場では例外的に用いられるのみであった。また、英雄神インドラの雄々しさは群れを率いる種牛に喩えられ、牛たちをパニ族から略奪する神話は冬至後の太陽光の回復と重ね合わせられて、牛群が太陽光の比喩とされる。このような例は、枚挙に暇がない。さらに、後代の法典類（紀元前 3 世紀以降）には、不浄なものに触れた時の浄化法としてパンチャ・ガヴィヤ pañcagavya-「5 種の牛に由来する物」を用いるように定める場合がある。5 種とは、牛尿、牛糞、牛乳、酸乳、サルピシュ（何らかの発酵乳脂肪。(2) 項を参照）である。牛を神聖な動物とみなす観念は最古の『リグ・ヴェーダ』の段階で決定的なものとなっており、今日もなお生き続けている。観念の継承には、もちろんインダス文明とその他の地域の伝統も大きく関与したはずだ。それらの連関と伝承過程との解明は、各分野における今後の研究の蓄積と総合にゆだねられている。

(2) 古代インドの乳加工

> 蜜を混ぜられたダディ（酸乳）を塗り付ける。まさしく当のものをおいしくすることになる。ダディであれば、これは村落（グラーマ）に属する食物なのだ、蜜は荒野（アラニャ）に属する。蜜を混ぜられたダディを塗り付けるのは、（村落に属する食物と荒野に属する食物との）両者を確保するためにである。
> 　　　　　　　　　　　　（『タイッティリーヤ・サンヒター』、紀元前 800〜700 年頃）

「ダディ dádhi-」はヒンディー語のダヒ dahīに相当する、牛乳を乳酸発酵（または酸の作用）によって凝固させた発酵乳である。ヴェーダ文献に頻出する乳製品の一つだ。供物として用いられるだけでなく、日常的に食される乳製品でもあったらしい。叙事詩『マハーバーラタ』や『ラーマーヤナ』、仏典（いずれも紀元前 3 世紀頃以降）などにしばしば現れる。今日のインドでも、素焼きの皿に入ったダヒは菓子店の定番商品のようだ。さわやかな酸味と冷たく溶けてゆく感触で、長きにわたって人々を潤おし、滋養を与えてきたこ

第 2 部　人々の暮らしを復元する

図 8-11　ダヒ（ダディ dadhi、酸乳）

とだろう。

　先の引用がそのようなダディを村落に、ハチミツを荒野にそれぞれ配当しているのは、それが得られる場所を示しているだけではなく、人が作りうる物（加工品）か否かという点からも背景を探ることができるように思う。グラーマは日常生活の場であり、ダディは人が搾乳と加熱、発酵を促すスターター（アータンチャナ ātañcana- 「固める物」）の添加などの工程を経て日常的に作る物である。一方、ハチミツは人間が手を加えずに得られる「野の食物」である。蜂が作るものであって、人間には作ることができない。前節にも述べた村落（グラーマ）と荒野（アラニャ）という区別には、人の手が加わっているか否かという側面もあったようだ。さらに推測を重ねるならば、大麦や米を「村落に属する」と表したのは、人間が耕作して収穫できるという cultivate、あるいは domesticate の意識に由来するものであった可能性がある。『マイトラーヤニー サンヒター』では、大麦と蜜について同様の分類が為されている、「大麦たちであれば、それによってひとは村落に属する食物を確保する、蜜であればそれによって荒野に属する［食物を］」。

第 8 章　インダス文明の牧畜

　ところで、ハチミツと対比された乳製品はダディだけではない。供物となるバターとバターオイルもハチミツと対照的な食物と見なされた（『マイトラーヤニー サンヒター』、『カタ・サンヒター』、『タイッティリーヤ・ブラーフマナ』）。「村落／荒野」の二項対立には言及せず、祭式の供物にふさわしいか否かという点で両者を区別している。バターとバターオイルは供物となるが、ハチミツが神々に捧げられることはなかった。

　バターの原語はアージヤ（*ā́jya*-「塗り付けられるべき［乳］」）、バターオイルはグリタ（*ghr̥tá*-「滴らせられた［乳］」）である。いずれもダディから作られ、厳密には発酵バターとそのオイルに相当する。単独で供物となる場合と、パンケーキなどに塗られたり滴らせられたりする場合とがあった。グリタは現代のギーにあたり、ダディ同様に今日まで用いられてきた。アージヤは、ヴェーダの祭式綱要書が編纂される紀元前 7 世紀頃には用いられなくなっていたらしい。「アージヤと述べている場合にはグリタが用いられる」という趣旨の一般規定を伝える文献が現れ、ヴェーダ以外の用例も極端に少ない。時代の変化が乳利用にも何らかの形で反映したものと思われる。

　インド亜大陸における乳加工の伝承は、『リグ・ヴェーダ』まで遡ることができる。ミルクはパヤス（*páyas*-）と呼ばれ、生乳（クシーラ *kṣīrá*-）、発酵乳（ダディ）、種々の発酵乳脂肪類（ナヴァニータ *návanīta*-、サルピシュ *sarpís*-、アージヤ）、バターオイル（グリタ）などの乳製品が現れる。これらは日常の糧のみならず、前述のとおり神々への供物としても重要な役割を果たした。殊にグリタは最も大切な供物の一つであり、『リグ・ヴェーダ』にはグリタを頌える歌も収められている。また、ソーマ（Soma）という植物（麻黄に比定される）の圧搾液を供物とする際には、牛乳と混ぜて用いる場合もあった。紀元前 800 年頃の文献は、アーミクシャー（*āmíkṣā*-）やパヤスヤー（*payasyā̀*-）と呼ばれるカッテージチーズ類の使用も伝えている。後に、仏教は苦行の果てに倒れたブッダがスジャーターという女性から乳粥（パーヤーサ *pāyāsa*）を与えられて活力を取り戻したエピソードと共に、牛乳の滋味豊かさを伝えている。パーリ語の初期仏典（紀元前 3 世紀頃以降）には、「乳」から「醍醐」に至る 5 種の乳製品を生成順に列挙する定型表現も散見する。すなわち、クシーラ（漢

265

訳 乳、パーリ語形 khīra-)、ダディ（酪）、ナヴァニータ（生酥）、サルピシュ（熟酥、パーリ sappi-)、サルピルマンダ sarpirmaṇḍa- (醍醐、パーリ sappimaṇḍa-) である。後代の大乗経典『大般涅槃経』（紀元後 3 世紀頃）の例が、我が国では一般的だろう。この定型表現の中、醍醐は出家者の修行階梯の最高位などと同一視される。薬のような貴重で得難いものと考えられていたようだ。その実態はインドの原典に詳述されないが、いくつかの状況証拠的な記述から、発酵バターオイルの類であったものと推測される。

(3) 土器の穴から世界を透かし見る —— むすびにかえて

　乳は、動物の命を損なうことなく得られる動物性のタンパク源である。牝牛を殺さず養えば、仔牛と乳との両方が得られる。乳食の価値を高めた原点は、動物愛護的な論理ではなく、経済効率の優先にあったものと推測される。「不殺生（アヒンサー）」に類する観念が関与した可能性も否定はできないが、そもそも牛と牛乳の地位が確立したヴェーダの時代にさえ、牛を犠牲とする祭式も牛肉食も行われていた（この点は、決して牛を屠殺しない現代のヒンドゥー教徒と異なる）。また、仏教においても肉食は必ずしも禁じられなかった。乳製品（特にバターオイル）を重んじる価値観は、牛の神聖視と共にヴェーダ以前の時代にその由来が求められる。

　搾乳および乳加工技術の進歩は、インドに限らず人類全体に大きな可能性を与えたはずだ。高い栄養価を確保し、長期保存を可能にし、そして乳糖不耐症をも克服させた。その起源を解き明かすために、今日までさまざまな成果が蓄積されてきた。たとえば、本章の冒頭に挙げた多孔土器の分析は、その最新成果の一つである。Salque、Evershed らの研究グループは、ポーランドのクヤヴィア Kuyavia から出土した紀元前 5400～4800 年頃のものとみられる多孔土器を分析し、同地域同時代に属する他の土器と比較して乳加工に用いられた形跡が高い確度で示されたとの結果を発表した（Salque et al. 2012）。これまで、多孔土器の用途には、乳加工のほかに炎の覆い、ハチミツの濾過、ビール製造などの説が提示されてきた。Salque らは、バターを作

第 8 章　インダス文明の牧畜

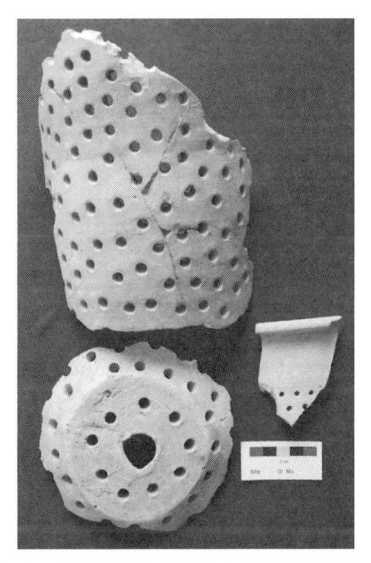

図 8-12　カーンメール遺跡出土の多孔土器（インダス・プロジェクト）

図 8-13　現代のタミル・ナードゥで用いられるシャタ・アートリンナー（Śatātrṇṇā）

る場合は濾過の必要がないので、特にチーズ（凝固乳）と乳清（ホエー）とを分けるためのものと推測する（筆者にはやや首肯しがたい）。また、乳糖はホエーに多く含まれるので、その除去が乳糖不耐症の症状を防ぐ上でも重要であることを指摘している。

　同種の土器は南東アナトリア（紀元前6千年紀後半）と、インダスのハラッパー遺跡（紀元前3千年紀）などからも出土している。しかし、Evershed はヨーロッパ南東部からレヴァントにかけての地域から出土した土器を分析した際に、南東アナトリア出土の物からは乳脂肪が検出されなかったことを示した（Evershed et al. 2008）。その土器の中に多孔土器が含まれていたかどうかは定かでないが、アナトリアの多孔土器が乳加工に用いられた形跡は現時点では見出されていない。一方、ハラッパー出土の多孔土器については、Kenoyer が穀物由来のアルコール類を想定して発酵飲料の濾過器として用いたとの説を述べている他、儀礼に用いられたという説もあり（Rao 2008, Mahadevan 2009）、定まった見解はないようだ。Gouin-Bourgeois は乳脂肪の存在を示唆する分析結果を示しているものの（Gouin-Bourgeois 1995）、Evershed はこれを十分な根拠たりえないとしている。いずれにしても、多孔土器が異なる地域から出土した事実とその用途をめぐっては、さらなる精査と検証が必要である。

　ハラッパー出土の多孔土器に関する Kenoyer らの仮説は、ヴェーダ祭式で用いるシャタ・アートリンナ（またはシャタ・アートリンナー）Śatātṛṇṇā を想定したものかと思われる。サンスクリット語で「100 の穿たれた［穴］をもつ」を意味する名前のとおり、多くの穴をもつ素焼きの土器である。文献には壺（kumbha-/kumbhī-）の一種とされ、ハラッパーの多孔土器に似た形状をしていたものと思われるが、現代の祭式では深めの皿型のものが用いられる。筆者は第 15 回世界サンスクリット学会（デリー、2011 年）において、現代に伝わるヴェーダの祭式道具の展示を見る機会を得た。その中に、受け皿の上に重ねられた穴あき皿が、タミル・ナードゥで用いられるシャタ・アートリンナとして陳列されていた。

　シャタ・アートリンナは、王の聖別儀礼（ラージャスーヤ Rājasūya）に組み

第 8 章　インダス文明の牧畜

図 8-14　現代の菓子店に並ぶ乳菓

第 2 部　人々の暮らしを復元する

図 8-15　菓子の材料となるマヴァ（加熱濃縮乳）

込まれるサウトラーマニーSautrāmaṇī 祭で用いられる。供物であるスラーSurā 酒を祭火の上で漉して献供するものと、紀元前 600 年頃の祭式綱要書は伝える。スラーは発芽した穀物 (śaspa-) の発酵によって作られる、いわばビールの一種である。乳製品に関するシャタ・アートリンナの使用は、ヴェーダの葬送儀礼に見られる。ホエー混じりのダディを入れ、骨壺の上に吊して滲出するホエーを滴らせる儀礼が、葬送儀礼の綱要書（紀元前 6 世紀頃）に伝えられている。葬送儀礼の原型は相当古いはずだが、その整備は遅れた。定住化の進んだ頃に、現地の習俗なども採用しつつ定式化されたものと思われる。ここでは、加工ではなく特殊な方法による献供に、穴のある器が用いられている点が注目される。

　乳加工自体の文脈には、シャタ・アートリンナは現れない。(2) 項で述べたとおりカッテージチーズ様の供物があり、葬送儀礼ではホエー分離に用いたにもかかわらず、古層の文献にその形跡は見られない。優先的に整備された祭式（擬古的、保守的な性格をもつ）にこのような土器を用いなかったことは、アーリヤの人々がヴェーダ文献を編集した初期の段階までにその土器と出会わなかったか、出会って日常の場面では用いていても、祭式には取り入

れていなかったことを意味している。もしインダス文明期の人々が多孔土器を乳加工に用いたのならば、アーリヤの人々がその用途を見聞しなかったとは考えにくい。二つの異なる文化を担った人々は、土器の形式を共有する一方、用途という点での結びつきは明瞭ではない。両者の共通点と相違点は、何を我々に伝えるのだろうか。また、アナトリアやヨーロッパの多孔土器とは、どのように結びつきうるだろうか。土器の穴から透かし見る世界は今なお遥かにありながら、我々を手招いている。

参考文献

上杉彰紀（2010）『インダス考古学の展望 インダス文明関連発掘遺跡集成（中洋言語・考古・人類・民俗叢書 2）』総合地球環境学研究所インダス・プロジェクト．
三宅裕（1996）西アジア先史時代における乳利用の開始について ── 考古学的にどのようなアプローチが可能か．オリエント，39-2: 83-101.
Evershed, R. P. et al. (2008) Earliest date for milk use in the Near East and southeastern Europe linked to cattle herding. *Nature*, 455: 528-531.
Gouin, P. -Bourgeois, G. (1995) Resultats d'une analyse de traces organiques fossiles dans une 'faisselle' harappeenne. *Paleorient*, 21-1: 125-128.
Kenoyer, J. M. (1998) *Ancient Cities of the Indus Valley Civilization*, pp. 154-155. New York.
Mahadevan, I. (2009) *Meluhha and Agastya: Alpha and Omega of the Indus Script*. Harappan. com: www.harappa.com/arrow/meluhha_and_agastya 2009.pdf, 18pp.
Rao, S. R. (2008) Agriculture in the Indus Civilization. In Lallanji Gopal and Srivastava, V. C. (ed.), *History of Agriculture in India* (up to c. 1200 ad) (History of Science, Philosophy and Culture in Indian Civilization, vol. V pt. 1), 171-202. New Delhi 2008.
Salque, M. et al. (2012) Earliest evidence for cheese making in the sixth millennium BC in northern Europe. *Nature*, 493: 522-525.
Uesugi, A. (2011) Chapter 6 Pottery from the Settlement Area. Shinde, Osada, Kumar (eds.), Excavations at Farmana, District Rohtak, Haryana, India. 2006-2008, 168-368. Indus Project, Research Institute for Humanity and Nature, Kyoto.

8-1
上杉彰紀（2010）『インダス考古学の展望（中洋言語・考古・人類・民俗叢著 2）』総合地球環境学研究所，京都．
奥野淳一（2010）インド西部グジャラートにおけるハイドロアイソスタシー．「環境変化とインダス文明 2009 年度成果報告書」総合地球環境学研究所．京都，73-78.
長田俊樹（2012）（長谷紀子編）インダス・プロジェクトの軌跡．総合地球環境学研究所，

京都.

木村李花子（2007）『野生馬を追う —— ウマのフィールド・サイエンス』東京大学出版会，東京．

西脇隆夫（1991）天馬の歌 —— 中国大陸の民俗からの展望．pp. 160-176．小島瓔禮　編著『人天・他界・馬 —— 馬をめぐる民俗自然誌』．東京美術，東京．

長谷川信美（2007）中国青海省東チベット高原放牧ヤクの行動が生態系物質循環に及ぼす影響．平成15年～平成18年度科学研究費補助金基礎研究（A）（海外学術調査）研究成果報告書．序文 i-xiv.

前川和也（2006）前3千年紀メソポタミア，シリアのイエロバとノロバ：再考．西アジア考古学，7: 1-19.

Archi, A. (1998) The regional state of Nagar according to the texts of Ebla, *Subartu*, 4: 1-5.

Beja-Pereria, A., England, P. R., Ferrand, N., Jordan, S., Bakhiet, A., Abdalla, M. A., Mshkour, M., Jordana, J., Taberlet, P. and Luikart, G. (2004) African origins of the domestic donkey. *Science*, 304: 1781.

Clutton-Brock, J. (1992) *Horse Power*. The natural History Museum, London.

Denzau, G. and Denzau, H. (1999) *Wildesel*. Thorbecke, Stuttgart.

Joshi, C. G., Rank, D. N., Jani, R. G., Tank, P. H., Brahmkshtri, B. P., Vataliya, P. H. and Solanki, J. V. (2001) A case of E. asinus×E. hemionus khur hybrid. *Indian Veterinary Journal*, 78: 549-550.

Kimura, B., Marshall, F. B., Chen, S., Rosembon, S., Moehlman, P. D., Tuross, N., Sabin, R. C., Peters, J., Barich, B., Yohannes, H., Kebeda, F., Teclai, R., Beja-Pereria, A. and Mulligan, C. J. (2011) Ancient DNA from Nubia and Somali wild ass provides insights into donkey ancestry and domestication. *Proceedings of the Royal Society* B, 278: 50-57.

Kimura, R., Masuda, M., Sheth, F. and Sheth, J. (2005-2006) Assessment of traditional production of the hybrids of India wild asses (*Equus hemionus khur*) and Jennies (*Equus asinus*) in Kutch, Gujarat. *Journal of Environmental System*, 32(4): 275-289.

Kimura, R. (2008) Role of pastoralists in conservation of equine genetic resources in India. Compendium of Invited papers & abstracts, National Symposium on Challenges to Domestic Animal Biodiversity & Action Plan for its management and utilization: 153-154.

Kharakwal, J. S., Rawat, Y. S. and Osada, T. (2011) Annual report of excavation at Kanmer 2007-08 and 2008-09. Linguistics, archaeology and the human past, Occasional Paper, Research Institute for Humanity and Nature, Kyoto, 10: 105-128.

Lawler, A. (2010) The Coastal Indus looks west. *Science*, 28 May: 1100-1101.

Oates, J. (2001) Equids figurines and 'chariot' models. pp. 279-283. In Oates, D., Oates, J. and McDonald, H. (eds.), Excavations at Tell Brak, vol. 2: Nagar in the Third Millennium BC, McDonald institute monographs, Cambridge: McDonald Institute for Archaeological Research, USA.

Parpola, A. and Janhunen, J. (2011) On the Asiatic wild asses and their vernacular names. Linguistics, archaeology and the human past, Occasional Paper, Research Institute for Humanity and Nature, Kyoto, 12: 59–125.

Postgate, J. N. (1986) The Equids of Sumer, again. pp. 194–206. In Meadow, R. H. and Uerpmann, H-P. (eds.), *Equids in the Ancient World*, Weisbaden, Reichert Verlag, Germany.

Singh, H. S. and Raval, B. R. (1999) *Ecological Study of Wild Ass Sanctuary*, Gujarat Ecological Education & Research Foundation, Gandinagar and Forest Department of Gujarat State.

Singh, H. S. (2001) Indian Wild Ass (*Equus hemionus khur*) in the Little Rann of the Kutch, Gujarat, India. *Journal of the Bombay Natural History Society*, 98: 3, 327–334.

8-2

上杉彰紀・小茄子川歩（2008）「インダス文明社会の成立と展開に関する一考察」日本西アジア考古学会．

上杉彰紀（2010a）『インダス考古学の展望』総合地球環境学研究所インダス・プロジェクト．

─── (2010b)「南アジアにおける動物土偶に関する覚書」岡山市立オリエント美術館研究紀要 Vol. 24（2010）．

大島智靖，西村直子，後藤敏文『GAV ── 古インド・アーリヤ語文献における牛（中洋言語・考古・人類・民族叢書 3）』総合地球環境学研究所インダス・プロジェクト，2012 年．

在来家畜研究会編（2009）『アジアの在来家畜（家畜の起源と系統史）』名古屋大学出版会．

Luders, H. (1951) Exkurs uber kakubh, kakud, trikakud, kakuha. in Varu?a I, Gottingen 1951, pp. 83–92.

Mallory-Adams (1997) *Encyclopedia of Indo-European Culture*, p. 135.

8-3

上杉彰紀（2010）『インダス考古学の展望　インダス文明関連発掘遺跡集成（中洋言語・考古・人類・民俗叢書 2）』総合地球環境学研究所インダス・プロジェクト．

大島智靖・西村直子・後藤敏文（2012）『GAV ── 古インド・アーリヤ語文献における牛（中洋言語・考古・民俗叢書 3）』総合地球環境学研究所インダス・プロジェクト．

後藤敏文（1994）「神々の原風景 ── ヴェーダ」，『インドの夢・インドの愛　サンスクリット・アンソロジー』（上村勝彦・宮元啓一編，春秋社），3-35.

在来家畜研究会編（2009）『アジアの在来家畜 ── 家畜の起源と系統史』名古屋大学出版会．

阪本（後藤）純子（2012）「生命エネルギー循環の思想 ── 業と輪廻説の起源を求めて」龍谷大学現代インド研究センター　第 8 回伝統思想研究会ハンドアウト．

西村直子（2006）『放牧と敷き草刈り ── Yajurveda-Saṃhitā 冒頭の mantra 集成とそのbrāhmaṇa の研究』東北大学出版会．

三宅裕（1996）西アジア先史時代における乳利用の開始について ── 考古学的にどのよう

なアプローチが可能か. オリエント, 39-2: 83-101.
Evershed, R. P. et al. (2008) Earliest date for milk use in the Near East and southeastern Europe linked to cattle herding. *Nature*, 455: 528-531.
Gouin, P.-Bourgeois, G. (1995) Résultats d'une analyse de traces organiques fossiles dans une 'faisselle' harappéenne. *Paléorient*, 21-1: 125-128.
Kenoyer, J. M. (1998) *Ancient Cities of the Indus Valley Civilization*, pp. 154-155. New York.
Kolhatkar, M. Bh. (1999) Surā: the liquor and the Vedic sacrifice. New Delhi.
Mahadevan, I. (2009) Meluhha and Agastya: Alpha and Omega of the Indus Script. Harappa.com: www.harappa.com/arrow/meluhha_and_agastya_2009.pdf, 18pp.
Rao, S. R. (2008) Agriculture in the Indus Civilization. Lallanji GOPAL and V. C. SRIVASTAVA (ed.), History of Agriculture in India (up to c. 1200 ad) (History of Science, Philosophy and Culture in Indian Civilization, vol. V pt. 1), 171-202. New Delhi.
Rau, W. (1957) Staat und Gesellschaft im alten Indien nach den Brāhmaṇa-Texten dargestellt. Wiesbaden.
Rau, W. (1972) Töpferei und Tongeschirr im vedischen Indien. Mainz-Wiesbaden.
Salque, M. et al. (2012) Earliest evidence for cheese making in the sixth millennium BC in northern Europe. *Nature*, 493, 522-525.
Uesugi, A. (2011) Chapter 6 Pottery from the Settlement Area. Shinde, Osada, Kumar (eds.), Excavations at Farmana, District Rohtak, Haryana, India. 2006-2008, 168-368. Indus Project, Research Institute for Humanity and Nature, Kyoto.

第 9 章　インダス文明に文字文化はあったのか

児玉　望

現在知られている最長の「文字テクスト」

「インダス印章の記号は文字ではない」とする衝撃的な説が 2004 年にオンライン・ジャーナルで発表された。考古学には門外であるスティーブ・ファーマー（Steve Farmer）らのこの説は、『サイエンス』誌にも取り上げられて世界的な波紋を呼ぶことになった。特に、「インダス文明はインド・アーリヤ人が築いたものであり、インダス印章は『リグ・ヴェーダ』に連なるものとして解読できる」とするヒンドゥー原理主義的な言説を取る人々は、著者らが学界の外でも彼らに対決する姿勢をとっていたこともあり、インドのナショナリストのプライドに対する挑発として受け止めて、著者らへの攻撃的な姿勢をさらに強めるようになった。1970 年代からインダス文字の解読研究に携わってきたフィンランドのアスコ・パルポラ（Asko Parpola）や、インドのイラワダン・マハーデーヴァン（Iravatham Mahadevan）らをはじめとするインダス文明研究者が反論を続けているほか、統計学的な手法でインダス印章が文字であることを立証しようというインド人研究者による反論が『サイエンス』誌に掲載されるなど、必ずしもこの説が受け入れられているとはいえない。また、文字でないとすればこれらの記号は何だったのか、という問いに対する答えも推測の域を出ていない。にもかかわらず、「文明は文字の存在を前提としない」という立場からのファーマーらの論点は、これまでのインダス印章研究がエジプトやメソポタミアの古代文明や古代文字からの知見に過度に依拠しており、インド亜大陸における文明のあり方がそれらと根本的に異なったかもしれないという可能性に目を向けていないことを浮き彫りにした面もある。実際、インダス文明後のインド亜大陸での言語文化の展開は、漢字文化圏からみると際立って異なる様相を見せており、このような文明と言語／文字の関わりがインダス文明から受け継がれたものだとすれば、「文字なき文明」の可能性も否定できないのである。

　本章では、このような視点から、前半ではファーマーらの非文字説と、パルポラとマハーデーヴァンのそれぞれの文字説をやや詳しく紹介し、後半では、非文字説をとるならばインダス文明から受け継がれた可能性があることになる、より後の時代のインドの言語文化の特質について論じる。

9-1 音声言語の視覚記号化としての「文字」

　ファーマーらも、インダス印章の図形が何らかの意味をもつ「記号」であることは否定しておらず、現代の道路標識が同じ地点に複数組み合わされている場合を例に、有意味な記号を組み合わせる仕組みとして説明している。これは、表意文字を用い「読み」を二次的なものとしてしか見ない東アジアの文字文化圏から見ると十分に文字の資格を満たしているように思われるので、この論争を理解するためには、まず、「文字」の定義をはっきりさせておく必要がある。ロゼッタストーンの解読から続く、近代西洋の文字研究において、「文字」とは、「音声言語の視覚記号化の仕組み」であり、「文字文化」とは「ある言語の任意のテクストを視覚記号化して固定する技術」をいう。ファーマーらは、インダス印章の記号列の出土例がごく短いもの（最大で17文字、本章扉写真参照）に限られている点を、「インダス文明に文字文化がなかった」ことで説明し、今後も長いテクストを文字化したとみられる遺物が出土することはないだろうと予測するのである。

　しかし、長いテクストがない、ということ自体は、「文字」でないという証明にはならない。エジプトでもメソポタミアでも、文字の使用が認められる最古の資料では「語」や、物品の数量の記録、リストなどに限られており、「文」の単位に相当するようなテクストの出現はかなり遅れる。にもかかわらずこれらの初期の記号が「文字」であるとされるのは、「当て字 rebus」の使用が認められることによる。エジプトのヒエログリフも、メソポタミアの楔形文字も、表意記号として出発しているが、表意的な記号の数は漢字に比べるとかなり少ない。したがって、表意記号だけでは任意の言語テクストを書き表すことができない。しかし、どちらの古代文字も、表意的に書き表すことのできない「語」を、その音に対応するような語の表意記号（の組み合わせ）を、意味を無視して用いることにより、表音的に書き表す仕組みをもっていた。この種の当て字は、たとえばエジプトのナルメル王の名前のなまずと鑿による表記のように、語の表記しか確認されない段階から認

第 2 部　人々の暮らしを復元する

められており、これをもって「文字文化」のはじまりとみなすのである。
　漢字の場合、表意記号の数がきわめて多いのは、当て字の意味を特定するような意符を音符に組み合わせる形声の造字により、文字自体の数を増やしたためである。メソポタミアでは、「意符」に相当する表意記号は、多音節語を含む語全体としての綴りの中に取り入れられた。ヒエログリフの場合は、むしろ当て字が標準となり、「意符」のほか、音声とは独立して双数や複数といった語の文法範疇を表す記号や、表意的に読むべきことを示す記号などが組み合わされ、語の単位の綴りが成立していった。
　当て字による「表音的な表記」の開始は、これらの文字体系が特定の言語の表記に特化していたことを意味している。事物をどんな音声で表すか、さらに、「当て字」を可能にするようなどんな組み合わせの同音異義がありえたかは、各音声言語に依存した性質だからである。楔形文字の場合、音節構造が単純で 1 音節語を多くもち、同音異義も多いシュメール語を表記する音節単位の当て字体系として出発した。ヒエログリフの場合は、語根が子音の組み合わせからなり、母音の音価は活用や派生語で可変なアフロアジア系言語であるエジプト語の表記に当てられたため、子音の組み合わせによる当て字となった。
　ファーマーらは、インダス印章が、ハラッパー、モヘンジョダロ、ドーラーヴィーラーといった単一の言語圏とは考えにくい広大な地域で、500 年以上にわたって地域的・時間的変易を欠くほぼ同一の規格化された記号として維持されている点をとりあげ、これらの記号が表意性だけをもち表音性をもたなかったことの根拠のひとつとしている。ただし、この証拠はやや消極的なものである。文字使用の確立からの時間差があるとはいえ、楔形文字のシュメール語の音価による当て字が、アッカド語やヒッタイト語といった系統の異なる言語の表記にも応用されたのをはじめ、クレタ島の線文字 B や漢字を用いた万葉仮名のように、他の言語の音価に基づいた当て字の例は多いからである。解読されていないインダス印章の場合、地域による言語差があったかどうかは検証できないが、二言語以上を併用して他言語の表意文字の音価の知識をもち、当て字として読むことができた人々が存在したであろうこ

とは十分に想像できる。

　ファーマーらによるインダス印章記号の表音性の欠如の主張の、より積極的な根拠は、これらの記号の各記号列内での分布の統計学的な分析に基づくものである。インダス印章記号の解読への統計的手法の適用は、コード化を経たコンピュータによるコーパス分析の初期から試みられており、インダス印章記号の出現頻度には大きな差があることが知られている。その中で、特にファーマーらが着目するのは、出現頻度が高く、表音的な使用の可能性の高い記号の分布のしかたである。彼らの主張によれば、同じ印章に一つの記号が複数回現れる場合、これらはほとんど隣接位置での反復として現われている場合であり、自然言語の音声表記で予想されるような、ランダムな位置での反復を欠いている。このことを、同種の長さの表音的な表記の例として、ヒエログリフで王名を表すのに用いられたカルトゥーシュ記号の内部で同一文字が複数回用いられている場合と対比して示し、インダス印章の記号分布の特徴的な点とみなす。確かに、記号のそれぞれが意味をもち、組み合わせの全体として何か（たとえば洗濯時の衣料の取り扱い）を示すような体系であれば、同じ記号を反復して使うことはないはずである。隣接位置での反復がある場合については、何らかの量的な表現として説明がつく。ファーマーらが否定するランダムな位置での反復について、パルポラが反例を挙げてはいるが、印章の出土数に比してきわめて少ないという点はやはり説明が必要であろうと考えられる。

9-2 ｜ ドラヴィダ語による「当て字」仮説

　インダス印章を文字とする立場からの論証は、今のところ「当て字」による解釈が可能な配列があることの指摘にとどまっており、全体としての解読にはほど遠い状態である。その中で、マハーデーヴァンとパルポラによる仮説は、いずれも、現在はインドの南部を中心に話されているドラヴィダ系の言語での同音異義に着目するものである。ただし、インダス文明の解明にあ

たって、インダス文明後の南アジアの文化との連続性を考慮しない立場はありえない。表記する言語として仮定するドラヴィダ語だけではなく、インド・アーリヤ系を含めたインドの後代のテクストを参照した上で仮説を展開しているという点でも、両者は似ている。まず、両者に共通の立脚点を説明した上で、それぞれの説を紹介する。

　インダス印章の研究者の間で完全に一致している見解は、記号の書かれた方向に関するものである。大多数のインダス印章は1行に記号を配置するが、印章の幅の制約によって1行で足りなくなった場合の折り返し方や詰め方を根拠として、インダス文字は右から左へ、鏡像となる印章本体での配置は左から右へと横書きされた、ということには異論がない。この順序での記号の配列を仮定した上で、印章記号をコード化してこの配列で入力したコーパスを作り、各位置での記号の出現頻度を分析すると、記号ごとに出現パターンがあり、配列の先頭、配列の末尾に固有の記号列が割り出され、さらに、末尾の記号列の直前に頻出する記号があることがわかった。このことから、インダス印章が特定の音声言語を表記する文字であるならば、この言語は、頻出する機能辞列（文法接辞や派生接辞、あるいは日本語の助詞のような機能語）を語末あるいは句末側にもっていた、という推定が1970年代までに行われた。

　この言語が何であるかは、解読ができない限りは決定できない。シュメール語や、アケメネス朝期まではイランで文語としての地位を保っていたエラム語のように、系統不詳のまま絶滅した言語であれば、解読の手がかりは全くないことになるが、もしも近縁の言語がインダス文明の周辺に現存しているとすれば、この機能辞の条件に合致する言語として最も有力なのがドラヴィダ系の言語である。現在では分布がインド南部を中心としているが、少数部族語としては北インドにも残り、またドラヴィダ系のブラフーイー語がインダス川を越えたアフガニスタン側に分布している。この北西の言語の現在の分布はインド側からの歴史時代の移住によるとする説が有力であるとはいえ、インド・アーリヤ系民族が来る前にインダス地域に比較的近い地域までドラヴィダ系の言語が分布していた可能性は強い。末尾の構造を、ドラ

第9章　インダス文明に文字文化はあったのか

ヴィダ語の斜格語幹＋格接辞の接辞連続に比定したのは、マヤ語の解読で知られるクノローゾフらのロシア・チームである。さらに、実際にドラヴィダ語の語彙で「当て字」に使われそうな同音異義の組み合わせを探し、それによる記号列の解釈を提案したのがパルポラとマハーデーヴァンである。それぞれ独自にインダス印章文字をリストアップしてコード化した上で、コンコーダンス（位置情報付き索引）を用意して、繰り返される記号配列を検討した実証的な解読案である。

　パルポラの解読で中軸となるのは、ドラヴィダ語に仮定される「魚」と「星」の同音異義（mīn）である。インダス印章の記号には、上下方向に上から見た魚を書いたとも解釈できそうな記号とその派生形が10種類余りある。この記号を「魚」ではなく同音の「星」を表す記号と考え、この記号と右に配置された記号との配列が、さまざまな星として解釈できる、とするものである。それぞれ数（6と7）を表す表意的な記号と考えられる図形との組み合わせとなる「昴」や「北斗七星」はわかりやすいが、「インドボダイジュ」の三つ又の枝をもつ記号をドラヴィダ語で同音となる「北」に見立て、「北極星」と解釈する、というように、さらに当て字を組み合わせた解釈もある。「屋根」と「黒」の音の類似による「黒星（土星）」が魚の上に屋根形の図形を組み合わせた記号、「半分」と「緑／黄」の音の類似による「緑星（水星）」が、魚記号の横に切れ目を入れた記号、という具合である。

　この解釈で最も弱いのは、「星」を表す記号としてなぜ単純な表意記号ではなく当て字を用いなければならなかったのか、ということであろう。ヒエログリフでも楔形文字でも星は光線の図像化とみられる表意文字で表されているし、後者では、この星の文字は「神」のシンボルとして神の名を表す綴りの表意記号としても頻繁に用いられている。この点を、パルポラは、インダス遺物の図像に、同形の魚の図像が他の水生生物（鰐、水牛）とともに多用されることを指摘し、「水の神」のシンボルとして魚が神を表すことは、インダス文明の担い手たちにとっては自然であり、また、メソポタミアと同様に神格に結びつけられたであろう星を、魚で表すことも、それほど婉曲とは考えられなかった、としているのであるが、いかにも苦しい。

インダス印章になぜ「魚＝星＝神」が頻繁に現れるかの説明には、インダス文明からのそれ以後のインドへの文明の連続性が持ち出される。印章や、ロータルの港の倉庫とみられる場所で大量に見つかった、荷札とみられる遺物での使用例からみて、これらの印章には人名が記されていた可能性は高いと考えられるのであるが、後世のヒンドゥー教徒たちが人名として神や惑星の名を選ぶ慣行がインダス文明期にまで遡るものであれば、人名を表す記号列に神を表す「魚」が存在することは不思議ではない、とするのである。

この最後の例に限らず、パルポラの論述には、天をその蔓で支えるインド菩提樹のイメージや、7人の聖仙（北斗七星）の貞淑ではなかった6人の妻たち（昴）、ヴェーダ期の夜空、銀河の神から後に海と水棲の生き物を統べ鰐マカラに乗る神となったヴァルナなど、後代のインド神話の説話を引用した博識が光り、インダス文明から言語を超えて文化の要素が持続したことを強調するものとなっている。

一方のマハーデーヴァンは、インド側での（ヒンドゥー原理主義とは一線を画した）研究の第一人者であるが、サンスクリットとヴェーダに代表されるインド・アーリヤ系の言語文化の到達が他の地域より遅く、古典期に独自性の高い言語文化をもっていたドラヴィダ系のタミル語地域の出身で、インダス文明と、先史時代のタミル巨石文化の遺物にみられる記号群を結び付けるなど、インダスからドラヴィダ語圏（南インド）への文明の連続性を追求する志向性がある。

直接的な解読の試みとしては、マハーデーヴァンもやはり、「当て字」による解釈を多用する。たとえば、マハーデーヴァンも印章の記号を人名と解釈するのであるが、文字配列の末尾に同一の記号が高頻度で見られることを、ドラヴィダ系の言語でしばしば見られる男性名の後の接辞として解釈する。マハーデーヴァン自身の名前の末尾もそうであるように、タミル語地域とマラヤーラム語地域では男性名の接辞は -an である。テルグ語で対応するのは、-ḍu であるが、同じ接尾辞をもつ指示代名詞の史的変遷から類推すると、先行して -aṇḍu の形があったと想定され、ドラヴィダ語の祖形としては -an＋X のような形が立つことになる。これに相当するインダス印章の記号

第 9 章　インダス文明に文字文化はあったのか

図 9-1　インダス印章にみるシヴァ神像

として、「矢 ampu」とも読めそうな三角形に足のついた記号が、印章の末字として現れることに着目するのである。接辞などの機能辞は、表意的な図像で表すことが困難であるため、当て字が使われやすい典型例なのではあるが、ただし、この場合は、男性名という意味であり、たとえば楔形文字の女性人名を表す意味符号が「女」を表す表意文字を使用しているように、表意的な記号が用いられる可能性も否定できず、「当て字」の説得力は弱い。

　マハーデーヴァンも、インド北部を占めることになったインド・アーリヤ系言語への文化の継承を考慮していないわけではない。たとえば、頻出するモチーフとして、水牛の角をもつ人物が、しばしばヨーガのような姿勢をとって描かれた図像をもつ遺物 (図 9-1 左) が発見されており、この人物が、インド・ヨーロッパ系の神話に由来しないインド本来の神格としてのシヴァ神の原型ではないかとされている。インダス印章には、おそらくこの人物を描写しているとみることができる記号があり、この記号に上部が五つに分かれた熊手のような記号が右に隣接する配列 (図 9-1 右) がある。ヒンドゥー教の、三叉を武器としてもつシヴァ神の図像を連想させる組み合わせであるが、この配列に対し、マハーデーヴァンは、楔形文字で王を表し「人―大」の組み合わせで表記するシュメール語 lu-gal になぞらえ、ドラヴィダ語で、

第 2 部　人々の暮らしを復元する

図 9-2　現在のシヴァ神像

nil kaṇṭa「偉大な男 / 神」の読みを想定する。さらに、この語がインド・アーリヤ語に借用翻訳された語がマハーデーヴァ　mahādeva、音声で借用された語がニーラカンタ nīlakaṇṭha である、とする。いずれもシヴァ神のサンスクリットでの異称であるが、後者はサンスクリットでは「青い喉」という意味になる。サンスクリットの神話では、神々と阿修羅たちが、不死の妙薬を得るために海を攪拌した際に発生した毒を、シヴァ神が一身に呑みこもうとし、その毒を妻のパールヴァティー女神が喉元で止めた際に毒の働きによって青くなった喉に由来する、とするのであるが、この説話を、意味不明な借用語の後付の説明と断じているわけである。

　パルポラとマハーデーヴァンは、共にインダス印章の記号に人名の表音が含まれることを前提として解読案を提出しているのであるが、人名が当て字で表音的に表記される、というのは、きわめて早い時期からこれが見られるヒエログリフや楔形文字からの類推をひとまず措けば、それほど必然性のあることではない。単に個人の識別だけを目的とするならば、家紋や千社札、あるいはロゴのような、必ずしも発音できない表意記号で事足りたはずであ

る。複数の記号が組み合わせられているという点も、称号の類がしばしば複数個組み合わせて用いられており、また、文化によっては個人名が階層的な複数の名の組み合わせとなることを考慮すれば、必ずしも表音性を積極的に支持する根拠とはなりえない。むしろ、シュメールの場合、神や死者に対して声に出して語りかけることが必要とされ、その代わりとして文字を刻んだ石造なり供物なりが使用されたという事情が、たとえばラガシュのグデア王彫像の刻文の内容から窺われ、メソポタミアの文化に固有の表音的に人名を表記すべき積極的な理由があったからだと考えることもできよう。

　パルポラは、インダス印章に、必ず同じ順序で繰り返される記号列が存在することを、これらが表音的な仕組みであり単なる表意記号の組み合わせではない証拠であると強調しているが、これは論理のすり替えである。同じ言語音に相当する表音的な記号列は、言語の音声表記において、確かに同じ順序で決まった位置に現れる。しかし、順序の固定した配列の存在は、その配列が「何か」を表していることを示しているだけである。その「何か」が音の単位であるか意味の単位であるかはそれ自体では決定できない。表されているものが言語音であるか意味であるかを決定する条件が満たない現時点で必要なのは、それが何を表しているかの予断をもつことではなく、記号の配列自体の構造の徹底的な分析であろう。つまり、パルポラが挙げたような記号の分布の偏りをより精密にしらべ、記号それぞれについて、どんな分布上の特徴があるかを整理していくことである。1970年代までは専門家に任されていたコンピュータによる分析がパソコンでも可能になった現在、ウェルズ（Bryan Kenneth Wells）らによるインダス印章記号配列の公開データベースのような仕組みは、その点で、今後の研究の方向性を示しているようにも思える。さまざまな角度から分布上の特徴を検討し、特異性のある記号を洗い出しておくことは、それが何を表す記号であっても、解読の手がかりを与えるはずである。また、新たな資料が見つかっても、そのデータに基づいてそれまでの記号分布の特異性に関する仮説に修正を加えるだけで済む。「解読案」の提出に比べると地味な作業ではあるが、新たな発見によりそれまでの知見がゼロになることがなく、研究の継続性は維持される。「当て字」探し

も、このような記号体系全体に関する分布上の特徴が明らかになり、もっとさまざまな文脈での用途を示すような長いテクストの遺物が発見されるまで、待ってもいいはずである。

9–3 文字化テクストがありえたのか

　結局のところ、インダス印章の記号が任意の音声言語テクストを表記できる仕組みであったかどうかは、印章や荷札・土器への刻印といった遺物にとどまらず、長いテクストとみなしうるような記号列を含むテクストが存在したかどうかという問題に帰せられる。文字ではないという説をとるファーマーらは、長文のテクストだけでなく、そのようなテクストの筆記に用いられたとみなしうる道具や媒体の痕跡も含め、100年以上にわたる考古学調査にかかわらず何も発見されなかったし、今後も見つかることはないだろうと予測する。文字説の側では、テクストは、その後のインドの写本文化がそうであったように、保存性の乏しい素材にのみ書かれたために、たまたま現存していないだけだ、という立場をとる。また、陶器や腕輪に描かれた記号遺物から、筆の使用も行われたことは確実であり、筆記用具遺物についても確認が取れていないだけだとする。

　ファーマーらは、さらに踏み込んだ分析もしている。インダス文明の最盛期は、シュメールで長いテクストがさかんに書かれた時期に相当しており、二つの文明に交流があったことは、シュメールのテクストでの遠い異国としての「メルハ　Meluhha」への言及があることや、メソポタミアの円筒印章にインダス印章の記号が現れることからも確実視されている。インダス印章記号の遺物は、メソポタミアのほかに、トルクメニスタンのような遠隔地でも発見されているが、これは、荷札としての使用を考えれば、ある程度予想される分布であるといえる。ところが、インダス文明の側では、粘土板や円筒印章のような保存性の高い素材に書かれたであろうメソポタミアの楔形文字の遺物が全く発見されていない。二つの文明に交流があったとすれば、メ

ソポタミアの文字文化に関する知識はインダス文明の側にも知られていたはずであるが、遺物の分布から見る限り、双方向的ではないのである。ファーマーらはこれを、インダス文明側で、文字文化の存在を一部のエリートの間だけで秘匿する何らかの意図があったことによるのではないか、と推測する。この説は、一見飛躍があるようにみえるが、『リグ・ヴェーダ』に代表されるインダス文明より後のインドのテクストが、文字によらず、記憶によって伝承されたものであり、このような口承と記憶によるテクスト伝承が文字の使用開始によっても中断されなかった、という南アジア独自の言語文化を十分に意識したものである。文字使用は、読み書きのできるエリートの情報独占による権力集中をもたらしたとされる。しかし、口承と記憶による情報伝達の独占性は、その比ではない。このような形での情報独占を守るために、粘土板という書字素材も含め、メソポタミアの文字文化は秘匿されていたのではないか、とみるわけである。

　この仮説にしても、長文のテクストの欠如の場合と同様、現在までの考古学的発掘の成果がインダス文明の全貌をどの程度明らかにしているのかの判断次第で評価が変わる。たとえば、今後、ハラッパーをはじめとする遺跡群の発掘がもっと進み、楔形文字の粘土板が出土したり、あるいは、長文テクストを刻んだ碑文が発見されたりすれば、いずれも崩壊する仮説であるのは間違いない。ただ、これらが存在しない現時点において、その後の南アジアでの言語文化の特質を思い起こし、それがインダス文明期にすでに確立されたものであったと考えれば、ファーマーらの説にはある程度の説得力がある。以下では、この点を述べる。

9-4 南アジアの口承言語文化

　インダス文明以降のインドの言語文化の中で、文字文化が占める位置はどういうものであったのだろうか。まず、インダス印章を除けば、南アジアでの文字の使用開始はかなり遅い。紀元前3世紀にアショーカ王がその支配下

の全土に不殺生の法勅を伝えるために、インド・アーリヤ系の当時の口語と考えられるプラークリットとギリシア語・アラム語で石に刻ませた文は、現存する文字化テクスト資料としては最も早い時期のものにあたる。プラークリットの表記には、地方により、ブラーフミー文字・カローシュティー文字の2種の表音文字のいずれかが用いられた。この時期以前にインドに文字がなかったとすれば、文字の使用が完全な表音表記ではじまった、という点で特異である。両種の文字はともに、同時代のインド・アーリヤ語を表記するために過不足のない子音字母を備え、加筆による母音区別の仕組みをもつ。これは、文字の使用開始時には音声言語の分析が完了していたことを意味する。字形（特にインド・アーリヤ語に特徴的な子音系列の構成）の観察から、いずれの文字でも字形そのものは西アジア起源の子音表音文字体系を借用し、インド・アーリヤ語の音韻理論に従って、足りない部分については、一部は余分な西アジア文字（QやΘ）で補い、それでも足りない部分には加筆によって新しい文字を追加したものであると推定されている。

　ある言語の文字体系を別の言語に借用して文字文化がはじまる例は世界各地にみられるが、最初から過不足なく表音文字がそろっていることは稀である。たとえば、楔形文字解読の契機となったベヒストゥンの3言語刻文にも表れるアッカド語の楔形文字は、近縁の西アジアの言語の知識を援用して比較的早く解読されたが、当て字による表音表記でこれらの言語に固有の子音Qを、Kと区別なく表記していることから、別の言語、つまり当時はまだ知られていなかったシュメール語からの借用であることが予測された。同じく西アジアの子音表音文字体系を借りたギリシア文字の場合、長い時間をかけて母音字を含むギリシア語表記を確立させたが、各字母の名称のほとんどが西アジアからの借用であるほか、西アジアと同様に数字として使用されたこともあり、アルファにはじまる文字順も維持された。これに対し、ブラーフミー文字では、文字名・文字順とも破棄され、日本には五十音順として伝えられた調音の分類に応じた独自の順序が採用されている。横書きの方向も、西アジアの右からに対し左からと逆転しており、西アジアから借用されたのは基本となった字形だけといってよい。

このため、アショーカ王時代のプラークリットの音声は問題なく実証されるのだが、その後になって文字化された『リグ・ヴェーダ』をはじめとするサンスクリット資料のほうが、どうみてもプラークリットより言語学的に古い、さまざまな音変化に先行する段階であることも明らかになった。つまり、これらのテクストは、文字で書かれはじめる前から口承によって伝承されていたのである。インドの音韻理論と言語理論がこれらのテクストの正確な伝承を保証し、日常言語が音声変化を経てもなお、それらの変化を経る前の時代の言語形であったサンスクリットが保たれた。韻文という形式も、音声言語テクストの記憶保持に役立ったことだろう。W・J・オング（1991）が指摘するように、「声の文化」では一般に韻文のようなリズムパターンをもった言語が用いられ、文字の使用が記憶の制約を取り払うと散文が発達する。しかし、インドでは文字の使用開始後も、近代に至るまで韻文が文学の主流であり続けた。

インドの文字資料には、金属板や石碑に残される刻文資料と、パルミラ椰子の葉（貝葉）に代表される、保存性の悪い媒体による写本資料とがあるが、言語テクストの伝承に用いられたのは後者である。日本にも写経として伝わる写本伝統では、インドの貝葉文書の場合、原典を残すことなく書き継がれたため、現存する最古の資料でも数百年を遡らない。正倉院御物として保存された貝葉文書よりはるかに新しいのである。アショーカ王時代のブラーフミー文字は共通の字体がインド亜大陸全体で使われているが、これらの文字はそれぞれの地域で異なる書体に変化していき、やがて古い刻文資料の字体は忘れられて読むことができなくなった。アショーカ刻文は、その表しているプラークリット自体は後代まで伝えられ理解されたにもかかわらず、字体の変化のため19世紀に「解読」されなければならなかった。これらの地方書体は後に地方言語の表記にも充てられるようになるが、同一の言語（サンスクリット）を表記していた時代に分化がはじまったものが多く、ほとんどの地域文字はサンスクリットの表記にも用いられ続けた。読み上げれば同じ発音になるテクストが、相互に理解できないさまざまな書体で書かれ続けたことは、「権威ある書体」による標準化が進まなかったことを物語る。た

とえば、漢字の場合、筆順はほぼ標準化しているといってよいが、ブラーフミー文字の分化の跡を辿ると、地域ごとに筆順や運筆の向きがかなり異なっていたことがわかる。権威ある音声言語であり発音も含めて標準が定められていたサンスクリットを表す文字として、一定の権威を獲得したナーガリー文字にしても、日本に伝わった「梵字」よりも新しい書体であり、それすらも地域変種を生み出していった。北インドのデーヴァナーガリー文字は、東方変種としてベンガル文字を発達させ、インド中南部では、サンスクリット・地方語両用の地域文字（テルグ・カンナダ文字）に対して、サンスクリット専用の文字としてナンディナーガリー文字が用いられた。アショーカ王時代にブラーフミー文字が伝来した当時はまだインド・アーリヤ系言語が普及していなかったとみられる最南端のタミル語地域では、タミル語に不要な字母を落としてタミル語表記に特化したタミル文字となり、後にインド・アーリヤ系言語文化の影響が強まると、サンスクリットを表記する文字として、ブラーフミー文字の中南部変種をサンスクリット専用の文字として併用し、これがさらに変化してグランタ文字（写本文字）と呼ばれた。この文字も西海岸とスリランカにそれぞれ異なる変種を生んでいる。

　インドの文字文化のもう一つの特徴は、その正書法である。表音文字体系はしばしば語の区切りを表す仕組みをもつ。たとえば、表音表意文字であった楔形文字が字数を減らして純然たる表音文字となったウガリト文字や古代ペルシア文字では、語の区切りを表す記号が導入されており、「語」を拾って読むことができる。古代ペルシア文字で最初に解読されたのはこの区切り記号である。エジプトの子音表音表記の流れを汲む子音表音文字であるフェニキア文字の、最古の遺物として知られるアヒラム王の棺でも、語の区切りは縦の棒で表されている。この種の表音文字体系での区切りの工夫は、分かち書きを用いない日本語の表記体系で、すべてかな書きの文を読む場合の読みにくさを想像すれば、その必要性を容易に理解することができる。しかし、驚くべきことに、同じく表音文字であるインド系文字では近代に至るまで語の単位での分綴が行われなかった。それだけではない。インドの音韻理論は、語の連続に応じた音変化（外連声）を詳しく記述するが、文字表記さ

れるのはこの外連声の適用後の音声であり、同じ語でも前後の語に応じて綴りが変わる。文字表記が「意味のまとまり」を示す機能を犠牲にして徹底的に言語の音声を表記しているのである。「読者」が、書かれたものをもう暗誦していることを前提にして、あくまで記憶の補助として文字が用いられている印象を受ける。

　この種の音声テクスト記憶重視の伝統は、インド・アーリヤ系民族に持ち込まれたと考えるよりは、言語を超えて地域で共通の文化に帰せられる可能性がある。言語的にはインド・アーリヤ系と近縁であるペルシアの言語文化には、これと全く逆の表記習慣があった。アケメネス朝は、楔形文字のアッカド語に代えて、パピルスに書くことができる子音表音文字体系を用いたアラム語を西アジアとエジプトにまたがる帝国の共通語とした。このアラム文字はやがてペルシア語に応用されるが、共通語としてのアラム語の知識が維持されたため、表音文字を用いているにもかかわらず音声を無視してアラム語の単語の綴りが表意的なまとまりとして用いられ、ペルシア語として読むために、一種の送り「仮名」として、ペルシア語の音声の一部の表記が加えられる、という、シュメール楔形文字からアッカド語・ヒッタイト語の表記への楔形文字の応用でみられたのとよく似た工夫が繰り返されたのである。

　以上、文字の使用開始によって言語情報の「記録」が可能になってからも、テクストを「記憶」することの重要性が失われなかった点を、インドの言語文化の一つの大きな特色として挙げた。このような、記憶の容量に限界があることを認識したうえで記憶力を最大限に活用するための工夫は、音声言語のテクストの場合に限らない。ゼロを用いた記数法が「筆算」を可能にしたことはあまりにも有名であるが、この筆算は、記憶した有限個の（1桁の）演算を、あらゆる演算に応用する手続きである。インドでは本来、算盤を用いず、地面に書いた数字を消して計算結果を置き換えていく、という方式がとられた。後に西洋に伝わった筆算が、算盤を駆逐するに際して決め手となったのが、筆算では算盤と異なり途中経過を逐一記録して残しておける点であったことは興味深い。ゼロを用いた記数法はインド全土に伝えられたが、単一の「インド数字」は存在しない。各数字の字形は、文字の場合と同

様に、地方ごとに変化を続けて異なる書体となったからである。因果関係や論理の重視も、記憶の効率的な活用に結びつけることができる。有限個の法律をあらゆる事態にあてはめることができる法律家は、伝統的に（政治家以上に）尊敬される。インドの独立運動の指導者には、ガンディーをはじめとして法律家が多い。近年のIT分野での躍進ぶりも、脳の活用を電脳の活用に置き換えたというようにも見られる。

　一方で、インド文化では文字によって可能になったはずの個別的な事象の記録と蓄積にはあまり関心が向かなかった。東アジアから見て奇異に感じるのは、インドには史書らしき史書が見当たらない点である。高校世界史でのインド史の記述には空白が多いように感じるが、これはひとつには、仏典や外来のムスリム支配下での年代記を除くと、まとまった形での史書がないことによる。寺院などに「縁起」という形で残された断片的な刻文資料を読みあわせる形でなければインド史は再構成できないのである。伝承されてきた神話を別にすれば、人物の伝記も少ない。西洋の文字学で、表意記号が表音性を獲得して「文字」となった証拠として取り上げられるのは、当て字による人名表記であることは先に述べたが、エジプトやメソポタミアでは、文字による言語テクストの出現にも個別の人物の業績の記述が大きな役割を果たしたとみられ、ピラミッドをはじめとして「墓」が文字遺物の宝庫である。これに対し、よく知られるように、ヒンドゥー教徒は火葬した灰をガンジス川に流すのが理想であり、墓を作らない。土葬するとしたら、火葬と散骨の労を取るべき子孫をもたない未婚の死者であり「記憶」にも値しない人物である。

9-5 インダス文字論争のゆくえ

　前節では、ファーマーらの非文字説に同調して、インダス文明が言語テクストを記憶するだけで、文字記録を残さない文明であったとすれば、その伝統はインダス文明後も受け継がれたと考えられる、とする説を展開した。

第 9 章　インダス文明に文字文化はあったのか

　現状ではインダス印章の記号が文字であったかどうかの論争に決着をつけることはできないが、今後の考古学的発掘の進展によって、一気に解読が進展することもおそらくありうる。たとえば、メソポタミアかインダス地域かのいずれかで、楔形文字とインダス印章記号の対応リストが出土する、というような僥倖があれば、論争に簡単に決着がつくだろう。ファーマーらの非文字説の価値は、その答えが出るまでの間の、インダス印章記号の正体がどんなものであるか、それによってどんな意外な事実が導き出されるのかということに関する我々の想像の余地を大きく広げた点にあるように思う。ファーマーらの予想に反して、ハラッパーの詳細な年代記や水牛大王の伝記が見つかったとしたら、本章で展開したような、インダス文明から現代インドへの言語文化の継続性の仮説は、木端微塵に砕け散る。一方で、東アジアや西アジアとは全く異なる表意記号による情報伝達の仕組みが発見されるかもしれない、という期待感も生むし、それが思わぬところに残存している可能性も否定できないのである。

　近代における古代文字の解読史は、ナポレオンのエジプト遠征によるロゼッタストーンの発見と、その後の英仏による争奪にはじまる。解読も、ヒエログリフの表音性を見抜いた英仏研究者の競争となった。勝者は、コプト語の知識を援用してカルトゥーシュの王名以外へも解読を進めることのできたシャンポリオンである。ヒエログリフの解読のためにギリシア文字を応用したコプト文字表記のエジプト語に最初に着目して文法書を著したのは、高位のイエズス会士アタナシウス・キルヒャーであった。しかし、彼はヒエログリフを純然たる表意体系であると思い込み、後に全くのでたらめであると断じられた解読案を発表した人物として記憶されることになった。西洋の文字研究において文字の表音性を強調する伝統には、このヒエログリフの解読史が大きく影響している。しかし、忘れてはならないのは、ルネサンス期に奇書『ヒエログリュピカ』により再発見されたヒエログリフが、キルヒャーに至るまでのルネサンス期の知識人たちに、音声言語に依存することなく情報を共有できるシステムがあるかもしれない、という興奮をもたらしたことである。ロゼッタストーン後の我々は、再びまたこの興奮を共有してもいい

時代に至っているのかもしれない。

参考文献

インド系（の）文字『言語学大辞典』別巻『世界文字辞典』三省堂.
オング，W-J. (1991)『声の文化と文字の文化』藤原書店.
Farmer, S., Sproat, R. and Witzel, M. (2004) The Collapse of the Indus-Script Thesis: The Myth of a Literate Harappan Civilization. *Electronic Journal of Vedic Studies* (*EJVS*), 11-2: 19-57.
Mahadevan, I. (1998) Phonetic value of the arrow sign in the Indus script. *Journal of the. Institute of Asian Studies* 15(2): 69-74.
Mahadevan, I. (2006-2009) The Arrow Sign in the Indus Script. www.harappa.com/arrow
Parpola, A. (1994) *Deciphering the Indus Script*. Cambridge University Press, Cambridge.
Parpola, A. (1988) Religion reflected in the iconic signs of the Indus script: penetrating into long-forgotten picto ＋ graphic messages, www.harappa.com
Parpola, A. (2008) Is the Indus script indeed not a writing system? pp. 111-131. In *Airavati*, Varalaaru.com, Chennai
Wells, B. K. (2007) *Epigraphic Approaches to Indus Writing*. Harvard University Press.

第10章　アーリヤ諸部族の侵入と南アジア基層世界

後藤敏文

マクス・ミュラー（サーヤナ注つき）『リグ・ヴェーダ』出版
ロンドン（1890–1892）より

第 2 部　人々の暮らしを復元する

10-1　インド・アーリヤ語文献の資料的価値

　古代インドの文献はアーリヤ諸部族がインド亜大陸に侵出して以降インド・アーリヤ語で遺したものに始まる。時代としては紀元前 1200 年以前には遡らない。その時代までにはインダス都市文明は既にその生命を終えていた。それにもかかわらず、多量かつ連続して遺されたインド・アーリヤ語文献はその後のインド文明理解の座標軸となる基準資料であり、特に最古の宗教文献群「ヴェーダ」から得られる情報は、インダス文明の考古学的知見を遡って位置づけるために不可欠の視点を提供する。また、ヴェーダ文献の言語は他のインド・ヨーロッパ諸語と共通の祖先から分岐して展開したものであるため、姉妹諸言語との文献学的、歴史的比較検証を軸とするインド・ヨーロッパ語比較言語学の成果によって、ヴェーダ文献から得られる情報をさらに 2000〜3000 年遡って検証することが可能となる。特に、最古の讃歌集『リグ・ヴェーダ』はインド・ヨーロッパ語で著された文献の中でも、まとまった資料としては最古のものであり、その保守的性格と相俟って、紀元前 4 千年紀以降ユーラシアに起きた出来事を理解する上でも基本的情報を提供する。紀元前 4 千年紀から 2 千年紀にかけてユーラシアに展開された事情こそが、インダス文明の交流と消滅をその背景から理解することにつながり、インド・アーリヤ諸部族のインド侵出を理解する鍵となるのである。

10-2　アーリヤ諸部族の侵入とその背景

(1) インド・ヨーロッパ語族

　インド亜大陸に入ったアーリヤ諸部族の言語とイラン系諸部族の言語とは、ヨーロッパの多くの言語と共通の起源から分岐して展開したものである。両者は共通時代を経た後、それぞれに分かれて発展したものであり、

第 10 章　アーリヤ諸部族の侵入と南アジア基層世界

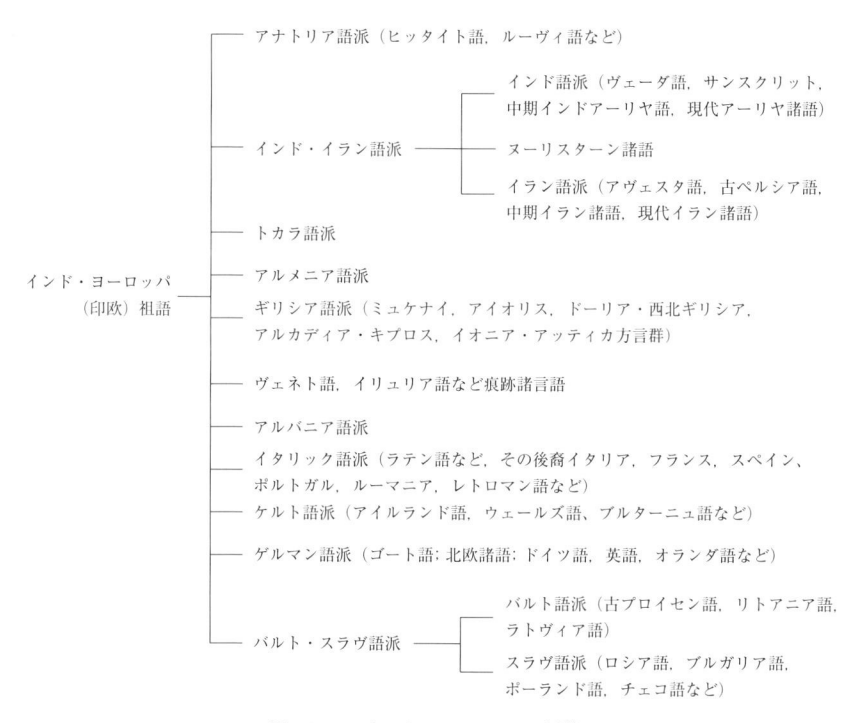

```
インド・ヨーロッパ
（印欧）祖語
├── アナトリア語派（ヒッタイト語，ルーヴィ語など）
├── インド・イラン語派
│   ├── インド語派（ヴェーダ語，サンスクリット，中期インドアーリヤ語，現代アーリヤ諸語）
│   ├── ヌーリスターン諸語
│   └── イラン語派（アヴェスタ語，古ペルシア語，中期イラン語派，現代イラン諸語）
├── トカラ語派
├── アルメニア語派
├── ギリシア語派（ミュケナイ，アイオリス，ドーリア・西北ギリシア，アルカディア・キプロス，イオニア・アッティカ方言群）
├── ヴェネト語，イリュリア語など痕跡諸言語
├── アルバニア語派
├── イタリック語派（ラテン語など，その後裔イタリア，フランス，スペイン，ポルトガル，ルーマニア，レトロマン語など）
├── ケルト語派（アイルランド語，ウェールズ語，ブルターニュ語など）
├── ゲルマン語派（ゴート語：北欧諸語：ドイツ語，英語，オランダ語など）
└── バルト・スラヴ語派
    ├── バルト語派（古プロイセン語，リトアニア語，ラトヴィア語）
    └── スラヴ語派（ロシア語，ブルガリア語，ポーランド語，チェコ語など）
```

図 10-1　インド・ヨーロッパ語族

「インド・イラン語派」を形成する。インド・ヨーロッパ（印欧）語族が携えていた宗教概念や社会理念の多くは進出した各地で先行文化との融和が図られる過程で姿を変えた。父権的な天の神をはじめ印欧語族的枠組みが確認できる一方、彼ら独自の理念がどこまで貫徹されたのかを具体的展開の中に位置づけて確認する作業には予断をはらむ危険があり、容易ではない。印欧語族という概念そのものは音韻対応、音韻法則を基礎とする言語学上のものであり、神話や社会制度の研究も言語研究に基礎を置く。

英語などのゲルマン語派の諸言語をはじめ、ラテン系（イタリック語派）、スラヴ系（スラヴ語派）の諸言語が占めている地域を見れば了解できるように、印欧語族の言語圏は、今日、広範囲にわたっている。しかし、元は黒海

第2部　人々の暮らしを復元する

の西北方に前5千年紀から考古学的に確認される、M・ギムブタスのいう「クルガン」文化、乗馬を伴う父権的遊牧文化に発すると見てよい。印欧語族の拡大は「世界史」という概念の成立へと進んできた人類史に潜む重要な問題と関わっている。

　前2千年紀には各地に文献資料が現れ、諸部族の各地への進出が跡づけられる。おそらく製鉄技術をもつアナトリア（現在トルコのある小アジア）の山岳民を支配下に入れて同地から版図を広げたヒッタイト王国（前17〜13世紀を中心）、ギリシア諸部族のエーゲ海への進出（ミュケーナイ文書は前14世紀に遡る）、ユーラシアの広範な地域におけるイラン系諸部族の活動、インダス上中流域へのアーリヤ諸部族の進出などが続く。インド・アーリヤに属すると思われる一派は紀元前2千年紀半ばにメソポタミアに進出し、ミタンニ王国を建てた。紀元前13〜11世紀には「海の民」が小アジア沿岸からエジプトにかけて来襲する。それまで、火山爆発や地震を挟み、地中海東部の覇権をめぐる部族連合同士の戦争が繰り返されていた。ホメーロスの叙事詩の舞台もこの中に納まる。ヨーロッパ全体に広がっていたケルト諸部族をやがてローマが駆逐し、強大な帝国を築く。ラティウムという集落から出た一握りの若者集団が成し遂げた出来事である。さらに、ゴート族など東ゲルマン諸部族がヨーロッパを席巻し、遅れてフランク族がフランク王国（後5〜9世紀）を築く。同じ頃、5世紀には北ドイツ沿岸からブリテン島へ渡った人々が、ローマに追われて同島にあったケルト系の人々を征服する。ノルマン人の遠征、「新大陸発見」、メイフラワー号（1620年）と、彼らの闘争と拡大は進んだ。スラヴ語派の分岐拡大は10世紀以降になって顕在化する。

　「世界史」は印欧語族の父権的攻撃的拡大に多くを負っている。父権制は闘争を勝ち抜いて部族が拡大するために有効である。ギンブタスは前4000年前後、ドニエプル中下流域に「サティー」の風習を示す墓があることを指摘している。サティーとは、後のヒンドゥー社会において、夫が死ぬと殉死させられた「貞夫人」のことである。

第 10 章　アーリヤ諸部族の侵入と南アジア基層世界

(2) インド・イラン語派、「アリヤ」と「アーリヤ」

　イランは正確には「イーラーン」Irān であり、中期ペルシア語形 ērān(ān) を経由して古イラン語複数所有格形 *ariānām「アリヤ人 arya たちの（国）」から発展したものである（i̯ は母音 i が子音として実現したもの、y で表記することもある）。インドに入った諸部族は別の派生語形「アーリヤ」ā́rya を自称していた。（「イーラーン」は、インド側と同じ「アーリヤ」から出発していたと仮定すると、音韻法則上アーラーン *ārān となるはずである。）これらの語の基になったアリ arí- は「主人」、「敵」などと訳されることが多いが、もともと「部族の成員」を意味し、自分の部族の有力者と敵の部族民とについての用法から翻訳に見られるような見かけを呈するものと考えられる。イーラーンの基となったアリヤ aryá- という語はインドの文献でも用いられ、「部族の成員たる資格をもつ者」を、イラン側に対応形をもたないアーリヤ ā́rya- は「部族成員たる仁義を備えた、部族慣習法に従う」を意味するものと筆者は推測している。ちなみに、漢訳仏典はアーリヤを「聖」と訳す。

　「アーリヤ」の人々は、紀元前 2 千年紀の中頃、アフガニスタン方面から東進し、順次、ヒンドゥークシュ山脈を越えてインダス上中流域に進出したものと思われる。インダス川は『リグ・ヴェーダ』以来 Síndhu-、複数 Síndhavaḥ と呼ばれる。そのイラン語形が Hindu である。新アヴェスタ語 Hiṇdu-、Hapta Həṇdu「七つのヒンドゥ」はともに「インド地域」を意味すると思われ、古ペルシア語 Hiⁿdu- はアケメネス朝支配下のインド地域を指す。Indos、Indus はこのイラン語形から、語頭の h を失う小アジアのイオニア方言を経由してヨーロッパ諸語に入ったものであろう。それぞれの言語に対応する漢語表現が、(1) 身毒、身豆、真定など、(2) 賢豆、乾特、県度などとその異形に基づくかと推測される天竺、天毒、天豆など、(3) 印度、印土などである。

　文献から窺い知られる自然条件や河川名などから判断して、アーリヤの諸部族は、インド進出以前には、マルギアナ（マルグシュ、現メルヴ Merv 付近）、アレイア（ハライワ、現ヘーラート Hērāt 付近）、バクトリア（バクトリシュ、現

299

バルホ Balkh）を結ぶ三角地帯、さらに、南はアラコースィア（ハラウヴァティシュ、現在のカンダハール Kandahar 付近）、北はオクソス川（アム・ダリヤー Amu Dariā, Āmū Daryā,）からアラル海周辺（コワレズミー）にかけての地方にあったと思われる。これらの地方は、ザラスシュトラ Zaraθuštra（ゾロアスター）が新宗教を打ち立てるのに成功した地域と重なる。古い文献から直接推測できる「インド・イラン共通時代」は、前3千年紀末の、これらアフガニスタンを中心とする地方における活動を意味すると言ってよい。ただし、イラン系諸部族は古くからユーラシア一帯を広く移動しており、インド・アーリヤ系と考えられる一派も、前16世紀にメソポタミア北部に進出し、前14世紀後半にヒッタイト王国に併合されるまでミタンニ Mitanni 王国を築いていた。

現在のアフガニスタン、トゥルクメニスタン、ウズベキスタン、タジキスタン、カザフスタンに跨る地方には、紀元前3千年紀から「バクトリア・マルギアナ考古複合」（Bactria-Margiana Archaeological Complex、略称 BMAC）と称される城塞都市をもつ文明の栄えていたことが考古学的に明らかになりつつある。おそらく前3千年紀末頃にはインド・イラン共通時代の人々がこの先進文明に遭遇し、重要な文化要素を取り入れたものと推定される。おそらく強大な先進文明の環境下で、そうした要素を取り入れる必要があったのであろう。社会制度の神々である『リグ・ヴェーダ』のアーディッテャ神群（アスゥラたち）、従ってこれに基礎を置くと考えられるゾロアスター教のアフラ・マズダーも、麻黄（ソーマ、ハオマ）の興奮剤としての使用も、インドラという神名（借用語問題の章参照）もこれに含まれる。ゾロアスター教、ヴェーダのバラモン教の儀礼に共通してみられる要素、たとえば、祭火の礼拝、太陽と祭火との同一視、敷草、ことばの力、などは確実にインド・イラン共通時代からの遺産であり、さらにインド・ヨーロッパ語族の文化を引く要素が大きい。

(3) アーリヤ諸部族のインド侵入

　インド・イラン共通時代より後にアーリヤ諸部族とイラン系諸部族とに起こった変化と、それに先だって、紀元前3千年紀にユーラシア一帯に栄えた文化ネットワークが消滅したこととを考え合わせると、紀元前3千年紀の終わり頃から数百年の間に、地中海とその後背地のヨーロッパから、黒海カスピ海の南側、さらに東方へと逼迫した事態が波及し、アフガニスタンにまで及んだことが推測される。その過程で、ユーラシアの交易は衰退し、インダス文明の諸都市も次第にその意味を失うに至ったものと想像される。前16世紀には地中海に地震が相次ぎ、前15世紀の中頃にはテラ Thera（サントリン島）が壊滅する。前13世紀の末には「海の民」と呼ばれる凶暴な人々が東地中海地方とエジプトを襲い、鉄鋼を生産する山の民を独占していたヒッタイト王国を滅ぼし、鉄と鉄鋼の生産を世界に解放するに至る。インド・ヨーロッパ語族の項で見たように、印欧語諸部族は攻撃的移動拡大の跡を歴史に繰り返し残している。それと軌を一にする攻撃性から判断して、「海の民」にもインド・ヨーロッパ語族に属する者たちが多く加わっていたであろう。数百年にわたる一連の経緯の背後には、そもそも、インド・ヨーロッパ語族の人口増大、移動、植民活動の存在が推定される。さらにその背景に、天変地異と、場合によっては気候変動があった可能性がある。

　アフガニスタンを中心とするインド・イラン共通時代の故地に留まったイラン系の人々の間には、ゾロアスターによる改革が起こる。彼らは、遊牧に代わって定住牧畜を生活の中心に据え、善悪を峻別する厳格な理念によって危機を乗り越えたように思われる。インド・アーリヤの諸部族は、既述のように、故地を離れて東進した。紀元前1500年頃のことと推定されるが、直接の証拠はない。彼らは、カーブル川の峡谷に沿って東へと道を辿るうち、アトック付近でインダス流域に達し、その後必然的にインド亜大陸に進出したというところが真相であろう。彼らは家畜たちの牧草を求めながらやっとのことで東方に新世界を見出したのである。

10-3 『リグ・ヴェーダ』とアーリヤ諸部族

　インドの地に入ったアーリヤの人々が最初に編集した文献が、讃歌集『リグ・ヴェーダ』である。相対年代からは紀元前 1200 年頃のことと想定される。1017 讃歌、1 万以上の詩節が一定の編集方針の下に収録され、今日に伝わる。アーリヤの (残存した) 諸部族は互いに連絡を取り合い、「アーリヤ」としての統一を保っていたものと思われる。伝統的に祭官の各家系に伝えられた讃歌を集めて編集し、宇宙秩序を維持し、部族を繁栄させるための道具として固定した。祭官学者階級はこれらを基に次第に祭式を整備してゆく。「ことば」の重視は彼らの一大特色で、後の時代にまで続く標準語化の強さもこれと関連するであろう。異部族の者たちは「ぞんざいな、はっきりしないことばをもつ者」mṛdhrá-vāc-、「(正しい) 口、すなわち、ことばをもたぬ者」an-ā́s- などといわれる。発語形態のレヴェルにおけることばが重視され、パーニニ文法 (紀元前 4 世紀前半) も単語に区切られた形ではなく、続けて発音された形を問題としている。詩人たちが理法の認識に基づいて「見た」詩句には、真実・事実 (サッテャ satyá-) にかなったことばがもつ実現力が籠もっている。そのような「ことば」がブラフマン bráhmaṇ- の原義である。ブラフマンは後の哲学的思弁の中では、概説書に「宇宙の根本原理」と紹介されるような地位を占めるに至る。『リグ・ヴェーダ』では、宇宙秩序、真理、理法にあたる概念は「はまっている、合っている」を意味する過去分詞リタ (ルタ) ṛtá- で表された。「天則」と翻訳されることが多いが、「天理」が相応しかろう。『リグ・ヴェーダ』の中心をなす動詞は、「インジャンクティーヴ」という、過去・現在などの時の表示や話者の態度表明を伴わない動詞語形である。つまり、既に知られているはずの宇宙秩序、真理や共通体験に「言及」する、歴史を超えた文学と性格づけられる。この意味で、出来事を「報告」する文体によって語られるホメーロスの叙事詩のような「物語」とは性格を異にする。インドに「物語」が出現するのは『マハーバーラタ』まで待たねばならない。この大叙事詩は、紀元前 2〜3 世紀以降順次成立したものと思

第 10 章　アーリヤ諸部族の侵入と南アジア基層世界

われる。

　個々の讃歌の原型は山岳地帯やステップにおけるインド・イラン共通時代の生活に置かれ、定住期をまじえた遊牧・掠奪中心の生活が反映されている。ただし、現存する『リグ・ヴェーダ』讃歌はインダス上中流域で最終的な形を得たもので、当時の詩人が往時の詩を模したものを中心に、独自に作った讃歌や詩行・詩句を交えている。牛、馬、羊、山羊の遊牧を生活の中心に置く移動生活を主とし、おそらく3か月前後の定住期に大麦 yáva- を栽培していた。現実はともかく、彼らは牛によって生きていると信じていた。家畜はいずれもインド・ヨーロッパ祖語に遡る語彙であり、穀物としては大麦が祖語に遡る。小麦は『リグ・ヴェーダ』には現れず、次の時代（アタルヴァ・ヴェーダの一伝承、ヤジュルヴェーダ・サンヒター）に godhū́ma- という形で現れる。語形は文字通りには「牛の煙」を意味し、イラン語形が別であること（新アヴェスタ語 gaṇtuma- など）から、後に伝来した借用語の改変であることが明白である。定住期（kṣéma-）には、後の仏教における「雨安居」を思わせるところがある。雨安居というのは、移動に適さない雨期の2か月または3か月間、教区の僧が、在家者の支援を仰いで一か所に住み、合宿生活を送ることをいう。僧はそれ以外の時期には、乞食生活をしながら（かつてのアーリヤの人々のように）各地を「遊行」する。

　インドに現れる河川名にはインド、イラン共通の名称が見られる。サラスヴァティー Sárasvatī- はアラコースィアのイラン名、古ペルシア語ハラウヴァティシュ Harauvatiš（新アヴェスタ語には現地の方言要素を反映する haraxᵛatī- が現れる）に対応し、「湖、池をもつ（川）」を意味する普通名詞から出たものと思われる。サラユ Saráyu- は、ハームーン湖に流れ込む河川名に遡ると想像されるアレイアの古ペルシア語名ハライヴァ Haraiva- にほぼ対応する。これと、新アヴェスタ語、単数対格形 Harōiium、さらに派生形容詞 hārōiiu-「H出身の」からインド・イラン祖語 *saraiu- が復元できる。スゥヴァーストゥ Suvā́stu- には新アヴェスタ語ホヴァーストゥラー Xᵛāstrā-（現クハーシュルード Xāš-Rūd）が対応する。後肢の名詞語形は若干異なるが、ともに「良い居住地をもつ（川）」を意味する。スゥヴァーストゥは、今日のスワート Swāt 川で、

第 2 部　人々の暮らしを復元する

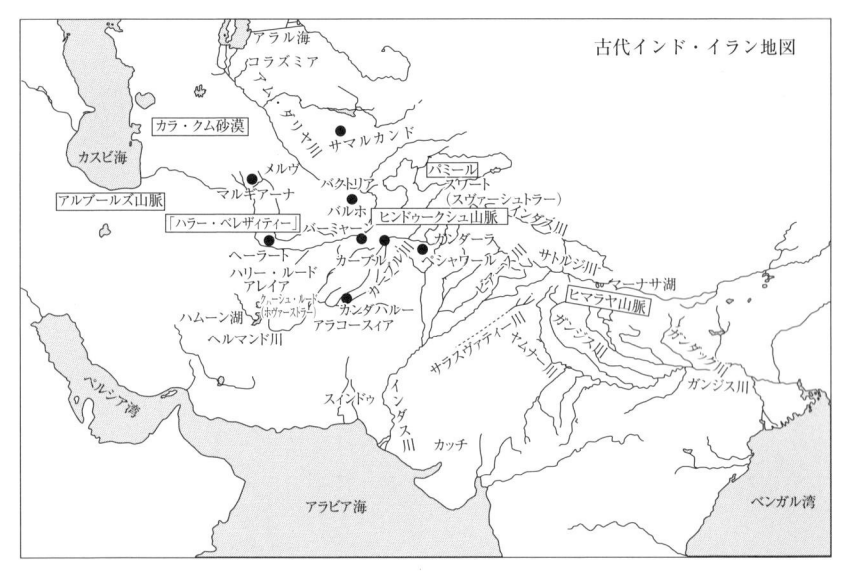

図 10-2　インド・イラン河川名（大修館、月刊『言語』vol. 38, No.4, 2009 年 4 月号 p. 69 から一部改変。）

カーブル Kābul（リグ・ヴェーダではクブハー　Kúbhā-）がアトック Attock 付近でインダス川に合流する少し手前で西方北側からカーブルに合流する。クハーシュルード、ハライヴァ、カーブルの三河川群の源流は、隣接しており、いずれかの河川を遡って進めば、高度 3000 m 程の峠を越えるだけで平原に出る。クハーシュ・ルード、ハライヴァ、サラスヴァティー、ハリー・ルードはいずれも、内陸で没する（図 10-2）。

　インド・イラン共通時代、そしてインド・アーリヤの諸部族は遊牧民の常として基本的な財産、技術の維持携行を重んじなかった。革鞣し、飲食物調製などに携わる技能者は一括して「努め励む者」śámitar- の名で表された。例外的に、インド・ヨーロッパ祖語に遡る tákṣaṇ-「大工」（ギリシア語 téktōn）があり、さらに、肉切り職人に遡ると推定されるトヴァシュトリ Tváṣṭar-（Tváṣṭr-）が神名として現れる。アーリヤ部族の神トヴァシュトリはリブフ Ŗbhú- と総称される 3 人の神々が良質の木材から四つの立派な杯を製作する

第10章　アーリヤ諸部族の侵入と南アジア基層世界

のを見て恐れ、女たちの中へ身を隠してしまう。リブゥたちはソーマの質にも詳しく、本来アーリヤ社会の外にあった異部族の技術者に遡ると推定できる根拠がある。語源的にはギリシア語のオルペウス Orpʰeús と同起源であり、「小さい者、(社会的)弱者」から出発していると推定される。ヴェーダ時代には戦車と織物とが技術の粋であったが、戦車職人の身分は、後の時代に至るまでアーリヤの人々の外に置かれていた。織物はアーリヤ社会の女たちの担当領域であった。少し後の散文文献の語るところによれば、轆轤を用いる焼き物は「アスゥラ的」であり、土器職人はシュードラとされる。祭式用の焼き物を製作する場合にはアーリヤの祭官が往時の原始的な製法によって造る。このことは、日常生活には「異部族」が作った、より上質の焼き物を用いていたことを示唆する。金属器についても同様のことがいえるであろう。ちなみに、アスゥラはもともと「首長」を意味し、第一義的には『リグ・ヴェーダ』の制度神アーディッテャたちの筆頭ヴァルゥナ(王権の神格化)のエピテートであり、ゾロアスター教の主神アフラ・マズダーの「アフラ」に対応する。しかし、インドでは恐れられ、ヴェーダ散文文献(「ブラーフマナ」)においては、アーリヤの人々に敵対する部族を護る「神ならざる神、魔神、悪魔」の意味で、彼らマヌの子孫たちを護る神々、デーヴァたちと対置される。後の仏典における「阿修羅」はこのアスゥラを引き継ぐ。シュードラはアーリヤ社会を形成する上位3階級、祭官(ブラーフマナ)、武人王族(クシャトリヤ、ラージャニヤ)、庶民すなわち農工商民(ヴァイシャ「部族の民」)の下に置かれ、独立した権利をもたず、アーリヤに奉仕する階級の総称である。

『リグ・ヴェーダ』に見られるアーリヤ諸部族はしばしば「牛探し」と称する略奪行、遠征を行った。季節的には春先、夏などが確認されるが、河川に水が戻る前の乾期に、干上がった河床を利用して移動したものと思われる。「七つの秋の防御柵(プル púr-)」という表現からは、農作物の収奪行が推測される。

『リグ・ヴェーダ』に描かれる具体的な地理的情報は少ないが、インダス流域からサラスヴァティーへ進出し得たことが彼らの生存拡張にとって決定

305

第 2 部　人々の暮らしを復元する

的な契機であったと推測できる。後に見るように、サラスヴァティーこそが彼らのインドの地における本拠地、故郷となる。「十王戦争の歌」として知られる VII 18 はヴァスィシュタ Vásiṣṭha を祭官として擁するトリッツ族のスダース王がインダスの一支流パルシュニー Páruṣṇī（現ラーヴィー Rāvī 川）をめぐる戦いにおいて十王の連合軍を破ったことを背景としている。連合軍の側にはアーリヤの部族名と思われるもののほか、異部族と思われる名も挙げられている。スダース王は別の箇所（III 33）において、ヴィシュヴァーミトラ Viśvámitra を祭官としてバラタ Bharatá の一族を率い、インダスのさらに東側の支流であるシュトゥドリー Śutudrī（現サトルジ Sutlej, Satluj）とヴィパーシ Vípāś（現ビアース Byās, Beas）の流域に至り、この地を確保して両河を渡り果せている。

　IV 30, 8-11 には、祭官ヴァーマデーヴァ Vāmádeva の支援する（または、率いる）部族がヴィパーシの畔で女族長に率いられる現地の部族を打ち負かしたことが暗示されている。「この勲をもまた、つまり君は、インドラよ、成し遂げた、雄々しい行為を、君が恐ろしく気を荒立てる女を打ち殺したという、天の娘を。天の娘であったとしても、つまり、君は、偉大な者よ、尊大にふるまうウシャス（曙の女神）を、インドラよ、粉砕した。ウシャスは粉砕された荷車から、そう、逃れ去った、牡牛（インドラ）が彼女を突き倒すことになると恐れて。ここに彼女の荷車は横たわっている、完全に粉砕されてヴィパーシの［畔］に。走り去った、［彼女は］かの最果ての地へ」。アーリヤ系の部族は女性に率いられることはない。おそらく遭遇した現地の母系的部族との抗争をいうものであろう。女性部族長は「天の娘」を自称し、詩人はそれならば曙の女神ということかと皮肉を込める。ウシャス「曙」はギリシア語のヘオース、ラテン語のアウローラなどと同一の語源に遡り、「天の娘」と呼ばれるからである。アーリヤの支配者、祭官は戦車に乗って移動することを原則とする。女子供は荷車を用いたらしい。ここでは、現地の女部族長が荷車を用いている。この『リグ・ヴェーダ』に語られる領土争いは、後の二つの散文文献（紀元前 800 年頃）に語られるヴァーマデーヴァと女部族長（または祭官）の戦車競争に語られる伝説と同一の「史実」に言及する

ものと考えられる。そこでは、女性はクスィターイーKusitā́yī またはクスィダーイーKusidā́yī という名であるが、明確に非アーリヤ語である。アーリヤ系の語であれば、u の後で s は ṣ（反屈音ṣ）に変化するが（ruki の法則）、ここでは s が現れるからである。t〜d の揺れも現地の言葉を写した際に生じたものであろう。戦車競争は部族間の紛争（テリトリー争い）決着に用いられた手段の一つである。伝承では、クスィターイーは体当たりによってヴァーマデーヴァの戦車を壊そうとするが、ヴァーマデーヴァは膝の上に置いていた部族の火に目をやり、現在『リグ・ヴェーダ』に収録されている一讃歌を「見る」（つまり、作る）。すると火が全面展開の布陣をとってクスィターイーに焼きかかり、彼女はクスィタ（またはクスィダ）の池に逃げ込んだ。移動の際には、部族長または筆頭祭官が戦車に乗り、部族の火を保持していた。ヴァーマデーヴァが膝の上に置いていた火は、移動期に異部族と遭遇したことを象徴的に表している。

10-4 ヴェーダ文献群とアーリヤ諸部族東進の記録

「ヴェーダ」はバラモン教聖典の総称で、「（ものを実現する）知識」の意味に由来しよう。ドイツ語 wissen「知っている」、ギリシア語のイデア、ラテン語から現代諸語に移入された video などの基にある動詞「知る、気づく」から作られた名詞である。讃歌の各詩節をリチ ŕc- と呼び、神々への讃歌を集めた聖典の意味でリグ・ヴェーダ Ṛgveda と名付けられていた。「リグ」はリチに有声音が後続する時にとる形である。伝承は文字を介さず口伝により、祭官階級によることばの文化、文書の独占を可能にした。『リグ・ヴェーダ』を伝承したのは祭官職「ホートリ（ホータル）」Hótar- の家系である。ホートリは「（祭火にバターなどを）注ぎ献ずる人」を意味し、イランのザオタル Zaotar-「祭官、司祭」にあたる。ゾロアスターは自らをザオタルと称している。『リグ・ヴェーダ』が最初に編集された後、アーリヤ諸部族の祭官たちは（おそらくアドヴァリュ Adhvaryú- と呼ばれる、祭式の具体的実行を司った祭官

第2部　人々の暮らしを復元する

たちの主導の下に）大規模祭式から順次整備をはじめ、各種の祭官専門職を動員して役割を与え、祭式に必要な道具としてまず祝詞（マントラ）を集成した。アドヴァリユ祭官たちは引き続き、紀元前800年頃から、マントラの効力を保障し、祭式の実行、構成を理論化するための神学テクスト「ブラーフマナ」を編集する。これらの散文文献から、当時の生活実態が『リグ・ヴェーダ』より一層明確になる。それでも限られた枠組みで語られる制約があり、実生活の把握には後の仏典、特に語り物であるジャータカなどの助けを借りる必要がある。

　ブラーフマナ文献（ここでは、ヤジュルヴェーダ・サンヒターのbráhmaṇa-部分と、Bráhmaṇaという名を冠する独立テクストとを合わせて呼ぶ。紀元前800〜600年頃）の時代には、アーリヤの諸部族は既にインダス流域を東方へ越えて拡大し、サラスヴァティーを拠点としてさらに植民活動を進めた。『リグ・ヴェーダ』時代に、サラスヴァティー流域をテリトリーとして確保し得たことがアーリヤ諸部族のその後の展開を可能にした、極言すれば歴史から消えずにすんだ契機となっていたように思われる。以後、サラスヴァティー流域はアーリヤ諸部族の故地と見なされ、サラスヴァティーは聖なる川となる。

　『シャタパタ・ブラーフマナ』にはヴィデーハ国の建国神話が収録されている。部族長ヴィデーガ・マータヴァ Videghá- Māthavá- は部族の火を口の中に保っていた。マータヴァの名はギリシア神話のプロメーテウス Promētʰeús につながり、天上の火を盗む古いインド・ヨーロッパ語族の神話の反映が見られる。彼に筆頭祭官（プローヒタ）ゴータマ・ラーフーガナが話しかけてもマータヴァは答えない、「皆に属する火が、私の口から漏れ落ちてはならない、と考えて」。祭官が「液体バター」という語を含む『リグ・ヴェーダ』の詩句を唱えかけると、火はヴィデーガの口からこぼれ出て、大地に達する：

> その時、ヴィデーガ・マータヴァはいた、サラスヴァティー［川］のところに。それは、その場所から、東へ向かって燃えつつ、進んでいった、この大地を。

第 10 章　アーリヤ諸部族の侵入と南アジア基層世界

　ゴータマ・ラーフーガナとヴィデーガ・マータヴァとは、燃えているそれに従って、あとから行った。それはこの（地上の）一切の川たちを越えて燃えた。 ── サダーニーラーというのは北の山から流れ出している（現在のガンダック川 Gandak に比定される） ── それを（火は）越えて燃えなかった。そういうその［川］を、以前は、婆羅門たちは渡らないものだった、「皆に属する火によって、（この川は）越えて焼かれなかった」と考えて。そこより東に、今は、多くの婆羅門たちがいる。そこは、まさしく、どちらかといえば居住に向かなかった、まさしく、どちらかといえば水っぽかった、「皆に属する火によって「おいしく」されていない」という（訳で）。そこは、だが、今は、まさしく、どちらかといえば居住に向いている。婆羅門たちが、また、今やそれを祭式たちによって「おいしくした」のだから。それ（サダーニーラー川）は、炎暑の後半でさえ、まさしく、［ひとを］震え上がらせる。それほど冷たい。皆に属する火によって、越えて焼かれなかったから。そこで、ヴィデーガ・マータヴァは言った「私はどうしたらよいのか」と。「ここよりも東方に君の居場所がある」と（火は）言った。その（川）は、今でも、コーサラとヴィデーハの人々（国）の、この境界線である。彼ら（この両側にいる人々）はマータヴァの子孫であるから。

　「おいしくする」という語は焼き畑によって作物、牧草を耕作することをいうもので、野生動植物への忌避や「神々は熱によって調理されていない食物は食さない」とする観念と並んで、彼らの「文化主義」を示す表現である。焼き畑と耕作の実態はブラーフマナ文献から回収できる。新開地は「新しく焼いた土地」navadává- と呼ばれる。さらに、「新しい入植地」návāvāsana- 参照。「世界」を意味するローカ lóka- は語根 roc / ruc「光を放つ」からの派生名詞であり、もともと、ドイツ語で「光」とともに、林間の火をかけて焼き払った土地を意味するところの 'das Licht' に当たる可能性が高い。「夜は祭火の届く範囲が世界（ローカ）である」という言辞を考え合わせると、原意は「光の当たる場所」あたりに求められよう。ちなみに、日本語の「世間」は仏典に現れるこの語の複数所格形 lókeṣu に由来する。

　アーリヤの諸部族は『リグ・ヴェーダ』以来、子孫繁栄、家畜の増大に意を注ぐこと急で、彼らの拡大の背景には人口増大が考えられる。同時に、

第 2 部　人々の暮らしを復元する

「アーリヤ」の語は「部族の生活習慣に従う」を意味し、必ずしも血族に基づく単一部族社会を意味しないと考えられる。この一種の普遍主義がアーリヤ文化とインド・アーリヤ語による標準語化に果たした役割は軽視できない。アーリヤ諸部族の植民活動については複数の言及が回収できる。カタ・サンヒター、バウダーヤナ・シュラウタスートラは東方への拡大に言及し、マイトラーヤニー　サンヒターは南への進出を記録する。ジャイミニーヤ・ブラーフマナには北へ息子たちを派遣する記述が見られる。タイッティリーヤ・サンヒターは長男を派遣すると言い、アイタレーヤ・ブラーフマナほかに伝わる「シュナハシェーパの物語」では 100 人の男児のうち、年長の 50 人が追い出され、新天地を求める。ヴェーダ祭式においては、理念上の舞台が往時の移動時代の生活に置かれ、植民活動が模倣的に再現される。ブラーフマナから古ウパニシャッドにかけての時代には、アーリヤ諸部族は、上記のヴィデーハ建国譚に見られるように、ガンジスの北岸に沿って今日のビハール地方にまで広がっていた。ガンジスの南岸にアーリヤ文化が拡大するのは仏教、ジャイナ教興起の時代（紀元前 5 世紀後半）であり、マガダの建国と関わる。

10-5 ヴェーダ文献における借用語の問題

　インダス文明の諸都市を営んでいた人々の系統問題は未解決と思われるが、一般書には、現在南インドを中心に生活するドラヴィダ語族に属する人々が中心であったと説明されることが多い。ドラヴィダ語族の記録が現れるのは、前 3 世紀以降のタミル語碑文、紀元後 1～3 世紀のタミル語文献まで待たねばならない（第 13 章を参照）。これよりはるかに遡る時代に、ドラヴィダ語族の人々がインダス文明を担っていたことの傍証として、しばしば、ヴェーダ文献中にドラヴィダ語からの借用語があると指摘される。ただし、説得力のある具体的な語形は一切挙げられない。現実には、ヴェーダ語と呼ばれる古インド・アーリヤ語の古い段階、少なくとも『リグ・ヴェーダ』に

第 10 章　アーリヤ諸部族の侵入と南アジア基層世界

はドラヴィダ語起源であることが確かな単語は一つも知られていない。せいぜい、『リグ・ヴェーダ』に一度現れ、その後も稀に用いられる飲料名 kīlāla- がタミル語 kiṟāan「凝乳」を根拠に、ドラヴィダ語起源とされることがある程度である (Dravidian Etym. Dic., 2nd ed. 145a)。これまで議論に上った、たとえば ulúkhala-「臼」(cf. タミル語 ulakkai「杵」)、músala-「杵」、lā́ṅgala-「鋤」(タミル語 ñāñcil) などは、語派を越えて借用された起源不明の文化語である可能性が高い。「鋤」についてはオーストロアジア語族に属するクメール語 aṅkǎl、サンタリ語 nahel もこれに加わる。kávaca-「鎧」～タミル kavi[-v-, -nt-]「覆う」、カンナダ語 gavasaṇi「覆い」も同様に判断されようか。mayūra-(『リグ・ヴェーダ』に mayū́rī-「雌クジャク」が現れる。タミル語 mayil など) をはじめ、特に『アタルヴァ・ヴェーダ』以降の動植物名に多く見られる類似語についても語源を確定することは困難である。ヴェーダ語はアーリヤの文語伝統を厳密に守った保守的な文献ではあるが、それにしても、古い時代には他の言語、特にドラヴィダ語族との接触が少なかったことを窺わせる。

　ドラヴィダ語起源 (*mīn、上掲書 436b)) と考えられる mīna-「魚」は派生語 mainālá-「漁師」に基づいてヤジュルヴェーダ・サンヒターのマントラ (紀元前 1000 年頃) 以来在証されることになる。nágara-「居所、家；町」はタミル語 nakar「家、居所、宮殿、寺院、町」、マラヤーラム語 nakar「町」、テルグ語 nagaru「宮殿」などに見られるドラヴィダ語からの借用語である可能性が高いが (同書 314a)、ブラーフマナ以降の文献 (紀元前 7 世紀以後) になって初めて現れる。ブラーフマナ以降の借用語としては、さらに、kuṭumba-「家計、家庭」～タミル語 kuṭaṅkar「小屋、家屋」、kaṭumpu「間柄」(ヴェーダ語より後に現れる kuṭī-「小屋」～タミル語 kuṭi「家、我が家」参照)、caṇḍataka-「短いスカート」～タミル語 callaṭam「短い下着」、tarasa-「生肉」～タミル語 tacai「肉」が挙げられる。『アタルヴァ・ヴェーダ』以来在証される kaṇṭha-「喉」はカンナダ語 gaṇṭ(a)lu, gaṇṭala「喉」などから導かれ (同書 127a)、さらにムンダ祖語に遡るとする説もある。逆にタミル語 kūval「穴」などは『リグ・ヴェーダ』以来の語 kū́pa-「穴、洞穴」からの借用語とされる (同書 174a)。

第 2 部　人々の暮らしを復元する

　先に挙げた『シャタパタ・ブラーフマナ』のヴィデーハ建国譚に現れる河川名サダーニーラーはドラヴィダ語起源と説明されることが多い。「ニーラー」の部分を、後のサンスクリット語中性名詞 nīra-「水」から導き、この語がタミル語、カンナダ語、マラヤーラム語 nīr「水」、ブラフイ語 dīr などを根拠にドラヴィダ語からの借用語と見られるからである。しかし、筆者が別の箇所で指摘したように（『インド考古研究』26, 2005, 184f.）、*Sadānīlā-「常に青黒い」の r 方言形と考えた方が語形、アクセントなどをも含めて自然である。
　マイルホーファーは「古インド語におけるドラヴィダ語の基層」という論文で教授資格を得、最初の語源辞典 Kurzgefaßtes etymologisches Wörterbuch des Altindischen（1951-1976）、特にその前半部では借用語説を多く採用した。しかし、面目を一新すべく取り組んだ Etymologisches Wörterbuch des Altindoarischen（1986-2001）では、インド・ヨーロッパ語起源として分析できる可能性をまず試み、借用語説は後退した。バロー、エメノーの『ドラヴィダ語語源辞典』においても、第二版ではドラヴィダ起源説は慎重な記述となっている。文献の年代が下がるために困難があるが、ドラヴィダ語、ムンダ語の研究者の側からの、たとえばカイペルの一連の研究、特に『リグ・ヴェーダにおけるアーリヤ人』に集められた借用語とその構造に関する資料などの検証が望まれる。
　最近注目されているのは、むしろ、インド・イラン共通時代に先進文化から受けた影響、具体的には、インド・イラン語派の項で触れたバクトリア・マルギアナ考古複合からの影響である。ただし、証拠はすべて状況証拠にのみ基づく。ルボツキー、ヴィッツェルなどによって、ソーマ Sóma（イランのハオマ）の圧搾喫飲、インド・ヨーロッパ語の文節構造に合わない神名インドラ Índra（i、n、r が母音または子音として実現する際に働く音節構造上の法則に従えば、*yadra- または *yan(d)ra- となるはずである）などが BMAC から取り入れたものと指摘されている。筆者は、上述の社会制度の神々アーディッテャ（ヴァルナ、ミトラ、アリヤマン、バガなど七神）を BMAC の支配権下でインド・イラン諸部族が受け容れざるを得なかった制度の名残であると考えてい

る。アーディッテャĀdityá-「アディティの息子たち」の母であるアディティÁditi-「無拘束の女、自由の女神」とアヴェスタの女神アナーヒターAnāhitā-「結び付けられていない女」の背景に BMAC の女神の存在があり、インド側とイラン側のそれぞれにおいて翻訳借用されたものと推察している。アディティとアーディッテャたちの系譜にははっきりした母系の痕跡が遺されている。『リグ・ヴェーダ』以来有名な「プルーラヴァスとウルヴァシーの物語」の背景にも、パニ族の城塞 Valá- の背景にも BMAC とその巨大な城塞都市の記憶が遺されている可能性がある。これらの諸点については、2011 年 10 月に総合地球環境学研究所で催されたシンポジウム Beyond Collapse: Transformation of human-environmental relationships, past, present and future への寄稿を参照されたい。

10-6 アーリヤ諸部族の侵出と先住諸部族

　ヴェーダ文献の中にインダス都市文明への言及と思われる事項は具体的に指摘することができない。BMAC の記憶を留めるものが示唆されることを考え合わせると、インド・ヨーロッパ語族のうち、イラン系諸部族と東方へ進出したインド・アーリヤ系諸部族がユーラシア都市文化ネットワークに遭遇したのは、彼らがバクトリア、マルギアナの文化圏にあった時であり、インド亜大陸に進出した時代には、インダスの諸都市とそのネットワークは既に消滅していたと考えるべきであろう。アーリヤの諸部族は山麓（および、タール砂漠方面）の比較的乾燥した地帯を移動したものと思われ、「文明」には興味がなく、遊牧に適した空いた草地を求めて移動したものと思われる。従って、もとより遭遇の機会は少なかったと考えられるが、問題となるのはサラスヴァティー流域である。そこにおいても、インダスの都市は既に機能していなかったであろうが、先住民との抗争、技術をもった土着の部族との接触があったことが暗示されている可能性がある。プル púr-「砦」と呼ばれる敵の防御設備は城塞ではなく、木の杭などで作った仮設の柵に過ぎないこ

とをラウの研究は示している。もっとも、アーリヤの人々がインドの地で具体的に作りまた経験した「プル」がまさにそのようなものであったとしても、インドラや火神アグニが「プルを破砕する者」puraṃ-dará- と呼ばれる際、かつて BMAC の本格的な城塞に遭遇した時に作られた語彙ないし記憶の上に、彼らがインドの地で目にしたインダス都市の名残が重ねられている可能性は全くないとは言い切れないであろう。『リグ・ヴェーダ』は同一の詩句に、宇宙の出来事、実生活上の事柄、歴史、神話などを重層的に重ね合わせた文学であることを忘れてはならない。

　インド・ヨーロッパ語族の古文献には、遭遇したその土地々々の女系社会、女性原理との融和を図り、その要素を父権的イデオロギーの下に取り込みながら理論化していった経緯が看取される。領土拡大と彼らの攻撃的理念は父権的イデオロギーに支えられていた。紀元前 1200〜500 年頃に編集されたヴェーダ文献群は紀元前 4500 年以来のインド・ヨーロッパ語族拡大の理念（父権制による攻撃的政治経済）と歴史の記憶を留める。（さらに、後にそれを一層効果的に機能させたのは一神教というイデオロギーである。）

　社会の上部構造においてはアーリヤ諸部族の理念は貫徹された部分が大きい。しかし、実際の庶民の生計生活は比較的後の時代まで、インダス文明の時代からさほど変わらなかったのではなかろうか。ユーラシアの文化ネットワークが消滅し都市や国際交易がその意味を失った後は、都市を抱えていたインダス時代の人々は、それ以前の時代にもそうであったように、村落単位で生活を続け、生活の根本的あり方はアーリヤ文化によってそれほど深い影響を受けなかった可能性がある。技術財産の蓄積と大きな革新とを重んじないことはインド社会に共通する性格と思われる。文化の上層部分におけるアーリヤの標準化の圧力は確かに大きかった。それは特に標準語の圧力に著しい（「サンスクリット化」）。しかし、その言語の中にもインド的基盤が今日まで生きているように思われる。アーリヤ系、ドラヴィダ系などを問わず、またインドの現代英語にも、反舌音 (retroflex)、音節の長短をはっきり対比させる早口のリズムなど、汎インド的現象が見られる。これは、アーリヤ諸部族進出以前の基層 (substratum) の残存を思わせる。（基層言語的要素は母親

第10章 アーリヤ諸部族の侵入と南アジア基層世界

側の系統を引くという指摘がある。）ただし、インド・アーリヤ語に反舌音が現れる音韻の環境、条件そのものは、多くの場合音韻法則に基づく（後藤敏文『インド考古研究』26, 187f. 参照）。ヒンドゥー教の成立にはヴェーダ以来の祭式とその理論的枠組みに由来する構造が見出せるが、個々の要素の中には「基層」から取り込まれたものも多いであろう。そのような「基層」がインダス諸都市文明を担った人々と関わる可能性は、現在までのところ、大きいであろう。

参考文献

後藤敏文（2005）古インド＝イラン語文献学から．インド考古研究．26: 179-191.
─── （2004）人類と死の起源—リグヴェーダ創造讃歌 X 72．佛教文化学会十周年，北條賢三博士古稀記念論集『インド学諸思想とその周延』pp. 415-432 山喜房，東京.
─── （2008）部族の火の東進——『ヴェーダ』の神話，儀礼とその歴史的背景．『環境変化とインダス文明 2007年度成果報告書』pp. 127-140 総合地球環境学研究所プロジェクト H-03（プロジェクトリーダー長田俊樹）.
─── （2010）ぶじ往還の記．『インダス・プロジェクト ニュースレター』7, pp. 2-8.
Burrow, T., Emeneau, M. B. (1961-1968) *A Dravidian Etymological Dictionary*, Clarendon, Oxford. Second Edition.
Gimbutas, M. (1991) *The Civilization of the Goddess*. Edited by Joan Marler, Harper, San Francisco.
Gotō, T. (2000) Vasiṣṭha und Varuṇa in RV VII 88 −Priesteramt des Vasistha und Suche nach seinem indoiranischen Hintergrund−. pp. 147-161. In Forssman, B., Plath, R. (eds.), *Indoarisch, Iranisch und die Indogermanistik. Arbeitstagung der Indogermanischen Gesellschaft vom 2. bis 5. Oktober 1977 in Erlangen*. Reichert, Wiesbaden.
─── (2000 [2001]) "Purūravas und Urvaśī" aus dem neuentdeckten Vādhūla-Anvākhyāna (Ed. Ikari). In Hintze, A., Tichy, E. (eds.), *Anusantatyai. Festschrift für Johanna Narten zum 70. Geburtstag*. J. H. Röll, Dettelbachu.
Gotō, T. (編集中) Observations about *Āryas*' migration into India. In *Beyond Collapse: Transformation of Human-Environmental Relationships, Past, Present and Future*. Research Institute for Humanity and Nature, Kyōto.
  → Witzel-Gotō.
Kaegi, A., (1881) *Der Rigveda. Die älteste Literatur der Inder*. Otto Schulze, Leipzig.
Kuiper, F. B. J. (1991) *Aryans in the Rigveda*. Rodopi, Amsterdam.
Lubotsky, A. (2001) The Indo-Iranian substratum. Early Contacts between Uralic and Indo-European: Liguistic and Archaeological Considerations. pp. 301-317. In *Papers presented at an*

international symposium held at the Tvärminne Research Station of the University of Helsinki 8–10 January, 1999. Suomalais-Ugrilainen Seura, Helsinki.

Mayrhofer, M. (1951–1976) *Kurzgefaßtes etymologisches Wörterbuch des Altindischen*, I–IV, Carl Winter, Heidelberg.

——— *Etymologisches Wörterbuch des Altindoarischen*, I–III. Carl Winter, Heidelberg.

Oldenberg, H. (1917) *Die Religion des Veda*. 2. Auflage, J. G. Cotta, Stuttgart und Berlin.

Pinault, G.-J. (2006) Further links between the Indo-Iranian substratum and the BMAC language. pp. 167–196. In Tikkanen, Hettrich, H. (eds.), *Themes and Tasks in Old and Middle Indo-Aryan Linguistics*. Papers of the 12th world Sanskrit Conference, Vol. 5. Motilal Banarsidass, Delhi, 2006.

Osada, T., Witzel, M. (eds.) (2011) *Cultural Relations between the Indus and the Iranian Plateau during the Third Millennium BCE*. Indus Project, Research Institute for Humanities and Nature, June 7–8, 2008. Harvard Oriental Series, Opera Minora, Vol. 7, Cambridge, Mass.

Rau, W. (1957) *Staat und Gesellschaft im alten Indien. Nach den Brāhmana-Texten dargestellt*. Harrassowitz, Wiesbaden.

——— (1976) *The meaning of pur in Vedic literature*, Abhandlungen der Marburger Gelehrten Gesellschaft, Jahrgang 1973, Nr. 1, W. Fink, München.

——— (1997) The Earliest Literary Evidence for Permanent Vedic Settlements. pp. 203–206. In Witzel, M. (ed.), *Inside the Texts, Beyond the Texts*. Harvard Oriental Series, Opera Minora 2. Cambridge, Mass.

Sarianidi, V. (1896) *Die Kunst des alten Afghanistan*, VEB E. A. Seemann, Leipzig.

Witzel, M. (2005) Central Asian Roots and Acculturation in South Asia: Linguistic and Archaeological Evidence from Western Central Asia, the Hindukush and Northwestern in South Asia for Early Indo-Aryan Language and Religion. pp. 87–211. In Osada, T. (ed.), *Linguistics, Archaeology and Human Past*. Indus Project, Research Institute for Humanity and Nature, Occasional Paper 1, Kyoto.

Witzel, M., Gotō, T. (2007) *Rig-Veda. Das heilige Wissen. Erster bis zweiter Liederkreis*. Aus dem vedischen Sanskrit übersetzt und herausgegeben von Michael Witzel und Toshifumi Gotō unter Mitarbeit von Eijirō Dōyama und Mislav Ježić, Verlag der Weltreligionen, Frankfurt a. M.

第3部
現代へのつながりを辿る

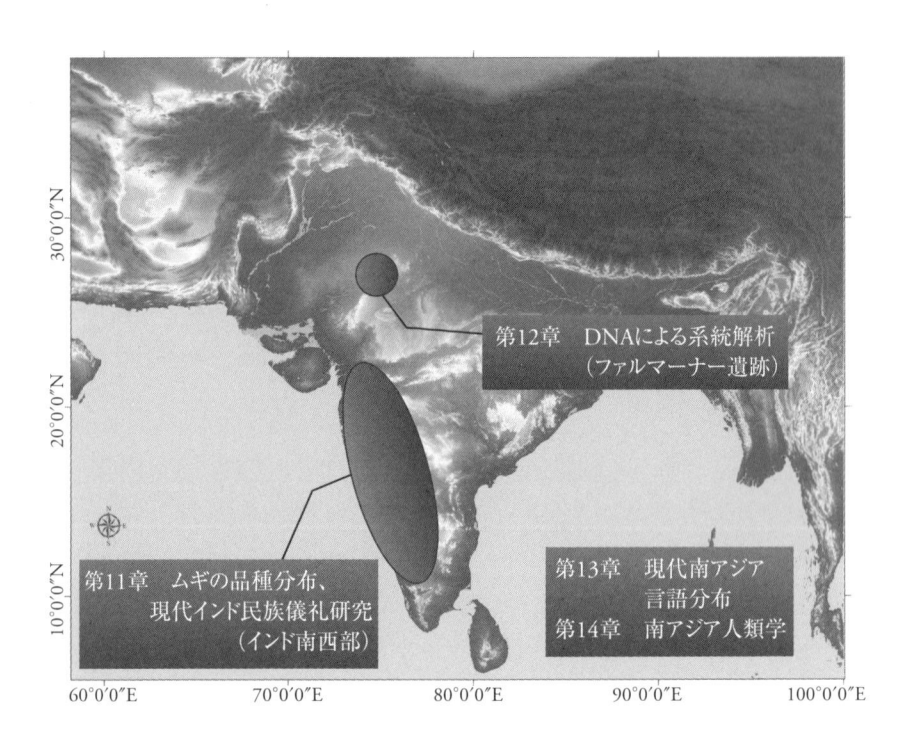

第11章　ムギの品種分布、
　　　　現代インド民族儀礼研究
　　　　（インド南西部）

第12章　DNAによる系統解析
　　　　（ファルマーナー遺跡）

第13章　現代南アジア
　　　　言語分布
第14章　南アジア人類学

第 11 章　インド冬作穀類の起源と変遷

大田正次・森　直樹

エンマーコムギの手延べ麺（シャーヴィゲ）を手際よく作る女性たち：
カルナータカ州

インド亜大陸にはじつにさまざまな作物が栽培され利用されている。阪本（1991）に従ってこの地域で栽培される作物の特徴を見てみよう。阪本によると、世界で栽培される作物が野生祖先種から栽培化された起源中心地は次の七つの地域にまとめられる。

(1) 西南アジア・地中海：地中海周辺より中東に至る地域
(2) アフリカ：西アフリカとエチオピア高原を中心とする、サハラ砂漠南縁に広がるベルト状の地帯
(3) 中央アジア・インド：中央アジアからインドにかけてのステップ帯あるいはサバンナ帯の地域
(4) 中国：中国南部を除く中国大陸とその周辺の島嶼部を含む地域
(5) 東南アジア：中国南部・アッサム以東の東南アジア大陸部と島嶼部を含む地域
(6) メソアメリカ：メキシコを中心にグアテマラ周辺を含む地域
(7) 南アメリカ：主としてアンデス山脈とその東斜面低地を含む地域

このうち、インド亜大陸とその周辺部は (3) と (5) の地域に含まれ、昔から多くの植物を人々が利用しその中から多くの作物が起源した重要な地域である。中央アジア・インド地域では、キビ、アワ、インドビエ、コドなどの雑穀類や、キマメ、ヤエナリなどの豆類、およびナス、キュウリなどの野菜が栽培化された。また、東南アジア地域では、イネ、ハトムギの穀類、ホースグラム、ウィングドビーンなどの豆類、サトイモ、ダイジョ、コンニャクなどのイモ類、油料・繊維作物としてのココヤシ、熱帯性の重要な果樹である多くのカンキツ類、ドリアン、マンゴー、バナナ、ランブータンなどが栽培化された。コショウ、ナツメグ、チョウジ、ウコン、ショウガなどの香辛料、ジュートやマニラアサの繊維作物、その他、チャ、ベテル、センナ、サトウキビ、サゴヤシなども東南アジア地域で栽培化された作物である（阪本1991）。

インド亜大陸に住む人々の生活、特に食生活は、インド亜大陸と周辺部で古くから利用されてきたこのような多様な作物種を基盤としている。そし

て、この地域の食生活をさらに豊かにし欠かせない要素となっているのが、西南アジアからもたらされたコムギ、オオムギなどの麦類とヒヨコマメ、レンズマメなどの豆類、および、アフリカからもたらされたモロコシ、シコクビエ、トウジンビエなどの雑穀類である。西南アジア起源の麦類と豆類は冬作物であり、東南アジア・中央アジア・インドおよびアフリカ起源で夏作物として栽培される雑穀や豆類とは異なる作期をもつ作物群である。このような作期の違いは、それぞれの作物が、野生植物であった遠い昔からそれぞれの生育地の気候に適応してさまざまな生理的な性質を獲得してきたことに由来する。西南アジアは冬雨型の地中海気候の下にあり、高温乾燥の夏と湿潤な冬のコントラストが明瞭な地域である。このような気候に適応して、一年生の麦類や豆類は秋と冬の降雨で発芽・栄養成長し、春から初夏に開花・結実、その後、暑く乾燥した夏を種子で過ごし、10月頃に降り始める秋の雨によって発芽する、という生活史を発達させた。これは、東南アジアやアフリカ起源の雑穀類や豆類が主としてモンスーンによる夏雨によって成長するのとは対照的である。

　インド亜大陸の北西部に位置するインダス平原は、インド亜大陸にとってまさに西南アジアやアフリカとの交易の最前線であり、夏作物と冬作物が出会う場所であった。このことは考古学的に出土する植物遺物の分析からも示され、インダス平原西端にあるメヘルガル（Mehrgarh）では、インダス文明期以前の文化層からコムギの遺物が見つかっている。また、インダス文明期には地域によって農業形態が異なり、南シンドは冬作物が大部分を占める冬作物地域、グジャラート州中央部は夏作物が多い夏作物地域、そして北部パンジャーブは冬作物と夏作物が混在する混合作物地域に属することが明らかにされている（詳細は第7章を参照）。この多様な作付け体系は、ラビーと呼ばれる冬作とカリーフと呼ばれる夏作の二つの主要な作期から成る現在のインド亜大陸の農業にも見られ、それぞれの地域で気候環境に適した作物が適した体系で栽培されている。

　では、インダス文明期にも現在と同じような栽培が行われていたのだろうか。もし、現在と同じような栽培が行われていたのなら、西南アジアでは秋

に種を播き初夏に収穫する冬作物が、気候の異なるインド亜大陸のラビーとカリーフという作付け体系にどのように適応できたのだろうか。残念ながら、植物遺物の分析ではその作物種の存在は明らかになっても、炭化種子を残した個体の生理的な性質を知ることはできない。言い換えると、炭化種子となった植物がいつ種を播かれいつ収穫されていたかを知ることはできないのである。それは、現在の作物の栽培と利用を詳細に調べるとともに、その性質を科学的に分析することで類推するほかない。

筆者らは、エンマーコムギとインド矮性コムギという2種類のコムギに注目した。これらのコムギは古代には重要な役割を果たしたコムギであるが、現在は遺存的にしか栽培されていないコムギである。しかし、近代育種による交雑の影響をほとんど受けずに昔からの性質を残している作物であり、遺伝学的分析によってその古代までの系譜を辿ることができる。また、伝統的な栽培法や利用法とともに地域や民族の文化の一部をなしており、地域の文化の昔からの有様を残している場合が多い。そのようなコムギについての現地調査と遺伝学的分析をもとに、インダス文明期における冬作穀類の起源と、現代の品種へのつながりについて考えてみたい。

11-1 栽培コムギの成立とインド亜大陸への伝播

最初にコムギという植物について少し説明しておこう。実は、植物学的にはコムギという種は存在しない。「コムギ」という名称はコムギ属（$Triticum$ 属）という植物群に入る五つの種の植物の総称である。この五つの種のうち、新石器時代から現代に至るまで人間の食料として大切な役割を果たしてきたのは、一粒系コムギ（$Triticum\ monococcum$）、二粒系コムギ（$T.\ turgidum$）と普通系コムギ（$T.\ aestivum$）の三つである。

今から約1万年前に西南アジアの肥沃な三日月地帯で起源した新石器時代の麦農耕文化の主要素であったコムギは、一粒系コムギ（$T.\ monococcum$ subsp. $monococcum$）とエンマーコムギ（$T.\ turgidum$ subsp. $dicoccum$）である。これらの

コムギはそれぞれ野生一粒系コムギ (*T. monococcum* subsp. *boeoticum*) と野生エンマーコムギ (*T. turgidum* subsp. *dicoccoides*) から栽培化された。肥沃な三日月地帯一帯の紀元前7000年前後の遺跡からこれらの野生および栽培コムギが見つかっている。最近の分子生物学的手法により、現存する一粒系コムギとエンマーコムギに最も類似したDNAをもつ野生一粒系および野生エンマーコムギがトルコ南部のガジアンテップからディヤルバクルにかけて自生することがわかり、肥沃な三日月の北端に位置するこの地域でこれらのコムギが栽培化されたと推察されている (Heun et al. 1997; Mori et al. 2003; Ozkan et al. 2005: Luo et al. 2007)。その後、これらのコムギは新石器麦農耕文化とともに、西へは地中海岸沿いにイベリア半島へ、北西へは小アジアとバルカン半島を経て、ドナウ川とライン川沿いに中央および北ヨーロッパへ、北へはイラン北部とトランスコーカサスへ、南へはエジプトへと伝播した (Zohary and Hopf 2000)。インド亜大陸へもインダス文明期以前に伝播し、インダス平原西端のメヘルガル (Mehrgarh) では、第 I 期の無土器新石器時代 (紀元前5千年紀) から一粒系コムギとエンマーコムギと思われる遺物が見つかっており、さらに、第 II 期の土器新石器時代 (紀元前4千年紀) からは大量のこれらのコムギの遺物が見つかっている (Zohary and Hopf 2000)。インダス文明期の遺跡からは一粒系コムギは見つかっておらず、エンマーコムギは、ハリヤーナー州クナール (Kunal) の初期ハラッパー文化期 (紀元前3000年〜紀元前2500年) やパンジャーブ州ローヒラー (Rohira) の初期および盛期ハラッパー文化期から少量が出土している (Saraswat and Pokharia 2003)。20世紀初頭のインドでは、カプリ (Khapli) と呼ばれるエンマーコムギがセントラルプロビンス (現在のマハーラーシュトラ州とマディヤ・プラデーシュ州)、マドラス、ボンベイ、マイソールで栽培されていた (Percival 1921)。

　エンマーコムギは硬い皮 (苞穎) に穀粒が包まれ容易に脱穀できない性質 (難脱穀性) をもち、その穀粒を取り出すためには石臼などの道具が必要である。エンマーコムギが栽培化された後、すぐに苞穎が柔らかく容易に脱穀できる性質 (易脱穀性) が突然変異で生じ、マカロニコムギ (*T. turgidum* subsp. *turgidum* conv. *durum*) などの易脱穀性のコムギが栽培されるようになり周辺に

第 3 部　現代へのつながりを辿る

図 11-1　栽培コムギの遺伝的多様性。左から、一粒系コムギ、エンマーコムギ、グルジアコムギ、マカロニコムギ、ポーランドコムギ、リベットコムギ、チモフェービコムギ、スペルタコムギ、マッハコムギ、パンコムギ、クラブコムギ、インド矮性コムギ。

広がって行った。一方、起源地から北方へ伝播したエンマーコムギは、カスピ海沿岸地域でコムギ畑の周縁に自生する野生のタルホコムギ (*Aegilops tauschii*) と交雑し普通系コムギ (*T. aestivum*) を生じた。最初にできた普通系コムギはスペルタコムギ (*T. aestivum* subsp. *spelta*) のような難脱穀性であったと考えられるが、ほどなく突然変異によってパンコムギ (*T. aestivum* subsp. *aestivum*) に代表される易脱穀性の普通系コムギが生じた。パンコムギは、タルホコムギがもつ優れた製パン性と広域適応性（多様な環境に適応できる性質）を受け継いでおり、一粒系コムギと二粒系コムギ（エンマーコムギやマカロニコムギ）が栽培できなかった地域へも広がり、紀元前 300 年頃までにはユーラシア大陸東端の日本にまで伝播した。起源地とは異なる気候、土壌、文化をもつ地域では、長い年月をかけてそれぞれの地域に適応したコムギの品種群が成立し、地域の伝統的な栽培体系の要素として利用されるようになった（図 11-1）。

　インド矮性コムギ (*T. aestivum* subsp. *sphaerococcum*) は普通系コムギの易脱穀性の 1 亜種でパンコムギにごく近縁であり、インド亜大陸に固有のコムギである (Percival 1921)。その名のとおり背丈が低く、太くてしっかりとした茎

第 11 章　インド冬作穀類の起源と変遷

をもち、小さな穂に独特の球形の穀粒をつける個性的なコムギである。このコムギの炭化した種子は、前述のメヘルガルの第 III 期（紀元前 4 千年紀）からパンコムギとともに出土している（Zohary and Hopf 2000）。また、インダス文明期では前期ハラッパー文化から後期ハラッパー文化にかけての遺跡から出土している（Weber 1999; Vishnu-Mittre and Savithri 1982; Kulshrestha 1985; Pokharia et al. 2009; Pokharia et al. 2011）。炭化した種子の形態によってコムギの種類を同定することに関しては注意が必要だとする指摘もあるが（Fuller 2001; Fuller 2002; Fuller 2006）、このような批判を勘案しても、これまでの諸研究からインド矮性コムギはエンマーコムギとともに古代南アジアの主要な冬作物であったといえるだろう。

　インダス文明期の紀元前 2400 年から紀元前 1750 年頃にシンド、パンジャーブ、ラージャスターン、サウラーシュトラなどのインド亜大陸北西部で栽培されていたインド矮性コムギは、その後、栽培地域を南東に拡大していき、紀元前 1600 年から紀元 100 年頃には、マディヤ・プラデーシュとマハーラーシュトラにまで広がったと推定されている（Vishnu-Mittre 1974; Hutchinson et al. 1976）。このコムギは、近世には主にパンジャーブ州の西部で見られ、現在のマディヤ・プラデーシュ州でも小規模ながら栽培されていた（Howard and Howard 1910; Ellerton 1939; Hutchinson et al. 1976）。1800 年代後半にはこのコムギはパンコムギやマカロニコムギよりも高値で取引されていた（Powell 1868; Singh 1946 より引用）が、20 世紀に入ってその栽培は急速に縮小した。インド産小麦の海外向け輸出が盛んになるにつれて、丸く小さい「規格外」の穀粒をもつインド矮性コムギは輸出対象から外され、農家が自分たちのためにのみ栽培するようになったためと考えられている。

　第二次世界大戦後、特に 1960 年代に入ると、それぞれの地域で長年にわたって栽培され続けてきた在来性の高いコムギ品種は、いわゆる「緑の革命」で育成された高収量の近代品種によって急速に置き換わり、現在、世界のコムギの栽培面積の大部分は易脱穀性のパンコムギとマカロニコムギの近代品種によって占められている。その陰で、在来コムギ品種の中にはその栽培の有無さえわからなくなったものも多い。インド矮性コムギもその一つで

ある。エンマーコムギの栽培は、遺存的にではあるが、地中海周辺から西南アジアにかけて現在でも見られる（阪本 1996; 大田 2010）。インドでも、タミル・ナードゥ州のニールギリ丘陵とシェベロイヒルで先住民族がエンマーコムギを広く栽培していることが報告されている（阪本 1996; Ohta 2002）。

11–2 インドにおけるエンマーコムギとインド矮性コムギの栽培と利用の現状

2007年9月にタミル・ナードゥ州ニールギリ丘陵を訪れたのを皮きりに、2008年10月タミル・ナードゥ州シェベロイヒルとカルナータカ州中部、2009年9月マハーラーシュトラ州、2010年2月と2011年3月カルナータカ州北部とマハーラーシュトラ州南部をそれぞれ現地調査し、街角、農家、穀物商での聞き取りを行うとともに植物種子と標本を採集した。

(1) エンマーコムギ

調査期間中、合計26の町村でエンマーコムギの実物を確認した。内訳は、タミル・ナードゥ州北部2か所、カルナータカ州9か所、マハーラーシュトラ州南部15か所であった（図11-2）。タミル・ナードゥ州で栽培を確認したニールギリ丘陵とシェベロイヒルは東西ガーツ山脈が重なる標高1700 mから2000 mの山間部で、ニールギリ丘陵のチンナクーヌール村では住居に近い小さな畑で天水栽培される。2001年に予備的に調査した際には、住居近くの小さな畑で裸性の六条オオムギ（akki-gange あるいは arasi-gange）が栽培されているのを見たが、同様にエンマーコムギも栽培するとのことであった（Ohta 2002）。カルナータカ州とマハーラーシュトラ州でエンマーコムギが栽培されているのは標高500 mから800 mの西ガーツ山脈東麓の高原部であった。いずれも丘陵部のふもとの灌漑用水が利用できる場所であった（表11-1）。

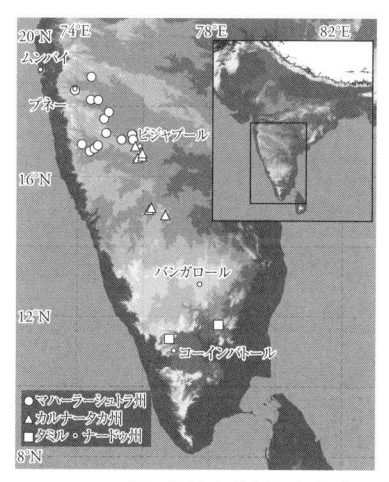

第 11 章　インド冬作穀類の起源と変遷

図 11-2　今回の研究でエンマーコムギの栽培を確認した地点。近隣の地点は一つの点で表されている場合がある。

表 11-1　エンマーコムギの栽培を確認した村の標高、および聞き取りによる播種期と収穫期

地域	標高	栽培時期	
		播種	収穫
マハーラーシュトラ州	510 m〜810 m	10 月〜11 月	2 月〜3 月
カルナータカ州	490 m〜650 m	10 月〜11 月	2 月〜3 月
タミル・ナードゥ州	1700 m	10 月〜11 月	1 月〜2 月
		3 月	6 月

　エンマーコムギの呼称は州ごとに異なり、タミル・ナードゥ州ではサンバゴディ（samba-godi）、カルナータカ州ではジャウェゴディ（jave-godi）、ジャメゴディ（jame-godi）あるいはブッデゴディ（budde-godi）、マハーラーシュトラ州ではカプリ（khapli）あるいはカパル（khapal）と呼ばれていた（表 11-2）。栽培はほとんどが自家消費用であり、農家が積極的に市場に卸すことはなく、穀物商が買いに訪れたときに余剰があれば売っているようである。エンマーコムギが栽培されている地域では、多くの人がそれぞれの地域での呼称を

表11-2　インドにおけるエンマーコムギの呼称、および硬い穎を取り除くための伝統的道具（臼と縦杵）の名称

地域	エンマーコムギの呼称	穎を取り除くための道具	
		臼	縦杵
マハーラーシュトラ州	khapli, khapal	ukal, okhal	musal
カルナータカ州	jave-godi, jame-godi, budde-godi	oralu, uralu, onakekallu	onake
タミル・ナードゥ州	samba-godi	oralu, uralu, ulakai	onake

知っており市場価格はパンコムギに比べて高かった。

　エンマーコムギの作付けは栽培地域にかかわらず、乾季の始まる10月あるいは11月に種を播き、播種後3か月から4か月で収穫する。タミル・ナードゥ州のニールギリ丘陵では3月に種を播き6月に収穫することもあるという（表11-1）。マハーラーシュトラ州とカルナータカ州ではディーパワリという大きなお祭りの後に種を播く。

　難脱穀性のエンマーコムギの穀粒を利用するためには、収穫後あるいは調理前に硬い苞穎を取り除く作業が必要である。伝統的な方法は調査した地域で共通であり、床や地面に埋めた直径約10 cmの石臼に小穂を入れ木製の縦杵で搗く方法である。臼と杵の呼称は地域により異なり、タミル・ナードゥ州ニールギリ丘陵とカルナータカ州ではそれぞれオラル（oralu）あるいはウラル（uralu）とオナケ（onake）、マハーラーシュトラ州ではウカル（ukal）あるいはオカル（okhal）とムサル（musal）である。シェベロイヒルで訪れた農家では、床に埋めた石臼の代わりにウラカイ（ulakai）と呼ばれる木製の臼を用いていた（表11-2、図11-3）。

　タミル・ナードゥ州では粗挽きにした全粒粉から作られる固い粥ウプマが主に朝食として食べられる（図11-4A）。同じものは調査した全地域で見られ、カルナータカ州ではこれをウッピットと呼ぶ。その他に、薄い無発酵のパンであるロッティとチャパティとして日常に食べられる（図11-4B）。また、カルナータカ州ではシャーヴィゲと呼ばれる極細の乾麺を作り（図11-4C）、婚礼や正月などのお祝いに甘いお菓子パーヤサを作って食べる。同様の乾麺を

第 11 章　インド冬作穀類の起源と変遷

図 11-3　エンマーコムギの硬い苞穎を取り除くための臼と杵。A：カルナータカ州、B：マハーラーシュトラ州、C：タミル・ナードゥ州シェベロイヒル。

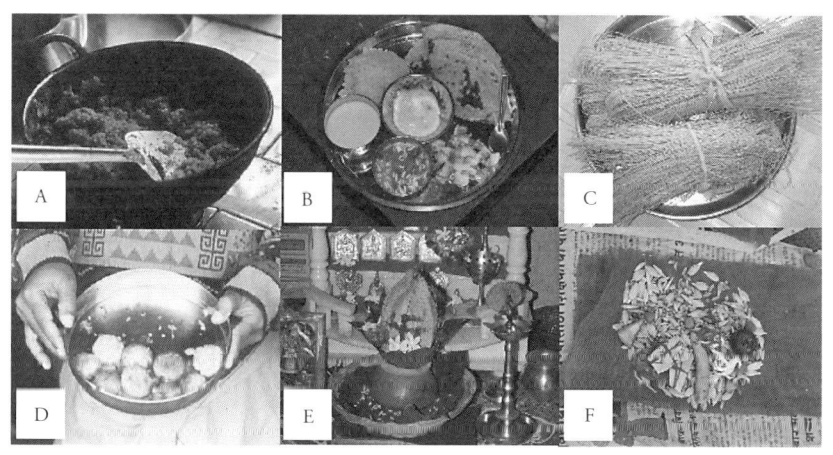

図 11-4　エンマーコムギの利用法。A：ウプマ（タミル・ナードゥ州）、B：皿右上のロッティ（マハーラーシュトラ州）、C：シャーヴィゲ（カルナータカ州）、D：パニヤラム（タミル・ナードゥ州）、E：ガタスタープナの祭壇（マハーラーシュトラ州）、F：ガタスタープナ前日に市場で売られていた祭に使う穀物などのセット（マハーラーシュトラ州）。

329

マハーラーシュトラ州ではシュワイと呼ぶ。タミル・ナードゥ州ニールギリ丘陵では、精白粉からパニヤラムという丸くて甘い焼き菓子を作る（図11-4D）(Ohta 2002)。

ニールギリ丘陵では6月の収穫後にエンマーコムギの全粒粉と牛のミルクを混ぜてしとぎ状のゴディイット godi-it をつくりシヴァ神に供える (Ohta 2002)。マハーラーシュトラ州では、ディーパワリの前に行われるガタスタープナの祭りで、他の数種の穀類とともにエンマーコムギの小穂を祭壇に播く儀礼が行われる（図11-4E）。ガタスタープナの前日には、祭壇に播く種子などの儀礼に必要な道具を売る店が市場に並んでいた（図11-4F）。

(2) インド矮性コムギ

2010年2月の現地調査において、カルナータカ州北部1か所（マサビナーラ村）とマハーラーシュトラ州南部2か所（モテワディ村とグルグンジナール村）、合計3か所でインド矮性コムギの栽培を実際に見ることができた（表11-3、図11-5、図11-6、コラム7参照）(Mori et al. 2013)。

栽培農家で聞き取り調査を行ったところ、インド矮性コムギは、カルナータカ州ではグンドゥゴーディ（gundu-godi）、マハーラーシュトラ州ではボーロガフー（bol-gahu）と呼ばれ、パンコムギやマカロニコムギとは明らかに区別して栽培されていた。しかし、現地でこのコムギの名前や特徴を聞いてもほとんどの場合「知らない」という返事が返ってきた。現地ではそのほか、市場や村の穀物商を訪ねて話を聞きインド矮性コムギが市場に流通しているかどうか調査した。この地域の中心的な町であるビジャプール市内のNeharu市場でこのコムギのことを知っている穀物商にようやく会うことができた。彼によると、昔は農家がごくたまにわずかなインド矮性コムギを売りにやってくることがあったが、もう何年もこのコムギを見たことがないという。また、当時このコムギはいろいろなコムギの中で最も安い値段で取引されていたとのことであった。

カルナータカ、マハーラーシュトラ両州とも、インド矮性コムギは11月

表 11-3　インド矮性コムギを再発見した場所、および聞き取りによるその呼称と栽培時期

場所	呼称	栽培時期	
		播種	収穫
カルナータカ州			
マサビナーラ	gundu-godi	11月初旬	3月中旬
（ビジャプールの南東約30 km）			
マハーラーシュトラ州			
モテワディ	bol-gahu	12月初旬	3月下旬
（ビジャプールの北西約30 km）			
グルグンジナール	bol-gahu	11月	3月中旬
（モテワディの南南東約2 km）			

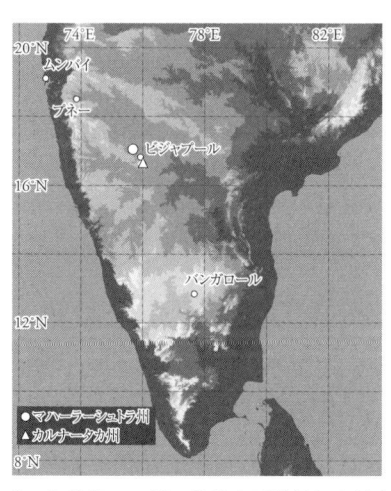

図 11-5　2010年2月にインド矮性コムギの栽培を再発見した地点。マハーラーシュトラ州の2地点は近いため一つの点で表されている。

から12月にかけて種を播き、翌年の3月中旬から下旬に収穫するとのことであった（表11-3）。このことから、前出のエンマーコムギと同様にきわめて短い期間で栽培され収穫されることがわかった。栽培の規模は小さく、いずれの農家でも大きく見積もって1000 m² 以下であった。天水のほかにポンプを使って地下水を汲み上げ1週間に1度の割合で灌漑していた。農家によると、このコムギは病気に強く、安定して作りやすい、またコムギ粉が白

第 3 部　現代へのつながりを辿る

図 11-6　カルナータカ州の農家で栽培されていたインド矮性コムギ。A：畑で育つインド矮性コムギ、B：インド矮性コムギの穂、C：球形をした独特の穀粒。

くて味が良いとのことであった。どの農家もこのコムギは自家消費用にのみ作っており、日常の食事のほかに儀礼食にも使うとのことであった。

11-3 コムギの早晩性と南アジアの栽培体系
── インド亜大陸のエンマーコムギと インド矮性コムギはどこから来たか

　多様な気候の地域で多様な栽培体系の要素として利用される作物は、一つの作物種の中に大きな遺伝的多様性を含んでいる。特に、モンスーン地域の二毛作の体系の中で冬作物として栽培される作物は早生であることが求められる。日本で伝統的にイネの裏作物として作られてきたパンコムギがヨーロッパの品種に比べて早生であるのがよい例である（阪本 1996）。

　前述したように、インドの西ガーツ山脈東麓一帯で栽培されるエンマーコムギは、10 月から 11 月にかけて播種され、収穫まで 3 か月から 4 か月しかかからない極早生の性質をもっている。この性質が遺伝的な性質であることを確かめるために、多くの地域から集められたエンマーコムギを 2008 年秋

に福井県立大学で一斉に播種し、屋外の実験圃場で栽培し、2009 年春に出穂日を比較した。この比較栽培に使った系統は、京都大学農学研究科と福井県立大学に保存されているエンマーコムギ合計 114 系統である。114 系統のエンマーコムギは、その出穂日から早生と晩生の明瞭な 2 群に分かれた。5 月初旬から中旬に出穂する早生群にはエチオピアとインドから収集された系統が含まれ、他の地域に由来する系統は晩生群に含まれ 5 月下旬以降に出穂した。このことから、インドで栽培されるエンマーコムギは、ヨーロッパと西南アジアのエンマーコムギに比べて遺伝的に極早生であること、さらに、インド洋を挟んでアフリカ東部のエチオピアにはインドと同じ極早生のエンマーコムギが栽培されていることが明らかとなった。普通系コムギであるインド矮性コムギもまた極早生のコムギであり、京都大学に系統保存されている系統を、前述のエンマーコムギとともに福井県立大学で秋に播種して栽培すると 5 月中旬に出穂した。しかし、現在インドで栽培されているパンコムギの近代品種の出穂はさらに早く、品種ヤヴァル（Yaval）は 5 月 2 日から 5 月 11 日、品種ロカワン（Lokawan）は 4 月 30 日から 5 月 19 日に出穂した。

　西ガーツ山脈東麓一帯では、11 月から 4 月の乾季に灌漑によりラビーと呼ばれる冬作、5 月から 10 月の雨季にモンスーンの雨によってカリーフと呼ばれる夏作が伝統的に行われる。冬作はコムギ、オオムギ、ヒヨコマメ、レンズマメ、エンドウなどの地中海・西南アジア起源の作物群から成り、夏作はアワ、シコクビエ、キビなどの雑穀類、イネ、およびヤエナリ、ケツルアズキなどの豆類から成る。エンマーコムギとインド矮性コムギのもつ極早生の性質は、このような伝統的な二毛作の栽培体系によく適応した冬作物の性質といえるだろう。

　考古学的に出土する植物遺物の分析から、インダス文明期には地域によって農業形態が異なり、冬作物が大部分を占める冬作物地域、夏作物が多い夏作物地域、そして冬作物と夏作物が混在する混合作物地域に分けられることが明らかにされている（第 7 章参照）。インダス文明期に少量ながらエンマーコムギが出土しているハリヤーナー州クナールとパンジャーブ州ローヒラーは混合作物地域に位置しており、このエンマーコムギは現在と同じ栽培体系

の冬作物として栽培され、極早生であった可能性が高い。森ら (2012) がエンマーコムギの葉緑体 DNA のマイクロサテライト座を分析して種内に含まれる遺伝的変異を調べたところ、インド洋を囲むエチオピア、オマーン、サウジアラビアのエンマーコムギがインドのエンマーコムギと遺伝的に酷似していることがわかった。このことから、現在インドで栽培されている極早生のエンマーコムギは、インド洋を囲む地域の間の交易によってインドにもたらされた可能性が高いと考えられる。これに対して、インダス文明期以前にエンマーコムギが多量に出土しているメヘルガルはモヘンジョダロとともに冬作物地域に含まれ、ここで出土したエンマーコムギは、一般に晩生である一粒系コムギを伴っていることを考え合わせると、一年一作の晩生型であり、現在インドで栽培されるエンマーコムギの系譜にはつながっていない可能性が高い。これらのことから、インド亜大陸へのエンマーコムギの伝播には大きく 2 度の波があったと言っていいだろう。まず、インダス文明期以前の紀元前 5 千年紀から 4 千年紀にかけて西南アジアから晩生のエンマーコムギが伝播したが、これはインダス平原西端の冬作物地域まででその後のインダス文明期とそれ以降のインドでの栽培にはつながらなかった。2 度目の波はインダス文明期からそれ以降に起こり、アフリカ東部あるいはアラビア半島から極早生のエンマーコムギが伝播した。このエンマーコムギはインダス文明期の混合作物地域の要素となり、現在のラビーとカリーフという冬作と夏作の栽培体系へと受け継がれてきたと考えられる。

　一方、インド矮性コムギの起源については謎が多い。しかし、これまでの遺伝学的研究から、背丈が低く球形の穀粒をつける特有の性質は S 遺伝子座という一つの遺伝子座に起きた劣性の突然変異が原因であることが明らかにされている (Sears 1947)。さらに、このコムギはインド亜大陸以外では見つかっておらず、西南アジアで生まれたパンコムギが東へと伝播し、インド亜大陸に入った後に S 遺伝子座に劣性の突然変異が生じ、この地域のインダス文明期の人々によって特有の形質をもったコムギが選抜・利用されインド矮性コムギが成立したと考えられる。森ら (2012) は、母方からのみ伝わる葉緑体 DNA のマイクロサテライト座を使ってこのコムギの母系を探ってきた

が、インド矮性コムギにはパンコムギと全く同じ系譜とこの系譜からさらに派生したと思われる独自の系譜が見つかっている。このことは上記の仮説を裏付けている。前述したように、インド矮性コムギの炭化遺物は前期から後期ハラッパー文化期から出土している。この地域はウェーバーによる夏作物と冬作物の混合作物地域にあり、現在のインド矮性コムギがもつ極早生の性質はインダス文明期から現在に至る栽培体系の中の冬作物がもつ性質として受け継がれてきたものであろう。

11-4 作物の品種多様性と伝統的栽培

　インドでのエンマーコムギとインド矮性コムギの栽培と利用について振り返ってみよう。インドはエンマーコムギの分布の東端であり、しかも、1960年代以降、緑の革命により高収量のコムギの近代品種が導入されてきた。それにもかかわらず、タミル・ナードゥ州北部からマハーラーシュトラ州南部にかけての西ガーツ山脈東麓の広い地域で人々の生活の一部として日常食や儀礼のためにエンマーコムギが栽培され続けている。地域と民族による呼称の違い、儀礼との結びつきなどは、エンマーコムギがこの地域の昔から続く日々の生活の中で欠くことのできない穀物であったことを示している。また、エンマーコムギとパンコムギは穀粒に含まれるタンパク質の量と質が異なり、それぞれに適した小麦粉の利用が昔から行われてきた。たとえば、チャパティやナーンはパンコムギの小麦粉がもつ粘りと弾力性で味がよくなる。一方、ウブマやシャーヴィゲなどの食品にはエンマーコムギの小麦粉に特有の固い食感が大切であり、その用途はパンコムギの近代品種で置き換えることができない。このことも、エンマーコムギが「生きた作物」として栽培・利用され続けている要因の一つであろう。

　一方、インド矮性コムギの事情は大きく異なっている。インド亜大陸に起源をもち、インダス文明期から南アジアの主要な冬作物であったこのコムギは、1800年代にはインド北西部から中部にかけて広く栽培されていた。さ

らに、1800年代後半にはパンコムギやマカロニコムギよりも高い価格で取引されていた記録がある（Powell 1868; Singh 1946より引用）。しかし、2010年と2011年の調査では丹念な探索にもかかわらず、カルナータカ州とマハーラーシュトラ州の境のごく狭い地域で3軒の農家によって栽培されているのが再発見されたのみであり、その名前を知る人もほとんどいなかった。2010年の調査で栽培が確認された3軒の農家のうちマハーラーシュトラ州モテワディの農家では、2011年には灌漑用ポンプの不具合と電気代の高騰が原因でインド矮性コムギの栽培を中止していた。さらに、カルナータカ州の農家は、この地域の多くの農家が夏作物としてワタなどの換金作物を栽培し始めており、それを3月初旬に植えるためには、冬作物としてさらに早生の近代品種を栽培する方が都合がよい、と話してくれた。換金作物の導入による栽培体系の変化にインド矮性コムギがうまくなじめないことが、このコムギが消えてゆく大きな要因であるように思われる。また、インド矮性コムギの小麦粉は基本的にパンコムギと同じであるため、エンマーコムギのように代用がきかないものとは違い、パンコムギに置き換えてもさほど差支えがないということも消滅の一因として挙げておく必要があるだろう。いずれにしても、インダス文明期から脈々と人々に受け継がれてきたインド矮性コムギは、その呼称とともに人々から忘れ去られ、今まさに最後の火が消えようとしているのである。

　社会と生活の変化によって地域の農業の体系が変化するとき、栽培される作物の種類と作物種内の品種の構成もまた大きく変化する。そのとき、作物種が多様であること、ひとつの作物種の中の品種が多様であることは、新しい農業の体系に対応するための必須条件であろう。インダス文明期の冬作物中心の農業から冬作-夏作混合農業への変化はまさにこの例かもしれない。コムギに代表される冬作物の中に二毛作に適した極早生の品種群がなければ冬作物-夏作物混合農業は成立しなかったであろうし、現在のラビーとカリーフという作付け体系も存在し得なかったであろう。これに対して、1960年代から始まった高収量の少数のコムギ近代品種と大規模農業の導入や最近の換金作物の導入は、「食べるための農業」から「売るための農業」への変化

であり、生活の価値観の変化をも伴う大きなうねりである。私たち現代人は、それによる単位面積あたり収量の増加と現金収入の増加という恩恵を、作物と品種の多様性の急激な消失という代償を払って得ているのである。インドにはいまだに古代の文化的遺産ともいえる作物が人々の日常生活と密着して営々と息づいている。しかし、それと同時に、きわめて多様な価値観を寛容に受けいれるインド社会にも経済効率最優先という均一化の波が押し寄せているのは確かなようである。

参考文献

大田正次（2010）日常の生活が育んだ在来コムギの品種多様性 —— 難脱穀性コムギの遺存的栽培と伝統的利用をめぐって．『麦の自然史』（佐藤洋一郎・加藤鎌司編著）pp. 281-307．北海道大学出版会．

阪本寧男（1991）農耕と牧畜の歴史からみたインド亜大陸の特質．『インド亜大陸の雑穀農牧文化』（阪本寧男編）pp. 1-31．学会出版センター．

─── (1996)『麦の民族植物誌』学会出版センター．

森直樹・高木俊也・千葉一・大田正次（2012）葉緑体DNAの変異から見たインド亜大陸のエンマーコムギとインド矮性コムギの遺伝的多様性と起源について『「環境変化とインダス文明」2010-2011年度成果報告書』（長田俊樹編）pp. 73-84．総合地球環境学研究所　インダス・プロジェクト．

Ellerton, S. (1939) The origin and geographical distribution of *Triticum sphaerococcum* Perc. and its cytogenetical behavior in crosses with *T. vulgare* Vill. *J. Genet.*, 38: 307-324.

Fuller, D. Q. (2001) Harappan seeds and agriculture: some considerations. *Antiquity*, 75: 410-414.

─── (2002) Fifty years of archaeological studies in India: laying a solid foundation. In Settar, S. and Korisettar, R. (ed) *Indian Archaeology in Retrospect*, vol. III, Manohar, Delhi, pp. 247-364.

─── (2006) Agricultural origins and frontiers in South Asia: a working synthesis. *J. World Prehistory*, 20: 1-86.

Heun, M., Schafer-Pregl, R., Klawan, D., Castagna, R., Accerbi, M., Borghi, B., Salamini, F. (1997) Site of einkorn wheat domestication identified by DNA fingerprinting. *Science*, 278: 1312-1314.

Howard, A. and Howard, G. L. C. (1910) *Wheat in India, its Production, Varieties and Improvement*. Thacker, Spink & Co., Calcutta; W. Thacker & Co., 2, London.

Hutchinson, J., Allchin, F. R., Vishnu-Mittre (1976) India: local and introduced crops. *Phil. Trans. R. Soc. Lond.*, Series B, 275: 120-141.

Kulshrestha, V. P. (1985) History and ethnobotany of wheat in India. *J. d'Agric. Trad. et de Bota. Appl.*, 32: 61–71.

Luo, M.-C., Yang, Z.-L., You, F. M., Kawahara, T., Waines, J. G., Dvorak, J. (2007) The structure of wild and domesticated emmer wheat populations, gene flow between them, and the site of emmer domestication. *Theor. Appl. Genet.*, 114: 947–959.

Mori, N., Ishi, T., Ishido, T., Hirosawa, S., Watatani, H., Kawahara, T., Nesbitt, M., Belay, G., Takumi, S., Ogihara, Y., Nakamura, C. (2003) Origins of domesticated emmer and common wheat inferred from chloroplast DNA fingerprinting. In Pogna, N. E., Romano, M., Pogna, E. A., Galterio, G. (eds) *Proceedings of the 10th International Wheat Genetics Symposium*, Paestum, Italy. Instituto Sperimentale per la Cerealicoltura, Rome, Italy, pp. 25–28.

Mori, N., Ohta, S., Chiba, H., Takagi, T., Niimi, Y., Shinde, V., Kajale, M. D., Osada, T. (2013) Rediscovery of Indian dwarf wheat (*Triticum aestivum* L. ssp. *sphaerococcum* (Perc.) MK.) an ancient crop of the Indian subcontinent. *Genet. Resour. Crop Evol*, 60: 1771–1775.

Ohta, S. (2002) Cultivation and utilization of emmer wheat and naked barley in Nilgiri Hills. In Furuta, Y. and Ohta, S. (eds) *A Preliminary Report of "The Gifu University Scientific Exploration in India in 2001 (GSEE01)"*. pp. 1–9.

Ozkan, H., Brandolini, A., Pozzi, C., Effgen, S., Wunder, J., Salamini, F. (2005) A reconsideration of the domestication geography of tetraploid wheat. *Theor. Appl. Genet*, 110: 1052–1060.

Percival, J. (1921) *The Wheat Plant, a Monograph*. Duckworth and Co, London.

Pokharia, A. K., Kharakwal, J. S., Rawat, R. S., Osada, T., Nautiyal, C. M., Srivastava, A. (2011) Archaeobotany and archaeology at Kanmer, a Harappan site in Kachchh, Gujarat: evidence for adaptation in response to climatic variability. *Curr. Sci.*, 100: 1833–1846.

Pokharia, A. K., Pal, J. N., Srivastava, A. (2009) Plant macro-remains from Neolithic Jhusi in Ganga Plain: evidence for grain-based agriculture. *Curr. Sci.*, 97: 564–572.

Powell, B. H. (1868) *Handbook of the economic products of the Punjab,* vol. 1. Economic Raw Produce, Calcutta.

Saraswat, K. S. and Pokharia, A. K. (2003) Palaeoethnobotanical investigation at early Harappan Kunal. *Pragdhara*, 13: 105–139.

Sears, E. R. (1947) The *sphaerococcum* gene in wheat. *Genetics*, 32: 102–103.

Singh, R. D. (1946) *Triticum sphaerococcum* Perc. (Indian dwarf wheat). *Indian J. Genet. & Plant Breed.*, 6: 34–47.

Vishnu-Mittre (1974) Palaeobotanical evidence in India. In Hutchinson, J. (ed) *Evolutionary Studies in World Crops*. Cambridge University Press, Cambridge, pp. 3–30.

Vishnu-Mittre and Savithri, R. (1982) Food economy of the Harappans. In Possehl, G. L. (ed) *Harappan civilization. A contemporary perspective*. Oxford and IBH, New Delhi, pp. 205–221.

Weber, S. (1999) Seeds of urbanism: palaeoethnobotany and the Indus civilization. *Antiquity,* 73: 813–826.

Zohary, D. and Hopf, M. (2000) *Domestication of plants in the Old World* (3rd ed). Oxford University Press.

● コラム 7 ●

「それなら知っているよ。グンドゥゴーディだよ。」
── インド矮性コムギ再発見の日 ──

森　直樹

　かつて人々の日常の生活に欠かせなかった作物の中には、表舞台から姿を消したが、その後も細々と受け継がれ、現在の人々の暮らしにひそかに息づいているものがある。たとえばエンマーコムギである。生活・文化に密着し生き残ってきた作物から人々の暮らしを窺おうとするとき、現地における地道な聞き取り調査が欠かせない。調査は、ときに過酷なものとなるが、豊かな自然やそこで生きる人々との直接のふれあいは実験室にはない魅力にあふれている。このような現場では、ちょっとしためぐり合いや何気ない会話によってガラリと状況が変化する。幻のコムギといわれたインド矮性コムギとの出会いは、まさにこのようなちょっとしためぐり合いから始まった。

　2010年2月、生業班は南部の大都市バンガロールから、プネーにかけての踏査の途上にあった。私は日本を出る直前まで事務処理に追われ、なだれ込んだインド調査の強行軍で早くもくたくたであった。インド・フィールドの達人、千葉一さんとの旅はなぜかいつもハードである。しかし今回の調査では予想をはるかに上回る地域でエンマーコムギの栽培を確認し、喜びと期待を力に北上を続けていた。

　バンガロールを出てから5日目。2月13日の早朝、カルナータカ州北部のグデコテ村を出発した。カルナータカ州の北部に入ると、車窓からの風景がそれまでの南インドの亜熱帯的なものから、乾燥して埃っぽい西南アジアの半乾燥地域を思わせるものに変わっていた。この日は、千葉さんの友人のパラムジョーティさんと、この地域の有力な宗教指導者で千葉さ

んの導師でもあるチャーヌコーテ・スワミジ師の力添えにより近在の村々の懐深く入り込んで調査することができた。質素な民族衣装をまとうスワミジ師は40代半ばだろうか。やわらかな表情の中にもカリスマ性を感じさせる人であった。

　午後4時前、エンマーコムギを昔から作っているという農家を訪問した。エンマーコムギの畑を見せていただいたあと、土間に座って勧められたチャイをいただいた。夕暮れ時だというのにかなり暑く、スパイスのきいたチャイはとてもおいしかった。エンマーコムギの畑の中に点々と植えられているライムの木はちょうど収穫期を迎え、同じ土間では、女性たちがUの字に座って収穫したばかりのライムを仕分けしていた。チャイを飲みながら女性たちの会話を聞いていた私は、ふと以前から気になっていたインド矮性コムギのことを思い出した。「ところで、背が低いコムギでまん丸の種をつけるちょっとかわったのを見たことはありませんか。」と通訳してもらったところ、なんと中央奥に座っていたおばあちゃんが「それなら知っているよ。グンドゥゴーディだよ。」と話しはじめた。思わぬ展開に逸る心をおさえ、ここで作っているかどうか尋ねた。すると「数年前までは作っていたけどもう今はやめた。」とのこと。この農家を後にし、2kmほど北のマサビナーラという村にあるスワミジ師の実家に立ち寄った際「グンドゥゴーディ」のことを切り出すと、たまたま居合わせた村人が作っている人を知っているという。既に陽は西に傾き午後5時を回っていたが、何としても行かねばということで、1kmほど南へ向かった。最初に案内された畑はよく手入れされたエンマーコムギの畑であった。さらに道路からは全く見えない奥まった畑へと進む。この畑にまぎれもないインド矮性コムギが育てられていた。「これがインド矮性コムギですか」と手に取る千葉さんの目はもう血走っている。私も自分に落ち着けと言い聞かせたが、極度に興奮したままの調査となった。

　その夜の宿をとるため、スワミジ師のお兄さんが住むドーヌールという小さな村まで車を走らせる。村についたのはすでに午後8時を回っていた。しかし今日は標本用のインド矮性コムギを採集しており、その日のう

ちに「押し花」にする必要があった。「押し花」はさく葉標本として、インド矮性コムギが今日ここに存在したことの動かぬ証拠となる。昼間の興奮から疲れ果ててはいたが、早速作業に取り掛かった。屋敷中の人たちの好奇の目に囲まれ、中庭に面した石造りの縁側で作業を行う。間もなく停電したが、人々は慣れた様子で石油ランプを灯していく。我々はヘッドランプを頼りになんとか作業を終えた。今夜は先ほどの縁側で雑魚寝のため、私は容赦なくやってくる蚊とすぐ枕元に聞こえる牛の息遣いのなか、うとうとしながら朝を迎えた。

第12章　DNAからたどる南アジア人の系統

斎藤成也・神澤秀明

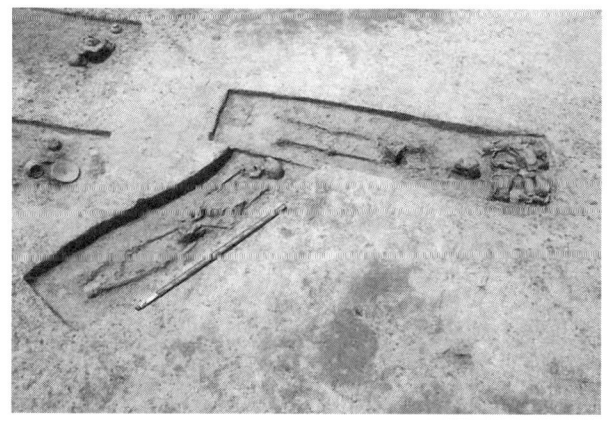

ファルマーナー遺跡で発掘された墓地。
人骨と副葬品が眠っている。

インダス文明の時代に、実際に生きていた人々のDNAを知ることができたら。

　人骨の中に微量でも残っていれば、現代生物学の技術でDNAの情報を解明できるはずだ。

　それと現代人のDNA情報を比較すれば、インダス文明をになった人々の謎が解き明かされるだろう。

　結果や、いかに。

12-1 古代DNAの研究

(1) インダス文明のファルマーナー遺跡へ

　西暦2009年の2月、斎藤は久しぶりにインド亜大陸の大地を踏みしめた。デリーに1泊したあと、インダス遺跡調査団に手配していただいた車に乗って、およそ3時間、ハリヤーナー州のロータクという都市に辿り着いた。そこで発掘責任者の上杉彰紀さんとお会いし、ファルマーナー遺跡（第1部を参照されたい）まで連れていっていただいた。初日は地方政府が管轄している広い部屋に泊まったが、2日目からは、遺跡発掘チームが宿泊しているテント群に隣接した民家の小部屋に泊まらせていただいた。斎藤に期待されたのは、発見された墓地から発掘された人骨からDNAを抽出し、それらの解析によって、インダス文明を担った人々の出自を解明するというものだった。いわゆる、古代DNAの研究である（植田・斎藤2006を参照）。しかし、人骨の保存状態はかなり悪いものだった（図12-1）。また、人骨の取り扱いにはいろいろと微妙な問題があり、インド国外に持ち出すための許可を得るには、かなり時間がかかる可能性があるとお聞きした。そこで、街区のゴミ捨て場（図12-2）に散在していたウシの骨を日本に持ち帰り、そこからDNAを抽出できるかどうかをまず検討することになった。ちょうど、斎藤が滞在していた期間に、動物考古学の専門家であるデカンカレッジのジョグレカール博士

第 12 章　DNAからたどる南アジア人の系統

図 12-1　インドのファルマーナー遺跡墓地より出土した子供の骨（カラー図は口絵参照）

図 12-2　インドのファルマーナー遺跡街区中のゴミ捨て場（カラー図は口絵参照）

図 12-3　ファルマーナー遺跡街区中のゴミ捨て場から採取したウシの骨と歯

が発掘に参加されていたので、彼と相談して、まだ土の中に半分埋もれていた4個の骨片（図12-3）を、使い捨て手袋をはめてビニール袋に封入し、日本に持ち帰った。なお、この時の経験の一部を、雑誌『WEDGE』に掲載した文章（斎藤2009b）で紹介している。

(2) ウシとコブウシ

インドのウシは大部分がコブウシである（本書第8章を参照）。ヨーロッパのウシとは同属別種であり、学名はコブウシが *Bos indicus*、ヨーロッパのウシが *Bos taurus* である。ダーウィンが『種の起原』のなかで、両者の祖先種が異なるだろうとしているが、これは両者が数十万年前に分岐したという、

第 12 章　DNA からたどる南アジア人の系統

DNA の塩基配列データを用いた現代の分子系統学の研究結果（Troy et al. 2001）を予言したものである（斎藤 2011）。インダス・プロジェクトのメンバーであるヴェーダ学の専門家、後藤敏文によれば、印欧語族に属する一派が作り上げ、その後のインド文明で最も重要な古典文献となっていったヴェーダに登場するウシは、ヨーロッパのウシであろうとのことである。この点については、本書第 8 章第 2 節の大島智靖の論考も参照されたい。そこで、我々は *Bos indicus* と *Bos taurus* のミトコンドリア DNA 塩基配列で大きく異なっている部分に着目した。古代 DNA とは、過去に存在した生物から取り出された DNA を指す。大部分の DNA が格納されている細胞核が細胞に 1 個しか存在しないのとは異なり、ミトコンドリアは細胞内に多数存在する。このため、骨や歯の中に残る割合もミトコンドリア DNA のほうが細胞核内の DNA よりもずっと高い（植田・斎藤 2006）。両者のミトコンドリア DNA 塩基配列が異なっている部分の DNA 配列を増幅できる PCR（ポリメラーゼ連鎖反応）プライマーを設計した。

(3) 古代 DNA 研究の実際

　遺跡から発掘された骨や歯を用いた古代 DNA の研究を行う際に注意すべき最大の点は、外部からの DNA の混入である。これには二つの場合が考えられる。一つは、試料を扱う研究者など、現存 DNA が混入する場合であり、もう一つは PCR によってすでに増幅した別の古代 DNA が混入する場合である。これらの問題を解決するために、古代 DNA 実験専用の実験器具をそろえた。ドリル、グローブボックス、DNA ワークブースである（図 12-4A～C）。その他実験で使用する器具・試薬については、通常の DNA 実験よりも厳重に取り扱うことを徹底した。器具については、乾熱滅菌で、混入している DNA を完全に破壊した。乾熱滅菌できないものは、器具を外部と接触がないように保管し、使用する際には紫外線で照射することによって DNA を壊した。試薬については、他の研究者と共有せず専用の試薬だけを用いた。試薬から溶液を調製するときには、クリーンベンチ内でのみ作業を行った。

図12-4　古代 DNA 研究のために用いた実験器具（A．電動ドリル　B．グローブボックス　C．DNA ワークブース）

　すべての作業は、神澤が一人で行った。
　ファルマーナー遺跡から持ち帰ったウシ試料の状態は、歯は亀裂の入っているものがほとんどで、くだけてしまっているものもあった。歯髄内部に土が侵入しており、DNA の抽出は困難であるように思われた。3 個の骨試料は部分的に割れていたことから、骨内部への土の侵入が見られた。まず表面の土を落としたあと、サンプルの表裏を紫外線照射し、実験に必要な量の骨を切りとった。これらの骨の表面をふたたび紫外線照射した後、表面をダイヤモンドドリルで削り、その後数個に切断した。切断した骨を純水で洗浄し、紫外線照射しながら乾燥した。乾燥したサンプルを、液体窒素で冷却した状態で破砕して粉末にした。
　シリカ法（Rohland and Hofreiter 2007）を参考にして、粉末状にした骨や歯の試料から DNA の抽出を行った。なお、シリカとはケイ酸（Si）のことである。
　抽出した溶液を用いて、2 段階の PCR 法によるウシ DNA の増幅を試みた。

PCR反応後の溶液を、アガロースゲルの電気泳動を行い、目的とするウシのミトコンドリアDNAの塩基配列と同じ大きさのDNA断片があるかどうかを確認した。残念ながら目的の配列と思われるバンドは見出されなかった。もっと短いPCR産物が得られるように、別のPCRプライマーも用いたが、やはり増幅はなかった。

(4) ウシからヒトへ

このように、ウシ骨の試料からは古代DNAの増幅がなかったが、引き続きヒトの歯からのDNA抽出を試みた。通常の実験を行う実験室のスペースには、古代DNA以外の実験を行う人間が出入りするので、古代DNA実験専用の部屋を用意し、そこには神澤だけが出入りするようにした。また、実験で用いる作業着は、専用のロッカーに保管し、常時紫外線照射を行った。実験机は専用の試薬を用いて、微量DNAを除去した。

これらもろもろの注意をしたあと、DNA抽出およびPCRによるミトコンドリアDNAの増幅を試みた。実験方法の詳細については、日本列島人の歯を用いた神澤ら（Kanzawa-Kiriyama et al. 2012）の論文を参照されたい。残念ながら、ファルマーナー遺跡出土のヒトの歯からも、ミトコンドリアDNAの増幅を得ることはできなかった。この遺跡のある地方は、毎年洪水があり、冠水するとのことなので、夏期の気温が高いことも考えると、4000年前に埋葬されたあと、骨の形は残しているものの、内部にあった細胞内のDNAはほとんど壊れたり流出してしてしまったと予想される。インダス文明の代表的なハラッパー遺跡で発見された人骨を研究した米国ウィスコンシン大学のケノイヤー教授のグループも、DNAの増幅には成功していないとのことである。将来、さらに感度のよい方法が発見されるか、あるいはもっと保存の程度のよい人骨が別のインダス遺跡から発見されるのを待つ必要があるだろう。そこで、斎藤は2011年にはデカンカレッジ（インド、プネー市）のジョグレカール博士の研究室を訪問し、追加の獣骨試料についての説明を受けた。残念ながら、現在のところ、インド考古学研究所の試料利用許可がなかなか

得られないままになっている。

(5) 試料が悪いのか、実験の腕が悪いのか

ところで、このように期待される結果が得られなかった場合、骨や歯の試料が悪いのか、それとも実験の方法や研究者の腕が悪いのか、判然としない。そこで、東京大学総合研究博物館の諏訪元教授にお願いして、江戸時代、鎌倉時代、縄文時代という3種類の時代の遺跡から出土したヒトの歯を使わせていただき、それぞれからミトコンドリアDNAの増幅を神澤が試みた。江戸時代と鎌倉時代の試料からは、容易にDNAの増幅があり、ミトコンドリアDNAの塩基配列も決定できた。福島県北部の三貫地遺跡から発掘された縄文人（縄文中期、およそ現在から4000年前）の場合には、最初なかなかDNAの増幅が得られなかったが、神澤の努力により、借り出した4本の歯すべてから、2タイプの塩基配列が2本ずつ得られた（神澤ら2012）。

12-2 現代南アジア人の遺伝的近縁関係

(1) 現代人のDNAを比較して過去の移動を推定する

このような状況になったので、残念ながらインダス文明を担った人々のDNAを直接調べることはできなかった。しかし、現在インド亜大陸に住んでいる人々のDNAを調べれば、インダス文明を含む過去の人間の系統を推定できる可能性がある。なぜなら、我々一人ひとりに必ず祖先がいるように、現在の人類集団にも、それらの祖先集団が存在するはずだからだ。そこで以下では、現代人のDNAから、南アジアの人々の遺伝的多様性を推定した研究をいくつか紹介し、インダス文明以前からインド亜大陸に居住してきた人々の来歴について考察する。

(2) インドにおける人間の遺伝的多様性

　本来ならば、地理的なまとまりである南アジアの状況を議論したいのだが、残念ながらてもとにはインドという国単位の統計しかないので、それをまず紹介しよう。MajumderとMukherjee (1993) は、自然人類学的観点からインド人を4タイプに分けている。ネグリト、オーストラロイド、モンゴロイド、コーカソイドである。ネグリトとは、フィリピンやマレーシアを中心に東南アジアに散らばって分布している、肌の色が黒い低身長の人々であり、インドではアンダマン諸島とニールギリ丘陵に居住している。このほか、ネグロイドは今では自然人類学では用いない呼称であり、サハラ砂漠以南のアフリカ人に対応するが、インドへの移民が数百年前にあったと推定されている。モンゴロイドも人種名称のひとつであり、自然人類学では現在では用いないが、地理的なまとまりを考慮した場合には、東ユーラシア人（斎藤1995）と呼ぶ。インド東部の、ミャンマーやブータンに接したアッサム地方に主として居住している。オーストラロイドは、インド山岳部に居住する人々の顔かたちがオーストラリアの先住民（いわゆるアボリジニー）に似ているので、このような言い方がされている。最後が最大の人口を占めるコーカソイドであるが、これら末尾に「オイド」のつく人種名称は現代の自然科学では用いておらず、地理的な遺伝分化の結果のまとまりとしては、西ユーラシア人（斎藤1995）と呼び変えている。

　私たちは、東南アジア人類集団の遺伝学的研究を最近行い、マレーシアのネグリト人とメラネシア人が他の集団とは大きく異なっている一方、フィリピンのネグリト人は近隣のオーストロネシア語族の人々と遺伝的にも近くなっていることを示した（図12-5）。アンダマン諸島のネグリト人との関係がどうなっているのか、将来の研究が待たれるところである。一方、アフリカからインドへの移住に関しては、インド西部のグジャラート州に居住しているSiddi集団についてNarangら (2011) がDNA多型を詳しく調べ、伝承のとおり、アフリカから数百年前に居住したものだと解明されている。また、インド南部の山岳部に居住するソリガ人については、あのT・H・ハク

第 3 部 現代へのつながりを辿る

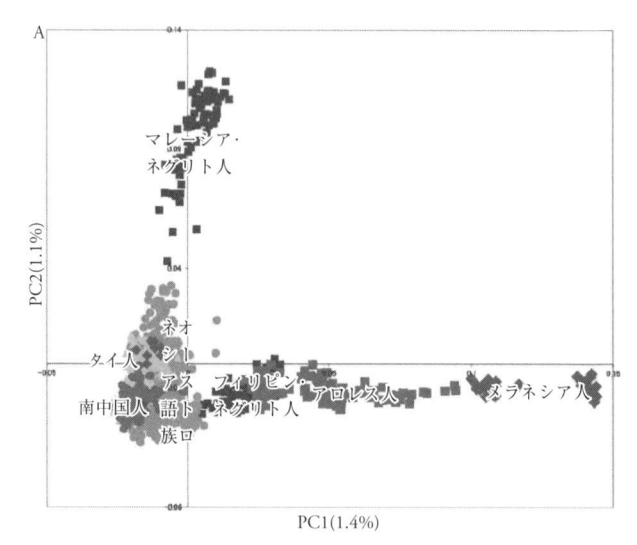

図 12-5 東南アジア 8 集団の遺伝的多様性を主成分分析で解析したもの（Jinam ら 2012 より）（カラー図は口絵参照）

スレーがすでに 19 世紀にがすでにオーストラリアの先住民との形態的類似を指摘していた（Huxley 1870）が、ヒトゲノム中で変異性の高いマイクロサテライト DNA の多型を比較した最近の研究（Morlote et al. 2011）で、まさにソリガ人とオーストラリア先住民との遺伝的近縁性が 140 年後に確かめられた。今後は詳細なゲノム DNA の解析が待たれるところである（斎藤 2011）。

(3) 古典的遺伝マーカーによる解析

人類集団間の遺伝的近縁関係については、DNA を詳細に調べることができなかった時代には、血液型やタンパク質の遺伝的多型を調べていた。南アジア集団を調べた代表的な研究として、Roychoudhury と Nei（1985）の発表した論文がある。彼らは 18 遺伝子座のデータを用いて、根井の標準遺伝距離（根井 1972）を、南アジアの 7 集団と近隣の 5 集団について推定した。彼

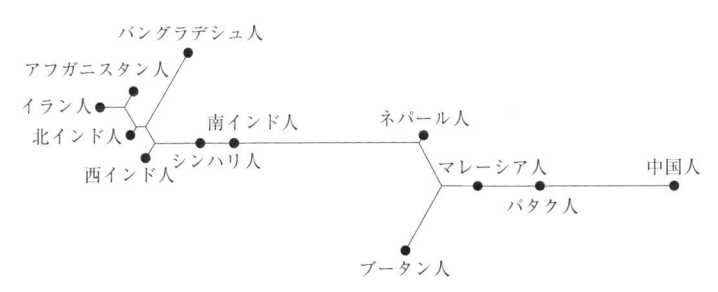

第 12 章　DNA からたどる南アジア人の系統

図 12-6　南アジアを中心とした人類集団の系統樹（Roychoudhury and Nei 1985 が発表した遺伝距離行列から近隣結合法を用いて作成した）

らは UPGMA という進化速度が一定だと仮定した方法（斎藤 2007 を参照）で系統樹を作成し、インドの 3 集団、スリランカのシンハラ人、バングラデシュ人、イラン人、アフガニスタン人（西ユーラシア人系）がひとつのまとまりとなり、残りの 5 集団（東ユーラシア人系）が別のまとまりになることを示した。図 12-6 は、近隣結合法（斎藤・根井 1987）を用いて同じ距離行列から集団の無根系統樹を描いたものである。枝の長さは遺伝距離に比例しているが、枝間の角度には意味はない。イラン人、アフガニスタン人、北インド人、西インド人がお互いに近い関係にあり、バングラデシュ人が遺伝的に少し離れてはいるが、このグループに含まれている。スリランカのシンハラ人が次にこの 5 集団に近縁であり、その中でも西インド人に近いのは、言語分類と適合している。ただし、シンハラ人は遺伝的には南インド人と最も近くなっており、これはシンハラ人がインドの北方と南方のグループとの混血であることを示唆する。ここまでの 7 集団が、Roychoudhury と Nei (1985) の系統樹ではひとつのまとまりとなっている。さらに右に目を移すと、インド周辺のネパール人とブータン人が、さらに東南アジア（マレーシア人とバタク人）、東アジア人（中国人）とつながっている。これら集団の遺伝的な位置関係はほぼ彼らの地理的位置関係に類似しており、長いあいだの遺伝子交流による結果だと考えられる。

　図 12-7 は、Majumder と Mukherjee (1993) が同様の解析を北インドの人類集団（A）と西インドの人類集団（B）で行った結果を示している。筆者は

第 3 部　現代へのつながりを辿る

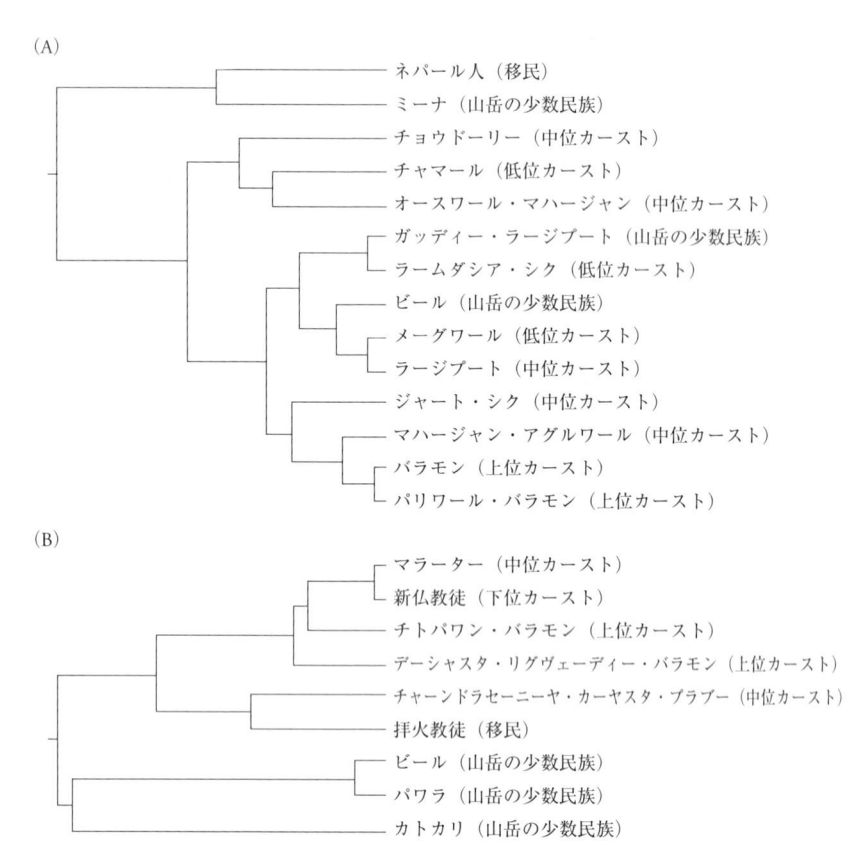

(A)
- ネパール人（移民）
- ミーナ（山岳の少数民族）
- チョウドーリー（中位カースト）
- チャマール（低位カースト）
- オースワール・マハージャン（中位カースト）
- ガッディー・ラージプート（山岳の少数民族）
- ラームダシア・シク（低位カースト）
- ビール（山岳の少数民族）
- メーグワール（低位カースト）
- ラージプート（中位カースト）
- ジャート・シク（中位カースト）
- マハージャン・アグルワール（中位カースト）
- バラモン（上位カースト）
- バリワール・バラモン（上位カースト）

(B)
- マラーター（中位カースト）
- 新仏教徒（下位カースト）
- チトパワン・バラモン（上位カースト）
- デーシャスタ・リグヴェーディー・バラモン（上位カースト）
- チャーンドラセーニーヤ・カーヤスタ・プラブー（中位カースト）
- 拝火教徒（移民）
- ビール（山岳の少数民族）
- パワラ（山岳の少数民族）
- カトカリ（山岳の少数民族）

図 12-7　インドの人類集団間の系統樹（A. インド北部　B. インド西部）（Majumder and Mukherjee 1993 より）

インドの集団名についてあまり詳しくないので、これらの系統樹の妥当性を議論することができないが、これら北インドや西インドの集団のあいだの遺伝的距離は比較的小さいようである。

(4) ゲノム規模での膨大な DNA 変異の解析

　ヒトゲノムが決定された後、DNA レベルでの遺伝的多様性を詳細に調べ

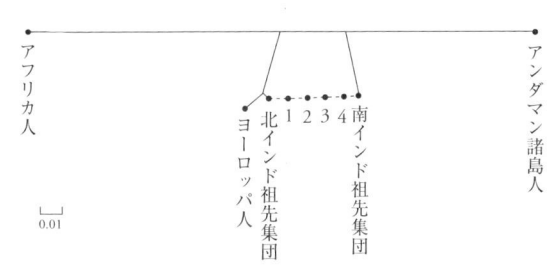

第 12 章　DNA からたどる南アジア人の系統

図 12-8　インド人南北集団の予想される系統関係（Reich et al. 2009 より）

ることができるようになった（斎藤 2009a を参照）。インド人集団の研究でも大きな変化があった（Majumder 2010）。Reich ら（2009）は、インド国内の 25 集団、総数 132 名の DNA について、56 万個の SNP（単一塩基多型）の検索を行い、インド亜大陸における集団間の系統関係を図 12-8 のように推定した。ここでも、枝の長さは DNA の違いに比例して描いている。図中の 1〜4 は、順にパシュドゥーン（パキスタン）、ヴァイシャ（ウッタルプラデーシュ州）、メガワル（ラージャスターン州）、ビール（グジャラート州）集団である。現代ヨーロッパ系の人々と祖先を共有する北方インド人祖先集団と、アンダマン諸島の人々と共有する南方インド人祖先集団が仮定されており、それらのあいだの混血によって、現代南アジア集団（1〜4）が生じたというものである。しかしこの想定図はいろいろな仮定のもとに描かれたものであり、膨大なデータを使ってはいるものの、その妥当性についてはいろいろと批判が多い。

　Chaubey ら（2011）は、オーストロアジア言語族に属する人々の系統関係を明らかにしようとして、インドおよびその周辺の人類集団の DNA 多型を解析した。図 12-9 は常染色体の SNP（単一塩基多型）データを解析した彼らの結果のひとつである。主成分分析という統計手法によると、13 人類集団の個体の大部分は逆三角形に分布している。左上は欧州人、右上は東アジア人、中央下はインド南部のドラヴィダ人である。パキスタン人は欧州人とドラヴィダ人のほぼ中間に、中央アジアに居住するウイグル人とハザラ人は欧州人と東アジア人の中間に位置している。インド東部に居住しているオース

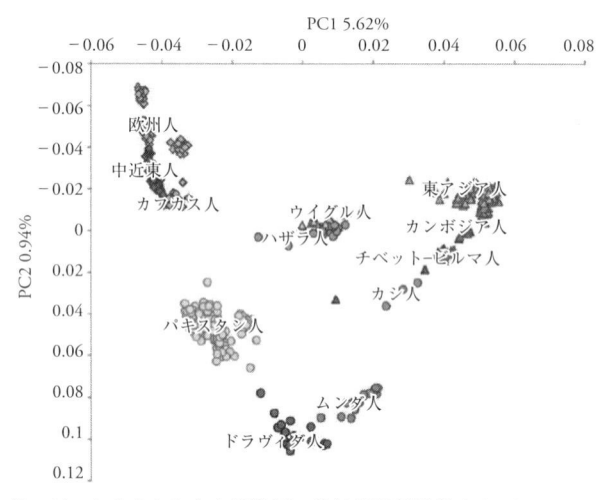

図12-9 南アジアを中心とした人類集団の遺伝的近縁関係（Chaubey et al. 2011より）

トロアジア言語族のムンダ人はドラヴィダ人に近い位置にあるが、やや東アジア人の方向にシフトしている。同じくオーストロアジア言語族であるカシ人はアッサム地方に居住しており、ビルマやカンボジアなどの東南アジア集団と遺伝的に近くなっている。これらの2次元分布パターンは、集団の地理的位置関係とほぼ似かよっており、遺伝子の交流が地理的に近い集団とよりひんぱんに生じてきたことを明瞭に示している。

一方、Y染色体の多様性は、インドのムンダ人よりも東南アジアでオーストロアジア言語族を話す人々のほうが高かったので、オーストロアジア言語族は東南アジア起源ではないかと彼らは推測している。しかし、これらのDNAデータだけから移住の方向を確定することは困難であり、古代DNAの解析を含む今後の研究が待たれるところである。

参考文献

植田信太郎・斎藤成也（2006）第5章：古代DNA．『遺伝子とゲノムの進化（シリーズ進化学第2巻）』（石川統・斎藤成也・佐藤矩行・長谷川真理子共編）．岩波書店．

神澤秀明・佐宗亜依子・諏訪元・斎藤成也 (2013) Ancient mitochondrial DNA sequences of Jomon teeth samples from Sanganji, Tohoku district, Japan. *Anthropological Science*（オンライン刊行済）.

斎藤成也（1995）A genetic affinity analysis of human populations. *Human Evolution*, 10: 17-33.

斎藤成也（2005）『DNA から見た日本人』ちくま新書.

斎藤成也（2007）『ゲノム進化学入門』共立出版.

斎藤成也（2009a）『ヒトゲノム研究の新しい地平』. *Anthropological Science* (Japanese Series), 117: 1-9.

斎藤成也（2009b）宗教はどこにゆくのか．フォーラム新・地球学の時代 13. WEDGE, 5月号, pp. 70-71.

斎藤成也（2011）『ダーウィン入門』ちくま新書.

斎藤成也（2011）A Commentary on the Soliga, an isolated tribe from Southern India: genetic diversity and phylogenetic affinities. *Journal of Human Genetics*, 56: 257.

斎藤成也・根井正利 (1987) The neighbor-joining method: a new method for reconstructing phylogenetic trees. *Molecular Biology and Evolution*, 4: 406-425.

根井正利（1972）Genetic distance between populations. American Naturalist, 106: 283-292.

Chaubey, G. et al. (2011) Population genetic structure in Indian Austroasiatic speakers: the role of landscape barriers and sex-specific admixture. *Molecular Biology and Evolution*, 28: 1013-1024.

Huxley, T. H. (1870) On the geographical distribution of the chief modifications of mankind. *Journal of Ethnological Society of London*, 2: 404-412.

Jinam, T. A., Hong, L.-C., Phipps, M. A., Stoneking, M., Ameen, M., Edo, J., Pan-Asian SNP Consortium, and Saitou, N. (2012) Evolutionary history of continental South East Asians: "early train" hypothesis based on genetic analysis of mitochondrial and autosomal DNA data. *Molecular Biology and Evolution*, vol. 29 (in press).

Majumder, P. (2010) The human genetic history of South Asia. *Current Biology*, 20: R184-R187.

Majumder, P. and Mukherjee, B. N. (1993) Genetic diversity and affinities among Indian populations: an overview. In Majumder P. P. (ed.), *Human Popualtion Genetics—A Centennial Tribute to J. B. S. Haldane*, Plenum Press, pp. 255-275.

Morlote, D. M., Gayden, T., Arvind, P., Babu, A., and Herrera, R. J. (2011) The Soliga, an isolated tribe from Southern India: genetic diversity and phylogenetic affinities. *Journal of Human Genetics*, 56: 258-269.

Narang, A., Jha, P., Rawat, V., Mukhopadhyay, A., Dash, D., Indian Genome Variation Consortium, Basu, A., Mukerji, M. (2011) Recent admixture in an Indian population of African ancestry. *American Journal of Human Genetics*, 89: 111-120.

Reich, D., Thangaraj, K., Patterson, N., Alkes, L., Price, A. L., and Singh, L. (2009) Reconstructing Indian population history. *Nature*, 461: 489-495.

Rohland, N. and Hofreiter, M. (2007) Comparison and optimization of ancient DNA extraction. *BioTechniques*, 42: 343-352.

Roychoudhury, A. K. and Nei, M. (1985) Genetic relationships between Indians and their neighboring populations. *Human Heredity*, 35: 201-206.

Troy C. S., MacHugh D. E., Bailey J. F., Magee D. A., Loftus R. T., Cunninghm P., Chamberlain T., Sykes B. C., and Bradley D. G. (2001) Genetic evidence for Near-Eastern origins of European cattle. *Nature*, 410: 1088-1091.

● コラム8 ●

ファルマーナーの人骨

斎藤成也

　人骨。この単語を耳にしたとき、人はどのような気分になるだろうか。私はうきうきしてくる。人類学課程の学生だったころ、必修課目の一つが骨学実習だった。脊椎骨からはじまり頭骨で終わるまで、人体のすべての骨をスケッチし、形態を頭にたたきこんでゆくのだ。人骨は、人類学者にとって親しき存在なのである。また、千葉県での発掘実習の1週間がいかに楽しかったことか。最後の日、縄文時代の縦穴式住居入り口に横たわっていた人骨にスコップがあたり、だれかが発掘を担当することになった。私が名乗りをあげ、他の同級生が帰ったあともさらに発掘現場に寝泊まりしたのである。1週間かけてまるまる1体をとりあげた。雨が降って発掘が中断された時には、縄文時代遺跡に重なっていた国分寺国分尼寺遺跡から発掘された陶器片の洗浄を手伝った。めずらしく墨で1文字だけ漢字が書いてあるものを発見した思い出がある。人骨と聞くと、若かったあのときの思い出がよみがえってくるのだ。

　インドのファルマーナー遺跡に2009年2月、1週間ほど滞在したときも、楽しかった。発掘隊専用コックがテントの中で作ってくれるすばらしいインド料理。私からみると毎日濃い化粧をして盛装しているように見える、土運びの美しい老若の女性達。そして人骨である。彼らは、頭をほぼ北にむけて永眠していた（第5章を参照）。インド最古の古典『リグ・ヴェーダ』に出てくるサラスヴァティー川は、この遺跡の近くを流れていたガッガル・チャクラ河だとされている（第2章を参照）。その北にはヒマラヤ山脈がそびえる。古代人はおそらく死後に魂が北にあるこの聖なる山に帰ってゆくと考えて、遺体の頭部を北に向けたのだろう。それがはるばる日本に

359

伝わって、北枕はよくないという迷信が生じたようだ（斎藤 2009）。

　発掘現場見学の2日目には、私も発掘をしたくなってしまった。埋葬されていることが確実な長方形の区画を一つあてがわれ、さっそく土掘りを始めた。しかし、掘っても掘っても骨がでてこない。50 cm くらいの深さまで掘り進めたところで、心配になってしまった。本当に人骨が眠っているのだろうか。肉体的な疲れもあって、ぐったりしていたら、インドの大学から参加している、発掘のプロだと称するおじいさんが手伝ってくれて、1時間ほどでみごとに人骨を発見してくれた。子供の骨だった（第12章図12-1）。住み慣れたインダス文明の街から1 km ほど離れたこの墓地で、4000年のあいだ眠っていたこの子の骨は、今はインドの大学の倉庫に保管されているのだろう。

　ところで、墓地を発見したのは地元ハリヤーナー州ロータク大学で考古学を研究する大学院生のグループである。そのひとり、ヴィベクさんとは発掘中にいろいろと話をした。彼を紹介された時に、おや、ヴィーヴェーカナンダみたいだねと言ったら、なんとなく恥ずかしいような顔をして、それが本名だとのこと。ヴィベクは短縮したニックネームだった。彼とは、インダス文明のこと、彼の研究テーマのこと、それに宗教についてもいろいろ話しあった。

　ファルマーナー遺跡で発見された人骨からも牛骨からも DNA を抽出することはできなかった（第12章を参照）。しかし骨の形態は調べることができる。特に、形態小変異という、長さや幅などの量的形質ではない、孔があるかないかという離散形質を調べることにより、人類集団の系統関係の研究が進められている（斎藤 2005 を参照）。最近は X 線 CT を用いて生身の人間の頭骨データも得ることができるようになった（斎藤ら 2011）。ファルマーナーの人骨も、このような形態小変異を調べれば、インダス文明を担った人々がアーリヤ人だったのか、それとも土着のドラヴィダ系だったのか、あるいは別の系統の人々だったのかという問題を解明できるのかもしれない。

参考文献

斎藤成也（2005）『DNA から見た日本人』ちくま新書.
斎藤成也（2009）宗教はどこにゆくのか. フォーラム新・地球学の時代 13. *WEDGE*, 5 月号, pp. 70-71.
斎藤成也・木村亮介・深瀬均・輿儀彰・村山貞之・石田肇（2011）最先端の CT 画像は生体における非計測的頭蓋変異を明らかにする（英文）. *Anthropological Science*, 119 巻 3 号, pp. 231-237.

第13章　多言語多文化の世界
——現代南アジアから見る

大西正幸

インドのルピー札。「ルピー」という語が15言語で記されている。（上からアッサム語、ベンガル語、グジャラート語、カンナダ語、カシミール語、ヒンディー語、マラヤーラム語、マラーティー語、ネパール語、オリヤー語、パンジャーブ語、サンスクリット語、タミル語、テルグ語、ウルドゥー語。）

インダス期、南アジアではいったいどのような言語が話されていたのであろうか。

この問いに答える直接の手がかりは、残念ながら今のところ得られていない。言語に関して考古学的に得られている唯一の資料は、印章などに刻まれた、いわゆる「インダス文字」であるが、解読はおろか、これがそもそも文字なのかどうかについても学者間の一致を見ていない（本書第9章参照）。文字資料としては後代のサンスクリット語、アヴェスタ語、タミル語などで記されたものばかりで、そのうち最も古いとされているサンスクリット語の『リグ・ヴェーダ』でも、その編纂が開始されたのが紀元前1200年以降と推定されている（本書第10章参照）。すなわちインダス都市文明（紀元前2600〜1900年）が消滅してから数百年も後のことである。

しかし、直接の手がかりはないにしても、こうした後代の文字資料に加え、現在南アジアに分布するさまざまな言語を分析し、比較することで、その歴史をある程度再構成することはできる。インダス文明期にどのグループの言語がどこに存在していたかを詳細に明らかにするまでには至っていないが、言語グループによっては、その話者の移動の跡が、ある程度推定できる場合もある。本章では、現代の南アジアにおける言語分布を手がかりに、可能な限り歴史を遡りながら、南アジアの多言語多文化共存の有様を述べることにする。

これらの研究を通して何よりも明らかなのは、現在のパキスタンからインドの北西部にかけて、100万 km^2 にも及ぶ範囲に広がるインダス文明社会の全体で、単一の言語、ないし単一の言語グループの言語が話されていたとは、まず考えられないことであろう。このことは、インダス文明が非常に異なった自然環境をもつ地域を包含している上、考古学的資料からも、地域ごとの社会文化的な特徴に大きな異なりがあること、それぞれの地域社会が他地域とのネットワークに強く依存していたことが示されることから、容易に想像することができる。こうして見ると、インダス文明社会は、エジプト、メソポタミア、中国のような、同時期の他の中央集権型文明社会とはかなり異なった特徴をもっていることがわかる。これらの文明を手がかりにこの社会を理

解しようとすると、結果的に間違ったイメージを抱いてしまうことになろう。この時代の言語文化の特徴を理解するには、現代の南アジア社会を出発点としたほうがよさそうである。

13-1 南アジアの言語の地理的分布

　南アジアには、現在、500を超える言語があるといわれている[1]。それらの言語は、歴史的観点から見ると、四つの主要語族に属する言語、その他の三つの語族に属する言語、系統関係のはっきりしない孤立語、そして近世になってインドに外来語として入ってきた英語・ポルトガル語のようなインド・ヨーロッパ語族の言語の、四つに分類することができる。
　南アジアの主要語族は、次の四つである。

(1) インド・アーリヤ語族
(2) ドラヴィダ語族
(3) ムンダ語族
(4) チベット・ビルマ語族

　p. 366～367の四つの地図に示したように、インド・アーリヤ語族の諸言語は北インド全域に(図13-1)、またドラヴィダ語族の諸言語は南インドに広く分布する(図13-2)。これに対し、ムンダ語族の諸言語はインドの中東部ジャールカンド州とその周辺の州を中心に分布し(図13-3)、チベット・ビルマ語族の諸言語はインド北部、ネパール、ブータン、バングラデシュ東

---

[1] この数字は、もちろん方言と言語の境界線をどう引くかで大きく変わってくる。言語の境界を細かくとる傾向のある夏期言語協会(SIL)の *Ethnologue* (2009)は、インドに445言語、ネパールに127言語、パキスタンに77言語、スリランカに7言語などの数を挙げている。あるコトバが独立した言語として認知されるか否かはそのコトバを話す民族グループの社会的ステータスに密接にかかわるため、政治社会的な問題となるケースが多い。

第 3 部 現代へのつながりを辿る

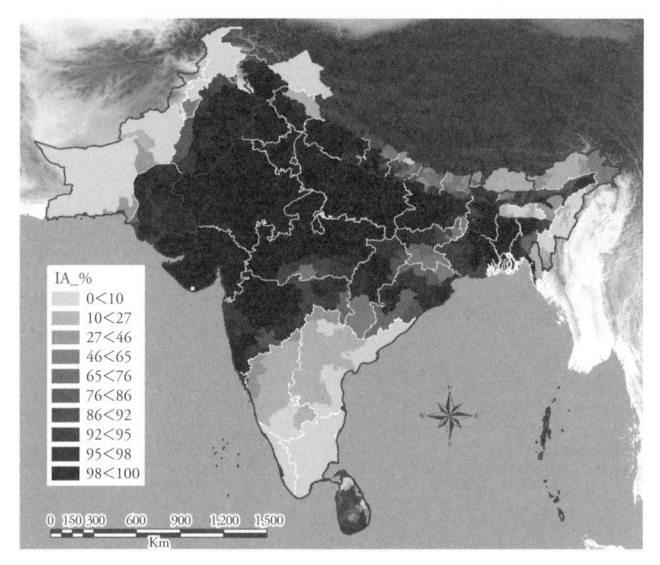

図 13-1 インド・アーリヤ語族の諸言語の分布

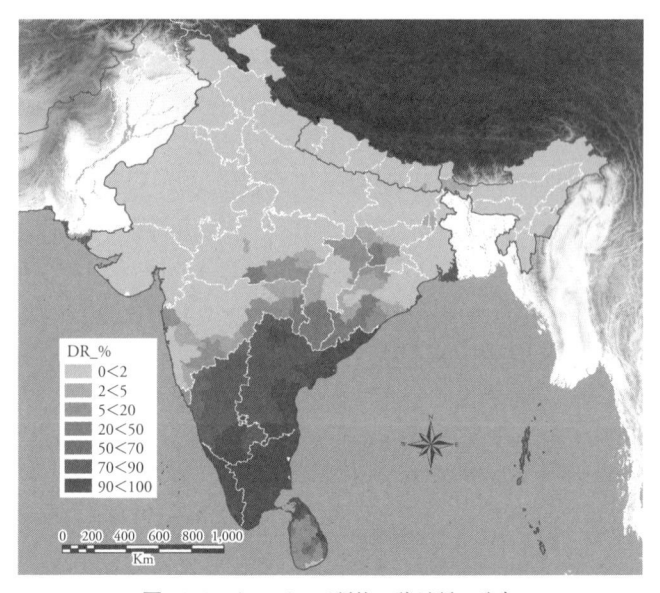

図 13-2 ドラヴィダ語族の諸言語の分布

第 13 章 多言語多文化の世界

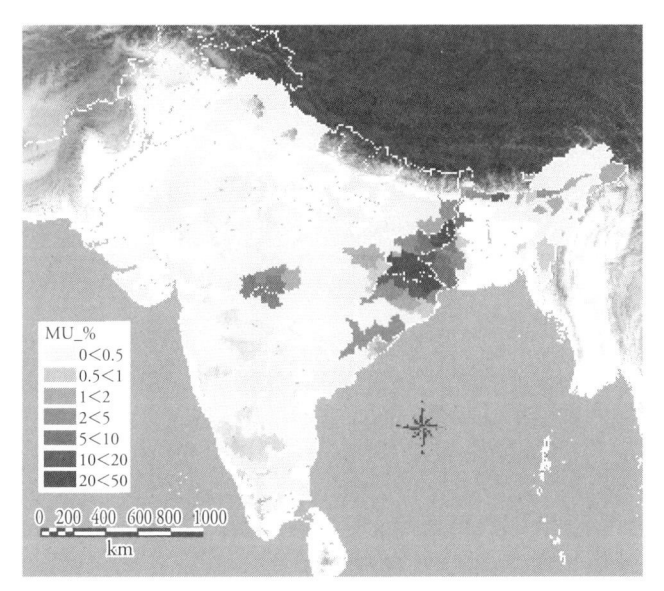

図 13-3 ムンダ語族の諸言語の分布

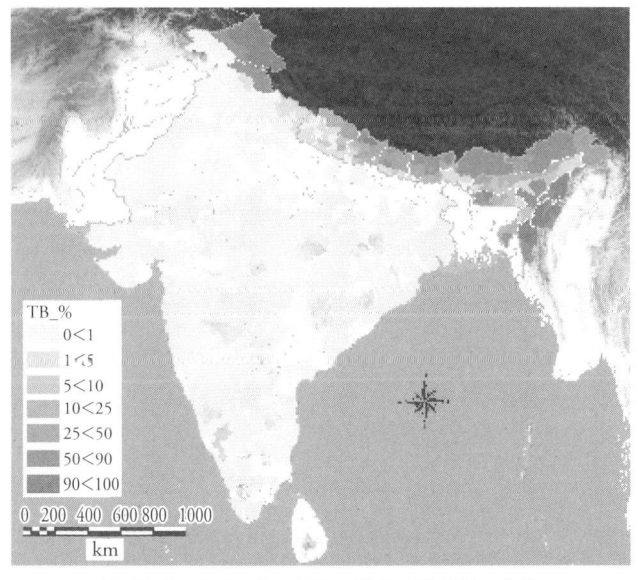

図 13-4 チベット・ビルマ語族の諸言語の分布

第3部　現代へのつながりを辿る

表13-1　南アジアの主要語族の話者数

国別センサス	インド・イラン語族		ドラヴィダ語族	オーストロアジア語族		チベット・ビルマ語族
	インド・アーリア	イラン		ムンダ	モン・クメール	
インド (2001)	790,627,055 (76.86%)	–	214,172,874 (20.82%)	10,284,670 (1.00%)	1,157,359 (0.11%)	10,305,024 (1.00%)
パキスタン (1998)	101,049,751 (76.35%)	25,132,526 (18.99%)	–	–	–	–
バングラデシュ (2001)	*127,747,965 (*98.84%)	–	–	–	–	–
ネパール (2001)	17,975,608 (79.06%)	–	29,104 (0.13%)	63,676 (0.28%)	–	4,239,603 (18.65%)
ブータン (van Driem 2001)	*156,000 (25.90%)	–	–	–	–	*446,300 (74.10%)
スリランカ (2001)	*13,876,245 (81.96%)	–	*2,926,505 (17.29%)	–	–	–
モルディブ (2006)	*298,968 (100%)	–	–	–	–	–

(*のついた数字は，推定に基づく。)

部へと至る、ヒマラヤ山脈からアラカン山脈にかけての山岳部を中心に分布する（図13-4）。母語話者の人口の点から見ると、インド・アーリヤ語族の言語話者が南アジア全体の人口の4分の3以上を占め、ドラヴィダ語族の言語話者数はインドの総人口の約20％。チベット・ビルマ語族とムンダ語族がそれに続き、それぞれ南アジアの総人口の1％前後である（表13-1）。

上の4語族以外に、次の語族の言語が周辺地域に分布している。

(5) イラン語族（パキスタン）
(6) モン・クメール語族（インド　メガラヤ州とニコバル諸島）
(7) アンダマン語族（インド　アンダマン諸島）

このうち、イラン語族はインド・ヨーロッパ語族の下位分類でインド・アーリヤ語族と「姉妹」関係にあり、またモン・クメール語族はオーストロアジア語族の下位分類でムンダ語族と「姉妹」関係にある。アンダマン語族に関しては、アッビ（Abbi 2006）などによってようやく研究の端緒についた

第13章　多言語多文化の世界

ところで、この語族に属する言語の数や系統関係、他の語族との関係などについてはまだよくわかっていない。

この他、現在のところ系統関係がはっきりせず、孤立語と見なされている言語は、次の二つないし三つである。

(8) ブルーシャスキー語 (パキスタン)
(9) クスンダ語 (ネパール)
(10) ナハーリー語 (インド　マハーラーシュトラ州とマディヤ・プラデーシュ州)

(8) のブルーシャスキー語は、特に動詞の形態がきわめて複雑なことから、言語学者の間では古くからよく知られてきた言語で、ヨーロッパ人研究者による包括的な文法書や辞書なども出版されている。一方、クスンダ語は、19世紀からその存在が知られていたが、十分な記述もないまま、1980年代には消滅したものと思われていた。ところが2004年に再び数人の話者が発見された。その話者たちを対象に、言語学者のワターズによってただちに記述研究が進められ、2006年にその文法が出版された (Watters 2006)。この2言語は、いずれも、他の語族との間の系統関係が不明のままである。また、インド中部で話されている少数言語のナハーリー語については、周辺の言語、特にコルク語 (ムンダ語族) やマラーティー語 (インド・アーリヤ語族) からの借用が多く、系統関係について、研究者の間で一致を見ていない。ザイデは、インド・アーリヤ語族の古層に属する言語とみなしている (Zide 1996)。

以下、この節では、上に挙げた言語グループのうち、インド・アーリヤ語族とイラン語族 (1)、ドラヴィダ語族 (2)、ムンダ語族とモン・クメール語族 (3)、チベット・ビルマ語族 (4) の南アジアにおける分布を、この順に概観することにする。

(1) インド・アーリヤ語族とイラン語族

インド・アーリヤ語族とイラン語族は、インド・ヨーロッパ語族の支派で

369

あるインド・イラン語派が、さらに分かれてできた言語グループである。中央アジアの広域に住んでいたインド・イラン語派の祖語を話す人々の一部が、紀元前 2 千年紀の中頃、アフガニスタンから、現在のパンジャーブ地方を中心としたインド北西部に移動を開始した。彼らの話す言語をインド・アーリヤ語と呼ぶ（本書第 10 章参照）。この言語は、その話者とともに、その後、インド亜大陸の北部平野部を中心に、西はパキスタン東部、北はヒマラヤ山麓、南はデカン高原、東はガンジス・ブラフマプトラ川流域にまで広がり、南アジアの最も大きな言語グループを形成した。その歴史は、マシカ（Masica 1991）によれば、次の三つの段階に分けることができる。

- 古期インド・アーリヤ語（OIA）　　紀元前 1500 年〜紀元前 600 年
- 中期インド・アーリヤ語（MIA）　　紀元前 600 年〜紀元 1000 年
- 新期インド・アーリヤ語（NIA）　　紀元 1000 年〜現在

　古期インド・アーリヤ語（OIA）は、いわゆるサンスクリット語である。このうち、祭祀用の讃歌を集めた『リグ・ヴェーダ』（上述のように、紀元前 1200 年頃に編纂が開始されたといわれる）や、宗教/哲学的な内容をもつさまざまなヴェーダ/ウパニシャッド文献に記された、初期の OIA 語を、ヴェーダ語、ないしヴェーダ期サンスクリット語と呼ぶ。これに対し、紀元前 500 年頃成立したパーニニの文法書『アシュターディヤーイー』は、この頃使われていた後期 OIA 語の詳細な文法記述として有名である。この記述を規範として文語として確立された「古典」サンスクリット語は、生活言語としての機能を失った後も、文語として特別な地位を与えられ、ヒンドゥー教のさまざまな教典/法典や、叙事詩/劇などの文学作品を生んだ。

　中期インド・アーリヤ語（MIA）は、紀元前 3 世紀のアショーカ王碑文に記されたインド各地のプラークリット語がその最初の記録である。プラークリット語は、西インドの規範言語とも見なされるマハーラーシュトリー語、西インドの古い地域語の特徴をもつ小乗仏教の仏典言語パーリ語、東インドの地域語の特徴をもつジャイナ教の言語アルダ・マーガディー語などに代表される。プラークリット語が、サンスクリット語と並ぶ文語としての地位を

表13-2　現代インド・アーリヤ諸語の地理的分類

地域別グループ	代表的な言語
南アジア全域	ヒンディー語，ウルドゥー語
北	ネパール語
東	ベンガル語，アッサム語，オリヤー語，マイティリー語
北西	パンジャーブ語，シンディー語，カシミール語，サライキ語，ドーグリー語
南西	グジャラート語，マラーティー語，コーンクニー語
南	シンハラ語，ディヴェヒ語

確立するにつれ、紀元5～6世紀頃からは、アパブランシャ語と呼ばれる各地の口語が文献に登場するようになる。これらのアパブランシャ語が、新期インド・アーリヤ語と呼ばれる、現代インドの各地域語の中核となった。

現代インドのインド・アーリヤ語のうち、代表的なものは、その地理的分布から表13-2のように分類できる。表13-2に「代表的な言語」として挙げた諸言語は、南アジアのいずれかの国／州で高い公的地位を認められているものである。

インドでは、表に挙げた言語のうち、パンジャーブ語、シンディー語、シンハラ語、ディヴェヒ語を除く13言語に、古典語のサンスクリット語を加えた14言語が、「指定言語（scheduled languages）」[2]として認められている。このうち10言語は、一つ以上の州ないし連邦直轄地の公用語として認められている。（マイティリー語とドーグリー語は、2003年に「指定言語」のリストに加えられた。）また、パキスタンの最近の人口統計では、インド・アーリヤ諸語のうち、パンジャーブ語、シンディー語、サライキ語、ウルドゥー語の4言語が主要言語として挙げられている。ネパール語は言うまでもなくネパールの公用語、シンハラ語はスリランカの公用語、またディヴェヒ語はモルディブ共和国の公用語である。

この他、インド、パキスタン、ネパールの各地に、インド・アーリヤ語族

---

[2]　指定言語とは、インド憲法の第8付則により、「その使用の促進が望まれる」と規定された言語で、1968年に連邦議会で承認された「公用語に関する決議」は、連邦政府と州政府が協力してその発展のための対策を講じることを義務づけている。

に属する少数言語が分布する。また、ジプシーの言語として知られるロマーニ語もインド・アーリヤ語族に属するが、その話者はヨーロッパを中心とするユーラシア大陸西部に分布していて、南アジアにはほとんど存在しない。

　一方、イラン語族に属する言語のうち、現在のイラン東部に住んでいたアヴェスタ語を話す人々は、ゾロアスター教の口承で伝えられた祭儀の内容を紀元6世紀頃に文字化して『アヴェスタ』という文献を残した。このアヴェスタ語は、言語学的に古サンスクリット語（ヴェーダ語）ときわめて似通った特徴をもっている。イラン語族の言語のうち、今日南アジア西端のパキスタンに分布する言語は、パシュトー語とバローチー語の二つである。これらはいずれもパキスタンの六つの主要言語の中に数えられている。

(2) ドラヴィダ語族

　ドラヴィダ語族の言語は、インドの南部4州、アーンドラ・プラデーシュ州、カルナータカ州、ケーララ州、タミル・ナードゥ州のそれぞれの公用語である、テルグ語、カンナダ語、マラヤーラム語、タミル語の四つの、古い文字伝統をもった指定言語と、それ以外の少数言語とに分かれる。歴史系統的な観点から、ドラヴィダ語族の言語は七つのグループに分類される（表13-3）。

　南部語派諸言語に関しては、タミル語に残る文献資料や地名などから、紀元前後にはすでに地理的拡散と言語分岐が進展していたらしいことがわかっている。一方、先に述べた南部4州のうち、南のケーララ州、タミル・ナードゥ州は、100％近い人口がドラヴィダ系のマラヤーラム語、タミル語話者で占められるが、西側のカルナータカ州、およびアーンドラ・プラデーシュ州の北部（テラガナ県）では、カンナダ語、テルグ語に加え、マラーティー語、コーンクニー語などのインド・アーリヤ諸語も高い比率で混在する。

　ドラヴィダ系の大きな部族言語は、インド・アーリヤ系の多数派に分断される形で、時に別名で呼ばれる地理的に離れた集団をもつ。系統的に親縁な関係にある北東・中央・中南部グループの分布も、次頁の図13-5に示され

第 13 章　多言語多文化の世界

表 13-3　ドラヴィダ諸語の系統分類

系統別分類	所属言語
北西	ブラフーイー語
北東	クルフ語，マルト語
中央	コラミ語，ナイキ語，パルジ語，ガダバ語
中南部	ゴンディー語，コンダ語，クーイ語，クヴィ語，ペンゴ語，マンダ語
南東	テルグ語
南西	トゥル語，コラガ語
南部	タミル語，マラヤーラム語，コタ語，トダ語，イルラ語，コダグ語，カンナダ語

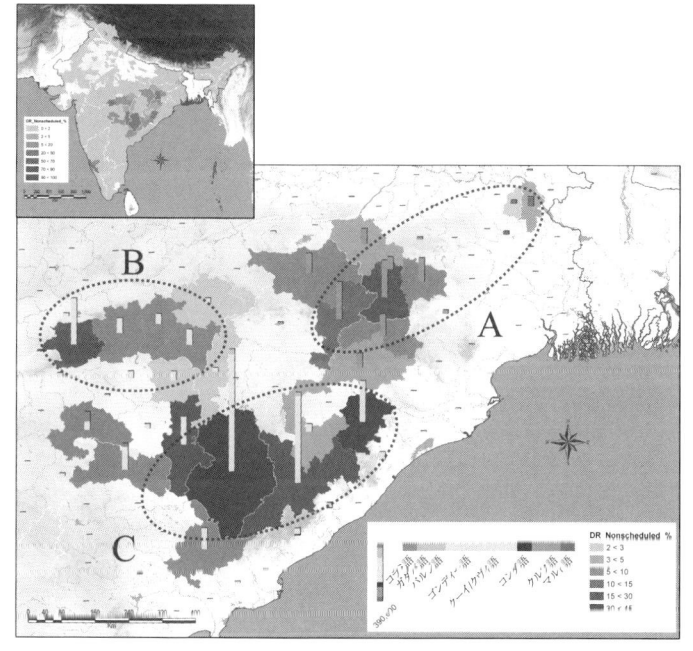

図 13-5　ドラヴィダ系言語の分布（カラー図は口絵参照）

るように、分断されている。(このうち、点線で囲まれたAには、北東グループのクルフ語、マルト語のみが分布しているが、B、Cには中央・中南部グループの言語が混在している。なお、背景は、色が濃いほどその地域のドラヴィダ系言語の話者人口の割合が高いことを示す。巻頭のカラー口絵参照。)このような分布は、もともとドラヴィダ系の言語が話されていた地域にインド・アーリヤ諸語が侵入したか、これらの言語を話すグループ自体が移動したか、あるいはその両方によって生じたものであろう。ドラヴィダ系言語としては、唯一パキスタン(とアフガニスタン)に分布する、北西語派のブラフーイー語についても、両様の解釈が成り立つ。

スリランカには、紀元前にインド本土から移住したタミル語話者が北部と東部の諸州で多数を占める。(彼らのタミル語はタミル語の古形を残していることで知られている。)さらに19世紀に茶のプランテーションの労働力として移住したタミル語話者たちが中央地域に住み、またやはりタミル語を話すムスリム人口が東部地域に住む。これらのタミル語話者人口は、スリランカの総人口の20%以上を占める。

(3) ムンダ語族とモン・クメール語族

ムンダ語族とモン・クメール語族は、いずれもオーストロアジア語族の支派である。モン・クメール語族に属する諸言語(ベトナム語、クメール語などがその代表的な言語)は主に東南アジアに分布するが、南アジアでは、カシ語(インド メガラヤ州とバングラデシュ北部)とニコバル語(インド ニコバル諸島)の2言語が分布する。一方、ムンダ語族の諸言語は、インドのジャールカンド州を中心に、南アジアにのみ分布する。

この二つのグループの言語は、もともとの系統を一にするとはいえ、類型的な特徴は互いに大きく異なっており、その祖地についてもまだ意見の一致を見ていない。

ザイデ(Zide 1966)によれば、ムンダ語族の言語は、系統的に表13-4のように分類される。

表 13-4　ムンダ諸語の系統分類（Zide 1966 に基づく）

大分類	小分類	所属言語
南グループ	カリア–ジュアン	カリア語，ジュアン語
	グトブ–レモ–グタッ	グトブ語，レモ語，グタッ語
	ソーラ–ゴルム	ソーラ語，ゴルム語
北グループ	ケルワリア諸語	サンタル語，ムンダ語，ホー語，ブミジュ語，ビルホル語，コルワ語，アスル語，トゥリ語
	コルク語	コルク語

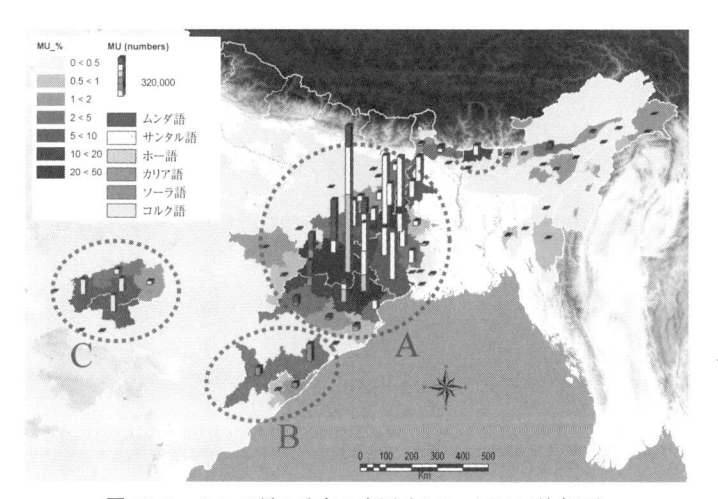

図 13-6　ムンダ語の分布の変遷（カラー図は口絵参照）

　これらのうち、言語数から見ても話者数から見ても最大のグループを形成する、北グループのケルワリア諸語は、互いに似通った特徴をもっており、その分岐は比較的最近起きたことがわかる。特にサンタル語は 600 万人を超える人口をもち、2003 年に、ムンダ語族のなかでは唯一、指定言語として認められた。また、ムンダ語も、話者人口が 150 万人に近い。これらの言語の話者は、もともとはジャールカンド州とオディシャー州北部（図 13-6 の A）に住んでいたが、その一部は、19 世紀に、茶のプランテーションの労働力として、ベンガル州北部やアッサム州に移住した（図 13-6 の B）。また、

これらの言語と比較的近い関係にあるコルク語の話者は、マハーラーシュトラ州とマディヤ・プラデーシュ州の一部（図 13-6 の C）に分布する。ケルワリア諸語グループと分かれて、西に移住したものと考えられている。（巻頭のカラー口絵参照。）

一方、南グループの言語のうち、カリアージュアンはジャールカンド州の南部、またグトブ語、レモ語、グタッ語はオディシャー州、ソーラ語、ゴルム語はオディシャー州からアーンドラ・プラデーシュ州の一部に分布する（図 13-6 の B）。南グループの諸言語は北グループに比べていずれも話者数が少なく、言語間の多様性が高い。

(4) チベット・ビルマ語族

チベット・ビルマ語族は、中国を中心とする東アジアから東南アジア、南アジア北部にまで広がるシナ・チベット語族に属し、シナ語族と並ぶ二つの支派の一つである。このグループの言語は、南アジアでは、パキスタン北部からインド北西部、ネパール、ブータン、インド北東部をまたがるヒマラヤ山麓地帯と、インド・ミャンマー国境の山岳地帯に分布する。チベット語の方言を除けば少数言語が多いが、そのなかでマニプリ語（メイテイ語）、ボロ語はインド国内で 100 万人を超える話者人口をもっており、それぞれ 1992 年と 2003 年に指定言語として認定された。チベット・ビルマ諸語の系統分類については諸説あり、まだ一致を見ていない。

図 13-7 と図 13-8 は、サーグッドとラポッラ（Thurgood and LaPolla eds. 2003）の分類に基づき作成された、それぞれ北東インドとネパールの、チベット・ビルマ諸語グループの分布地図である。（背景の色が濃いほど、その地域におけるチベット・ビルマ語族の話者人口の割合が高いことを示す。巻頭のカラー口絵参照。）

図 13-7 では、ナガランド南部からマニプル州、ミゾラム州まではマニプリ語を含むクキ-チン-ナガ諸語が、ナガランド北部と、アッサム州西部からメガラヤ州、トリプラー州までは、ボロ語、ガロ語を含むサル諸語が、また

第 13 章　多言語多文化の世界

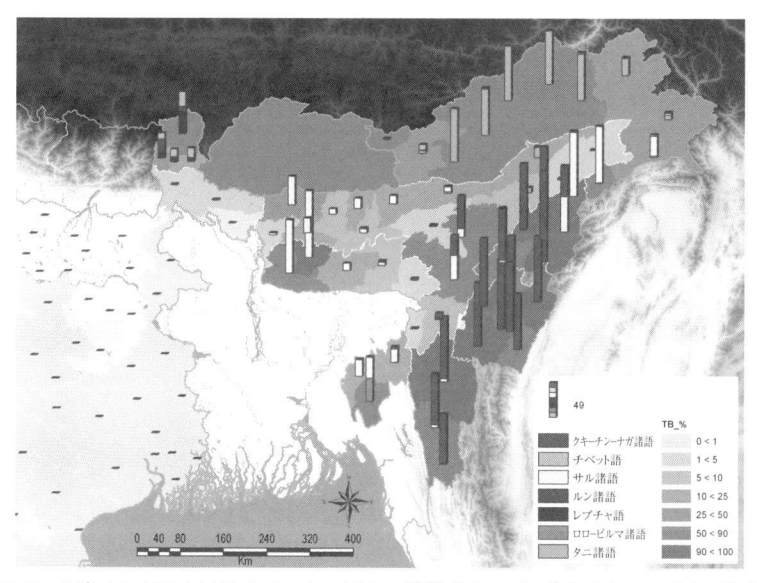

図 13-7　北東インドにおけるチベット・ビルマ諸語グループの分布（カラー図は口絵参照）

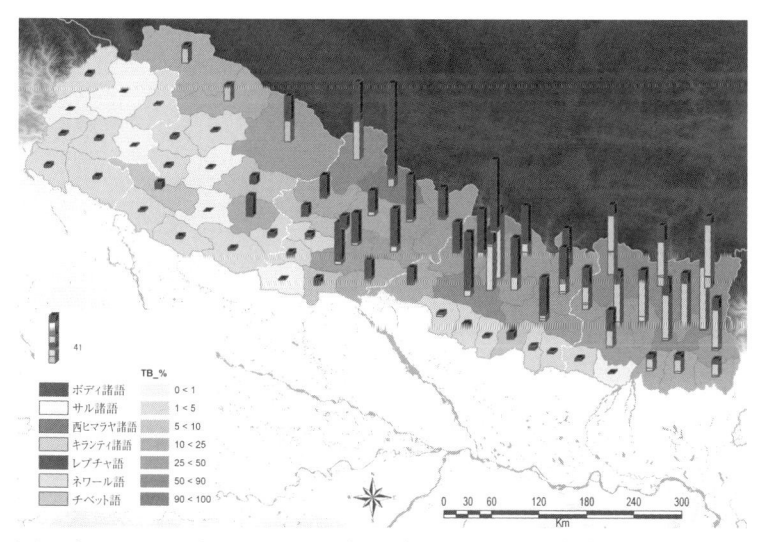

図 13-8　ネパールにおけるチベット・ビルマ諸語グループの分布（カラー図は口絵参照）

アルナチャール・プラデーシュ州とアッサム州東部ではタニ諸語が優位を占めていることが示されている。また、ロロ–ビルマ諸語はトリプラー州南部に分布し、シッキム州では、チベット語、リンブ語を含むルン諸語、レプチャ語が混在して分布している。

これに対し、図 13-8 では、棒グラフの濃い色で示されているように、ネパール中央部ではタマン語、グルン語などの、チベット語を除くボディ諸語が圧倒的な優位を占め、それにネワール語が続く。東部では、濃い色の下の薄い色で示されたキランティ諸語が優位を占める。また、北西部のチベット国境沿いの州ではチベット語が優位を示している。

13-2 多言語と多文化の共存

南アジアでは、インド・アーリヤ語族やドラヴィダ語族の大言語が優位にある北インドと南インドの平野部を除いた多くの地域で、2 語族以上に属する多言語が共存している。また単一言語が優位を占める北インドや南インド中心部においても、特に大都会やその周辺では、さまざまな言語の話者が共存するのが常態となっている。このような「多言語共存」は、インダス文明期以来今日に至るまで、南アジアの言語状況の重要な特徴をなしてきた。

これらの言語は、異なった歴史的起源をもつにもかかわらず、南アジアという比較的閉じられた地理的領域に共存していた時期が長いため、互いの類型的な特徴を徐々に共有するようになったといわれる。また、このような異なった言語を背景とした異なった文化要素の融合という現象も、広範に見られる。

このセクションでは、南アジア全域を見渡して、特に多言語が共存している地域を概観し (1)、次に大都市での多言語共存について触れ (2)、最後にこのような多言語多文化の共存が生んだ、異言語・異文化の融合という現象について、述べることにしたい (3)。

第 13 章　多言語多文化の世界

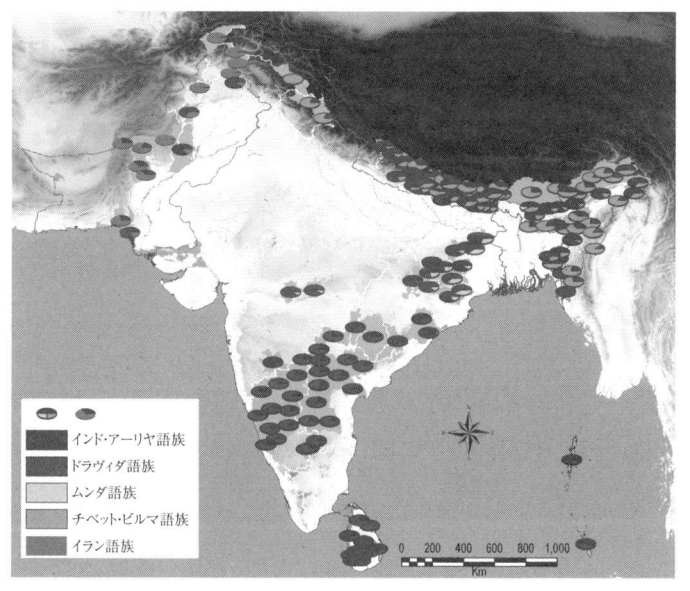

図 13-9　多言語共存ベルトの分布

（1）多言語共存ベルト

　図 13-9 は、「多言語共存ベルト」、すなわち 2 語族以上の言語が共存する地域を、円グラフで示したものである。これを見ればわかるように、「多言語共存ベルト」はインド亜大陸をほとんど囲むかたちで存在している。まず西は、パキスタンのトバ・カカル山脈からバローチスターン丘陵にかけて、インド・アーリヤ語族とイラン語族の諸語が共存する。北から東にかけて、すなわち北西インド、ネパール、ブータン、北東インド、バングラデシュの東部を横断するヒマラヤ山脈からアラカン山脈にかけての一帯には、インド・アーリヤ語族、チベット・ビルマ語族に加え、移住したムンダ語族やドラヴィダ語族の言語話者が共存する。また、南のインド洋に目を向けると、スリランカにはインド・アーリヤ語族のシンハラ語とドラヴィダ語族のタミル語が、またアンダマン、ニコバル諸島にはそれぞれの先住民諸語に加え、

インド・アーリヤ語族、ドラヴィダ語族、ムンダ語族の言語を話す人々が移住している。さらに、インド亜大陸の中央部を東から南西に斜めに縦断する、チョーターナグプル丘陵、東ガーツ山脈、西ガーツ山脈に囲まれた多言語地帯では、インド・アーリヤ語族、ドラヴィダ語族、ムンダ語族の諸言語が混在する。

こうした多言語共存ベルトの地理的分布には、もちろん、それぞれの言語グループの話者たちのさまざまな段階での移動が、何層にも積み重なって反映されている。

主要4語族の話者たちの、先史時代における大きな移動の流れに関しては、前節で述べた。インド・アーリヤ諸語の話者たちは、インド北西部から、インドの中南部、北東部、中東部の平野部へ徐々に広がり、またドラヴィダ諸語の話者たち、特にその南部グループの言語話者たちは、インド中部から南部へと広がって行った。一方、チベット・ビルマ諸語の話者たちは、ヒマラヤ・アラカン山脈地帯に、さまざまな小グループに分かれて広がった。ムンダ諸語の先史時代の移動に関しては、定説がない。

また、このような語族全体の大きな動きとは別に、インド亜大陸の東から中南部にかけて分布するインド・アーリヤ、ドラヴィダ、ムンダ語族のさまざまな少数言語グループの居住地は、先史時代、歴史時代を通じてきわめて流動的であったと考えられる[3]。ジプシーとして知られるロマーニ語話者のヨーロッパへの移動などは、その極端な例であろう。その後も、英領統治時代に、多くの先住民人口が、プランテーションの労働力としてインド北東部、スリランカ、アンダマン/ニコバル諸島に移住・移動した。

一方、中世から近世におけるウルドゥー語、ヒンディー語、英語の拡大は、必ずしも話者の移動によるものではなかった。ウルドゥー語は、ムスリム王朝時代以降、ムスリム人口が全インドに拡大する過程で起きた。(ヒンディー語とウルドゥー語は、話し言葉としてはほとんど違いがない。後者にややペルシア語やアラビア語起源の借用語彙が多い、という程度である。その差異は主に文

---

[3] 中には、自分の部族の移動を口承伝説の形で伝えているものもある。

字体系の違いによっている。）またヒンディー語と英語の広がりは、特に分離独立以降、これらの言語がインドの公用語として認められ、教育、マスメディアを通してその優位性が高まった結果生じたものである。

こうした言語の移動・拡大の歴史は、しかし、当然のことながら南アジアの地理的条件に規定されていた。多言語共存ベルトの境界は、南アジアの地理的な境界とほぼ一致するのである。

(2) 大都市での多言語共存

図 13-10〜13-12 は、大都市の多言語状況の例として、南アジアの三つの都市を取り上げた。図 13-10 はインドのムンバイ、図 13-11 はパキスタンの主都カラーチー、そして図 13-12 はネパールの首都カトマンドゥにおける、各言語話者の割合を、円グラフで示している。

ムンバイ（図 13-10）では、マラーティー語話者が 40％強を占め、それに続いてヒンディー語、グジャラート語、ウルドゥー語の三つのインド・アーリヤ系の言語が 100 万人以上、ムンバイの総人口の 10％以上を占める。さらにそれに続き、二つのインド・アーリヤ系の言語（コーンクニー語、シンディー語）と四つのドラヴィダ系言語（タミル語、カンナダ語、テルグ語、マラヤーラム語）が、いずれも 20 万人前後の高い人口をもっている。つまり、インド・アーリヤ系の 6 言語とドラヴィダ系の 4 言語の話者が、かなりの数で共存していることになる。

パキスタンの主都カラーチー（図 13-11）は、国語であるウルドゥー語話者が半数弱を占めるが、パンジャーブ語、パシュトー語話者の数も 100 万人を超える。さらにそれに続いてシンディー語（70 万人強）、バローチー語（40 万人強）、サライキ語（20 万人強）の話者数も少なくない。結局、パキスタン政府が主要言語と見なす 6 言語（インド・アーリヤ系 4 言語、イラン系 2 言語）のすべてが、かなりの数の人口をもって共存しているのである。

最後に、ネパールの首都カトマンドゥ（図 13-12）を見てみよう。ここでも、ネパールの公用語であるネパール語話者が半数強を占めるが、チベット・ビ

第 3 部　現代へのつながりを辿る

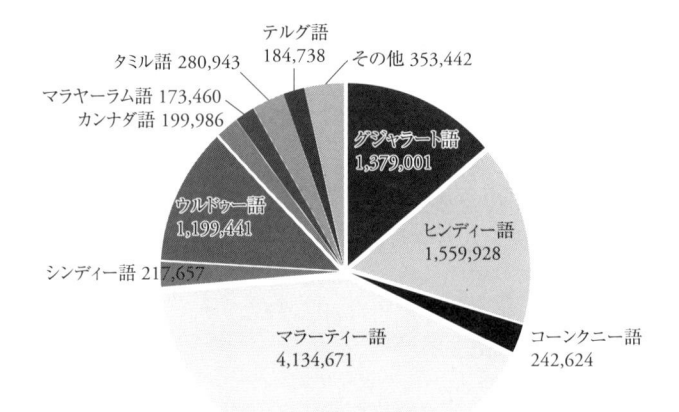

図 13-10　ムンバイにおける各言語話者の割合

(タミル語 280,943、テルグ語 184,738、その他 353,442、マラヤーラム語 173,460、カンナダ語 199,986、グジャラート語 1,379,001、ウルドゥー語 1,199,441、シンディー語 217,657、ヒンディー語 1,559,928、マラーティー語 4,134,671、コーンクニー語 242,624)

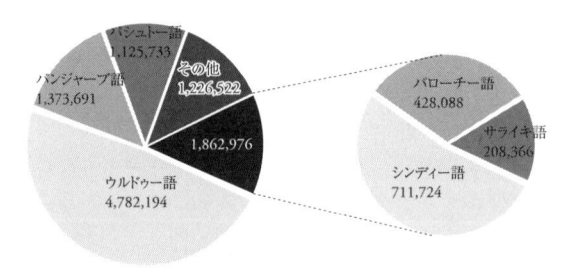

図 13-11　カラーチーにおける各言語話者の割合

(パシュトー語 1,125,733、その他 1,226,522、パンジャーブ語 1,373,691、1,862,976、ウルドゥー語 4,782,194、バローチー語 428,088、サライキ語 208,366、シンディー語 711,724)

ルマ系のネワール語も総人口の 4 分の 1 にあたる 28 万人強の人口を占め、それに続くタマン語も 8 万人強の人口をもつ。それ以外には、インド・アーリヤ系のヒンディー語やマイティリー語、チベット・ビルマ系のグルン語、シェルパ語、マガル語、バンタワ語が、1 万人以上の人口で続いている。

　このように、南アジアの大都市では、その周辺地域で優勢である主要言語が総人口の半数前後の多数を占めるとはいえ、それ以外にも、いくつかの異なった言語を話す人口がかなりの割合で共存していることがわかる。このような多言語の共生が、それぞれの都市の宗教や文化の多様性を保証すること

第 13 章　多言語多文化の世界

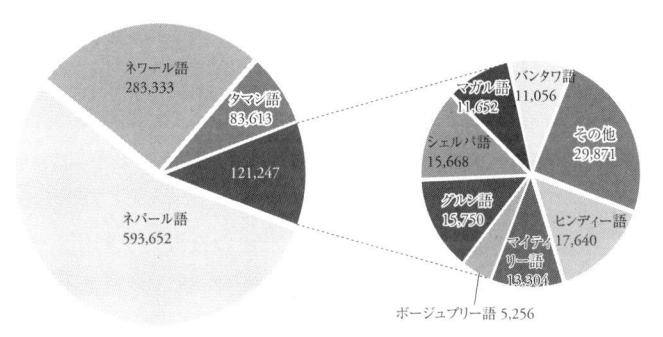

図 13-12　カトマンドゥにおける各言語話者の割合

に繋がっている。

(3) 異言語・異文化の融合

　このように、長い歳月にわたって多言語・多文化が共存してきた結果、南アジアでは、異なった起源をもつ言語同士の音韻・文法特徴の共有や、異質な文化要素の融合といった現象が広範に見られる。

　前者は、「南アジア言語領域論」と呼ばれる。この考え方は、最初にユメノー (Emenau 1956) によって、特に南インドの、インド・アーリヤ諸語とドラヴィダ諸語の間に見られる共通の特質を説明するための枠組みとして論じられた。後にマシカ (Masica 1976) は、この考えを、さらにインド全域の諸言語の特徴にまで広げた。

　「言語領域」は、「言語連合」とも呼ばれることがある。ドイツ語の Sprachbund、英語の linguistic area の訳で、異なった系統の言語の話者が長期にわたって同じ地域に共存した結果、互いの言語に顕著な類似の特徴が見られるようになる現象を指す。南アジア以外にも、バルカン半島、バルト海沿岸などが典型的な例として挙げられる。(エメノーが「言語領域」のモデルとして挙げたのは、北米である。)

　一番わかりやすい例は、反舌音と呼ばれる子音の存在である。これは、反

383

らせた舌の先端を硬口蓋に置き、それをはじくことによって出す音で、もともとドラヴィダ諸語に特徴的な発音であったと考えられるが、それがインド中央部を中心に分布するインド・アーリヤ諸語やムンダ諸語の間に広く共有されている。この他、語・句・節の第一音節にアクセントが置かれるという現象、与格主語（または非主格主語）構文が広範に存在するという現象、あるいは、表出語（expressives）と呼ばれる、言語音の象徴性を利用した語彙がきわめて多い現象なども、南アジアの言語の共通特徴としてよく挙げられる。これらの特徴が南アジアの言語すべてに共有されているわけではないが、インド・アーリヤ語族やドラヴィダ語族の多くの言語の間に特に顕著に共有されていることは確かであり、これら二つの語族の長期にわたる接触、特に、もともとドラヴィダ系言語を話していたであろう人々の多くがインド・アーリヤ諸語を受容してきた歴史を反映していよう。

　一方、異質な文化要素の融合の例として、ヒンドゥー教とイスラーム教、あるいは、これらの宗教を構成する要素と、先住民の土俗的な宗教に見られるアニミスティックな要素との、さまざまな側面における習合が挙げられる。たとえば、ベンガル地方のバウル、ファキールと呼ばれる民間修行者たちは、ヒンドゥー教（おそらくタントラ仏教にまで遡る）とイスラーム教の神秘主義思想を独特の形で融合している。また、東インド一帯に広がる、マナサーと呼ばれる蛇の女神への信仰は、先住民の間にある土俗的な豊穣信仰がヒンドゥー教に取り込まれた形を示している。

　また、特に、多言語地帯においては、特定の祭祀や特定のジャンルの芸能などが、異なった言語境界を超えて共有されるという現象もよく見られる。たとえば、ベンガル西部からジャールカンド州にかけての、インド・アーリヤ語族、ムンダ語族、ドラヴィダ語族の諸言語が共存する多言語地帯では、トゥシュと呼ばれる、収穫儀礼に源をもつ民間儀礼、ジュマールと呼ばれる世俗的な歌謡などが、言語境界を超えて異なった言語・文化グループの間で受け継がれている。

　このような多言語・多文化の混淆は、今日、南アジア社会のさまざまな地域で、さまざまなレベルにおいて観察される。その広範さ、歴史的な深さか

ら見て、このような現象は、インダス期から今日に至るまで、おそらく途切れることなく南アジアの社会を特徴づけてきたに違いない。

最後に、本章の記述やデータの多くは、インダス・プロジェクトの成果のひとつとして 2012 年 3 月にハーヴァード大学から出版された『南アジア言語地図』(*Language Atlas of South Asia*) に基づいていることをお断りしておきたい。特にドラヴィダ語族、ムンダ語族、チベット・ビルマ語族の記述に関しては同書の共著者、児玉望、長田俊樹、高橋慶治の記述にその多くをよっている。また、本書中の言語地図は、共著者の寺村裕史が作成したものである。本書中の地図・表と *LASA* の地図・表との対応は次の通り。図 13-1: Figure 9、図 13-2: Figure 10、図 13-3: Figure 11、図 13-4: Figure 12、図 13-5: Figure42、図 13-6: Figure 48、図 13-7: Figure 58、図 13-8: Figure 60、図 13-9: Figure 8、図 13-10: Figure 16、図 13-11: Figure 21、図 13-12: Figure 22、表 13-1: Table 6、表 13-2: Table 9、表 3-3: p. 70、表 13-4: P. 86

参考文献

Abbi, A. (2006) *Endangered Languages of the Andaman Islands*. Lincom Europa, Munich.
Emenau, M. B. (1956) 'India as a linguistic area', *Language* 32: 3-16.
Masica, C. P. (1976) *Defining a linguistic area: South Asia*. University of Chicago Press, Chicago.
─── (1991) *The Indo-Aryan languages*. Cambridge Language Surveys. Cambridge University Press, Cambridge/New York.
Osada, T. and Onishi, M. (eds.) (2012) *Language atlas of South Asia*. Harvard Oriental Series, Opera Minora, 6. Department of South Asian Studies, Harvard University, Massachusetts.
Thurgood, G. and Randy, J. LaPolla (eds.) (2003) *The Sino-Tibetan languages*. Routledge, London.
van Driem, G. (2001) *Languages of the Himalayas: An ethnolinguistic handbook of the Greater Himalayan region* (2 volumes). Brill, Leiden.
Watters, D. (2006) 'Notes on Kusunda Grammar: A language isolate of Nepal', *Himalayan Linguistics Archive*, 3: 1-182.
Zide, N. H. (ed) (1966) *Studies in comparative Austroasiatic linguistics*. Mouton, The Hague.
Zide, N. H. (1996) 'On Nihali', *Mother Tongue*, 2: 93-100.

第14章　南アジアにカースト・ネットワークを見る

長田俊樹

カーンメール遺跡発掘を手伝うカーンメール村の、いろいろなカースト出身の女性たち。（カラー写真は口絵参照）

第3部　現代へのつながりを辿る

　インドと聞くと、誰もが連想するのがカースト社会である。日本の士農工商と対応させて、バラモン、クシャトリヤ、バイシャ、シュードラという四姓制度を思い出す方も多いのではないだろうか。しかし、カーストの四姓制度だけがクローズアップされているが、その実態はとなるとあまり知られていない。何となく階級差別が今でもある、遅れた社会といったイメージをもつ人も多いと思う。人間は生まれながらにして平等である。日本ではその考え方が行き渡っていることもあり、カーストはなかなか理解しにくい。また、政治的中立性が重んじられる現代社会では、差別には根強い反発があるが、その反発があまりにも強いために、実態を理解しようとする態度ですら、告発の対象となる危険性をはらんでいる。留学中、インドの少数民族とともに6年間暮らした経験をもとに、南アジア社会について考えてみたい。

14-1 わたしのインド体験

　初めてインドへ行ったのは1978年1月のことだ。そのとき、私は北海道大学の探検部によるインド部族民調査隊の一員として、ラーンチー大学人類学科のフィールド調査に同行した。爾来、インドのビハール州南部（現在のジャールカンド州）に住む少数民族と関わってきた。探検部出身者の悪いくせなのかもしれない。私はなんでも体験してみないと気がすまない。しかも、わからないとなると、とことんつきあうタイプである。もちろん、経験主義ではなにも見えないという考え方もある。若いときから、経験主義を実践してくると、そのことに気がつかされることもある。しかし、その逆のケースの方がはるかに多い。つまり、インド社会に関するさまざまな分析や理論をながめていると、そういった分析や理論が私のささやかな経験から会得した見解とは大きくかけはなれていることが多いのだ。なかには、「みてきたようなウソ」とはこのことだと驚いたり、反発を覚えたりすることもしばしばある。

　インドでは、過酷な自然と日本とはかなり異なる人間関係、たとえば露骨

第 14 章　南アジアにカースト・ネットワークを見る

に人を信用していないことを相手に示したり、ありがとうを口にしなかったり、そうした体験がインドに長期滞在することを難しくしている。体験することが難しいと、当然経験主義があまり幅をきかすことがない。そのせいだろうか、筆者の独断と偏見に基づけば、インド社会の研究については、理論天国の様相を呈している。極端な場合には、インドでの経験が全く問われない。いや、もっと正確にいえば、インドでの経験はむしろないほうがプラスな分野すらある。

　その分野とは、主にサンスクリット語文献を取り扱うインド学である。インド学では、イギリスやドイツ、フランスといったヨーロッパでの研究こそが重要であって、インドでの体験などは一切問われない。むしろ留学先がイギリスなのか、ドイツなのか、はたまたフランスなのか。その留学先が学風に大いに影響を与えるといわれ、その方がはるかに重要視される。サンスクリット語で書かれた文献をうずたかく積み、それを読破する。それはそれで立派な研究に違いない。しかし、それは紀元前のはるか昔に、一部のインテリが伝承し書き残した資料を扱っただけなのに、その研究のタイトルにはインドを冠し、それがインドとして認識され、一人歩きしていくのである。いみじくも、インド学 (Indology) と呼ばれていることがそのことを示している。

　私は 1984 年から 6 年間、インドのプーナー大学に留学し、少数民族ムンダ人の言語を学んだ。ムンダ人と一緒に生活をしていると、我々が描いている「インド」というものがいかにステレオタイプ化されたものなのか、痛切に感じられたものである。留学中、実体験として痛感しただけではない。帰国後も、インドに関する本を読むと、その思いがいっそう強くなり、今では確信となったといっても過言ではない[1]。

　インダス文明社会を多文化多言語社会としてとらえ直す。我々が本書の終章で提示する「新しいインダス文明像」の基本はそこにある。つまり、従来のインダス文明研究もまた、ステレオタイプ化したインド像と同様、一元的ではなく、多元的にとらえなおす必要がある。そこで、もう一度、多様なイ

---

[1]　その確信をもとに、上梓したのが拙著『新インド学』（角川叢書）である。

ンド社会への視点を提示しておきたい。

14-2 インド社会論 ── 基本概念とその限界

　ベンガル人もタミル人も「インド人」と呼ばれる一方、ヒンディー語もベンガル語もインドで話されているのに「インド語」とは誰も呼ばない。「インド」という概念がいかに曖昧模糊としたものなのか。この二つの例が示している。

　ところが、インド社会（ここでは南アジア社会とせず、従来の用語「インド」を使用しておく）を論じるときには、そんな曖昧さは消え、いわば模範解答ともいうべきものが用意されている。つまり、どんなインド案内書や南アジア研究書を開いても、いつも同じ説明がなされ、その説明のために、同じ用語が並んでいる。なぜなのか。それはインド社会学が現在のインド社会の問題点を論じる際においても、インドのサンスクリット語文献で描かれている社会を分析する用語を使用しているからである。

　その代表的なキーワードがジャーティとヴァルナである。まず、2012年に新版が出た『[新版]南アジアを知る事典』を使って、それぞれの意味をみておこう。ジャーティとは「〈生まれ（を同じくする者の集団）〉を意味する」。一方、ヴァルナの説明をみると、インド古来の四種姓のことで、「ヴァルナとは本来〈色〉を意味する語である。アーリヤ人のインド侵入当時、肌の色がそのまま支配者である彼らと被支配者である先住民の区別を示していたため、ヴァルナという語に〈身分、階級〉の意味が加わり、混血が進み肌の色が身分を示す標識ではなくなった後においても、この語は依然として〈身分〉〈階級〉の意味に使われ続けたのである」。つまり、これまでのカースト制度が四大種姓、バラモン、クシャトリヤ、バイシャ、シュードラだけに偏っているのを、ヴァルナ・ジャーティ制度と見直した点が強調されている。

　このヴァルナとジャーティのほかにも、インド社会を理解するために散り

ばめられたキーワードがある。たとえば、浄/不浄があり、業があり、輪廻がある。いずれも、現代インド社会を理解するために使用されているが、その起源はウパニシャッド時代に遡るという。すなわち、ヒンドゥー教の柱となる考え方として、3000 年にわたって、こうしたキーワードがインド社会の根幹をなしている。それが一般的なインド社会論とみて間違いなかろう。

こうしたキーワードによって、インド社会が理解できる部分がある。百歩譲って、それは認めよう。しかし、こうしたキーワードだけがクローズアップされることで生まれる弊害の方がはるかに大きい。それは、すべての観察された事実がこうしたキーワードに還元されていってしまうことだ。実際、すべての解説書がインド社会についてステレオタイプの解答を用意しているのだから、その危険性が大きいと思われる。極端なことをいえば、インド社会の多様な側面を丹念にみていくよりも、こうしたキーワードに還元できる範囲の事象を観察していれば、それで十分だとする安易な発想に陥ってしまうのではないか。そんな危惧を筆者は抱いているのである[2]。

14-3 サンスクリット文献とインド古代社会

歴史の教科書は時代とともに書き換えられていく。祖父母世代と孫世代の教科書を見比べればそれがよくわかる。ところがインド古代史、特に、アーリヤ人の「侵入」やその当時の社会の記述は旧態依然としたものである。これから述べるように、インド古代史の書き換えは遅々として進んでいない。

たとえば、上のヴァルナの説明をみていただこう。「アーリヤ人のインド侵入当時、肌の色がそのまま支配者である彼らと被支配者である先住民の区

---

[2] ただし、南アジア研究者の中にも徐々に変化がみられ始めている。特に、カースト制度やインド社会をサンスクリット語文献だけで理解するのではなく、時代とともに、変化していることを認識しようとする立場が増えてきている(田中雅一・田辺明生編 2010)。その点は指摘しておいたほうがよかろう。

別を示していた」とある。また、「アーリヤ人」の項目のところには、以下のような記述がある。「インドでは、アーリヤ人は先住民を区別して、皮膚の色が黒く鼻が低く、奇妙なことばを話し異なった宗教を信奉する者として、彼らを〈ダーサ〉あるいは〈ダスユ〉とよんだ」。これらの記述は2012年に出版された、最新の『〔新版〕南アジアを知る事典』に掲載されたものである。ただし、露骨な人種差別である「さらにアーリヤ人は先住民を「牡牛の唇をもつ者」……とも呼び人種の違いを強調」(山崎元一 1997: 51)という記述は新版では削除されている。

　はたして「肌の色がそのまま支配者である彼らと被支配者である先住民の区別」を示していたのだろうか。また、先住民は「皮膚の色が黒く鼻が低」かったのだろうか。まるでその当時の実況放送よろしく、だれも見たはずもない肌の色や鼻の高さをなんの疑問の余地もなく、鵜呑みしているのはどうしてなのだろうか。実は、ヴァルナやダーサの記述は古い戦前の本にすでに登場する。たとえば、木村 (1934) にも、同様の記述がなされている。出版されたインド古代史をすべてチェックしたわけではないが、筆者が知るかぎりでは、この記述はほとんど一新されたことがない (岩本裕 1956; 中村元 1963; 佐藤圭四郎 1968; 山崎元一 1997, 2004)。

　では、だれがこんな人種差別的な「アーリヤ人」と先住民の区別を言い出したのだろうか。それは19世紀のオックスフォード大学教授マックス・ミュラーの学説に遡る。その時代、比較言語学の成果によって、ヨーロッパの古典語、ギリシア語やラテン語とインドの古典語、サンスクリット語は共通の印欧祖語に遡る、つまり、同じ印欧語族に属することがわかった。すると、その話し手は一つの人種をなすに違いないとの考えから、ヨーロッパ人のような肌が白い人々＝アーリヤ人、インドに住む肌の黒い先住民という、図式ができあがる。それがこの解釈の背景にある。つまり、19世紀から20世紀にかけての人種差別が公然と行われていた世界を反映しているのである (詳細は長田 (2002) を参照)。こうした西洋中心主義的な人種差別感に基づく「解釈」が、21世紀に入ったこの時代にも「事実」として追認されているのが不思議でたまらない。

第 14 章　南アジアにカースト・ネットワークを見る

　では、マックス・ミュラーの時代から現在まで、顧みられることのない「黒い肌の」「牡牛の唇をもつ」「鼻のない（低い）」先住民という解釈は不動のものなのだろうか。つまり、これまで変更されていないということは、これ以外の解釈が成立しない、唯一の正解とみなしてもいいのだろうか。

　実は、言語学者のホックがこれらの解釈について疑問を呈している。それによると (Hock 1999: 150-161)、『リグ・ヴェーダ』のテクストから kṛṣṇá 《黒い》という単語を抜きだし、その意味を慎重に検討した結果、それが肌の色や民族の違いを示したものではなく、民衆の感覚に基づく相対的な表現に過ぎない点を指摘している。また、vṛṣaśiprá-《牡牛の唇をもつ》や anā́s-《鼻のない》については、『リグ・ヴェーダ』において 1 か所だけに現れる表現であると指摘したのち、前者の複合語のうち、śiprá は《唇》だけでなく、《あご》や《ほほ》、さらに《頭飾り》を意味するし、anā́s- は a-「否定接辞」+ nā́s-《鼻》と解釈できるだけでなく、an-「否定接辞」+ ā́s-《口》、《口がない》、つまり《ことばがうまくしゃべれない》とも解釈でき、Geldner (1951) も MacDonnell and Keith (1912) も後者の解釈を支持していると述べる[3]。

　また『リグ・ヴェーダ』に登場する「ダーサ」「ダスユ」は先住民とみなせるのだろうか。ここに言語学の成果がある。彼らは先住民と想定されるドラヴィダ語族に属する言語を話すのではなく、自分たちと同じ系統の言語である、インド・イラン語族に属する言語を話す (風間 1993)。というのは、この dāsa に対応する語彙がイラン語派にもあり、明らかにインド・イラン語族と関連がある。言語学はすでに先住民説を駆逐し、同じ系統の言語を話す人たちであることを明らかにしているのだが、この「事実」は一向に事典の記述に反映されない。

　ホックの解釈は、こうした通説が決して唯一の定訳ではないことを示している。また、「ダーサ」も決して「肌の黒い先住民」を指してはいない。し

---

[3]　なお、a-nā́s について言えば『リグ・ヴェーダ』研究者で、我が敬愛してやまない後藤敏文によると、文法的観点から a-+nā́s- と分析できず、「伝統的にも研究者の間でも一貫して「口 (ā́s-) のない」と解されてきた」（後藤 2005：180）。

かし、なぜこうした通説はいつまでも訂正されないのだろうか。それは、その背後に権力闘争史観があるからではないだろうか。『リグ・ヴェーダ』に登場する「ダーサ」や「ダスユ」を解釈する際に、あらかじめ、人種や民族の違いとして理解し、そこに民族間の権力闘争を想定する。こうした民族間の権力闘争の歴史的な実例は枚挙にいとまがない。そのため、これらの通説は依然と訂正されることなく、受け入れられている。人種差別主義の源泉ともいえる通説をもう少し検討する時期にきたことだけは間違いなかろう。

こうしたサンスクリット文献に基づく、固定されたインド社会像からは決して新しいインダス文明像は生まれない。

14-4 多様性の指標としての言語

第13章に現代南アジアの言語がいかに多様であるか、詳細が示されている。系統分類された語族が七つ（インド・アーリヤ語族、ドラヴィダ語族、ムンダ語族、チベット・ビルマ語族、イラン語族、モン・クメール語族、アンダマン語族）、さらに系統がわからない言語が3言語（ブルーシャスキー語、クスンダ語、ナハーリー語）ある。つまり、読者の皆様に現代南アジアの言語が多様であることは簡単に理解してもらえるはずである。この事実をもって、なぜインダス文明時代も多言語世界だったといえるのか。

南アジアのインド亜大陸部には、主にインド・アーリヤ語族、ドラヴィダ語族、ムンダ語族、チベット・ビルマ語族の四つの系統の違う言語が分布している。アフガニスタン国境付近のイラン語族やインド北東部のモン・クメール語族、そしてアンダマン諸島のアンダマン語族、これらに属する言語はその分布がかなり限られているので、ここでは議論の対象としない。ここで、系統が違うとは起源が同じではないことを指す。つまり、南アジアには起源が異なる四つの言語が混在している。それがもつ意味を考えてみよう。

それらのうちの一つの言語を話す人たちが別の系統の言語を話す人々を弾圧したとしたら、別の系統の言語は消滅する。西洋の植民地時代に行われた

植民地言語政策がこの例である。つまり、権力闘争史観からいえば、権力を掌握した人々が他の言語を話すことを禁止し、自言語だけを唯一のコミュニケーションツールと強要することは当たり前のこととして想定される。それが厳しく、長期間に行われたら、系統の異なる言語は完全に駆逐される。南米のスペイン語が多くの先住民言語を駆逐したことは周知の事実である。しかし、こうした言語消滅が全く起こらなかったとは断言できないものの、南アジアでは、少なくとも4系統の言語については消滅せずに、古くから残っているということは間違いない。

　また、純粋に言語学の立場から、言語の歴史的変化に関するジョアンナ・ニコルズの研究 (Nichols 1992, 1998) がある。それは言語学的特質をいくつか挙げて、その分析を通して、言語のどんな特質が変化しにくく、残存しやすいかを研究し、言語変化のメカニズムを探るものである。それによると、まず言語の拡散地帯 (spread zone) と拡散しにくい残存地帯 (residual zone) に分ける。前者の例として、ユーラシア大陸のステップ地帯を挙げる。そこでは、およそ1500年～2000年の周期で異なった言語が拡散したとみる。中世のモンゴル語の拡散、1世紀頃のチュルク語の拡散、紀元前2000～1500年頃のイラン語の拡散、そして紀元前3500～3000年頃の印欧祖語の拡散である。最近では、ソ連時代にロシア語が拡散しているが、拡散すると他の言語はほとんど残存しないのがこの地域での特徴だといえよう。

　一方ニューギニアなど、系統の違う言語が多く混在している地域があり、これが残存地帯である。南アジアは間違いなく残存地帯に入る。インド・アーリヤ語族がインド亜大陸に拡散しても、ドラヴィダ語族やムンダ語族、そしてチベット・ビルマ語族はその分布を南インドや山岳地帯へと追いやられたかもしれないが、決して駆逐されることはなかった。

　単一言語主義という考え方がある。単一言語主義とは、人間は単一の言語だけを使用するのが一般的であって、二言語使用者や多言語使用者は特殊だという説である。往々にして、単一言語使用者である私たち、日本人はこの単一言語主義が普遍的な原理だと信じてしまいがちである。ところが、それは単なる神話に過ぎないと、ニコラス・エヴァンズは指摘する。彼によると

(エヴァンズ 2013)。たしかに世界には単一言語話者しかいない地域も多いが、生まれながらに多言語使用が当たり前の状況で育っている人々が、オーストラリアのアーネムランドやニューギニアにはみられるという。このことを念頭に、南アジアを考えてみると、たしかに、家で話す言語、地域で話す言語、そして学校で習う言語の3言語を子供の頃から修得している姿をよく見かける。南アジアでは多言語使用は決して特殊ではないのである。

　南アジアの基層世界であるインダス文明時代には、インド・アーリヤ諸語を話す人々がまだ南アジアに到着していなかった。一部のヒンドゥー原理主義者が主張する歴史を除けば、これが多くの歴史家のコンセンサスである。インド・アーリヤ語族の話し手がまだインド亜大陸に到着していないインダス文明時代においても、多言語であったことに変わりはない。ドラヴィダ語族やムンダ語族、あるいはチベット・ビルマ語族に属する言語を話す人々や、あるいはブルーシャスキー語、クスンダ語といった言語を話す先祖たちもいただろう。クスンダ語の話し手は現在狩猟採集をしているのに、文明に関する独自の語彙（馬、牛、王、金など）をもっていることから、昔は狩猟採集民ではなかったと想定されている（Watters 2006: 13）。さらには、今では消滅してしまった言語もあったかもしれない。

　インダス文明社会で話されていた言語が単一言語（たとえばドラヴィダ諸語の一つ）であったに違いないとの想定は、単一言語主義と権力闘争史観の賜物である。そのことがはっきりした今、インダス文明社会を単一言語社会とみなすよりも、多言語社会であったと想定する方がずっと自然である。本書ではこれまでも、サンスクリット語文献偏重や権力闘争史観などが南アジアの社会理解を曲げてしまったことを指摘してきた。言語に関しても、インダス文明の言語は一つに違いないという思いこみから脱却するときが来たのである。

　多言語世界は多文化社会でもある。たとえば、衣食住のうち、食をみてみると、南アジアには、コメもあれば、コムギもあり、雑穀であるシコクビエもある。食べ方にしても、粒食もあれば、粉食もある。ギーやパニールなど、多様な乳製品が有名だが、南アジアに住むムンダ人たちは乳製品を一切摂取

しない。我々が発見したインド矮性コムギは、みどりの革命後にも駆逐されずに残っている（11章コラム参照）。南アジアに普遍的なものは探すのがなかなか難しく、文化の多様性にはいつも驚かされる。ここで細かい事例は挙げないが、南アジアを訪れたことがある人なら、文化多様性には全く異論を挟まないだろう。

　高度成長社会を支えてきた日本人は、一致団結して、共通の理想や未来像を共有しながら、効率性や経済原理を念頭にこれまで進んできた。日本人にとって、ダブルスタンダードとは非難されるべき出来事だが、南アジアでは決してそうではない。ことなった社会にはそれぞれのスタンダードがあって、それを統一しようとも、また咎めようともしない。多様性を維持しやすい社会。それが南アジアの社会といえるのではないだろうか。そして、その多様性を具現したものが言語なのである。また、多様性の維持をもたらしたのがカースト社会といえよう。

14-5 カースト社会と多様性

　カーストがヴァルナとジャーティに分かれ、「生まれ」を意味するジャーティが強調されていることはすでに指摘したが、この章でもカーストとはジャーティを指す。ヴァルナが人種差別的解釈を引きずっているとしても、バラモン、クシャトリヤ、バイシャ、シュードラの四姓を指すことには変わりがない。

　これらヴァルナ・ジャーティ制度はいつ頃成立したのだろうか。ここで再び『[新版] 南アジアを知る事典』を開いてみよう。まず、ヴァルナ制度は後期ヴェーダ時代（紀元前1000～紀元前600年）に成立したとされ、ジャーティ制度が確立したのはそのずっと後とされる。しかし、これはあくまでもサンスクリット語文献で確認できるものである。文献がなかったインダス文明時代には、カースト制度があったのだろうか。これを確かめる手段はないが、南アジアが文化の残存地帯だとみなすなら、カースト、つまりジャーティ

はすでにあったと考えるのが自然だろう。

　現代南アジアにおいて、ジャーティとはどんな社会集団を指し、いくつぐらいあるのだろうか。

　上で挙げた事典によると、「ジャーティは地域社会の日常生活において独自の機能を果たしている集団であり（たとえば壺作りのジャーティ、洗濯屋のジャーティ）、その数はインド全体で2000〜3000に及んでいる」とある。ここで、ジャーティは「地域社会の日常生活において独自の機能を果たしている集団」とずいぶん回りくどい表現が使われているが、要するに職業と結びついているということである。インド全体で2000〜3000と大雑把な数字しかないが、現実にはもっと多いと考えられている。

　私は少数民族ムンダ人とともに生活してきたが、ムンダ人の間にはカーストがない。ムンダそのものが一つのジャーティだと考えられている。しかし、彼らと一緒に生活している社会集団がある。バラエと呼ばれる鍛冶職人とペナエと呼ばれる織物職人である。彼らに対するムンダ人の態度は、婚姻関係を伴わないなどのカースト制度と類似した特徴をもつ。ところが、バラエのなかには、もともとムンダ人だったのが賭博に手を出し無一文になった、あるいはバラエの女性と懇意になったなどの理由で、バラエになってしまうケースが結構多い。鍛冶や織物といった特別な技術をもった人々はムンダ人とは別のカーストを形成するが、決して固定化されているわけではなく、ムンダ人の中から鍛冶職人カーストになってしまう人もいる。また、鍛冶カーストは農業には従事しないが、農作物をムンダ人から提供され、鍛冶だけで生活が成り立っている。こうした、いわば職能集団のなかでの区別、言い換えると原初的カースト的状態がインダス文明社会の新しい理解の基本となっている。

　インダス文明社会は職能集団に分かれており、農民も、商人も、職人も、いろんな職能集団がいたということは容易に理解できる。ところが、こうした職能集団同士がどんな関係を築いていたのかとなると、見解が分かれる。伝統的なマルクス主義では、古代には奴隷がいて、権力が搾取していたとみなす。それが従来続いてきたインダス文明社会の根本的な理解である。しか

し、こうした解釈だけがはたして正解といえるのだろうか。

　インダス文明社会には中央集権的権力がなかった。たとえば、エジプトではピラミッド、メソポタミアではジッグラトなど、権力者が記念碑的建物を構築し、それが中央集権的権力の象徴となっているが、こうした記念碑的建物がインダス文明社会には存在しない。また、中央集権的社会でないとすると、当然支配者＝被支配者の関係を想定することも難しい。奴隷制度だって、その証拠はない。こうしたインダス文明を考えるとき、それぞれの職能集団が平等であったとは言わないまでも、一方が他方を収奪するようなシステムではなく、お互いが互酬制というべきシステムをもっていたと考えることはそれほど無理がないように思うのだが、どうだろうか。

　カースト制度はその不平等な部分にばかり目につき、「人間は生まれながらに平等である」と教えられてきた「現代」に生きる人々の非難の対象となるばかりだ。しかし、その制度が文献で確認されているだけでも今日まで3000年ほど続いている。その現実をみると、なぜカースト制度が今日まで続いてきたのか、その理由を考えることが必要だろう。

　社会の多様性はなぜ失われるか。多様な価値観を認めず、一つの価値観が導入され、それを受け入れる人々がいると、その多様性はなくなってしまう。ところが、南アジアはいろんな意味で多様な価値観を保持し続けている。たとえば、自分のジャーティがどんな規則や信仰をもつかには多大の関心をもつが、他のジャーティがどんな規則や信仰をもっているかには全く関心を示さない。つまり、インド国民として普遍的な規則をすべてのジャーティが受け入れるべきであるという発想があまり生まれてこないのである。カーストによって分断されてしまった社会規範を統一させるものがないため、多様性がそのまま保持されているし、多様性をもった社会が一般的だと思うと、その多様性を統一しようとする力が働かないのだろう。イギリス政府がこの多様性を悪用して、分割統治という政治体制を築き上げて反植民地運動を分断しようとしたことも記憶に新しい。

　多様なジャーティをもった職能集団が多様な言語で多様な文化を保持しながら、カースト・ネットワークを形成しインダス文明社会を生きていく。文

献がない以上、確認のしようもないが、南アジアの伝統を考慮するとき、ここで提示した社会が従来の奴隷制度に基づくインダス古代社会よりはずっと現実的ではなかろうか。

　これまで、インダス文明社会を多言語多文化社会で、さまざまな職能集団が集う社会とみなす視点は全くなかった。それにはマルクス主義的な古代社会認識が大きく影響していた。つまり、古代では奴隷がいて、搾取と収奪があって権力が成り立ち、それぞれの集団が権力闘争を繰り返す。また、権力者は一つの言語を話し、それを民衆に強制する、というのが原則的な理解であった。しかし、こうした古代社会論ではたしてインダス文明社会を理解できるのであろうか。

　インドは西洋で立てられた理論をすべて打ち砕く。マルクスのいう「階級」はインドにはうまく当てはまらない。これは敬愛する社会学者、園田英弘がよく語っていたことである。日本は西洋の理論の受容、それが学問の発達を意味してきたので、西洋のインド理解に疑問を投げかけることはほとんどなかった。だからこそ、インダス文明社会理解を西洋的な古代社会として理解してきたといえる。

　一方、インドの知識人たちはこうした西洋のインド理解に疑問を投げかけ続けてきた。しかし、それは実証的というにはあまりにも危なっかしいインダス文明理解を生み出してきた。すなわち、インダス文明はヴェーダを生み出した人々が築いたヒンドゥー社会であったとする見解である。インドでのヒンドゥー原理主義の高まりの中、一時的にはこうしたインダス文明＝ヒンドゥー社会という図式が広まりそうな時期もあったが、インダス文明には明らかに非ヒンドゥー的な特徴もあり、今日ではこの図式を堅持する学者は少なくなっている。

　ヒンドゥー原理主義は現代的には他宗教の排斥であり、古代的には理想的なヴェーダ社会が見本である。しかし、ヴェーダという文献に書かれた世界は、多様なインド世界を記述したものではない。そこに気がつかないと、インドのヒンドゥー原理主義を西洋中心主義的発想から脱却するための答えと

勘違いしがちである[4]。西洋中心主義でもなく、ヒンドゥーのヴェーダ中心主義でもない、新たな南アジアの基層世界をみなくては新たなるインダス文明像の構築はありえない。それが本章での結論である。

最後に逆説めいたことを言わせてもらうならば、南アジアを多様な世界と言い続けたとしても、南アジアが多様であればあるほど、インドのスローガンである「多様性のなかの統一」のごとく、統一された「もの」がこれからも強調されていくのではなかろうか。ようやく南アジアの多様性が話題になるころには、南アジアの多様性が薄れ、均質性が目立つようになっているのかもしれない。南アジア的なるもの、あるいはインド的なるものの一つの答えを求めるあまり、いくつもの答えが用意された多様的社会の実態を忘れてしまっては本末転倒の誹りを免れまい。

参考文献

岩本裕（1956）『インド史』修道社.
エヴァンズ・ニコラス（大西正幸・長田俊樹・森若葉共訳）（2013）『危機言語：言語の消滅でわれわれは何を失うのか』京都大学学術出版会.
長田俊樹（2002）『新インド学』角川書店.
風間喜代三（1993）『印欧語の故郷を探る』岩波新書.
木村日紀（1934）「印度民族」岩波講座『東洋思想』第二回配本. 岩波書店.
後藤敏文（2005）「コメント：古インド＝イラン語文献学から」『インド考古研究』26：179-191.
佐藤圭四郎（1968）『古代インド』河出書房.（河出文庫版 1989 年）.
津田元一郎（1990）『アーリアンとは何か：その虚構と真実』人文書院.
中村元（1963）『古代インド史』春秋社.
山崎元一（1997）『古代インドと文明の社会』中央公論社.（中公文庫版 2009 年）.
─── （2004）「第1章インダス文明からガンジス文明」辛島昇編『世界各国史：南アジア史』山川出版社.
Geldner, K. F. (1951) *Der Rig-Veda*. 3 Vol. Harverd University Press, Cambridge.
Hock, H. H. (1999) Through a glass darkly: Modern 'racial' interpretations vs. textual and general prehistoric evidence on arya and dasa/dasyu in Vedic society. In Bronkhorst, J. and M. M. Deshpande, M. M. (eds.) *Aryan and Non-Aryan in South Asia: Evidence, Interpretation and*

---

[4] こうした勘違いの例として津田元一郎（1990）を挙げておく。

Ideology. Department of Sanskrit and Indian Studies, Harvard University, Cambridge. pp145-174.

MacDonnell, A. A. and Keith, A. B. (1912) *Vedic Index of Names and Subjects*. 2 Vols. London.

Nichols, J. (1992) *Linguistic Diversity in Space and Time*. The University of Chicago Press, Chicago.

―――― (1998) The Eurasian spread zone and the Indo-European dispersal. In Blench, R. and Spriggs, M. (eds.) *Archaeology and Language I: Theoretical and Methodological Orientations*. Routledge, London. pp220-266.

Watters, D. (2006) Notes on Kusunda grammar: A language isolate of Nepal. *Himalayan Linguistics Archives*, 3: 1-182.

終章　新しいインダス文明像を求めて

長田俊樹

　インダス文明は権威主義的であり、画一的で、融通のきかぬものであったとされてきている。考古学者はふつうあまり価値判断を下したりはしないものであるが、スチュアート・ピゴットはこういっている。

> ［インダス］文明に関しては、どうも私には、ただ何となく虫が好かないというのみである。（ホークス・小西他訳 1978: 36）

また、ウィーラーは次のように述べている。

> インダス文明は独自の技術や文字、ほかと違った性格をもち、けっして西方のたんなる植民地ではなかった。しかし、アイディアには翼がある。都市文明というアイディアは、紀元前3千年期には、西アジアに広くゆきわたっていた。インダス文明の創設者の心には、いかに抽象的ではあったにせよ、文明のひな型がうかんでいた。（ウィーラー・小谷訳 1971: 61）

　序章で指摘したように、従来のインダス文明観はその当時の古代文明観を反映している。この章の冒頭で引用したのは、ピゴットとウィーラーという、1970年代までインダス文明研究をリードした研究者のことばである。彼らが描いたインダス文明像は、いまだに人々の心の中に残っているが、いまや時代的に全くそぐわなくなってしまった。そこで、終章では、その顕著な例として、「アーリヤ人侵入破壊説」と「穀物倉」の二つを取り上げてみたい。

1 アーリヤ人侵入破壊説

まず、一般書の中のインダス文明をめぐる記述を引用する。

> 現在のパキスタンの南部に、モヘンジョ・ダロの遺跡がある。──（中略）──インダス川のさらに上流にあたるハラッパにもおなじような都市遺跡が見出されている。ともに城塞ないし神殿的な施設のある丘の上の部分と、低地の町の区画をそなえている。低地部には長い住居の列があるが、これは奴隷労働者の宿舎だったと推定されている。しかし、そのいずれもが前一五〇〇年から前一二〇〇年頃に北から侵入した北アーリア人によって破壊され、完全に消滅してしまった。

これは一昔前の記述ではない。著名な人類学者米山俊直が、しかも 21 世紀に入ってから（2002 年）、いろんな文明を取り上げた『比較文明論』の中で述べている一節である。インダス文明の衰退に関して、アーリヤ人（＝アーリア人）侵入破壊説がすでに否定されていることは序章で指摘した。しかし、まだこの説はなかなか消え去らない。一流の研究者ですら、この説を堅持して、比較文明論の中で展開するほどなのだから、一般の方々にはまだまだ根強い支持者がいる。実際、講演などに行くと、必ずこの説についての質問がでる。

では、なぜこの説の支持者がなかなかいなくならないのだろうか。

それは歴史の中に、「ノルマン人の征服」や中国の「征服王朝」にみられるように、他民族との権力闘争によって、国家の権力者が交代する例が見いだされるからであろう。いわば権力闘争史観というものがその背後に歴然と見受けられる。この権力闘争史観は、上で引用した米山が指摘する「低地部には長い住居の列があるが、これは奴隷労働者の宿舎だったと推定されている」にも影を落としている。権力者は奴隷を酷使して国家権力を維持したに違いない、との思い込みもみてとれるからである。

また、もう一つの理由が考えられる。それはアーリヤ人侵入説を最初に唱

終章　新しいインダス文明像を求めて

えだしたウィーラーが『リグ・ヴェーダ』を登場させて、この説に物語性をもたせたことである。

> リグ・ヴェーダ ── アーリア人侵入を反映する初期の賛歌 ── には、侵入者が非アーリア系住民にたいし勝利をとげた舞台に、ハリ＝ユープーヤーという地名がのべられている。これが現在のハラッパーに相当するのではないかということが、しばしばいわれてきた。

> さらにもっと一般的なみかたとしては、リグ・ヴェーダにえがかれる情況が、インダス流域自体の文明の滅亡にともなう情況とよく一致することである。
> （ウィーラー・小谷訳 1971: 78）

ここで指摘しておきたいことは、『リグ・ヴェーダ』はあくまでも神話であり、史実ではないということだ。神話を史実とみなすことの危険性は、戦前の皇国史観で十分理解できるはずである。しかし、物語で補強された歴史はなかなか消え去ることが難しい。このアーリヤ人侵入破壊説がいみじくもそれを語っている。

2 穀物倉

穀物倉が現在否定されていることは序章でも触れた。しかし、それにもかかわらず、現場で発掘している考古学者以外には、否定されることなく、穀物倉として現在も紹介され続けている。まず、穀物倉と呼んだウィーラーの記述をみておこう。

> ぎっしり並んだ製粉のための円形の台や、その近くにある市有もしくは国有の穀倉は、そばにあるバラックに労働者の住んでいたことを十分に暗示するものである。ここで、疑いもなく都市の主要な資源であった豊富な穀物が、配下に書記と労働者を擁した政府の役人によって調達され、分配されたものである。モヘンジョ・ダロに大穀物倉が城塞の内部に設けられていたことを

みれば、一層この間の事情が詳しく説明されることになろう。ハラッパーの場合でも、モヘンジョ・ダロの場合でも、穀倉は国家への貢納制度があって常に補充されていたと思われるし、当時の国家経済のうちで現在の国立銀行、国有財産のような役割りをある程度演じていたと推定できよう。貨幣のなかった時代には、その時々の穀倉の状態が、たとえ部分的にせよ、国家の信用、統治の成果を反映し、その運勢を暗示していたに違いない。(ウィーラー・曽野訳 1966: 53)

インダス文明には中央集権的な国家があった。それがこの文章の大前提である。「バラックに労働者」とか、「配下に書記と労働者を擁した政府の役人」とか、「穀倉は国家への貢納制度」とか、「穀倉の状態が、……国家の信用、統治の成果を反映」とか、ウィーラーのこの本が出版された頃には誰も疑うことなく当然のごとく「事実」として受け入れた。しかしこの「事実」は、実は権力闘争史観による「解釈」に過ぎない。大前提となるインダス文明社会が中央集権的であったかどうかはわかっていない。むしろ、記念碑建造物がないため、中央集権的国家権力の存在には否定的である。また、インダス「国家」が貢納制度を労働者に課していたのかどうかも証拠があるわけではない。

では、なぜこうした見解が生まれたのか。穀物倉＝国立銀行といった見解はメソポタミアの粘土板文書から生みだされた。ウィーラー (1966: 53) は「ウルの出土の文書から、穀倉の一つには、4020日分の賃金を供給しうるだけの大麦の貯えがあった」として、メソポタミアでの穀倉の重要性を指摘している。つまり、モヘンジョダロやハラッパーの穀倉はメソポタミアからの類推による学説である。メソポタミアでは中央集権国家があり、穀倉が「国家の信用、統治の成果を反映」していたから、インダス文明にも当然穀物倉が存在する。そういう前提での議論なのである。あえて皮肉を込めていえば、ウィーラーの功績はこの穀物倉であろうとされる場所（今は否定されているが）をわりだしたことにある。事実、初期のマーシャルはハマム（公衆浴場）と想定し穀物倉とはみなしていない。

管見の及ぶ範囲では、初めて穀物倉に異議を唱えたのはフェントレス

終章　新しいインダス文明像を求めて

(Fentress 1984) である。ごく最近にいわれだしたことならばともかく、本書が刊行されるずっと以前にいわれたことなのだ。ハラッパーとモヘンジョダロで、いわゆる「穀物倉」の位置や型式がちがうことは、日本でもすでに指摘されている (辛島ほか 1980)。ハラッパーでは城塞の外にあるのに対し、モヘンジョダロでは城塞の上におかれている。その位置や型式が異なることがこの穀物倉説への疑問を生じさせた一因であることは間違いない。このいわゆる穀物倉といわれる遺跡跡を詳細に検討し、フェントレスは次のような疑問点をあげている。

(1) モヘンジョダロのいわゆる「穀物倉」は大浴場のそばにあり、インダス文明発見当初には、マーシャルは大浴場から蒸気をひいた蒸し風呂とみていたのだが、ウィーラーは縦の溝孔を穀物倉の木製建物用の溝とみている。しかし、木製の建物跡の痕跡は全くないことから、ウィーラーの解釈には無理があること、穀物倉に入れるための穀物を運び入れるスペースもないこと、以上2点から穀物倉であるとする根拠は希薄である。

(2) 一方、ハラッパーについていえば、穀物倉とされる場所は比較的低い場所の河に近いところにある。つまり、水害への影響を受けやすい場所に、はたして穀物倉を建てるだろうか。おおいに疑問である。

このフェントレスの指摘に加えて、最も重要なことがある。もし穀物倉があったとしたら、かなりミクロなものまで同定してしまうほどの、現在の自然科学的手法を駆使すれば、穀物のなんらかの形跡を発見することは可能なはずだ。しかし、残念ながら、「穀物倉」とされる場所からはこうした痕跡が一切見あたらない。

この「穀物倉」の存在はハラッパー遺跡の案内板にもはっきりと否定されている (図1)。しかし、日本では従来のパラダイムにそったものが圧倒的である。「穀物倉」の否定を知っているはずの考古学者が参加して作られた近藤編 (2000) においても、「穀物倉」の存在は否定されてはいないし、最近の近藤 (2011) においても口絵に「ハラッパーの穀物倉」として堂々と写真が

図 1　ハラッパー遺跡「穀物倉」の案内板。ここには「初期の学者たちはこの建物が穀物倉として使われたとみなしたがどの室からも穀物を保管した証拠は何もみつかってはいない」と書かれている。

掲載されている。これではハラッパー遺跡の案内板と矛盾をきたすことになってしまう。

　古代史家にいたっては、ウィーラー以降の過去 40 年間、インダス文明研究の針は止まったままである。山崎（1997: 34-35）には、ウィーラーから転載した「穀物倉」の大きな復元図が掲載されている。21 世紀に入ってから刊行された山崎（2004）でも、「穀物倉」の重要性はあいかわらず強調されたままである。パラダイムの転換を口にするのはやさしいが、それを実際に一般書として刊行するとなると、なかなか困難がともなう。ハラッパー遺跡の発掘責任者が完全に否定している「穀物倉」。日本の研究者も、「穀物倉」や権力闘争史観からそろそろ卒業してはどうだろうか。

　本章の冒頭で掲げたように、インダス文明を「虫が好かない」と公言して憚らないピゴットや、「アイディアに羽がある」として、メソポタミア文明にインダス文明の原型をみようとするウィーラー、彼らが堅持したパラダイ

ムによると、インダス文明は権威主義的であり、画一的で、二大首都からの神官王による絶対王政統治を基本とするといったもので、その富をささえるものが「穀物倉」である。そして、インダス文明の最後はアーリヤ人が侵入して破壊していった。こうした権力闘争史観はいわば時代の産物なのである。そのことはいくら強調してもしすぎることはない。

では、この権力闘争史観から脱却するにはどうすればいいのであろうか。それがこの新しいインダス文明像の出発点である。また、一度定説化してしまったインダス文明像を根底からくつがえすためには、本書が果たす役割は重要である。我々の研究成果にしたがって、新たなるインダス文明像を提示してみたい。

3 はたしてインダス文明は大河文明か

　四大古代文明はエジプト文明のナイル川、メソポタミア文明のティグリス・ユーフラテス川、黄河文明の黄河、そしてインダス文明のインダス川と、すべて大河のほとりに勃興した。つまり、大河文明として、現在の歴史の教科書に紹介されている。このことはもう40年前となる私の高校時代の教科書から記載されていたように記憶する。

　たしかに、インダス文明最大の都市であるモヘンジョダロ遺跡はインダス川流域にある。また、モヘンジョダロと並んで有名な都市、ハラッパー遺跡もラーヴィー川という、大きくいえばインダス川水系の流域にある。この二つの遺跡があまりにも有名なため、インダス川流域に勃興した文明というフレーズに何の疑問も抱かない。それが今日まで教科書に大河文明と記載されている理由であろう。

　しかし、インダス文明遺跡は決してインダス川流域のみに分布するわけでない。序章で提示した分布図を見ていただきたい。なかには、今砂漠となっているチョーリスターン砂漠に、かなりの数の遺跡が分布している。その事実から、インダス文明がはたして大河文明といえるのか。まず、それがイン

ダス文明を研究し始めた時に生じる率直な疑問である。ところが、この疑問に対しては次の答えが用意されている。つまり、インダス川に加えて、現在では水が涸れてしまった「幻の川」、サラスヴァティー川というもう一つの大河が登場する。現在、チョーリスターン砂漠となっている地域におけるインダス文明遺跡は、実はこのサラスヴァティー川の流域にあったとする学説が古くから存在していて、この二つの大河によって、インダス文明はやはり大河文明であることに変わりがないというのである。

　我々はこのサラスヴァティー川に焦点をあてて、調査を行った。その詳細は第２章に譲る。結論だけいえば、インダス文明期にはサラスヴァティー川は大河ではなかったということになる。

　このことを念頭に置いて、もう一度インダス文明遺跡の分布をみておこう。分布で重要なのは、個々の遺跡の問題ではない。遺跡が集中するような場所が大河と関連づけられるかどうかということである。遺跡の集中地域は、(1) インダス平原、(2) サラスヴァティー川、つまり現在のガッガル・ハークラー川流域、(3) グジャラート州、(4) マクラーン海岸の４地域である。これらのうち、(1) 以外は大河に依存していないことになる。

　大河文明という先入観を取り除いてしまうと、自ずとみえてくることがある。それはインダス川にだけ依存しているインダス平原の遺跡（モヘンジョダロ遺跡など）は例外であるということだ。この例外だという指摘は非常に重要な意味をもつ。これまで語られてきたインダス文明観は、モヘンジョダロ遺跡とハラッパー遺跡に多くを依拠してきた。実際に二つの遺跡を訪れると、依拠したくなる気持ちはよくわかる。特に、モヘンジョダロ遺跡はあらゆる意味で別格だ。4000年前の都市だとはだれも思わない。現代の都市といっても十分に通用する。それほど見る者を圧倒してしまい、古代都市のイメージを一新させてしまう。しかし、そのこととインダス文明全体をどうとらえるかを混同させてしまっては、インダス文明の実態を見誤ることになる。

　インダス文明の名前はこの二つの遺跡の発掘によって広まっていったという歴史的経緯がある。したがって、その二つを重要視したいのはよくわかる。しかし、インダス文明遺跡が次々と発見され、さらには発掘されていくにつ

終章　新しいインダス文明像を求めて

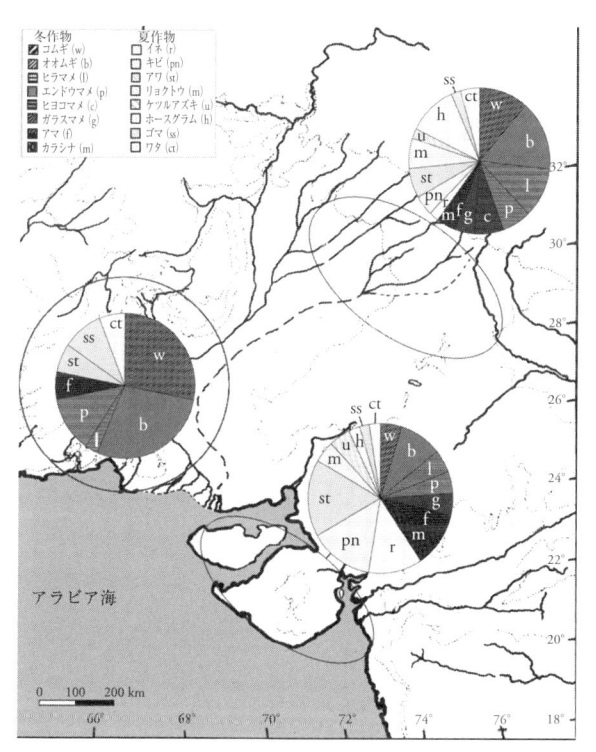

図2　インダス文明地域の作物分布。ウェーバー氏の原図を許可を得て転載翻訳。

れて、これまでの定説が否定されていったこともまた事実である。本章で述べた、アーリヤ人によるインダス文明破壊説にいたっては、まだまだ人気があるものの、いまでは教科書には掲載されていない。インダス文明が大河に依存していた説もまた、否定されてしかるべきなのだ。

　大河文明というときには、大河に依存する農業が重要な意味をもつ。これについては、第7章で詳細に論じられている。それによると、インダス文明地域は、冬作物地域、夏作物地域、冬作物と夏作物が混在している混合作物地域の三つに分かれている（図2）。この作物分布から何がいえるのか。大河に依存した冬作物を生産しているのはインダス川流域、とりわけモヘンジョ

411

ダロ遺跡周辺のインダス平原など、かなり限定的である。それに対し、夏のモンスーンによる雨に依存する夏作物を生産している地域の方が、混合作物地域を含めるとはるかに広い。このことから、インダス文明のほとんどの地域では、大河に依存する生産システムではなく、夏のモンスーンによる降雨に依存する生産システムだったと考えられるのである。つまり、インダス文明のうち、インダス川流域の冬作地域は大河に依存していたと思われるが、その他の地域は大河に依存していたのではなく、モンスーンに依存していたことになる。

これまで大河文明としてひとくくりにされてきたインダス文明は、エジプト文明やメソポタミア文明と異なる点がいくつかある。それはエジプト文明におけるピラミッドやメソポタミア文明におけるジッグラトといった王墓や記念碑といった建築物がみられないことである。こうした記念物にはエジプトではヒエログリフ（聖刻文字）、メソポタミアでは楔形文字で、記念碑的建築物を建てた王の名前が刻まれている。こうした建築物の壁や銅像に刻まれた碑文は、解読のために大きな役割を果たした。特に、ローリンソンがベヒストゥンの碑文を読み解くのに王の名前が重要なカギとなり、ついに楔形文字が解読されたことは有名である。インダス文明にはこうした記念碑的建造物はない。また、文字が人目につくような碑文として刻まれた例は、NHKの四大文明で有名になったドーラーヴィーラー遺跡の北門に掲げられた看板だけである。こうした事実から、インダス文明には王権の存在を匂わせるものが希薄だといえる。

また、インダス文明はインダス印章といった共通要素よりも、レンガ造りのモヘンジョダロと石造りのドーラーヴィーラーの例をみればわかるように、地域的に異なる特徴をもつ。さらに、いま上でみたように、栽培作物もかなりの地域差があった。これらから、我々はインダス文明には中央集権的な権力が一元的に管理したシステムがなかったのではないかと推察している。

4 海上交通とインダス文明

　上で挙げたように、遺跡の集中地域のうち、(3) グジャラート州と (4) マクラーン海岸はアラビア海に面している。これらの地域は大河に依存していないことは明らかで、むしろ、海に依存していたと考えられている。

　すでに、第3章でみたように、インダス文明期には海面が現在より2m高かったと考えられている。そこで、我々は、グジャラート州に分布するインダス文明遺跡の緯度経度情報を3次元地図モデル (DEM) に落とすことで、海水面が今より2m上がった場合、遺跡がどこに位置するのか、シミュレーションしてみた。すると、驚くべき結果を得た。つまり、多くのインダス文明遺跡が海岸線に近いところに位置することがわかったのである（図3、ただしこの図は1m上げたもの）。

　マクラーン海岸についても、ソトカーゲンドール遺跡などが現在よりずっと海岸沿いにあったという研究がある。Besenval (2011: 59) によると、マクラーン海岸では紀元前3千年紀から現在まで、9mから9.5mほど土地が隆起したという。つまり、マクラーン海岸に分布するインダス文明遺跡も、インダス文明が栄えた時代には海岸沿いにあったことになる。このマクラーン海岸やグジャラートのインダス文明遺跡から、海の近くに住んでいた、この地方のインダス文明を担う人々は、海を積極的に利用し海上交易を行っていた海洋民であった可能性を示唆するものである。

　海上交易については、文献的な裏付けもある。メソポタミアの楔形文献に、メルハという名前で登場する（第3章コラム3参照）。それだけではない。海上交易で使用されたと思われる、インダス印章がメソポタミア地域やペルシア湾岸地域でも発見されている。一方、グジャラート州のインダス文明遺跡の中には、ロータル遺跡やドーラーヴィーラー遺跡のように、四角い形のインダス印章ではなく、丸形をしたペルシア湾岸型の印章が発見されているものもある。こうした数々の証拠を集めると、海上交易が活発に行われていたことは間違いない。

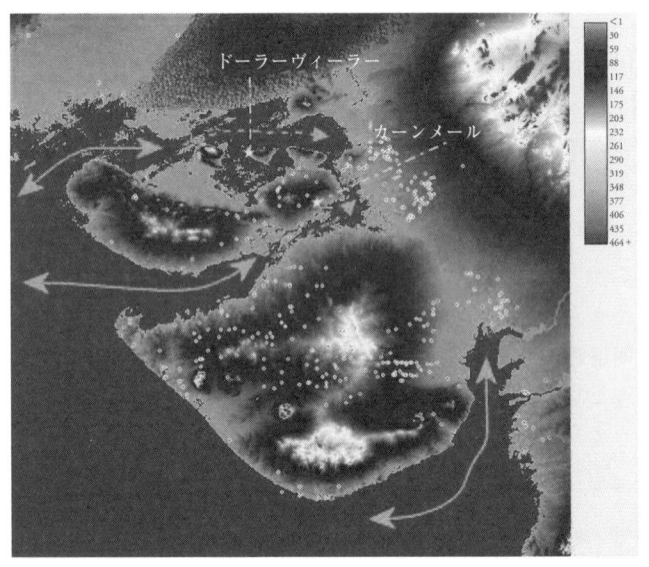

図3　海水面を現在より1m高くした場合のインダス文明遺跡の分布（寺村裕史氏作製）

5 ネットワーク共同体としてのインダス文明

　インダス文明が大河文明ではないことを論じてきた。また、インダス文明地域内に、かなりの地域差が歴然と見られる。では、インダス文明の流通システムとはどういったものだったのか。いまメソポタミアやペルシア湾岸地域との交易でもみたように、インダス文明地域内においても、インダス印章を仲介としたネットワークを想定することで、新しいインダス文明像が浮かび上がってくる。ここに、そのネットワークの存在を実証的に展開した研究がある。それがランデル・ローの研究（Law 2011）だ。
　その研究はハラッパー遺跡から出土したアクセサリー類など、石や鉱物の産地を同定するものだ。インダス文明遺跡から出土した貴石類の5万6350個を対象に、その原料となる石や鉱物を40種類に分け、それらがどこから運ばれてきたのか、その流通経路を丹念に追いかけている。ローはそれぞれ

の原料となる石を採取したと考えられるすべての場所に、実際に足を運んでいる。インダス文明遺跡はその分布自体がかなり広い。その石や鉱物の産地となると、この遺跡の分布よりもさらに広くなる。また、これらの地域には紛争地帯も多い。あるときは銃をもった兵隊に守られて石の産地をめぐったという。パキスタンのバローチスターン州のアフガニスタン国境に近い、スライマーン山脈、核実験場で有名になった、イラン国境にも近いチャーガイ山地、パキスタン北部のスワート渓谷、インドのタール砂漠に、カッチ県のラン湿原まで、ありとあらゆる石の産地を歩いて、原石を集めたのである。

　では、産地の同定はどうするのか。これはまたこれで、なかなか大変な実験をともなった作業が必要だ。私自身も詳細はどこまで理解しているか怪しいが、ごく乱暴な言い方をすれば、成分分析による同定である。成分分析の方法はそれぞれの鉱物によって違う。鉱物によっては、X線をかけると、それぞれの産地に特徴的な分布を示す値がある。それらを利用して、ハラッパー遺跡から出てきたアクセサリーの分析をすると、どこの産地のものと同じ成分を示すかがわかり、それをもって産地同定とするのである。

　たとえば、インダス印章をとりあげてみると、多くのインダス印章は凍石と呼ばれる比較的柔らかい石に彫られている。そのインダス印章の原料となる凍石はどこからきたのか。ローはその経路を明らかにするために研究を行った。それによると、ハラッパー遺跡の凍石はほとんどが北部のハザラ地方からきている。このハザラ地方の凍石産地からは、モヘンジョダロ遺跡やラーキーガリー遺跡にも運ばれている。また、ドーラーヴィーラー遺跡の凍石の多くもハザラ地方のものである。ただし、グジャラート近辺産のものもある。

　逆に、メノウはグジャラート州に産地があり、そのグジャラート産のメノウがハラッパー遺跡やモヘンジョダロ遺跡などに運ばれている。この研究によって、それぞれの地域が原料供給とビーズなどの加工生産とで行き来があったことが実証的に証明されたことになる。しかも、その移動は一方的なものではなく、双方向的である。というのも、グジャラート州で取れるメノウもあれば、パキスタン北部ハザラ地方で取れる凍石もある。また、石刃の

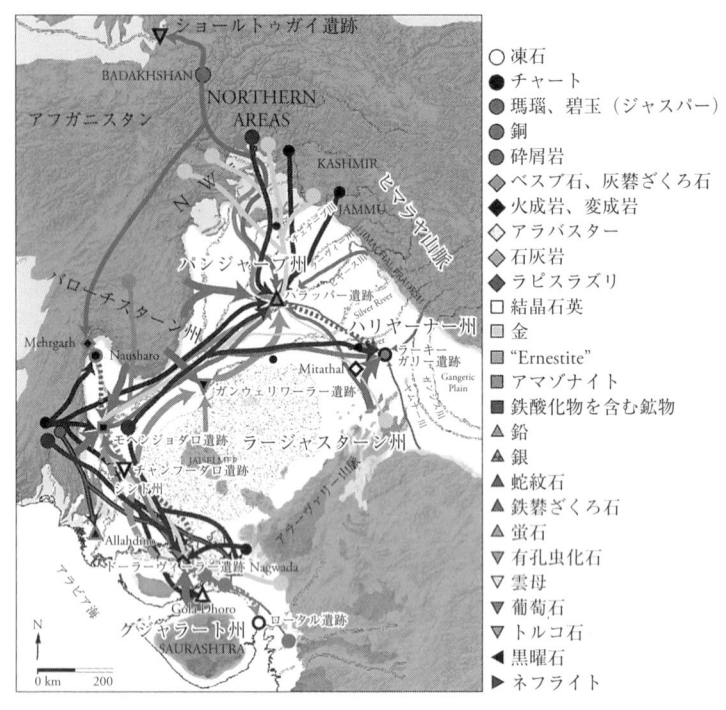

図4　鉱物流通ネットワーク（ロー氏の原図を許可を得て転載翻訳）（口絵参照）

材料となるチャートはシンド州のローフリーから各地に運ばれる。

　こうしたネットワーク（図4参照）が原料になる鉱物とその加工品だけの移動で終わらないことは容易に想像できる。鉱物を運んだ人は、帰りにはなんらかの荷物をもって帰ったことだろう。商人なのか輸送業者なのか役人なのか、ともかく彼らこそがネットワークを支えていたことになる。このときの移動手段は何を使ったのだろうか。それは、海上では船、陸上では牛車であったと考えられる。船はインダス印章に刻まれているし（図5）、牛車はおもちゃとしてミニチュアがインダス文明遺跡から多数出土しているからである（図6）。驚くべきことに、船はインダス印章に刻まれた姿で、また牛車はミニチュアさながらに、今でも使用されている（図7）。つまり、インダス時

終章　新しいインダス文明像を求めて

図5　インダス印章に刻まれたボート（ケノイヤー氏の許可を得て掲載）

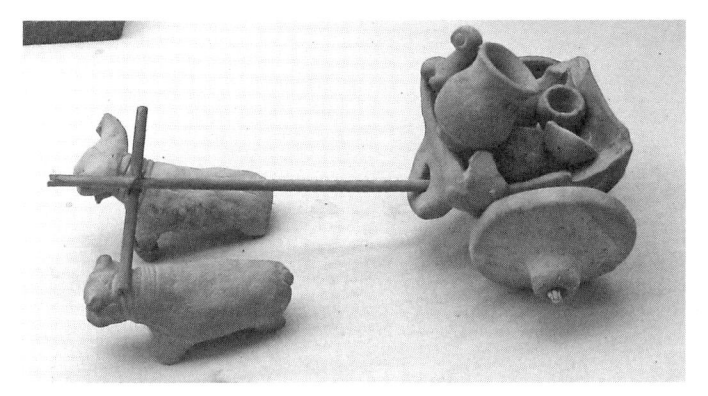

図6　インダス文明遺跡から出土した牛車のおもちゃ

図7　現代の牛車（ランデル・ロー氏提供）

代から脈々と続く文化伝統が南アジアに今も残っていることを示している。これこそが南アジア基層世界としてのインダス文明を示しているといえよう。

我々の研究成果からいえるのは、インダス文明とは、インダス川流域地域やグジャラート州カッチ県周辺地域などの地域共同体が交易などを通じて作り上げた、ゆるやかなネットワーク共同体なのである。

6 | インダス文明社会

すでに第14章で述べたように、南アジア社会、とりわけインド社会[1]は多民族多言語社会である。また、多くの職能集団が存在するカースト社会でもある。カースト社会は不平等な社会であり、このことばかりが強調されている。人間は生まれながらに平等であるとする教育を受けてきた我々は、どうしても否定的にしかカースト社会を語れない。しかし、実際のインド社会を観察すると、異なった職能集団が権力闘争を繰り返すのではなく、お互い干渉することなく、お互いを支えながら共存するための社会システムといった側面があることがわかる。近代的価値観でそういった側面をも否定してしまっては、カースト社会が延々と続いてきたことを理解できなくなる。ビーズだけを作っている職能集団が生きていくためには、彼ら集団を支える社会システムがなければならない。それを支えるのが、ほかでもないカースト社会なのだ。

また、現代のインドでも交易のために遠くからやってくる人々がいる。私が住んでいたインド東部にも、ラージャスターン州から伝統的な薬を売りに来る社会集団がいた。彼らはテント生活をしながら移動する。ある日来て、ある日突然いなくなる。しかし、誰一人として彼らを怪しむことはない。大

---

[1] 南アジアのすべての社会を観察したわけではないので、ここではインド社会だけに限って議論する。

学のグランドで寝泊まりしていても、別に追い出そうとする人もいない。また、こうしたさまざまの社会集団が集まる場がある。それがウィークリーマーケットであり、年に1度しか開かれないメーラと呼ばれる市だ。ドーラーヴィーラー遺跡の広場がそんな役割を果たしていたとしても全く不思議はない。

　現代インド社会は多様な社会だ。その多様性ゆえに、インド社会が古い伝統文化を保持し続けていることは特筆に値する。巨大な権力が一つの価値観や文化を打ち立ててしまうと、それがいつかは腐敗する。しかし、多様な価値観と多様な文化が共存する社会では権力闘争がないとはいえないにしても、なかなか生まれにくい。多様な社会には権力闘争史観を当てはめる必要はないのである。

　古い伝統を保持するというインドの社会の特徴を実感させる、我々の成果がある。それが第11章森直樹執筆のコラムで述べたコムギの品種をめぐる話だ。インド矮性コムギと呼ばれる品種がある。これはインダス文明遺跡からも発見されている古い品種だ。緑の革命といわれる大規模農業化と品種改良の結果、いまはもう栽培されなくなったと思われていた。ところが、我々研究グループがインドのカルナータカ州で、インド矮性コムギがいまでも栽培されていることを確認したのである。効率や生産性、経済原理だけを考えてきた、西洋近代的思考からはなかなか理解はできまい。

　インダス文明社会を理解するためにのちの時代のインド社会をモデルとするという方法を支えるのが、第14章であげたジョアンナ・ニコルズが提案した残存地帯と拡散地帯という考え方だ (Nichols 1992)。これは言語の類型論的特徴に関する研究によるものだが、広く文化的特徴に当てはめてもいいのではないかと我々は考えている。いま上でみたインド矮性コムギのように、インドは古い文化特徴を残存させる地域といえるのではないか。こうした残存地帯では、古い文化や社会をその後の時代から類推して考えることも十分許されるだろう。

　では、インダス文明社会がどんな社会だったのか。南アジア基層社会という観点から、我々の考察を提示しておきたい。

インダス文明社会は多民族多言語共生社会であった。多数の職能集団が独自の社会を形成し、それぞれがお互いを補完しながら社会を支えてきた。そこには、農民もいたし、牧畜民もいた。商人もいれば、職人もいた。彼らは流動性も高く、雨季や乾季にあわせて移動もした。その移動を円滑にするために、お互いインダス印章を保持し、言葉が通じないところはインダス印章によって出身や職業を理解し合い、コミュニケーションの一助とした。大都市はこうした移動民が一同に会する場所で、常時都市に住んでいた人よりも季節にあわせて移動する人々が多かった。

インダス文明の衰退原因とは

　終章では、従来のインダス文明観が権力闘争史観に基づいたものであることを指摘した後、それに代わる、新しいインダス文明像の提示を行ってきた。最後に、最大の謎であるインダス文明の衰退原因について、我々の描いたシナリオを提示しておこう。

　序章では、これまでのインダス文明の衰退原因を箇条書きで取り上げた。そのうち、(7) サラスヴァティー川消滅原因説、(8) 気候変動説については我々の研究においても検証し、本書にも第2章と第4章で詳細に述べられている。また、(2) メソポタミアの貿易停止説の前提となる海面変動についても第3章で検証した。しかし、こうした原因のうち、どれか一つの原因だけで、インダス文明全体が衰退したとみなすのには無理がある。特に、インダス文明を中央集権的な古代王朝とはみなしてはいないので、首都が陥落したら、雪崩現象のごとく王制が崩壊するといったシナリオは最初から想定していない。

　そこで、もう一度問題の原点に戻って、整理しておこう。まず、盛期ハラッパー文化期、つまりインダス文明期とその後の後期ハラッパー文化期、つまりポスト・インダス文明期の遺跡分布図を比べてみよう。そうすると、インダス文明期から遺跡の数が極端に減ったのがインダス川流域であることがわかる。そしてインダス文明が衰退した後、インドの東部、ガンジス川流域に

終章 新しいインダス文明像を求めて

表1 遺跡数と遺跡規模の変遷（Possehl（1997）より引用）

	盛期ハラッパー文化期	後期ハラッパー文化期
遺跡数	1,022	1,281
遺跡の分布規模	7,358 ha	4,448 ha
平均の遺跡規模	7.2 ha	3.5 ha

も遺跡が広がっていることがわかる。

　このことから何がいえるのだろうか。インダス文明の農業が3地域、冬作地域、夏作地域、混合地域に分類されていたことを思い出してほしい。インダス川流域はインダス川に依存する冬作地帯である。ポスト・インダス文明期には、その冬作地帯での遺跡が激減し、モンスーンに依存する夏作地帯に遺跡が増えている。

　次に、遺跡の数と遺跡の平均的広さを表した表をみておこう。驚くべきことに、インダス文明期である盛期ハラッパー文化期よりも、その後の後期ハラッパー文化期の方が遺跡の数は増えている。ただし、遺跡の平均的広さは約半分になっている（表1参照）。このことから、インダス文明の衰退といわれながらも、人々の活動が落ちたことを意味しないこと、そしてインダス文明衰退という現象はインダス都市の衰退やインダス印章の消滅を意味し、天災や人為的な戦争といった、ドラスティックな転換が起きたのではないことを窺わせる。

　こうした遺跡数や遺跡規模の変遷、そしてインダス川流域からの遺跡の激減などから、インダス文明の衰退をどう理解すればいいのだろうか。新しいインダス文明像を念頭に置いて考察すると、以下のように考えるのが妥当ではなかろうか。

　インダス川はチベット高原の氷河を源流とする大河である。その水は涸れることがないが、上流の雨によって、洪水が起こる。記憶に新しいのが2010年8月の大洪水だ（図8）。モヘンジョダロ周辺は年間雨量100 mm以下の地域でインダス川の水だけが頼りである。インダス川流域の大都市モヘンジョダロにはあちらこちらから人が出入りをし、自分たちの地で採れる冬

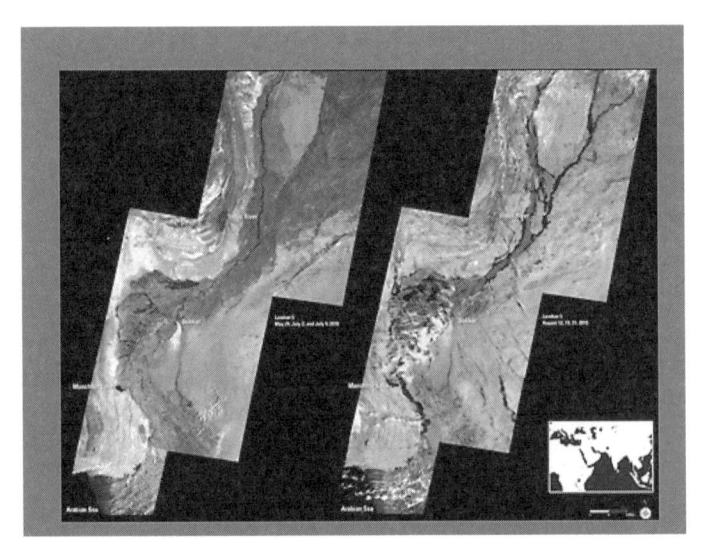

図8　インダス川の氾濫（2010年8月）（カラー図は口絵を参照）

作物だけではなく、他の地域から夏作物も運ばれていたに違いない。インダス川の洪水などに悩まされていた彼らは、モンスーンによる降雨で比較的安定した作物が得られる地に移住をしていった結果、インダス文明ネットワークの均衡は保たれなくなり、市としての機能をもった大都市は衰退し、交易のために必要だったインダス印章も使われなくなった。それがインダス文明衰退のシナリオである。流動性が高く、国家や権力に固執するのではなく、多民族共生社会だったからこそ、想定しうるシナリオではないだろうか。

参考文献

M. ウィーラー（曽野寿彦訳）(1966)『インダス文明』みすず書房.
M. ウィーラー（小谷仲男訳）(1971)『インダス文明の流れ』創元社.
近藤英夫編（2001）『四大文明インダス文明』NHK出版.
近藤英夫（2011）『インダスの考古学』同成社.
J. ホークス（小西正捷・近藤英夫・河野眞知郎・白土紀子共訳）(1978)『古代文明史』みすず書房.

山崎元一（1997）『古代インドの文明と社会』中央公論社．中公文庫版 2009 年．
山崎元一（2004）「インダス文明からガンジス文明へ」『世界各国史 7 南アジア史』（辛島昇編）山川出版社．pp. 19-63.
米山俊直（2002）『私の比較文明論』世界思想社．
Besenval, R. (2011) Between east and west: Kech-Makran (Pakistan) during Protohistory. In Osada T. and Witzel, M. (eds.) *Cultural Relations between the Indus and the Iranian Plateau during the Third Millennium BCE*. Department of South Asian Studies, Harvard University, Cambridge. pp. 41-164.
Fentress, M. A. (1984) The Indus 'granaries': illusion, imagination and archaeological reconstruction. In Kennedy, K. A. R. and Possehl, G. L. (eds.) *Studies in the Archaeology and Palaeoanthropology of South Asia*. Oxford & IBH, New Delhi. pp. 89-98.
Kenoyer, J. M. (1998) *Ancient Cities of the Indus Valley Civilization*. Oxford University Press, Karachi.
Law, R. (2011) *Inter-Regional Interaction and Urbanism in the Ancient Indus Valley*. Manohar, Delhi.
Nichols, J. (1992) *Linguistic Diversity in Space and Time*. The University of Chicago Press, Chicago.
Piggott, S. (1950) *Prehistoric India to 1000 BC*. Pelican Books, Harmondsworth.
Possehl, G. (1997) The transformation of the Indus Civilization, *Journal of World Prehistory*, 11(4): 425-472.

あとがき

　早いものである。地球研のインダス・プロジェクトが終了して、一年半が経つ。地球研のプロジェクトは外部委員からなる評価委員会によって評価されるが、おかげさまで、インダス・プロジェクトはたいへんすばらしい評価を受けた。このプロジェクトを軸に、新しいプロジェクトの可能性も指摘していただいたが、現在の時点で実現できてはいない。しかし、唯一、改善すべき点として、評価委員会に指摘されたことがある。それがプロジェクトの成果を一般向けにわかりやすくまとめることだった。それが今回ようやく実現することになった。プロジェクトリーダーとして、肩の荷を下ろした気分である。

　自然科学の研究では、専門誌にいくつ成果が発表されたかが重要な意味をもつ。とくに、国際的基準が重んじられる分野では、インパクトファクターとよばれる、その論文がいくつ引用されたかを基準とした点数化によって、一般書への執筆がおろそかになってしまっているようにみえる。地球研のプロジェクトではそれを改めて、一般書への執筆を重要視していることは文理融合をめざす研究所として、非常に大事だと考えている。ふだん、一般書を書いたことがない研究者にも、本書ではプロジェクトの成果を一般向けにわかりやすく書いていただいた。この場を借りて、執筆者全員に、とくに一般書を書いた経験が少ない方々に御礼を述べたい。

　本書はインダス・プロジェクトに関わった多くの方々に執筆していただいた。そのため、インダス文明に関心をもっている読者には、扱われる分野が大きすぎて、インダス文明そのものの理解には十分ではないと不満を持たれるかもしれない。そこで、インダス文明に焦点をあてた『インダス文明の謎 —— 古代文明神話を見直す』と題する本を同じ京都大学学術出版会から学術選書として同時刊行することになった。学術選書はプロジェクトのリーダーであった長田が単独執筆していて、インダス文明とは何かを正面からあつかっている。そちらとあわせて、本書を読んでいただければ幸いである。

インダス・プロジェクトは本書で執筆していただいた研究者以外にも、多くの方々の支えがあって、ここに成果を刊行する運びとなった。とくに、以下の方々は地球研に所属して、研究や事務を支えて下さった。とくに、名をあげて感謝の意を表したい。(あいうえお順、敬称略)

　上杉彰紀 (プロジェクト研究員)、河村たみ枝 (事務補佐員)、園田建 (プロジェクト研究支援員)、長谷紀子 (事務補佐員)、平山多香子 (事務補佐員)

　また、プロジェクトのメンバーは 40 名以上にのぼる。いちいち名前をあげないが、プロジェクト・メンバーの積極的な支援なしにはプロジェクトの成果はあり得なかった。ここに、改めて謝意を表すしだいである。

　本書は基本的に、日本のプロジェクト・メンバーに執筆してもらったが、唯一の例外として、インダス文明の農業についてはスティーヴン・ウェーバーさんの英文を翻訳して掲載した。インダス文明の発掘に 30 年以上関わり、インダス文明の農業についての第一人者であるウェーバーさん以外に、なかなか書いていただく方がみつからなかったので、お願いすることにしたが、ウェーバーさんからは日本語への翻訳を快諾していただいた。ウェーバーさんと翻訳の労を取ってくださった三浦励一さんに、御礼を述べるしだいである。

　最後に、本書の編集を担当して下さった京都大学学術出版会の永野祥子さんに感謝したい。専門分野のちがう、多くの方々が執筆した本の編集作業は大変だったにちがいない。この新たなシリーズが京都大学学術出版会の編集によって、今後も続けられていくことを祈念して「あとがき」とする。

2013 年 8 月 16 日　大文字五山送り火の日に
編者　長田俊樹

図表出典一覧

序章	図1	長田作成
	図2	寺村作成
	図3	寺村提供の図に長田加筆
第1部	扉図	インダス・プロジェクト作成
第1章	扉	インダス・プロジェクト撮影
	図1-1	木崎（1994）による
	図1-2	ジョンソン（1986）により作成
	図1-3	ジョンソン（1986）により作成
	図1-4	木崎（1988）による
	図1-5	ジョンソン（1986）およびGTOPO30により作成
	図1-6	吉野（1978）による
	図1-7	理科年表により作成
	図1-8	ジョンソン（1986）により作成
コラム1	図1	アメリカ地質調査所（USGS）のサイト（http://earthquake.usgs.gov/earthquakes/eqarchives/epic/)、Nakata et al. (1990)、Malik et al. (2001)、上杉（2010）に基づく。
第2章	扉	インダス・プロジェクト撮影
	図2-1	上杉（2010）をもとに作成
	図2-2	成瀬（1976）、Yashpal et al. (1980) により作成
	図2-3	Maemoku et. al. (2012) より作成
	図2-4	Maemoku et. al. (2012) より作成
	図2-5	Maemoku et. al. (2012) より作成
	図2-6	Maemoku et. al. (2012) より作成
	表2-1	Shitaoka et. al. (2012) より作成
第3章	扉	インダス・プロジェクト撮影
	図3-1	寺村提供の図をもとに作成
	図3-2	Quittmeyer et al. (1979) をもとに作成
	図3-3	Chamyal et al. (2003) をもとに作成
	図3-4	ロータル考古博物館における展示物などを参照に宮内作成
	図3-5	Google Earthをもとに宮内作成（©2010 DigitalGlobe ©2010 Cnes/Spot Image ©2010 GeoEye）

	図 3-6	コロナ人工衛星画像をもとに宮内作成
	図 3-7	Rao（1979）から作成
	図 3-8	宮内作成
	図 3-9	宮内作成
	図 3-10	コロナ人工衛星画像をもとに作成
	図 3-11	宮内作成
	図 3-12	宮内作成
	図 3-13	宮内作成
	図 3-14	宮内作成
	図 3-15	奥野作成
	図 3-16	奥野作成
	図 3-17	奥野作成
	図 3-18	奥野作成
	図 3-19	奥野作成
コラム 3	図 1	Frankfort, H.（1955）より引用
	図 2	Frankfort, H.（1955）より引用
	図 3	Collon, D.（1987）より引用
	表 1	森若葉作成
第 4 章	扉	インダス・プロジェクト撮影
	図 4-1	インダス・プロジェクト撮影
	図 4-2	インダス・プロジェクト撮影
	図 4-3	寺村提供の図に松岡加筆修正
	図 4-4	松岡作成
	図 4-5	中村作成
	図 4-6	インダス・プロジェクト撮影
	図 4-7	中村作成
	図 4-8	中村作成
コラム 4	図 1	八木作成
	図 2	八木作成
	図 3	八木作成
	図 4	八木作成
第 2 部	扉	インダス・プロジェクト作成
第 5 章	扉	インダス・プロジェクト撮影
	図 5-1	インダス・プロジェクト撮影
	図 5-2	インダス・プロジェクト撮影

	図 5-3	岸田作成
	図 5-4	Teramura et al. (2008) より寺村作成図を基に、翻訳修正
	図 5-5	寺村作成
	図 5-6	Landsat TM Imagery より寺村作成
	図 5-7	Teramura et al. (2008) より寺村作成図を基に、翻訳修正
	図 5-8	Teramura et al. (2008) より寺村作成図を基に、翻訳修正
	図 5-9	インダス・プロジェクト撮影
	図 5-10	寺村作成
	図 5-11	(左) 近藤作成、(右) 寺村作成
	図 5-12	J. S. Kharakwal, Y. S. Rawat and Toshiki Osada eds. (2012) より引用
	図 5-13	インダス・プロジェクト撮影
	図 5-14	インダス・プロジェクト撮影
	図 5-15	インダス・プロジェクト撮影
	図 5-16	インダス・プロジェクト撮影
	図 5-17	J. S. Kharakwal, Y. S. Rawat and Toshiki Osada eds. (2012) より引用
	図 5-18	J. S. Kharakwal, Y. S. Rawat and Toshiki Osada eds. (2012) より引用
	図 5-19	J. S. Kharakwal, Y. S. Rawat and Toshiki Osada eds. (2012) より引用
	図 5-20	Teramura et al. (2008) より寺村作成図を基に、翻訳修正
	図 5-21	衛星写真をベースに寺村作成。ベースの衛星写真はQuickBirdによる：includes copyrighted material of DigitalGlobe, Inc., All Rights Reserved.
	図 5-22	(左) インダス・プロジェクト撮影．(右) Shinde et. Al. (2011) より引用
	図 5-23	Shinde et. Al. (2011) より引用
	図 5-24	Shinde et. Al. (2011) より引用
	図 5-25	インダス・プロジェクト撮影
	図 5-26	寺村裕史・山口欧志・宇野隆夫・岸田徹・伊藤孝・竹内侑子 (2009) より引用
	図 5-27	寺村裕史・山口欧志・宇野隆夫・岸田徹・伊藤孝・竹内侑子 (2009) より引用
	図 5-28	インダス・プロジェクト撮影
	図 5-29	Teramura et al. (2008) より寺村作成図を基に、翻訳修正
	図 5-30	Teramura et al. (2008) より寺村作成図を基に、翻訳修正
	表 5-1	Possehl (1999) により作成
コラム 5	図 1	Modified From Science 28 May 2010. Reprinted with permission from AAAS
第 6 章	扉	遠藤作成

	図 6-1	小磯・遠藤 (2012) より引用
	図 6-2	遠藤作成
	図 6-3	遠藤作成
	図 6-4	Endo et al. (2012) より転載
	図 6-5	Endo et al. (2012) より転載
	図 6-6	Endo et al. (2012) より改変転載
	図 6-7	Endo et al. (2012) より転載
	図 6-8	Endo et al. (2012) より転載
	図 6-9	Bhan et al. (2004) より引用
	図 6-10	Endo et al. (2012) より転載
	図 6-11	遠藤・小磯 (2011) より転載
	図 6-12	遠藤作成
第 7 章	扉	三浦撮影
コラム 6	図 1	Corpus of Indus Seals and Inscriptions, vol. 2 (1991), courtesy National Museum of Pakistan
	図 2	写真提供：Alamy / アフロ
	図 3	千葉撮影
	図 4	千葉撮影
	図 5	千葉撮影
	図 6	千葉撮影
	図 7	千葉撮影
	図 8	千葉撮影
	図 9	千葉撮影
	図 10	インダス・プロジェクト撮影
	図 11	インダス・プロジェクト撮影
	図 12	千葉撮影
	図 13	千葉撮影
	図 14	千葉撮影
第 8 章	扉	インダス・プロジェクト作成
	図 8-1	木村撮影
	図 8-2	木村撮影
	図 8-3	木村撮影
	図 8-4	木村撮影
	図 8-5	Assessment of the traditional production of the hybrids of Indian wild asses (Equus hemionus khur) and Jennies (Equus asinus) in Kutch, Gujarat.

			Journal of Environmental Systems, Vol. 32(4), 2005-2006 より
	図 8-6		大島撮影
	図 8-7		大島撮影
	図 8-8		上杉・小茄子川（2008）より
	図 8-9		上杉・小茄子川（2008）より
	図 8-10		上杉（2010b）より
	図 8-11		西村撮影
	図 8-12		インダス・プロジェクト撮影
	図 8-13		西村撮影
	図 8-14		西村撮影
	図 8-15		西村撮影
第9章	扉		Corpus of Indus Seals and Inscriptions, vol. 2 (1991), courtesy Archaeological Survey of India
	図 9-1		（左）Corpus of Indus Seals and Inscriptions, vol. 2 (1991), courtesy National Museum of Pakistan.（右）Corpus of Indus Seals and Inscriptions, vol. 2, courtesy Lahore Museum
	図 9-2		http://i280.photobucket.com/albums/kk196/KataK_99/shiva.jpg~original より転載
第10章	扉		マックス・ミュラー『リグ・ヴェーダ』より
	図 10-1		後藤作成
	図 10-2		大修館、月刊『言語』vol. 38, No. 4, 2009 年 4 月号 p. 69 をもとに作成
第3部	扉		インダス・プロジェクト作成
第11章	扉		インダス・プロジェクト撮影
	図 11-1		大田撮影
	図 11-2		大田作成
	図 11-3		3A, B, C インダス・プロジェクト撮影
	図 11-4		4A, D 大田撮影 4B, C, E インダス・プロジェクト撮影
	図 11-5		大田作成
	図 11-6		6A, B, C インダス・プロジェクト撮影
	表 11-1		大田作成
	表 11-2		大田作成
	表 11-3		森直樹作成
第12章	扉		インダス・プロジェクト撮影
	図 12-1		インダス・プロジェクト撮影
	図 12-2		インダス・プロジェクト撮影

	図 12-3	インダス・プロジェクト撮影
	図 12-4	神澤撮影
	図 12-5	Jinam et al.（2012）より
	図 12-6	斎藤作成
	図 12-7	Majumder and Mukherjee（1993）より
	図 12-8	Reich et al.（2009）より
	図 12-9	Chaubey et al.（2011）より
第 13 章	扉	インダス・プロジェクト撮影
	図 13-1	Osada, T. and Onishi, M. (eds.)（2012）より転載
	図 13-2	Osada, T. and Onishi, M. (eds.)（2012）より転載
	図 13-3	Osada, T. and Onishi, M. (eds.)（2012）より転載
	図 13-4	Osada, T. and Onishi, M. (eds.)（2012）より転載
	図 13-5	Osada, T. and Onishi, M. (eds.)（2012）より転載
	図 13-6	Osada, T. and Onishi, M. (eds.)（2012）より転載
	図 13-7	Osada, T. and Onishi, M. (eds.)（2012）より転載
	図 13-8	Osada, T. and Onishi, M. (eds.)（2012）より転載
	図 13-9	Osada, T. and Onishi, M. (eds.)（2012）より転載
	図 13-10	Osada, T. and Onishi, M. (eds.)（2012）より転載
	図 13-11	Osada, T. and Onishi, M. (eds.)（2012）より転載
	図 13-12	Osada, T. and Onishi, M. (eds.)（2012）より転載
	表 13-1	Osada, T. and Onishi, M. (eds.)（2012）より転載
	表 13-2	Osada, T. and Onishi, M. (eds.)（2012）より転載
	表 13-3	Osada, T. and Onishi, M. (eds.)（2012）より転載
	表 13-4	Osada, T. and Onishi, M. (eds.)（2012）より転載
第 14 章	扉	インダス・プロジェクト撮影
終章	図 1	インダス・プロジェクト撮影
	図 2	ウェーバーの原図を基に、許可を得て翻訳転載
	図 3	寺村作成
	図 4	ランデル・ローの原図を基に、許可を得て翻訳転載
	図 5	ケノイヤー撮影、許可を得て転載
	図 6	インダス・プロジェクト撮影
	図 7	ランデル・ロー撮影、許可を得て転載
	図 8	グーグルアースを基に、メドゥ作成。許可を得て転載。
	表 1	Possehl（1997）により引用

索　引

■人名索引

ウィーラー　12, 14, 403, 405, 407-408
ウェルズ　285
エヴァンズ，ニコラス　395
エメノー　312, 383
オールチン，レイモンド　13, 16
オング，W.J.　289
キルヒャー，アタナシウス　293
ギムブタス，M.　298
クノローゾフ　281
ケネディー　13
ケノイヤー　9, 349, 417
サーグッド　376
サハニー　9, 15
シャンポリオン　293
ジョグレカール　344, 349
中村元　3, 392
ニコルズ，ジョアンナ　395, 419
パーニニ　370
ハクスレー，T.H.　351
バネルジー　9
濱田青陵　8, 9

パルポラ，アスコ　276, 279, 281-282, 284-285
ピゴット，スチュアート　403, 408
ファーマー，スティーブ　276-279, 286-287, 292-293
ポーセル　4, 14, 170, 207-208
ホック　393
マーシャル　8, 406-407
マシカ　370, 383
マッケイ　14
マハーデーヴァン，イラワダン　276, 279, 281-284
ミュラー，マックス　295, 392-393
山崎元一　3, 12, 392, 408
米山俊直　404
ランブリック　14
リューデルス　255-256
レイクス　15
ロー，ランデル　414, 417
ローリンソン　412
ワターズ　369

■事項索引

[ア行]
アーディッテャ（神群）　300, 305, 312-313
アーリヤ（人・文化・諸部族）　18, 230, 251, 261-262, 270-271, 296, 298-299, 301-303, 305-307, 310, 313-314
アーリヤ人侵入破壊説　10, 12-14, 150, 224, 391, 403-405, 409, 411
アリヤ　299
（古）インド・アーリヤ（人・文化・（諸

433

部族・（系）民族）29, 65-66, 235, 249-251, 253, 255, 258, 276, 280, 291, 296, 298, 300-301, 304, 313
アーンドラ・プラデーシュ州　372, 376
『アヴェスタ』　372
（新）アヴェスタ（語）　297, 299, 303, 313, 364, 372
アジアノロバ　→ロバ
『アシュターディヤーイー』　370
アショーカ王　287, 289-290, 370
　アショーカ王刻文・碑文　289, 370
アスゥラ　300, 305
『アタルヴァ・ヴェーダ』　256-257, 303, 311
アッカド　128
　アッカド王朝　100-104, 106
　アッカド語　100-101, 278, 288, 291
アッサム（州・地方）　35, 320, 351, 356, 363, 371, 375-376, 378
当て字　277-279, 281-285, 288, 292
アドベスラ　→ロバ
アネクメーネ　35
アフガニスタン　5-6, 28, 39, 145, 184, 188, 199-200, 235, 253, 280, 299-301, 353, 370, 374, 394, 415
アフラ・マズダー　300, 305
アフリカ（人）　25, 214-215, 244, 251-252, 259, 320-321, 333-334, 351, 355
　アフリカノロバ　→ロバ
アラカン山脈　28, 368, 379-380
アラコースィア　63, 300, 303-304
アラビア海　36, 48, 50, 124, 128-129, 144, 194, 209, 237, 413
アラビア語　220, 380
アラム語　288, 291

アラム文字　291
アレイア　299, 303-304
アワ　320, 333, 411
アンダマン語族　368, 394
アンダマン諸島　351, 355, 368, 379-380, 394
育種　236-237, 239, 241, 245, 247-248, 322
石臼　323, 328
移住　66, 129, 211-212, 215-216, 258, 261, 280, 351, 356, 374-376, 379-380, 422
イスラーム（教）　197, 384
遺伝子（研究）　240, 244, 246-248, 253, 259, 334, 352-353, 356
　S遺伝子座　334
遺伝的多様性　332, 350-351, 354
イネ　207, 214-215, 220, 320, 332-333, 411
移牧民　→遊牧民
イラン　6, 28, 63, 102, 140, 145, 148, 200, 235, 252, 280, 296-301, 303-304, 307, 312-313, 323, 353, 368-370, 372, 379, 381, 393-395, 415
　イラン系諸部族　296, 298, 300-301, 313
　イラン語族　368-369, 372, 379-394
印欧語族　→インド・ヨーロッパ語族
印章　72, 101, 141, 159, 168, 200, 213, 234, 236-237, 244, 248, 253
　インダス（式）印章　4, 7, 73, 157-158, 160, 162, 171, 176-178, 193, 200, 223, 276-287, 293, 412-417, 420-422
　インダス印章記号　279, 293
　円筒印章　101-103, 286

索引

ペルシア湾岸型の印章　413
インダス川　12, 14-15, 29, 36-38, 40,
　　49-52, 60, 68, 140, 147-150, 198, 208,
　　214-216, 280, 299, 304, 404, 409-411,
　　421-422
　インダス川流域　15, 37, 40, 46, 52,
　　　110-111, 129, 170, 409, 411-412,
　　　418, 420-421
インダス都市　7, 15, 129, 218, 296,
　　313-314, 364, 421
　インダス都市文明　218, 296, 313, 364
インダス文明　1-18, 24, 35-37, 40, 46, 55,
　　57, 59, 68, 100, 107, 140-141, 144,
　　146, 148-151, 155, 160, 162, 165,
　　169-174, 177, 180-181, 183, 185, 188,
　　191, 193, 195-196, 198-201, 206-207,
　　209-210, 212, 215-216, 218-219, 224,
　　234-236, 245, 249-250, 251, 253,
　　258-259, 263, 276-277, 279-282,
　　286-287, 292-293, 296, 301, 310, 314,
　　344, 349-350, 360, 364, 396, 399-401,
　　403-404, 406, 408-414, 418, 425-426
　インダス文明遺跡　1, 4-5, 9-10, 17,
　　　39-41, 140-142, 144-147, 150-152,
　　　160, 162, 169-170, 177, 409-410,
　　　413-417, 419
　インダス文明期　11, 16-17, 38, 41,
　　　68-69, 72-75, 79-81, 85-86, 96-97,
　　　140, 152, 177, 182-184, 191, 196,
　　　199, 206-214, 216-220, 234-236,
　　　244, 248-250, 253, 271, 282, 287,
　　　321-323, 325, 333-336, 364, 378,
　　　410, 413, 420-421
　インダス文明社会　7, 364, 389, 396,
　　　398-400, 406, 418-420

インダス文明の衰退　10, 12-17, 37-38,
　　41, 54, 110, 128-130, 150, 170, 172,
　　206, 210-212, 217-218, 404, 420-
　　422
インダス平原　39-40, 147-150, 253, 321,
　　323, 334, 410, 412
インダス文字　4, 7, 17, 73, 100, 107, 141,
　　157, 201, 276, 280, 292, 364
　インダス文字解読　17, 276
インド　2-10, 27, 29, 32, 37-38, 41, 46, 48,
　　63, 66, 69-70, 72, 87-88, 96, 110-111,
　　116-117, 119, 141-142, 144, 148-152,
　　160, 162, 169-173, 197, 206, 219-220,
　　235, 243, 247-249, 253, 255, 263, 266,
　　276, 279-280, 282, 288-292, 299,
　　302-303, 305-306, 313-314, 320-321,
　　323, 326, 333-335, 337, 340, 344, 346,
　　349, 351, 353-356, 359-360, 364-365,
　　368, 370-372, 374-376, 379, 381,
　　388-390, 392, 400-401, 415, 418-420
インド・アーリヤ（人・文化・（諸）部族・
　　（系）民族）　→アーリヤ
　（古）インド・アーリヤ（系）言語・諸
　　　語・語族　13, 65, 260, 280, 282-
　　　284, 288, 290, 296, 310, 315, 365-
　　　366, 368, 372, 374, 378-384, 394-
　　　396
インド・イラン語族　368, 393
インド・イラン語派　297, 299, 312, 370
インド・イラン共通時代　300-301,
　　303-304, 312
インド・オーストラリアプレート　37, 39
インド・ヨーロッパ語族（印欧語族）
　　296-298, 300-301, 308, 313-314, 347,
　　365, 368-369, 392

インド・ヨーロッパ祖語（印欧祖語）　392, 395
インド亜大陸　2, 13, 18, 24, 26, 29, 39, 191, 250-251, 259, 261, 265, 276, 289, 296, 301, 313, 320-325, 332, 334-335, 344, 350, 355, 370, 379-380, 394-396
インド系ウシ　→牛
インド系文字　290
インド（古代）史　3, 292, 391-392
インド社会（学・論）　169, 314, 337, 388-391, 394, 418-419
インドノロバ　→ロバ
インド半島　26, 29-30, 33-34
インド文化　3, 262, 292
インドボダイジュ（菩提樹）　223-224, 228, 281-282
インド洋　24-26, 28-32, 36, 333-334, 379
インドラ（神）　257-259, 263, 300, 306, 312, 314
インド矮性コムギ（*T. aestivum* subsp. *sphaerococcum*）　322, 324-326, 330-336, 340-342, 397, 419
ヴァルナ　390-392, 397
雨安居　303
ヴェーダ　2, 11, 13, 16, 46, 50, 59-60, 63-66, 236, 251, 255-257, 259-263, 265-266, 268, 270, 276, 282, 287, 289, 295-297, 299-300, 302-315, 347, 359, 364, 370, 372, 393-394, 397, 400-401, 405
　ヴェーダ期サンスクリット語　370
　ヴェーダ語　255, 297, 310-311, 370, 372
雨季　29, 51, 71, 83-84, 236-241, 333, 420
牛　103-105, 141, 169, 193, 198, 205, 234-236, 244, 248-249, 251-263, 265-266, 303, 305-306, 330, 342, 344, 346-349, 360, 392-393, 396, 416-417
　インド系ウシ　251-253, 258
　牛探し　305
　コブウシ（*Bos indicus*）　193, 205, 234-236, 248-249, 252-259, 346
　スイギュウ　101-103, 228, 234, 244, 248, 250, 258, 281, 283, 293
　北方系ウシ　251-253, 258
　ホルスタイン　248-250
ウパニシャッド　310, 370, 391
海の民　298, 301
ウル遺跡　181, 252
ウル第三王朝　100, 102-103, 105
ウルドゥー語　241, 363, 371, 380-382
英語　1, 297, 314, 365, 380-381, 383
易脱穀性　323-325
エクメーネ　35
エジプト　7, 9, 73, 86, 100, 234, 251, 276-278, 290-293, 298, 301, 323, 364, 399, 412
　エジプト語　278, 293
　エジプト文明　2, 409, 412
エンドウ（マメ）　207, 333, 411
円筒印章　→印章
エンマーコムギ　→コムギ
オーストロアジア語族　368, 374
オオムギ　103-104, 128, 207, 209, 260, 303, 321, 333, 411
オーロックス　251-252
オディシャー州　375-376
音声言語　277-278, 280, 286, 288-291, 293

索 引

[カ行]

カースト・ネットワーク　18, 399
カースト社会　388, 397, 418
カースト制度　390-391, 397-399
カーネリアン（紅玉髄）　72, 103-106, 158, 160, 179-181, 188, 190, 195-201, 236, 243
カーブル川　301, 304
カーリーバンガン遺跡　5, 10, 46-47, 51, 58
カーンメール遺跡　7, 68-69, 71, 73-74, 82-87, 93-96, 138-139, 141-145, 150-156, 159-160, 162, 171-173, 176-178, 183-187, 189-192, 194-196, 198-199, 205, 219, 235-236, 243, 267, 387, 414
海上交易　68, 73-74, 85-86, 96, 101, 200, 235, 413
海水準変動　10, 22, 74, 80, 87-91, 94-97, 144, 160, 173, 243
夏季モンスーン　→モンスーン
拡散地帯　395
籠編職人　241, 243
鍛冶職人　398
カシミール地震　→地震
『カタ・サンヒター』　257, 261, 265, 310
ガタスターブナ　329-330
家畜　65, 138, 193, 218-219, 234-235, 237-242, 244-247, 249, 251-253, 255, 257-262, 301, 303, 309
ガッガル・ハークラー川　16, 46-47, 50, 56-57, 65, 140, 216, 410
ガッガル川　6, 10, 22, 45, 48-54, 58-60, 142, 144-145, 148, 162, 170
活断層　37-41, 69-70, 132, 134-135

カッチ（県・地方）　152, 160, 176, 191, 236-237, 241, 247-248, 415, 418
カッチ湿原　152, 235-237, 239-240, 243-244
　小カッチ湿原　236-238, 240, 243-244, 246
カッチ湾　39, 41, 71-72, 84-85, 93, 184, 194, 199
カトマンドゥ　115-117, 381, 383
カラーチー　39, 50, 381-382
カリーフ　→夏作
カルトゥーシュ記号　279
カルトゥーシュの王名　293
カルナータカ州　224-227, 229-231, 319, 326-332, 336, 340, 372, 419
カルナリ川　114, 118, 132
カローシュティー文字　288
ガンウェリワーラー遺跡　6, 184
環境決定論　61
環境変化　10, 15, 35-36, 46, 61, 84, 97, 110-111, 150, 173
カングラ地震　→地震
ガンジス川　6, 29, 47, 49-50, 147-148, 162, 292, 304, 420
乾燥化　128-129, 150, 212, 214-217
カンナダ語　223, 311-312, 363, 372-373, 381-382
カンバート　46, 184, 196-199, 201
気候変動　10, 12, 16-17, 47, 89, 110, 124-126, 128, 130, 213, 215, 218, 301, 420
季節風　→モンスーン
基層　1-4, 169-170, 172, 249, 251, 259, 312, 314-315, 396, 401, 418-419
　基層世界　1-4, 249, 251, 259, 396, 401,

437

418
南アジア基層世界　1-3, 418
北枕　167, 360
キビ　320, 333, 411
逆断層　37, 39-41, 69-70
ギリシア語　288, 297, 304-307, 392
　ギリシア文字　288, 293
楔形文字（文献）　7, 100, 106, 201, 277-278, 281, 283-284, 286-288, 290-291, 293, 412-413
グジャラート語　381
グジャラート州　6, 17, 34, 68-71, 144, 147-152, 160, 162, 170-173, 176, 191, 196, 209, 219, 236, 239, 245, 321, 351, 355, 410, 413, 415, 418
グジャラート地方　37, 39, 41, 183, 185, 188, 191, 193, 196, 198, 201, 242
クスンダ語　369, 394, 396
クッリ・メーヒー遺跡　254
クナール　323, 333
グランタ文字　290
「クルガン」文化　298
グレイトラン　→ラン湿原
グンドゥゴーディ　330, 340-341
ケーララ州　372
ケツルアズキ　333, 411
言語学　1, 11, 47, 138, 140, 289, 296-297, 369, 372, 392-393, 395
　比較言語学　296, 392
言語文化　276, 282, 287, 290-291, 293, 365
言語領域・言語連合　383
権力闘争史観　394-396, 404, 406, 408-409, 419-420
黄河文明　2, 409

後期ヴェーダ時代　397
後期ハラッパー文化　→ハラッパー文化
紅玉髄　→カーネリアン
考古学　1, 3, 6-13, 17, 55, 68, 72, 128, 140-141, 144, 207-209, 211, 213-214, 216, 218, 248, 252, 276, 286-287, 293, 296, 298, 300, 321, 333, 344, 349, 360, 364, 403, 405, 407
降水量　30, 32-33, 54, 128, 149-150, 208-209, 211-213, 216
公用語　371-372, 381
声の文化　289
刻文資料　289, 292
穀物倉　3, 403, 405-409
五大都市　6
古代文明　2-3, 36, 130, 141, 276, 403, 409, 425
　古代四大文明　1-2, 409
古代ペルシア文字　290
古代文字　276-277, 293
古バビロニア　100, 106
コブウシ　→牛
古ペルシア語　63, 297, 299, 303?
コムギ　29, 128, 207, 209, 229, 303, 321-336, 340-341, 396, 411, 419
　エンマーコムギ（*T. turgidum* subsp. *dicoccum*）　228-229, 319, 322-336, 340-341
　野生エンマーコムギ（*T. turgidum* subsp. *dicoccoides*）　323
　コムギ属（*Triticum* 属）　322
　コムギの早晩性　332
　在来コムギ　325
　スペルタコムギ（*T. aestivum* subsp. *spelta*）　324

タルホコムギ（*Aegilops tauschii*）324
パンコムギ（*T. aestivum* subsp. *aestivum*）324-325, 330, 332-336
一粒系コムギ（*T. monococcum* subsp. *monococcum*）322-324, 334
野生一粒系コムギ（*T. monococcum* subsp. *boeoticum*）323
二粒系コムギ（*T. turgidum*）322, 324
普通系コムギ（*T. aestivum*）322, 324, 333
マカロニコムギ（*T. turgidum* subsp. *turgidum* conv. *durum*）323-325, 330, 336
孤立語　365, 369
混合作物地域　321, 333-335, 411-412
ゴンドワナ大陸　24-26

[サ行]
祭式　257-258, 260-263, 265-266, 268, 270, 302, 305, 307-310, 315
栽培化　320, 323
栽培植物　11, 207
サウラーシュトラ　41, 70-71, 75-76, 79-80, 91-95, 147, 184, 199, 208-210, 214-215, 217, 325
砂丘　22, 45, 48, 50-51, 54-60, 71, 76, 83-84
搾乳　234, 264, 266
雑穀（類）　320-321, 333, 396
雑種　236-247
　雑種強勢　240, 245
　種間雑種　236-237, 241-242, 244-248
サトルジ川　6, 47-53, 60, 66, 145, 306
サラスヴァティー（川）　12, 15-17, 46-50, 54, 59-60, 63-66, 250, 303-306, 308, 313, 359, 410, 420
サンスクリット（語）　3, 235, 255-256, 268, 282, 284, 289-290, 297, 312, 314, 363-364, 370-372, 389-392, 394, 396-397
サンスクリット（語）文献　389-391, 394, 396-397
残存地帯　395, 397
子音表音文字　288, 290-291
シヴァ神　223, 228, 230, 283-284, 330
シェベロイヒル　326, 328-329
シコクビエ　321, 333, 396
地震　28, 37-41, 69, 87, 90, 122-123, 154, 298, 301
　カシミール地震　40
　カングラ地震　37-38
　地震断層　37, 40-41, 69
　ブージ地震　41
　歴史地震　37, 39, 41, 70
自然環境　1-2, 10, 14, 17, 21-24, 35, 46, 60-61, 68, 74, 364
ジッグラト　7, 399, 412
指定言語　371-372, 375-376
シナ・チベット語族　376
シナ語族　376
シミコット断層　135
ジャーティ　390, 397-399
　ジャーティ制度　390, 397
ジャールカンド州　365, 374-376, 384, 388
ジャイナ教　310, 370
シャフリ・ソフタ遺跡　184, 188, 199
『シャタパタ・ブラーフマナ』　308, 312
写本資料　289
シュードラ　305, 388, 390, 397
種間雑種　→雑種

439

シュメール　100-101, 103-104, 106, 246-247, 278, 280, 283, 285-286, 288, 291
　シュメール楔形文字　291
　シュメール語　100-101, 104, 106, 278, 280, 283, 288
　シュメール初期王朝　100
小カッチ湿原　→カッチ湿原
城塞（部）　73, 141-142, 153, 300, 313-314, 404-405, 407
小乗仏教　370
ショールトゥガイ遺跡　5, 145, 181, 184, 188, 199
職能集団　398-400, 418, 420
植物遺存体　11, 17, 138
植民活動　301, 308, 310
女系社会　314
シワリク丘陵（山地）　27-28, 37, 48
新石器麦農耕文化　→農耕
シンディー語　371, 381-382
シンド（州）　8, 15, 184, 199, 207-208, 210, 213-215, 217, 321, 325, 416
シンハラ語　371, 379
森林破壊　12, 14
人類学　11, 140, 318, 351, 359, 388, 404
スイギュウ　→牛
スーサ　185
数値標高モデル　→DEM
スペルタコムギ　→コムギ
スライマーン山脈　28, 40, 47, 52, 415
スリランカ　290, 353, 365, 368, 371, 374, 379-380
スワート川　303
スワート渓谷　415
盛期ハラッパー文化　→ハラッパー文化

石刃　191, 415
前期ハラッパー文化　→ハラッパー文化
戦車競争　306-307
先住民　259, 313, 326, 351-352, 379-380, 384, 390-393, 395
線文字B　278
ソーマ　265, 300, 305, 312
ゾロアスター教　300-301, 305, 372
村落（グラーマ）　212, 260-261, 263-265, 314

[タ行]
ダーサ　392-394
タール砂漠　26, 47, 50-51, 54, 59, 184, 198-199, 313, 415
大河文明　409-412, 414
体高　241-242, 245
堆積物　24, 27, 48-49, 58, 68, 75, 77-81, 83-84, 110-111, 119-120, 122-128, 134-135, 211
　湖沼堆積物　22, 119, 123, 125
　氷河性堆積物　121, 134
『タイッティリーヤ・サンヒター』　257-258, 263, 310
多言語　364, 378-384, 389, 394-396, 400, 418, 420
　多言語共存ベルト　379-381
　多言語社会　389, 396, 418
　多言語使用（者）　395-396
　多言語多文化（社会）　364, 378, 389, 400
　多言語地帯　380, 384
多孔土器　→土器
多彩文土器　→土器
ダスユ　392-394

ダディ（酸乳）263-266, 270
多文化（社会）378, 383-384, 389, 396
多文化多言語社会　→多言語多文化社会
タミル・ナードゥ州　267-268, 326-330, 335, 372
タミル語　282, 290, 310-312, 363-364, 372-374, 379, 381-382
　タミル文字　290
多民族多言語（共生）社会　418, 420
多様性　18, 31, 61, 90, 207-208, 212, 214, 216-217, 324, 332, 335, 337, 350-352, 354, 356, 382, 394, 397, 399, 401, 419
タルホコムギ　→コムギ
単一塩基多型　→SNP
単一言語　378, 395-396
　単一言語主義　395-396
　単一言語話者　396
炭化物（種子）55, 76-77, 207, 213, 219, 322, 325, 335
チーズ　234, 265, 268, 270
地殻変動　10, 14, 17, 37, 40-41, 47-48, 72, 87-88, 90-93, 96, 133
地中レーダ（GPR）探査　142-143
チベット・ビルマ（系・語族・諸語）365, 367-369, 376-377, 379-382, 385, 394-396
チベット語　376-378
チベットノロバ　→ロバ
チャート　157, 416
チャパティ　328, 335
中央集権　7, 364, 399, 406, 412, 420
中国　6, 128-129, 145, 193, 247, 320, 352-353, 364, 376, 404
沖積作用　29, 71, 76, 79-81
潮位差　72, 75, 79-80

チョータン川　48, 51, 54, 58-59, 142, 149
チョーリスターン砂漠　6, 46, 409-410
地理情報システム　→GIS
ディーパワリ　328, 330
定住（地）27, 65-66, 212, 261, 270, 301, 303
ディルムン　101
デカン　24-26, 30, 32, 34-35, 70-71, 162, 184, 191, 199, 228, 344, 349, 370
　デカン・トラップ　70-71, 191
　デカン玄武岩　24, 30, 34
　デカン高原　26, 30, 32, 34-35, 162, 184, 199, 370
　デカンカレッジ　344, 349
テルグ語　282, 311, 363, 372-373, 381-382
凍石　72, 103, 149, 157-158, 168, 184-185, 188, 191-192, 195, 199, 244, 415-416
ドーラーヴィーラー遺跡　5-7, 68, 86, 191, 244, 278, 412-413, 415, 419
土器　7, 56, 59, 149, 157-160, 167-168, 171, 176, 181, 188, 196, 200-201, 210-211, 234-235, 253-254, 266, 268, 270-271, 286, 305, 323
　インダス式土器　141, 200
　多孔土器　234, 236, 266, 268, 271
　多彩文土器　248, 253
　ハラッパー式土器　158, 167-168, 171
土偶　182, 193, 234, 248, 253, 255
都市文明　7, 46, 172-173, 217-219, 296, 313, 315, 364, 403
ドラヴィダ（系・語・語族・諸語）224, 259, 279-283, 310-312, 314, 355-356, 360, 365-366, 368-369, 372-374, 378-381, 383-385, 393-396

441

奴隷制度　399-400

[ナ行]

夏作（物）（カリーフ）　207, 209, 212-214, 216, 220, 230, 321-322, 333-336, 411-412, 421-422
　　夏作（物）地域　321, 333, 411, 421
夏モンスーン　→モンスーン
南西モンスーン　→モンスーン
難脱穀性　323-324, 328
二言語使用者　395
ニコバル諸島　368, 374, 379-380
西アジア　28, 128, 149, 160, 172, 250, 252, 259, 288, 291, 293, 403
　　西アジア文字　288
西ガーツ山脈　26, 30, 32, 224, 326, 332-333, 335, 380
西ユーラシア人　351, 353
日本列島人　349
乳加工　234, 236, 263, 265-266, 268, 270-271
乳製品　234, 260-263, 265-266, 270, 396
ネグリト人　351-352
熱帯収束帯　31-32
ネットワーク　17, 151, 170, 172-173, 183, 210, 218, 235, 248, 301, 313-314, 364, 414, 416, 418, 422
　　ネットワーク共同体　414, 418
　　流通ネットワーク　17, 248, 416
ネパール　6, 16, 22, 110-114, 116-117, 119-120, 131-132, 134, 145, 353-354, 363, 365, 368-369, 371, 376-379, 381, 383
　　ネパール語　363, 371, 381, 383
粘性率　88, 90-91

粘土板　100, 286-287, 406
　　粘土板文書　406
農業（生産）　17, 29-30, 33-34, 47, 103, 130, 140, 149, 162, 205, 208-209, 212, 214-220, 321, 333, 336, 398, 411, 419, 421, 426
農耕　11, 17-18, 27, 146, 206-209, 211-217, 220, 235, 245, 261, 322-323
　　新石器麦農耕文化　323
　　麦農耕文化　322

[ハ行]

パーニニ文法　302
ハイドロアイソスタシー　68, 87-91, 93, 96-97
貝葉文書　289
ハオマ　300, 312
バガーサラー遺跡　184, 194, 199
パキスタン　2, 4-6, 9-10, 28-29, 38-41, 46, 52, 68-69, 110, 129, 141, 144, 170-173, 176, 188, 206, 220, 235, 253, 355, 364-365, 368-372, 374, 376, 379, 381, 404, 415
バクトリア　235, 259, 299-300, 304, 312-313
バクトリア・マルギアナ考古複合（BMAC）　259, 300, 312, 314
博労　241-243
ハザラ地方　184, 193, 199, 415
パシュトー語　372, 381-382
バター　265-266, 307-308
　　バターオイル　265-266
パニ族　257, 263, 313
ハライヴァ　303-304
ハラウヴァティシュ　63, 300, 303

ハラッパー（遺跡） 3-4, 6-9, 14-15, 46, 68, 149-150, 160, 162, 171, 180, 183, 185, 188, 208, 213, 217, 219, 234, 268, 278, 287, 293, 349, 405-410, 414-415
ハラッパー文化 7, 46-49, 54, 59-60, 146, 149, 157, 219, 323, 421
　後期ハラッパー文化（期） 7, 46, 59, 146, 157, 212, 325, 335, 420-421
　盛期ハラッパー文化（期） 7, 46, 49-50, 54, 146, 149, 155, 157, 160, 162, 164, 170-173, 212, 323, 420-421
　前期ハラッパー文化（期） 7, 146, 149, 212, 325
ハラッパー式土器 →土器
ハリヤーナー州 6, 46, 54, 142, 144, 151, 162, 171, 196, 216, 219, 323, 333, 344, 360
バルワード 237-240
バローチスターン（丘陵・州・地方） 147-148, 184-185, 188, 193, 199, 253, 255, 379, 415
輓曳能力 240-242
バングラデシュ 353, 365, 368, 374, 379
パンコムギ →コムギ
パンジャーブ（地方・州） 9, 29, 38, 66, 208, 210, 213, 215-217, 321, 323, 325, 333, 370
パンジャーブ語 363, 371, 381-382
パンジャーブ平原 46, 49-50, 53-54
反舌音 307, 314-315, 383
ビーズ 72-73, 157-158, 177, 180-182, 185, 188, 190-198, 224, 243, 415, 418
ヒエログリフ 7, 277-279, 281, 284, 293, 412
『ヒエログリュピカ』 293

東ガーツ山脈 26, 30, 33, 380
東ユーラシア人 351
光ルミネッセンス法（OSL法） 55-56, 58-60
ヒッタイト王国 298, 300-301
ヒッタイト語 278, 291, 297
一粒系コムギ →コムギ
ヒマラヤ山脈 24, 26-28, 30, 69-70, 184-185, 193, 199, 304, 359, 368, 379
ヒマラヤ前縁スラスト（HFT） 37-38
表意（記号・文字・体系） 277-278, 281, 283-285, 290-293
表音（表記・文字・文字体系） 277-279, 284-285, 288, 290-293
表音表意文字 290
氷河性堆積物 →堆積物
肥沃な三日月地帯 322-323
ヒヨコマメ 207, 321, 333, 411
ピラミッド 7, 292, 399, 412
ヒンディー語 263, 363, 371, 380-383, 390
ヒンドゥー教 3, 63, 266, 282-283, 292, 315, 370, 384, 391
ヒンドゥークシュ山脈 28, 184, 193, 199, 299, 304
ヒンドゥー原理主義 276, 282, 396, 400
ヒンドゥー社会 298, 400
ヒンドゥスタン平原 26, 28, 30, 32, 33, 35
ファルマーナー遺跡 11, 58, 138, 142, 144-145, 151, 162-169, 171, 184-185, 196, 199, 219, 318, 343-346, 348-349, 359-360
ブージ地震 →地震
ブータン 351, 353, 368, 376, 379
父権的（イデオロギー） 297-298, 314

443

不殺生　260, 266, 288
二粒系コムギ　→コムギ
普通系コムギ　→コムギ
仏教　3, 63, 230, 236, 262, 265-266, 303, 310, 354, 370, 384
物質文化　11, 17, 207, 213
冬作（物）（ラビー）　128, 207-209, 212-214, 216, 220, 321-322, 325, 332-336, 411-412, 421
　冬作（物）地域　321, 333-334, 411-412, 421
冬モンスーン　→モンスーン
ブラーフマナ　257, 261, 265, 305, 308-311
ブラーフミー文字　288-290
ブラフーイー語　280, 374
ブラフマプトラ川　29, 370
プランテーション　374-375, 380
プル　305, 313-314
ブルーシャスキー語　369, 394, 396
文化多様性　397
文献学　1, 138, 259, 296
ベヒストゥン　288, 412
ペルシア語　291, 299, 303, 380
ペルシア湾　101, 304, 413-414
　ペルシア湾岸型の印章　→印章
ヘルマンド川　63
ベンガル　384
　ベンガル語・文字　290, 363, 371, 390
　ベンガル州　375
　ベンガル人　390
　ベンガル湾　30-33, 50, 304
弁財天　63
放牧　27, 65, 237-238, 241, 243-244, 246-247, 250, 255-256, 258, 261-262

牧畜　17, 140, 146, 234-236, 248, 251, 255, 258, 260-262, 301, 420
北東モンスーン　→モンスーン
母系　306, 313, 334
北方系ウシ　→牛
ホメーロス　298, 302
ホルスタイン　→牛

[マ行]

マイクロサテライト　334, 352
マイティリー語　371, 382-383
『マイトラーヤニー サンヒター』　257, 260, 262, 264-265
マカロニコムギ　→コムギ
マガン　101, 103-106
マクラーン海岸　410, 413
マディヤ・プラデーシュ州　323, 325, 369, 376
マニプル州　376
『マハーバーラタ』　263, 302
マハーラーシュトラ州　242, 250, 323, 325-331, 335-336, 369, 376
マハーラーシュトリー語　370
豆類　207, 320-321, 333
マヤ語の解読　281
マラーティー語　363, 369, 371-372, 381-382
マラヤーラム語　282, 311-312, 363, 372-373, 381-382
マルギアナ　235, 259, 299-300, 312-313
マルクス主義　398, 400
マルダック島　236, 238, 241, 243
マルハシ　102-104, 106
マントラ　257, 260-262, 308, 311
ミゾラム州　376

ミタンニ王国　298, 300
緑の革命　325
南アジア　1-4, 10-11, 18, 22-24, 26, 28, 31-36, 109, 111, 141, 169-170, 193, 196, 201, 206, 211, 215-216, 249, 251-252, 259, 280, 287, 318, 320-322, 325-326, 332-335, 340, 350-353, 355-356, 364-365, 368-372, 374, 376, 378, 381-385, 388, 390-392, 394-401, 418-419
　南アジア基層世界　→基層
　南アジア言語領域論　383
ミャンマー　28, 351, 376
ミュケーナイ文書　298
ミルク　65, 234, 265, 330
麦農耕文化　→農耕
麦類　321
ムスリム　237, 241, 292, 374, 380
　ムスリム王朝　380
ムンダ(系)語・語族・諸語　259, 312, 365, 367, 369, 374, 375, 379, 380, 384-385, 394-396
ムンダ人　356, 389, 396, 398
ムンバイ　176, 327, 331, 381-382
メガラヤ州　32, 368, 374, 376
メソポタミア(文明)　2, 3, 7, 9, 12, 14, 68, 73, 86, 100-101, 103-105, 107, 128, 140, 179-181, 185, 199-201, 234, 245, 247-248, 252, 276-278, 281, 285-287, 292-293, 298, 300, 364, 399, 406, 408-409, 412-414, 420
メノウ　104, 415
メヘルガル　321, 323, 325, 334
メルハ　100-107, 200, 286, 413
文字文化　17, 277-278, 287-288, 290

モヘンジョダロ(遺跡)　3-4, 6-9, 12-15, 39-40, 46-47, 68-69, 145, 149-150, 160, 162, 180, 182, 184, 199, 208, 278, 334, 406-407, 409-412, 415, 421
モロコシ　220, 321
モン・クメール語族　368-369, 374, 394
モンスーン(季節風)　24, 28, 30-32, 83-84, 109-110, 117, 123-125, 127-130, 208-209, 212-216, 220, 321, 332-333, 412, 421-422
　夏(季)モンスーン　30, 127-130, 212
　夏季モンスーン弱化イベント　128
　夏季モンスーン変動　127-128
　南西モンスーン　31-33, 36, 46, 51, 54
　冬モンスーン　128-129
　北東モンスーン　31-32

[ヤ行]
ヤムナー川　6, 48-49, 51, 66, 145, 304
遊牧(民)　65-66, 235, 237-241, 243, 247, 258, 261, 298, 301, 303-304, 313
ユーラシア　24-25, 30-31, 37, 39, 69-70, 251-252, 296, 298, 300-301, 313-314, 324, 351, 353, 372, 395
　ユーラシア大陸　24, 30-31, 251, 324, 372, 395
　ユーラシア都市文化ネットワーク　313
　ユーラシアの文化ネットワーク　314
　ユーラシアプレート　37, 69-70
横ずれ断層　39, 121, 135

[ラ行]
ラーヴィー川　47, 50, 149, 208, 306, 409
ラーキーガリー遺跡　6, 46-47, 51, 58, 145, 162, 184, 198-199, 415

ラージャスターン州　46, 50, 53-54, 142, 152, 162, 355, 418
ラバ　241, 243, 245
ラビー　→冬作
ラピスラズリ　103-104, 106, 149, 183, 187-188, 195, 200, 416
ララ湖　16, 22, 111-115, 117-128, 131-135
ラン湿原　415
　グレイトラン　71, 86, 95, 97
　リトルラン　71, 73, 79-80, 82-87, 93, 95, 97, 152
『リグ・ヴェーダ』　13, 16, 46, 50, 59-60, 63-66, 255-257, 260, 262, 265, 276, 287, 289, 296, 299, 302-303, 305, 307-308, 310-311, 359, 364, 370, 393-394, 405
リトルラン　→ラン湿原
掠奪　257, 303
流通ネットワーク　→ネットワーク
歴史地震　→地震
レンズマメ　207, 321, 333
ロータル遺跡　46-47, 67-69, 71-81, 84, 86-87, 92-96, 184-185, 191, 199, 282, 413
ローヒラー　323, 333
ローフリー　416
轆轤　305
ロゼッタストーン　277, 293
ロバ　103-104, 150, 234-246
　アジアノロバ　236, 238, 240, 245-246
　アドベスラ　237, 240-242, 244
　アフリカノロバ　240, 244
　インドノロバ　233, 235-236, 238-241, 244
　チベットノロバ　247
ロマーニ語　372, 380

[英数字]

3次元地形モデル　→DEM
4.2 ka（の気候）イベント　16, 128-129
BMAC　→バクトリア・マルギアナ考古複合
DEM（Digital Elevation Model）　141-142, 145-147, 151, 153, 163, 413
　GDEM（Global Digital Elevation Model）　131
DNA（分析・研究）　10-11, 18, 318, 323, 334, 344, 347-352, 354-356, 360
　古代DNA　344, 347-349, 356
　ミトコンドリアDNA　347, 349-350
　葉緑体DNA　334
GIS（Geographic Information Systems）　131, 138, 140-141, 144-145, 147-148, 150, 153, 157, 159-160, 163, 170, 173
HFT　→ヒマラヤ前縁スラスト
SNP（単一塩基多型）　355

執筆者紹介

[編者]
長田　俊樹（おさだ　としき）　序章、コラム 5、第 14 章、終章
総合地球環境学研究所　名誉教授および客員教授
専門分野：言語学、南アジア研究、インダス文明
主著：*A Reference Grammar of Mundari*（東京外国語大学アジアアフリカ言語文化研究所、1992 年）、『ムンダ人の農耕文化と食事文化：民族言語学的考察』（国際日本文化研究センター、1995 年）、『新インド学』（角川叢書、2002 年）、『インダス文明研究の回顧と展望および文献目録』（総合地球環境学研究所、2005 年）、*Indus Civilization: Text and Context*（編著、マノハル出版社、2006 年）など多数

[執筆者]
宇野　隆夫（うの　たかお）　第 5 章
帝塚山大学人文学部　教授
専門分野：時空間情報科学、考古学 GIS
主著：『ユーラシア古代都市・集落の歴史空間を読む』（編著、勉成出版、2010 年）、『実践考古学 GIS ── 先端技術で歴史空間を読む』（編著、NTT 出版、2006 年）、『世界の歴史空間を読む ── GIS を用いた文化・文明研究』（編著、国際日本文化研究センター、2006 年）

遠藤　仁（えんどう　ひとし）　第 6 章
総合地球環境学研究所・プロジェクト　研究員
専門分野：考古学（民族考古学、石器製作技術）
主著：「デカン金石併用諸文化における石器生産の様相」『インド考古研究』23（2002 年）。「インド共和国グジャラート州カンバートにおける紅玉髄製ビーズ生産：研究序説」『東洋文化研究所紀要』第 160 冊（共著、2011 年）。「赤い石がつくる道 ── カーネリアン・ロードをたどって」『季刊民族学』140（共著、2012 年）。

大島　智靖（おおしま　ちせい）　第 8 章 8-2 節
東京大学大学院人文社会系研究科・死生学・応用倫理センター　特任研究員
専門分野：ヴェーダ祭式学、インド学・仏教学

主著：『GAV —— 古インド・アーリヤ語文献における牛（中洋言語・考古・人類・民族叢書 3）』（分担執筆、総合地球環境学研究所インダス・プロジェクト、2012 年）、「儀礼の中の死と再生 —— 潔斎祭主を巡るヴェーダの解釈学」『伊藤瑞叡博士古希記念論文集　法華仏教と関係諸文化の研究』所収（山喜房佛書林、2013 年、pp. 611–623）、"niṣ-krayⁱ: On the Concept of buying-off of the self in Vedic Rituals" *Journal of Indian and Buddhist Studies*（『印度學佛教學研究』）Vol. LX, No. 3 (2012), pp. 1125–1131 (1–7)、"Dīkṣā in the Agniṣṭoma: Some Symbolic Aspects of the Sacricer's Role" *Journal of Indological Studies*, Nos. 22 & 23 (2010–2011), pp. 61–86.

大西　正幸（おおにし　まさゆき）　第 13 章
総合地球環境学研究所　客員教授
専門分野：記述言語学、言語類型論、言語教育、文学
主著：*A Grammar of Motuna*（単著, Lincom Europa, 2011 年）、*Language Atlas of South Asia*（共編共著, Harvard University, 2012 年）、*Non-canonical Marking of Subjects and Objects*（共編共著, John Benjamins, 2001 年）、『危機言語：言語の消滅でわれわれは何を失うのか（地球研ライブラリー）』（ニコラス・エヴァンズ著、共訳、京都大学学術出版会、2013 年）

大田　正次（おおた　しょうじ）　第 11 章
福井県立大学生物資源学部　教授
専門分野：植物生態遺伝学、民族植物学
主著：『品種改良の世界史—作物編—』（分担執筆、悠書館、2010 年）、『麦の自然史』（分担執筆、北海道大学出版会、2010 年）

岡村　眞（おかむら　まこと）　第 4 章
高知大学　総合研究センター　特任教授
専門分野：地震地質学

奥野　淳一（おくの　じゅんいち）　第 3 章
情報・システム研究機構　国立極地研究所　特任研究員
専門分野：固体地球物理学
主著：*Ice Sheets, Sea Level and the Dynamic Earth*（分担執筆, American Geophysical Union, 2002 年）

木村　李花子（きむら　りかこ）　第 8 章 8-1 節
東京農業大学学術情報課程　嘱託教授、馬事文化研究所（インド）所長
専門分野：動物行動学、博物館学、民族生態学
主著：『野生馬を追う―ウマのフィールド・サイエンス』（東京大学出版会、2007 年）、『ウマ社会のコミュニケーション―雌はハレムに隠されたか、縄張りに呼ばれたか』（神奈川新聞社、2002 年）、『耕す―鍬と犂』（分担執筆、東京農業大学出版会、2013 年）

熊原　康博（くまはら　やすひろ）　コラム 1
群馬大学教育学部　准教授
専門分野：自然地理学、地形学
主著：Active faults in the epicentral area of the 2005 Pakistan earthquake（分担執筆、広島大学地誌研叢書）、『上州中山道の地形散歩』（上毛新聞社）

児玉　望（こだま　のぞみ）　第 9 章
熊本大学文学部　教授
専門分野：言語学
主著：Language Atlas of South Asia（分担執筆, Department of South Asian Studies. Harvard University）

後藤　敏文（ごとう　としふみ）　第 10 章
東北大学　名誉教授、Dr. phil.
専門分野：インド学、インド・イラン学、インド・ヨーロッパ語比較言語学
著書：Die "I. Präsensklasse" im Vedischen. Untersuchung der vollstufigen thematischen Wurzelpräsentia（ヴェーダ語における所謂第一類現在動詞、Österreichische Akademie der Wissenschaften, 1987 年，第 2 版 1996 年）; Rig-Veda. Das heilige Wissen. Erster und zweiter Liederkreis. Aus dem vedischen Sanskrit übersetzt und herausgegeben von Michael Witzel und Toshifumi Gotō unter Mitarbeit von Eijirō Dōyama und Mislav Ježić（『リグヴェーダ』ドイツ語訳、注、Verlag der Weltreligionen, 2007 年）;『GAV ―― 古インド・アーリヤ語文献における牛』（中洋言語・考古・人類・民族叢書 3、分担執筆、総合地球環境学研究所インダス・プロジェクト、2012 年）

斎藤　成也（さいとう　なるや）　第 12 章、コラム 8
国立遺伝学研究所　集団遺伝研究部門　教授、総合研究大学院大学遺伝学専攻　教授（兼

任)、東京大学生物科学専攻・教授（兼任）
専門分野：人類学、ゲノム進化学
主著：*Introduction to Evolutionary Genomics*（Springer、2013 年）、『ダーウィン入門』（ちくま新書、2011 年）、『ゲノム進化学入門』（共立出版、2007 年）、『自然淘汰論から中立進化論へ』（NTT 出版、2009 年）、『DNA から見た日本人』（ちくま新書、2005 年）、『遺伝子は 35 億年の夢を見る』（大和書房、1997 年）、『ゲノムと進化』（新曜社、2004 年）、『ゲノム進化を考える』（サイエンス社、2007 年）

スティーヴン・A・ウェーバー（Steven A. Weber） 第 7 章
ワシントン州立大学・准教授
専門分野：植物考古学
主著：*Indus Ethnobiology*（共著, Lexington Books）、*Plants and Harappan Subsistence*（Westview）

千葉　一（ちば　はじめ） コラム 6
東北学院大学　非常勤講師
専門分野：南インド地域文化研究
主著：『社会福祉論：人間の共生と格差を考える —— 多文化共生とは何か』（分担執筆、東北学院大学社会福祉研究所、2011 年）、「コットゥーレーシュワラ山車祭りに見るマーディガ救済の痕跡」『市場史研究』23（2003 年）

堤　浩之（つつみ　ひろゆき） コラム 1
京都大学大学院理学研究科　准教授
専門分野：地形学
主著：『活断層詳細デジタルマップ』（分担執筆、東京大学出版会、2002 年）

寺村　裕史（てらむら　ひろふみ） 第 5 章
国際日本文化研究センター　文化資料研究企画室　特任准教授
専門分野：考古学、文化情報学
主著：『実践　考古学 GIS—先端技術で歴史空間を読む—』（第 2 章第 2 節第 3 項・分担執筆、NTT 出版、2006 年）、『古代ユーラシア都市・集落の歴史空間を読む』（第 4 章・分担執筆、勉誠出版、2010 年）、"Spatial Analyses of Harappan Urban Settlements" *Ancient Asia* Vol. 1（分担執筆, Society of South Asian Archaeology and Reesha Books International, 2006 年）、*EXCAVATION AT KANMER 2005-06-2008-09*（Chapter 5 分担執筆, Research Institute for Humanity and Nature, 2012 年）

長友　恒人（ながとも　つねと）　第2章
奈良教育大学　学長
専門分野：文化財科学、年代学
主著：『考古学のための年代測定学入門』（編著、古今書院、1999年）、『文化財を探る科学の眼②』（分担執筆、国土社、1998年）、『考古学と化学を結ぶ』（分担執筆、東京大学出版会、2000年）

中村　淳路（なかむら　あつのり）　第4章4-3節
大気海洋研究所海洋底科学部門、東京大学大学院理学系研究科地球惑星科学専攻　博士過程
専門分野：地球化学、古気候学
主要論文："Late Holocene Asian monsoon variations recorded in Lake Rara sediment, western Nepal" *Journal of Quaternary Science*, 27, 125-128.（共著）

西村　直子（にしむら　なおこ）　第8章8-3節
東北大学　非常勤講師
専門分野：インド学
主著：『放牧と敷き草刈り─Yajurveda-Saṁhitā 冒頭の mantra 集成とその brāhmaṇa の研究』（単著、東北大学出版会、2006年）、『GAV ── 古インド・アーリヤ語文献における牛（中洋言語・考古・人類・民俗叢書3）』（分担執筆、総合地球環境学研究所インダス・プロジェクト、2012年）

前杢　英明（まえもく　ひであき）　第1章、第2章
法政大学文学部地理学科　教授
専門分野：自然地理学、地形学、第四紀学
主著：*Climates, Landscapes, and Civilizations*（分担執筆、AGU、2012年）、『九州の活構造』（分担執筆、東京大学出版会、1989年）、『近畿・中国・四国（日本の地形6）』（分担執筆、東京大学出版会、2009年）、『地形学のフロンティア』（分担執筆、大明堂、1996年）

松岡　裕美（まつおか　ひろみ）　第4章4-2節
高知大学理学部　准教授
専門分野：地質学、自然災害科学

執筆者紹介

三浦　励一（みうら　れいいち）　第7章（訳）
京都大学農学研究科　講師
専門分野：雑草学
主著：『雑穀の自然史』（分担執筆、北海道大学図書刊行会、2003年）、『農業と雑草の生態学』（分担執筆、文一総合出版、2007年）

宮内　崇裕（みやうち　たかひろ）　第3章
千葉大学大学院理学研究科　教授
専門分野：変動地形学、第四紀地質学
主著：『新編日本の活断層 —— 分布図と資料』（分担執筆、東京大学出版会、1991年）、『世界の地形』（分担執筆、東京大学出版会、1997年）、『活断層詳細デジタルマップ』（分担執筆、東京大学出版会、2002年）、『第四紀逆断層アトラス』（編者および分担執筆、東京大学出版会、2002年）、『日本の海成段丘アトラス』（分担執筆、東京大学出版会、2001年）

森　直樹（もり　なおき）　第11章、コラム7
神戸大学大学院農学研究科　准教授
専門分野：植物遺伝学
主著：『麦の自然史』（分担執筆、北海道大学出版会、2010年）

森　若葉（もり　わかは）　コラム3
国士舘大学イラク古代文化研究所　研究員
専門分野：シュメール学、楔形文字学、言語学
主著（訳書）：エヴァンズ著『危機言語』（分担翻訳、京都大学学術出版会、2013年）、ベルウッド著『農耕起源の人類史』（分担翻訳、京都大学学術出版会、2008年）

八木　浩司（やぎ　ひろし）　第4章4-1節、コラム4
山形大学地域教育文化学部　教授
専門分野：変動地形学、ヒマラヤ地域の防災地形学
主著：『白神の意味』（共著、自湧社）、*Landslide Hazard Mitigation in the Hindu Kush-Himalayas*（分担執筆, ICIMOD）

山田　智輝（やまだ　ともき）　コラム2
日本学術振興会　特別研究員PD（大阪大学）
専門分野：ヴェーダ文献学

横山　祐典（よこやま　ゆうすけ）　第4章4-3節
東京大学大気海洋研究所/大学院理学系研究科　地球惑星科学専攻および大学院総合文化研究科附属　国際環境学教育機構　准教授、海洋研究開発機構　招聘主任研究員（兼）
専門分野：地球化学、古気候古海洋学、年代測定学
主著：*Hand book of Sea-Level Research*（分担執筆, John Willey）、*Encyclopedia of Modern Coral Reefs*（分担執筆, Spinger）、『大地と森の中で（縄文時代の考古学3）』（分担執筆、同成社）、『地球史が語る近未来の環境』（分担執筆、東大出版会）、『進化する地球惑星システム』（分担執筆、東京大学出版会）、『地球と宇宙の科学事典』（分担執筆、共立出版）ほか

環境人間学と地域

インダス　南アジア基層世界を探る　　　　　　　　　　　　　　　© T. Osada 2013

平成 25 (2013) 年 10 月 25 日　初版第一刷発行

|編著者|長田　俊樹|
|発行人|檜山爲次郎|

発行所　**京都大学学術出版会**
京都市左京区吉田近衛町69番地
京都大学吉田南構内（〒606-8315）
電　話（075）761-6182
FAX（075）761-6190
Home page http://www.kyoto-up.or.jp
振　替 01000-8-64677

ISBN 978-4-87698-300-1　　　　印刷・製本　㈱クイックス
Printed in Japan　　　　　　　　装幀　鷺草デザイン事務所
　　　　　　　　　　　　　　　定価はカバーに表示してあります

本書のコピー，スキャン，デジタル化等の無断複製は著作権法上での例外を除き禁じられています。本書を代行業者等の第三者に依頼してスキャンやデジタル化することは，たとえ個人や家庭内での利用でも著作権法違反です。